战后英国英属撒哈拉以南非洲政策研究（1945—1980）

杭聪 著

中国社会科学出版社

图书在版编目（CIP）数据

战后英国英属撒哈拉以南非洲政策研究：1945—1980/杭聪著 . —北京：中国社会科学出版社，2021.2
ISBN 978-7-5203-7828-4

Ⅰ. ①战… Ⅱ. ①杭… Ⅲ. ①对外政策—研究—英国—现代 ②国际关系—研究—英国、非洲—现代 Ⅳ. ①D856.1 ②D856.5

中国版本图书馆 CIP 数据核字（2021）第 022049 号

出 版 人	赵剑英
责任编辑	李庆红
责任校对	王　龙
责任印制	王　超
出　　版	中国社会科学出版社
社　　址	北京鼓楼西大街甲 158 号
邮　　编	100720
网　　址	http：//www.csspw.cn
发 行 部	010-84083685
门 市 部	010-84029450
经　　销	新华书店及其他书店
印　　刷	北京君升印刷有限公司
装　　订	廊坊市广阳区广增装订厂
版　　次	2021 年 2 月第 1 版
印　　次	2021 年 2 月第 1 次印刷
开　　本	710×1000　1/16
印　　张	23.5
插　　页	2
字　　数	385 千字
定　　价	129.00 元

凡购买中国社会科学出版社图书，如有质量问题请与本社营销中心联系调换
电话：010-84083683
版权所有　侵权必究

目　录

导　言 ··· 1

第一章　英国政府制定殖民政策的环境 ·································· 7
　　第一节　关于英国政府角色的争论 ······································ 7
　　第二节　英国殖民统治的外部压力 ····································· 18
　　第三节　英国国内政治与英帝国解体 ·································· 26
　　第四节　两党帝国意识与政府政策 ····································· 41
　　本章小结 ·· 48

第二章　英国对撒哈拉以南非洲宏观帝国政策的演变 ··············· 50
　　第一节　构建以撒哈拉以南非洲为中心的新帝国
　　　　　　（1945—1951） ·· 50
　　第二节　英属撒哈拉以南非洲帝国的勉强维系
　　　　　　（1951—1956） ·· 60
　　第三节　英属撒哈拉以南非洲帝国的崩溃（1957—1964） ········ 69
　　第四节　整体视野下的战后英属撒哈拉以南非洲帝国解体 ······· 91
　　本章小结 ··· 105

第三章　英国政府在英属撒哈拉以南非洲的政治改革政策 ······· 108
　　第一节　宪制改革路线图与加纳独立 ································· 108
　　第二节　肯尼亚移民经济、民族反抗和宪制改革 ················· 114
　　第三节　英属撒哈拉以南非洲的政治改革与联邦制 ·············· 124
　　第四节　海外公职人员政策与英属撒哈拉以南非洲地区的
　　　　　　非殖民化 ··· 150
　　第五节　南罗得西亚的两次非殖民化 ································· 162
　　本章小结 ··· 164

第四章　非殖民化时期英帝国暴力机制 …… 167
　　第一节　以英属撒哈拉以南非洲为中心的暴力维持机制 …… 167
　　第二节　海外军事战略与英属撒哈拉以南非洲地区的
　　　　　　非殖民化 …… 184
　　本章小结 …… 196

第五章　英国政府的英属撒哈拉以南非洲经济政策 …… 198
　　第一节　英帝国经济体系的衰落 …… 199
　　第二节　西方矿业公司与英属撒哈拉以南非洲非殖民化 …… 214
　　第三节　移民殖民主义与英属撒哈拉以南非洲非殖民化 …… 230
　　第四节　英国的帝国援助政策辨析（1929—1970） …… 246
　　本章小结 …… 257

第六章　非殖民化与英属撒哈拉以南非洲的社会政策 …… 259
　　第一节　帝国主义、社会控制和英属非洲的非殖民化教育 …… 260
　　第二节　全球化背景下非洲英语地区工人运动与民族
　　　　　　国家认同 …… 277
　　本章小结 …… 286

第七章　世界格局演变中的英属撒哈拉以南非洲帝国解体 …… 288
　　第一节　比较视野中的英属撒哈拉以南帝国瓦解 …… 288
　　第二节　战后英美在英属撒哈拉以南非洲的经济伙伴关系 …… 310
　　本章小结 …… 325

结　论 …… 327

附录一　战后英属撒哈拉以南帝国大事简表（1945—1980） …… 339

附录二　中英文人名、地名及专有名词对照简表 …… 342

附录三　1783 年以来大英帝国的非洲属地 …… 347

参考文献 …… 350

后　记 …… 371

导　言

一　研究目的和意义

非殖民化时代孕育出当今世界。非殖民化时代奠定了今日世界民族国家的版图，确定了以美国为资本积聚中心的世界体系。欧亚非大陆上的殖民帝国土崩瓦解，欧洲殖民宗主国在世界体系中整体降到从属地位，林立的新兴民族国家构成今日世界组织的基础。

非殖民化时代中瓦解的各殖民帝国在规模和成因上均有所不同，选择最具代表性的英帝国作为研究对象便成为可行的方案。本书以英国政府政策为研究对象主要基于以下四点考虑。第一，掌握政权是制定政策的前提，政权是殖民政府和殖民地人民在非殖民化斗争中的焦点所在。非殖民化时期双方角逐确定的政权组织形式和政治边界对后殖民时期的影响颇大。第二，通过研究政府政策，我们能更好地理解殖民者和被殖民者之间的复杂关系，包括双方内部不同群体诉求的差异和双方不同群体结成的暂时性合作关系。第三，国际反殖力量也多将殖民政府作为施加影响的对象，使我们更易于通过政府政策理解国际反殖力量。第四，既然英帝国各地瓦解的原因多种多样，以宗主国政府的指导政策为研究对象有助于形成研究聚焦点，使研究更具可行性。

以往对英帝国瓦解的研究在地域上多集中于南亚、东南亚，在时间上多集中于20世纪40年代，忽视对除南亚之外一块大陆级别的殖民地域——英属撒哈拉以南非洲的研究，忽视对20世纪40年代之后英帝国瓦解进程的专题研究。英属撒哈拉以南非洲的非殖民化在1957—1964年达到高潮。在这几年中，英国丧失在撒哈拉以南非洲的主要殖民地，英帝国基本瓦解。因而，本书在地域上以英属撒哈拉以南非洲为焦点，在时间上以1957—1964年为核心时段，同时涵盖1945年第二次世界大战结束至1980年津巴布韦独立之间的时段。由于英国的英属撒哈拉以南非洲政策是整个英国殖民政策的一部分，所以书中涉及的内容不局限于战后，也不局限于撒哈拉以南非洲。为更好地说明问题，有的地方也谈到1945年之前或1980年之后时段和撒哈拉以南非洲地域之外的英国政策，以及其他国家政府的政策。

研究立足于实证，利用档案材料充分解读战后英国对英属撒哈拉以南非洲的政策。除注意分析重大非殖民化政策外，本书尤注意以撒哈拉以南非洲经济、社会变化为切入点反思殖民统治历史，以及上述变化同殖民统治终结之间的关系。所做研究是为更好地思考以下问题：英国政府在制定非殖民化政策时的考量因素及各因素的优先性为何？英国政府施展主动性的边界在哪里？英国政府与外部力量互动的方式及成效如何？英帝国非殖民化方式和时机的特殊性与普遍性何在？如何理解非殖民化同资本主义世界体系变化的关系？撒哈拉以南非洲非殖民化怎样和为何会发生在20世纪？非殖民化是受突发事件影响还是长期历史线性发展的结果？殖民主义是否会在不同的历史时期回弹、反复？

目前，国内还缺乏对战后英国撒哈拉以南非洲殖民政策的系统考察。通过回顾英国在战后非洲所实行的政策，深入探究英国实行非殖民化政策的动因，归纳出英国非殖民化过程中各种带有普遍性的政策，希望通过对特定时段、地区英国殖民政策所进行的研究，在实证研究的基础上指出国内外学界某些理论、观点的不足之处，进一步加强国内非殖民化史的研究。从而，使我们能够更好地反驳英国等西方国家污蔑中国在非洲搞殖民主义的说辞，揭穿西方殖民行为的历史"画皮"，正确理解当今非洲国际关系格局；更好地理解英联邦的发展历程及英国对非洲民族国家外交政策的缘起；肃清殖民主义的历史影响，理解非殖民化的全球进程，进而理解南北方"合作关系"。

二 研究概况

从学界动态来看，国外已有研究多遵循国际大背景中殖民宗主国和殖民地人民二元互动的解释框架。从殖民宗主国出发做研究的学者多认为帝国瓦解归根结底是宗主国主动的选择，是殖民地在经济上或政治、防务上不再吸引宗主国的结果。如D. J. 摩根所表达的官方观点："除了在巴勒斯坦和亚丁，权力转移带着一种相互尊重的情绪平稳地进行"，经济和社会发展已经"开了个相当好的头……取得了一定的进展……获得了稳定的收益"。① 从经济角度解释英帝国解体原因的英国学者多秉承霍布森的立场。如 D. K. 菲尔德豪斯认为英帝国的解体过程就是英国撤回海外投资建设"福利国家"的过程,是英国资本主义新阶段的产物。② 从政治、防务角度解释的学者多秉承熊彼特式的立场,将英国政府的政治和防务考虑同资本主义的发展相隔绝,甚至同所有的经济背景都割裂开来,好像帝国的维持仅仅是出于本国政客和军事"贵族"的要求。如 P. E. 赫明认为,英国决策者确信非殖民化能更好地保证英国的世界地位,才制定出非殖民化政策。③ 从殖民地人民或者他们更爱称作"边缘地区"角度出发研究的学者特别关注"合作者"的作用,有将"合作者"概念泛化之嫌。如约翰·加拉赫和罗纳德·罗宾逊经典的分析基础被广泛接受,即相比被殖民者而言,殖民者的数量很小,不得不借助当地合作者来实行统治,一旦丢失当地合作者的忠诚,殖民者要么选择离开,要么只能被赶走。④ 从国际大背景出发的学者,认为美国压力、联合国压力和其他帝国解体对英帝国瓦解都产生或多或少的影响,但几乎没有谈及国际共产主义运动和世界民族解放运动在促进殖民帝国瓦解中的作用。如路易斯认为罗斯福力主战后将殖民地置于国际托管之下,使非殖民化成为"二战"后国际格局的一部分而确定下来,促成英帝国的瓦解。战后英帝国的非殖民化过程同时也是英美之间转交霸权的分支过程。⑤ 在马克思"双重使命论"和列宁"帝国主义论"的指导下,本书已完成的前期研究对上述研究思路进行批判性借鉴,作为本书写作的出发点之一。

同国外研究相比,国内相关研究仍显薄弱。虽然从 20 世纪 60 年代开始,我国学者就关注非洲民族解放运动,但忽视研究宗主国在帝国瓦解过程中的活动。这一缺陷从 20 世纪 90 年代开始得到弥补。张顺洪等著

---

① D. J. Morgan, *Guidance Towards Self-government in British Colonies*, 1941–1971, Vol. 5, London: Macmillan, 1980.

② D. K. Fieldhouse, *Black Africa*, 1945–1980: *Economic Decolonization and Arrested Development*, London: Allen & Unwin, 1986.

③ Philip E. Hemming, "Macmillan and the End of the British Empire in Africa", in Richard Aldous and Sabine Lee, eds., *Harold Macmillan and Britain's World Role*, London: Macmillan, 1996, pp. 97–121.

④ Ronald Robinson and John Gallagher, *Africa and the Victorians: The Official Mind of Imperialism*, London: Macmillan, 1961.

⑤ Wm. Roger Louis and Ronald Robinson, "The Imperialism of Decolonization", *Journal of Imperial and Commonwealth History*, Vol. 22, No. 3, 1994, pp. 462–511.

《大英帝国的瓦解——英国的非殖民化与香港问题》一书从整个英帝国的范围探讨英国在殖民撤退过程中的所作所为,但未能深入探讨英国对英属撒哈拉以南非洲地区政策的特殊性。郑家馨主编的《殖民主义史——非洲卷》汇聚国内众多研究者的研究成果,在相关章节中探讨第二次世界大战之前殖民统治诸方面的问题,对第二次世界大战之后的情况所言不多。简言之,国内学术界缺乏对战后英国英属撒哈拉以南非洲政策的考察,更缺乏对此时期英属撒哈拉以南非洲经济、社会发展同殖民统治终结之间关系的系统研究,还需进一步探讨造成英属撒哈拉以南非洲帝国瓦解方式和时机的成因,从而构成本书写作的出发点之二。

通过梳理国内外学术史,本书的学术价值可归结如下。一为夯实国内对撒哈拉以南非洲近代史特别是非殖民化史专项研究的基础,希望能够在实证研究的基础上指出国外学界某些理论、观点的不足之处,如权力"和平"转移论、资本主义经济发展阶段与殖民撤退关系论,"合作者"理论和美国影响论等。二为用实证研究检验历史发展同马克思的殖民主义"双重使命论"和列宁的"帝国主义论"的匹配与偏离。采用跨地区比较研究的方法说明殖民主义"双重使命"在撒哈拉以南非洲地区作用不明显的缘由和结果。分析列宁"帝国主义论"中"民族矛盾"和"阶级矛盾"作为"帝国主义阶段"历史发展动力的辩证关系,以及"民族矛盾"何以突显,"阶级矛盾"隐藏其背后的原因所在。

三 关于英国政策的几个问题及解决路径

本书以唯物史观为指导,批判性地吸收战后西方理论和国内既有观点。第一,通过学习马克思关于殖民地问题的理论和列宁关于帝国主义的学说,掌握经典作家对殖民问题以及殖民地同资本主义发展之间联系的基本观点。第二,综合应用马克思主义"阶级分析法"和"社会合力论",分析宗主国和殖民地各种力量在具体问题上的不同态度以及如何又形成统一的历史合力。第三,进一步充实理论框架,正确认识某些个人和社会群体兼具殖民反抗者和合作者双重属性的复杂历史现象。例如,吸收现代化理论中关于"现代意识精英"和他们反抗殖民统治方式的分析;辩证分析新殖民主义理论和依附论关于"殖民地合作者"的评述及殖民者如何对殖民地施加影响的相应阐述。第四,利用比较研究的方法,比较英国历届政府殖民政策的异同和英国同其他国家殖民政策的异同。第五,借鉴布罗代尔短、中、长三时段历史影响分期方法,即短时段影响的突发政治事件、中时段撒哈拉以南非洲经济发展阶段性特点带来的社会力量构成变迁、长时段资本主义世界体系的变动，来阐明主题。第六，吸收国内学者的观点即英国非殖民化是在被迫撤出殖民地的过程中的主动行为与活动，并将之作为研判英国政府政策制定因素的前提。

本书分六个方面阐述主题。

第一，检验战后英国政府帝国政策的动力问题。通过分析学界的理论、观点，得出英国制定政策动力的假设。之后，加以实证分析。首先解析国际环境的压力，除阐述国际共产主义运动支持的世界民族解放运动的反抗外，还说明了英美霸权转移和欧共体的影响；其次着重分析战后英国经济境况、军事战略、国内舆情和政党政治划定的政府可采用政策范围，并比较其他殖民宗主国制定殖民撤退政策时的环境，以得出英国政府政策的独特性，阐明普遍性的非殖民化动力。

第二，英国历届政府政策的延续性和变异性。比较1945—1964年非殖民化高潮时期英国历届政府殖民政策的异同，所述政策不局限于撒哈拉以南非洲的地域范围。说明1945—1951年工党政府构建撒哈拉以南非洲为中心新帝国的努力，1951—1956年保守党政府在"尽可能地慢下来"与"适应形势发展"两个策略之间谋求平衡以便维系殖民帝国的努力，1957—1964年保守党政府在做过仔细调查后，不得不步步为营制定殖民撤退政策的无奈。这方面研究将作为时间节点的重大历史事件同中长时段的趋势结合起来分析。

第三，分析英国政策结构中的政治、军事维度，认为英国政府在不同时期分别侧重坚守和撤退。两个属性呈一体两面之态。英国政府实行有利于保持自身影响的政治安排。其显著特点是积极推行联邦制，安排亲英势力掌权，并以亲英群体便于掌权为出发点，考虑政治疆域和组织形式，安排自己的公职人员继续留任。英帝国相对"和平"的瓦解过程是英国政府积极尝试应用暴力镇压方式解决或延缓殖民地独立问题未果之后的选择，即便在殖民撤退的最后阶段英国政府仍谋求保留原有的军事基地和军事权利，以便更好地保护英国利益。

第四，英国政府积极维护原有经济联系和财产关系，试图以经济手段维护自身优越地位。最主要的措施就是极力维持殖民地的英镑结存和殖民地同英国的贸易联系。英国想方设法维护白人移民的土地所有权和白人资本的矿业开采权。给予殖民地援助成为实现上述两个目标的有力武器。英国政府的这些举措，一定程度上表明英国经济发展对殖民地的依赖性。这方面的分析对象不拘泥于殖民撤退时期的政策，而是从经济结构的源头着手分析殖民主义的经济结构，所以研究的时间上限为殖民统治建立，而时间下限并不局限于殖民统治瓦解。

　　第五，时代化身的社会力量养成居于英国政策结构的末端。通过研究殖民地教育政策和殖民地工会政策，在论证英国政府无意于培养殖民地新兴社会力量的同时，分析殖民地新兴社会力量投身于民族运动的原因。

　　第六，以世界格局视野审视英国政策，侧重于各殖民宗主国政策之间的比较，重点探讨英美由经济伙伴关系完成的霸权转移，彰显英国政策的普遍性与特殊性。

　　对上述六个问题的探讨服从于创新的需要。简单来说，创新表现在如下四个方面。第一，在英国政府的决策中，经济考虑无疑扮演基础性角色，政治或战略考虑在具体时段对具体地点的考虑中占据重要位置，国内政治氛围和国际压力也起到一定作用。第二，本书在坚持殖民宗主国和殖民地人民二元框架的同时，注意研究二元主体各自的多面性。第三，研究殖民统治下英属撒哈拉以南非洲经济结构和社会结构变动所引发的力量对比变化，如何反作用于英国政策。第四，通过分析英美霸权转移、欧洲经济转型、跨国公司资本联合与英国政策的联系，将个案研究同资本主义世界体系变迁联系在一起。

第一章　英国政府制定殖民政策的环境

在第二次世界大战结束后的短短二十余年时间中，曾作为世界上最大殖民帝国的大英帝国土崩瓦解，仅剩下一些小块零碎的殖民地。在这个英帝国走向崩溃的年代，英国政府扮演了怎样的角色。学界对此持有不同的看法。本章首先通过梳理关于英国政府所扮演角色的学术史，得出英国政府制定政策动力的假设。再通过对英国政府所处国际、国内环境的考察，分析战后英国政府制定政策的动力所在。

第一节　关于英国政府角色的争论

英属撒哈拉以南非洲帝国的解体受到多种因素的影响。归结起来，国内外研究多从四个角度进行分析，即国际压力、殖民地动员、资本主义经济需求和英国军政因素。这四大类因素都作用于英国政府，迫使政府形成政策。于是，研究帝国解体被简化为研究各种压力如何刺激英国政府出台各项政策。学界围绕此一中心问题展开争论。

一　国际压力

第二次世界大战后，美国的崛起、欧洲的联合、联合国舞台上的批评和其他帝国的衰落都挤压着英帝国赖以存在的地缘战略空间。

首先，英国面临资本主义世界体系霸主地位遭遇美国挑战的难题。帝国解体的过程同时也是英美霸权转交的分支过程。[1] 学界分三派评价美国的作用。路易斯主张美国影响和参与了英国的非殖民化政策。他认为罗斯福力主战后将殖民地处于国际托管之下，使非殖民化成为"二战"

---

[1] Wm Roger Louis and Ronald Robinson, "The Imperialism of Decolonization", *The Journal of Imperial and Commonwealth History*, Vol. 22, No. 3, September 1994, p. 462.

后国际格局的一部分而确定下来,促成了英帝国的瓦解。[1] 有学者持更为中性的观点,认为虽然民主党总统罗斯福推动了非殖民化,但是从杜鲁门到肯尼迪,民主党总统的反殖言论更多的只是花言巧语,共和党总统艾森豪威尔的政策更是接近欧洲宗主国。[2] 美国很少对英国殖民政策有直接的影响,整体上美国人对英国的非洲政策保持克制不加批评。虽然英美两国也在殖民地问题上出现过一些紧张局面,但这并没有影响到双方在殖民地问题上的合作。[3] 有些学者则认为英美双方紧密合作。同路易斯的观点不同,肯特认为在冷战因素作用下,战后美国和欧洲殖民宗主国对非洲政策的步调是一致的。[4] 巴特勒通过对中非联邦的个案考察后总结道,美国非常配合英国的殖民政策,美国是英国"有益且安静的伙伴"。[5] 更有学者明确提出,战后英美在对待民族解放运动和第三世界兴起方面存在着紧密的合作关系。[6] 美国对英帝国解体的影响尚处于争议中。

其次,英国面临在欧洲地位的被边缘化。学界分两种观点,一种认为保有帝国和靠拢欧洲是此消彼长的关系,另一种认为帝国和欧洲并非相互抵制。1956年英国的自由贸易区动议是英国政策的拐点,"欧洲开始缓慢而明显地提升地位,英联邦的地位开始下降"。[7] 英国政府于1961年申请加入欧洲共同体成为英国从传统全球角色向地区角色转化的主要标志。伴随着帝国的终结,殖民地对英国的影响越来越少,加速了英国政

---

[1] William Roger Louis, *Imperialism at Bay: The United States and the Decolonization of the British Empire*, 1941 – 1945, London: Oxford University Press, 1977.

[2] David N. GiBBS, "Political Parties and International Relations: The United States and the Decolonization of Sub – Saharan Africa", *The International History Review*, Vol. 17, No. 2, May 1995, pp. 306 – 327.

[3] N. J. Ashton, "Anglo – American Revival and Empire during the Macmillan Years, 1957 – 1963", in Martin Lynn, ed., *The British Empire in the 1950s: Retreat or Revival?* Basingstoke: Palgrave Macmillan, pp. 164 – 185.

[4] John Kent, "United States Reactions to Empire, Colonialism, and Cold War in Black Africa, 1949 – 1957", *The Journal of Imperial and Commonwealth History*, Vol. 33, No. 2, May 2005, pp. 195 – 220.

[5] L. J. Butle, "Britain, the United States, and the Demise of the Central African Federation, 1959 – 1963", in Kent Fedorowich, Martin Thomas, eds., *International Diplomacy and Colonial Retreat*, London: Frank Cass Publishers, 2001, pp, 131 – 150.

[6] 张顺洪:《论战后英美国际战略伙伴关系》,《世界历史》1998年第2期。

[7] M. Camps, "Missing the Boat at Messina and Other Times?" in B. Brivati and H. Jones, eds., *From Reconstruction to Integration: Britain and Europe since 1945*, Leicester: Leicester University Press, 1993, p. 141.

府采取面向欧洲的政策。① 但如申克所说的,应该分阶段看待欧洲和英联邦之间的关系。在麦克米伦政府时期,欧洲和帝国并非相互抵触的两个目标,而是相互依存的。英国向欧洲靠拢是回应殖民地市场主导地位丧失的行为,而非主动采取的策略。② 所以,很难说欧洲共同体对英国政府的吸引力强烈到足以导致帝国解体。

联合国和其他帝国构成英帝国存在的部分外部环境。它们的作为多多少少影响了英国的政策。联合国在非殖民化进程中的作用,学者一般给予肯定。③ 甚至有人认为国际批评特别是在联合国舞台上的批评对英国的非殖民化起到了主要作用。④ 法国镇压阿尔及利亚人民起义的失败和1960年迅速从非洲撤退使英国人认识到武力镇压不可行,非殖民化已成为一股潮流。⑤

依笔者看来,第二次世界大战后,英美双方以资本为纽带在英属撒哈拉以南非洲结成经济伙伴关系。英美共同的、互补的经济诉求构成双方合作的基础。双方在垄断世界经济资源方面享有共同诉求。英国需要资本开发殖民地;美国需要原料产地、商品市场并尽可能少地承担维持"秩序"的花费,形成双方互补性诉求。冲突性诉求的调和成为双方合作的助力。英国逐渐承认美国对英属殖民地资源占有的主导权,同时步步维护自身权益;美国允许英国资本共享一定经济资源,但份额和方式需由自己决定。私人资本间的联合构成英美伙伴关系的关键。英美私人资本之间的合作与分歧是双方经济关系维持的深层原因。资产阶级追求利润最大化可以放弃国家层面的竞争,同时各个集团又拥有各自的利益诉求。英美经济伙伴关系以合作为主竞争为辅,既体现于两国国家政策层

---

① L. J. Butler, "Winds of Change: Britain, Europe and the Commonwealth, 1959 – 1961", in B. Brivati and H. Jones, eds, *From Reconstruction to Integration: Britain and Europe since 1945*, London: Leicester University Press, 1993, pp. 157 – 165.

② C. R. Schenk, "Decolonization and European Economic Integration: The Free Trade Area Negotiations, 1956 – 1958", *The Journal of Imperial and Commonwealth History*, Vol. 24, No. 3, September 1996, pp. 444 – 463.

③ Evan Luard, *A History of the United Nation*, Vol. Ⅱ: *The Age of Decolonization*, 1955 – 1965, London: Macmillan, 1989.

④ Ronald Hyam, *Britain's Declining Empire: The Road to Decolonization*, 1918 – 1968, Cambridge: Cambridge University Press, 2006.

⑤ Peter Mangold, *The Almost Impossible Ally: Harold Macmillan and Charles de Gaulle*, London: I. B. Tauris, 2006.

面，也体现于双方私人资本之间，并未随英帝国的瓦解而终结。这种经济伙伴关系为双方在撒哈拉以南非非洲的政治伙伴关系奠定了基础。美国对英属撒哈拉以南帝国的瓦解并未向英国政府施加积极的压力。

同欧洲联合只是英国政府应对帝国解体的一个选项。欧洲联合的吸引力并未引发英国政府主动选择将帝国解体。

联合国舞台上的批评和其他帝国的衰落对英国政府顺应帝国解体的趋势起到鞭策作用。

二 殖民地动员

随着殖民地走向独立，出现中心—边缘理论。杰克·加拉格尔和罗纳德·罗宾逊代表了一种新的重视殖民地地区研究的态势。1961年，他们出版的《非洲和维多利亚人》一书，系统地阐述了以殖民地为分析中心的研究路径，提出理解帝国兴衰的关键在于殖民地的政治形势，如地缘政治"真空"和殖民合作者。罗宾逊就是此类观点的先驱，他甚至声称宗主国不断地吸收殖民地潜在合作者的能力是维持殖民统治的关键。[1] 学者们认为殖民地合作者不再合作是非殖民化的最主要原因，殖民地反抗者发挥了瓦解合作关系的作用。殖民地在宗主国的冲击下获得改造，反过来影响宗主国的殖民政策。20世纪80年代以菲尔德豪斯为代表的一批学者着力于研究中心和边缘地区的经济互相依存。他认为殖民主义最主要的成就是重构第三世界的经济，使之适应资本主义体系，并建立相应的政治制度和社会环境。[2] 到20世纪50年代，英国乐于非殖民化，因为它不依赖于殖民地经济支持。[3] 他提出不能视酋长、艾米尔和部落长老为真正的权力分享者，这些只是代理人，不是独立的行为主体。[4] 这为帝国史开辟了新的研究取向，集中体现在20世纪90年代出版的五卷本《牛津英帝国史》中。进入21世纪，约翰·达尔文认为帝国结构存在的

---

[1] Ronald Robinson, "The Excentric Idea of Imperialism with or without Empire", in W. J. Mommsen and J. Osterhanmmel, eds., *Imperialism and After: Continuities and Discontinuities*, London: Allen & Unwin, 1986, p. 267.

[2] D. K. Fieldhouse, *Black Africa*, 1945 – 1980: *Economic Decolonization & Arrested Development*, London: Routledge, 1986, p. 4.

[3] D. K. Fieldhouse, *Black Africa*, 1945 – 1980, p. 9.

[4] D. K. Fieldhouse, *Black Africa*, 1945 – 1980, p. 55.

前提在于"相互依赖"。① 从而,形成了"互利性"假说。

这一理论倾向提醒我们关注宗主国和殖民地联系的中间环节,即创造互利性的帝国"合作者"。英国政府的政策重点便是争取这些"合作者"。于是,跨国公司、殖民地政府、受过西方教育的知识分子、工会成员纷纷成为研究的对象。如有人认为,英国跨国公司和政府之间的联系很少,英国政治活动同企业意图鲜有合拍;② 或者英国公司与英国政府之间的联系并不易影响政府政策,所造成的"新殖民主义"结果不是跨国公司和英国政府暗中操纵的结果。③ 跨国公司只是消极地等待政治形势的变化,再试图和新的政治领导人合作。④ 还有人质疑殖民地政府会完全忠诚地服务于宗主国的利益,认为殖民地政府自有其利益诉求,而且宗主国利益的模糊性也使其利益难以有效维护。⑤ 新兴社会力量同殖民者意识分化。受过西方教育的知识分子并未都成为合作者,反而吸收外部民族主义思想,转化原本的想象,以适应反殖民的需要。⑥ 非洲最具现代性的反殖运动——工会运动,接纳了民族解放思想,经历过从争取经济目标(争取同工同酬)向争取政治目标(争取民族独立)发展的历程。⑦

研究殖民统治下英属撒哈拉以南非洲经济结构和社会结构变动所引发的力量对比变化,需要注意以下要点。在坚持殖民宗主国和殖民地人民二元框架的同时,注意研究二元主体各自的多面性。综合应用马克思主义"阶级分析法"和"社会合力论",分析宗主国和殖民地各种力量在具体问题上的不同态度以及如何又形成统一的历史合力。这便需要分地

---

① John Darwin, *the Empire Project*: *The Rise and Fall of the British World - System*, 1830 - 1970, Cambridge: Cambridge University Press, 2011.

② Nicholas J. White, "The Business and the Politics of Decolonization: the British Experience in theTwentieth Century", *Economic History Review*, Vol. 53, No. 3, August 2000, pp. 544 - 564.

③ Sarah Stockwell, "Trade, Empire, and the Fiscal Context of Imperial Business during Decolonization", *Economic History Review*, Vol. 57, No. 1, February 2004, pp. 142 - 160.

④ D. K. Fieldhouse, *Black Africa*, 1945 - 1980.

⑤ D. F. Gordon, *Decolonization and the State in Kenya*, *Decolonization and the State in Kenya*, London: Westview Press, 1986, p. 14.

⑥ Frederick Cooper, "Conflict and Connection: Rethinking Colonial African History", *American Historical Review*, Vol. 99, No. 5, December 1994, pp. 1516 - 1545.

⑦ Frederick Cooper, *Decolonization and African Society*: *The Labour Question in French and British Africa*, Cambridge: Cambridge University Press, 1996. 他的结论不同于法农(Fanon)的观点。在法农看来,非洲工人阶级在获取白人劳工的特权后已经转变为工人贵族,只有农民和流氓无产者是真正的解放斗士。

区和对象研究英国政府政策的适应性，以便具体判明英国政府的政策如何不能再提供一种吸引力。

三 资本主义经济需求

英帝国同历史上其他帝国最大的不同在于其与资本主义的发展阶段紧密联系。英国学者多将自重商主义以来的帝国视作政府政策的产物。这种看法集中表现在霍布森的观点中。霍布森在1902年出版《帝国主义》一书中将帝国扩张的动力与国内政治经济结构的变化相联系，从而打破帝国史和国内史之间的界限。霍布森认为，如果资本家把投向海外的剩余资本撤回国内重新分配，资本主义社会面临的生产过剩和消费不足的两难困境可以自己解决。如此一来，帝国的维持或废止成为英国的政策手段。经济规模扩张导致英国国内阶级冲突是转化的动因之一。英国的中产阶级纳税承担帝国的高额花费，而贵族和伦敦城的金融精英持续从海外投资中获利。帝国采取一种将中产阶级收入转移到上层阶级的机制。[①] 所以，有英国学者认为英帝国的解体过程就是英国撤回海外投资建设"福利国家"的过程，是英国资本主义发展到新阶段的产物。[②] 这一观点有倒因为果之嫌。应该说，非殖民化促成资本主义新阶段的到来，英式资本主义进入去工业化的阶段。

进入21世纪，皮特·凯恩和托尼·霍普金斯提出，继承了传统土地贵族部分衣钵的英国金融和服务业资产阶级而非工业资产阶级成为英帝国扩张的关键，而英帝国的扩张又暗合全球化的"历史规律"，从而为帝国扩张披上了一件新的神圣外衣。[③] 他们实际上发扬了霍布斯的研究路径。这种研究倾向的再次高涨反映了世纪之交金融资本无须再如之前那般同工业资本紧密结合，资本主义金融垄断性进一步增强。

工业化和去工业化转化的动因不仅要从帝国中心去寻找，而且要到被殖民地地域寻找。固然，技术革新、政治潮流促动了转化，更重要的是帝国主义行径天然具有不可持续性，这才是现代帝国秩序难以长久的根本原因所在。帝国主义者往往依靠各种手段（经常使用暴力手段），控

[①] L. E. Davis and R. Huttenback, *Mammon and the Pursuit of Empire: The Political Economy of British Imperialism*, Cambridge: Cambridge University Press, 1988, p. 279.

[②] D. K. Fieldhouse, *Black Africa*, 1945–1980.

[③] P. J. Cain and A. G. Hopkins, *British Imperialism*, 1688–2000, 3rd edn, Harlow: Longman, 2016.

制一地政权,让本国资本仅支付维持当地社会最低限度社会再生产的资金,鼓动当地政权修建便于对外输出的基础设施,花费则由当地税收和被迫降低的劳动力消费额中抵消,其种种作为的最大目的便在于抽取一个地区的劳动力和资源。这种方式不仅在道德上应该受到谴责,在经济上也是不可持续的。

持摆脱说的学者认为,1953年朝鲜战争结束后,殖民地作为农产品和原材料供应基地的地位下降了,作为英镑支持者的地位下降了。世界市场对原材料和初级产品需求的减少便利了英国从国际市场上获得供应,合成工业和本土农业的发展也减少了英国对进口农产品的依赖。保有殖民地不再有利于英国经济,融入美国主导的多边贸易和货币体系对于英国更为有利。于是,从1953年起英国政府开始追求经济自由化政策,最终在1958年实现了英镑可自由兑换。[1] 在这些历史学家看来,英帝国已经成为和现代英国经济需要不相关的事物,即便失去了帝国,英国一样能享受经济"黄金"期。[2] 所以,英国政府并非完全支持跨国公司在殖民地的活动。[3]

持有利的"慢性自杀"说的学者认为,1953年后英国大臣们并没有减少对英国和英联邦经济联系的关切。英国政府希望通过英镑区这一媒介保持英国和英联邦的金融关系。[4] 即使在1961年英国第一次申请欧洲经济共同体成员资格之时,英国政府都不认为保持同英联邦的贸易和发

---

[1] A. Hinds, *Britain's Sterling Colonial Policy and Decolonization*, 1939 – 1958, Westport: Greenwood Press, 2001; Gerold Krozewski, *Money and the End of Empire: British International Economic Policy and the Colonies*, 1947 – 1958, Basingstoke: Palgrave, 2001.

[2] C. Feinstein, "The End of Empire and the Golden Age", in P. Clarke and C. Trebilcock, eds., *Understanding Decline: Perceptions and Realities of Britain's Economic Performance*, Cambridge: Cambridge University Press, 1997, pp. 212 – 233.

[3] Nicholas J. White, "The Business and the Politics of Decolonization: the British Experience in the Twntieth Century", *Economic History Review*, Vol. 53, No. 3, August 2000, pp. 544 – 564.

[4] Ronald Hyam and Wm Roger Louis, eds., *British Documents on the End of Empire: The Conservative Government and the End of Empire*, 1957 – 1964, London: HMSO, 2000, 第 lxii 页和第 304 号文献; S. E. Stockwell, "Instilling the 'Sterling Traditon': Decolonization and the Creation of a Cenreal Bank in Ghana", *Journal of Imperial and Commonwealth History*, Volume 26, Issue 2, May 1998, pp. 100 – 119; S. Smith, "'A Vulnerable Point in the Sterling Area': Kuwait in the 1950's", *Contemporary British History*, Vol. 17, No. 4, November 2003, pp. 25 – 42.

展英国在欧洲商业是相互排斥的。① 英国官员仍然希望保留既有的商业体制,② 完全为跨国公司在殖民地的活动服务。③ 甚至英国政府在制定殖民地撤退政策时,都没有低估殖民地的经济重要性,而是怀有"雄心勃勃的想法,即殖民地更早而非更晚获得独立较有利于英国贸易"。④ 到了60年代,工党威尔逊政府仍将英国和英联邦的商业联系放在决策的核心位置上。⑤ 直到1965年,英联邦成员在英国贸易份额中享有比1938年时更大的比重。⑥ 同时,贸易自由化使英国对殖民地英镑结余的需求更大了。为保有殖民地的英镑结余,英国政府继续加强帝国经济联系。甚至到1957年,英国最缺乏美元的时期已经过去,花费美元的进口仍然受到限制。正是借助于对殖民地的剥削,英镑区才得以持续存在。如当时一位学者贾德·波尔克所描述的那样,殖民地是可同美国、加拿大的对英援助相比的"(英镑区)美元支柱"之一。⑦ 由此,帝国成为英国经济发展的障碍,成为英国经济"衰落"的根本原因。按照此种解释,英国制造业者习惯于帝国市场并满足于此,贻误了参与欧洲经济整合的时机,更贻误了产业升级的步伐,甚至殖民地英镑结存的增长也威胁了英国经济

---

① A. May, "Commonwealth or Europe? Macmillan's Dilemma, 1961 – 1963", in A. May ed., *Britiain, the Commonwealth and Europe*: *The Commonwealth and Britain's Applications to Join the European Communities*, New York: Palgrave Press, 2001, pp. 82 – 110.

② Sarah Stockwell, *Trade, Empire, and the Fiscal Context of Imperial Business during Decolonization*, pp. 142 – 160; S. E. Stockwell, *Business of Decolonization*: *British Business Strategies in the Gold Coast*, Oxford: Oxford University Press 2000, pp. 217 – 222; N. White, "The Survival, Revival and Decline of British Economic Influence in Malaysia, 1957 – 1970", *Twentieth Century British History*, Volume 14, Issue 3, August 2003, pp. 222 – 242.

③ P. J. Cain and A. G. Hopkins, *British Imperialism*, 1688 – 2000, 3rd edn, Harlow: Longman, 2016.

④ Tony Hopkins, "Macmillan's Audit of Empire, 1957", in Peter Clarke and Clive Trebilcock, eds., *Understanding Decline*: *Perceptions and Realities of British Economic Performance*, Cambridge: Cambridge University Press, 1997, pp. 234 – 260; Wm Roger Louis and Ronald Robinson, "The Imperialism of Decolonization", *The Journal of Imperial and Commonwealth History*, Vol. 22, No. 3, September 1994, p. 487.

⑤ J. Tomlinson, "The Decline of the Empire and the Economic 'Decline' of Britain", *Twentieth Century British History*, Vol. 14, No. 3, August 2003, pp. 201 – 221.

⑥ M. A. Havinden and D. Meredith, *Colonialism and Development*, 1850 – 1960: *Britain and Its Tropical Colonies*, London: Routledge, 1993, pp. 240 – 243.

⑦ Judd Polk, *Sterling*: *Its Meaning in World Finance*, New York: Harper &. Brothers, 1956, p. 137.

的稳定运行。①

英国自身实力的相对衰落使其难以抵御帝国经济体系内的离心力和殖民地人民的反抗,但不能说英国实力相对衰落后已无继续维持自己和原殖民地经济联系的想法,并不能说英国撤出殖民地是因为丧失了垄断经济权益的必要。经济离心力加强了帝国离心力,但不能直接导致帝国解体,英国的实力和新殖民主义式的关系转化方式都缓和了帝国离心力。新殖民主义式的关系转化方式减缓了英国和殖民地人民之间的对抗性冲突,使非殖民化以较为和缓的方式进行。从某种程度上讲,我们可以认为英国实力和经济离心力之间的力量对比塑造了新殖民主义的关系转化方式。殖民关系的转化加速了英国实力的衰落和经济离心力。

从马克思到列宁的时代,工业资本主义占据资本主义体系的核心地位,对世界市场的直接占有程度决定着本国资本主义的发展程度。第二次世界大战后,英式资本主义走向去工业化,既为从殖民地抽取资本也为降低资本耗费,在原殖民地采取直接或间接融资的方式发展金融资本主义。或许,这可以成为理解英国政策的一个出发点。

四 英国军政因素

英国政府决策的依据一贯是学者们研究的重点主题之一。在此路径下,非殖民化进程转化为英国决策者的决策过程,撤离各个殖民地的时间问题成为英国决策者以何种标准做出取舍的问题,尤其是军政集团的利益取舍。② 英国决策者要考虑帝国对维持英国世界角色的作用。英国决策者确信非殖民化能更好地保证英国的世界地位,才制定出非殖民化政策。③ 非殖民化不可能是"任何直接经济考虑的结果"。④ 另有学者强调英国防务重心从常规军备移向核军备,导致海外帝国战略点重要性下降,

---

① A. Schonfield, *British Economic Policy since the War*, London: Penguin, 1958.

② D. J. Morgan, *Guidance Towards Self-government in British Colonies*, 1941-1971, Vol. 5, London: Macmillan, 1980, pp. 96-102.

③ Philip E. Hemming, "Macmillan and the End of the British Empire in Africa", in Richard Aldous and Sabine Lee, eds., *Harold Macmillan and Britain's World Role*, London: Macmillan, 1996, pp. 97-121.

④ David Reynolds, *Britannia Overruled: British Policy and World Power in the Twentieth Century*, London: Longman, 1991, pp. 221-224.

坚定了英国政府实行非殖民化政策的决心。① 有些学者认为从政治、防务的角度看，英国"永久撤出"殖民地是不利的。② 约翰·达尔文认为，"按照摩根的标准，快速撤离殖民地没有多少好处"。③

事实上，前述的经济撤回带有被迫的特点。英国为捍卫帝国进行了多种积极努力，甚至不惜诉诸武力，并非如英国首相麦克米伦（1957—1963年在任）在自己的回忆录中将英国非殖民化过程宣扬为英国完成"文明传播使命"之后，"自愿放弃"帝国的行为。④ 因为殖民地不满英国在经济方面的种种剥削，包括英镑截留于英国，外贸受英国限制，白人移民和大种植园占有土地、矿藏，白人移民垄断技术岗位等经济不平等。同殖民征服和占领时期一样，非殖民化时期英国政府也曾应用武力。英国政府用武力解决长期积累的社会矛盾反而弱化了殖民统治的合法性，庞大的军警力量成为它难以承受的负担，这一切都迫使英国政府不得不走向谈判桌。暴力镇压为英国宪制谈判争取了最佳的出发点。通过暴力活动，英国政府重塑了反殖民政治活动，消灭、软化或孤立了激进力量，争取了培植亲英势力的时间。同时，过多地采取暴力活动也孤立了亲英势力。适时地结束暴力应用，走向谈判桌或许是英国殖民统治暴力体制中最为明智的一点。从暴力到谈判的非殖民化过程并非英帝国的有序撤退过程。相反，正是由于英国殖民统治长期积累下的矛盾，才使在殖民统治末期英国暴力压制成为不自觉的历史工具，不断动员殖民地民族主义。按照罗宾逊"合作者理论"，殖民地政治环境的新变化让"合作者"不能再支配殖民地，英国政府只能选择殖民撤退。这种选择是形势所迫，英国政府并非主动选择实行"自由贸易的帝国主义"策略。无论是宗主国的执政者还是商业人士都不愿意丧失殖民宗主国的地位，殖民地人民的反抗迫使他们不得不做出让步。

---

① Martin Lynn ed., *The British Empire in the 1950s: Retreat or Revival?* Basingstoke: Palgrave Macmillan, 2006, p. 9.

② W. D. McIntyre, "The Admission of Small States to the Commonwealth", *Journal of Imperial and Commonwealth History*, Vol. 24, No. 2, May 1996, pp. 259–260.

③ John Darwin, *Britian and Decolonization: The Retreat from Empire in the Postwar World*, New York: St. Martin's Press, 1988, p. 230.

④ ［英］麦克米伦:《麦克米伦回忆录——指明方向》，商务印书馆翻译组译，商务印书馆1976年版，第141页。

五　政府角色的定位

政府被动应对环境变化成为学界主流的认识。对于撤出帝国，英国政府或议会没有长期有计划的政策。[①] 战后历届英国政府都没有遵循某一宏伟的战略，也没有出台过任何一项普遍性的政策。即使同一时间，不同地区实行的也不是一项共同的政策。[②] 有人认为1951—1957年英国政府的政策是在承认非殖民化已经不可逆转的前提下，尽可能地延缓殖民地独立的进程。[③] 虽然有学者认为撒哈拉以南非洲非殖民化遵循了自1957年开始制订的计划[④]，但是现在更多的学者认为事实并非如此。1957年之后的一系列报告，仅仅是分析问题而已。如哈格里夫斯所言，"在英国政府的研究报告中，非洲殖民地的有利性几乎是压倒性的"。[⑤] 非殖民化政策更多的是1957—1963年英国政府对外部突发事件的反应，而非主动计划的结果。[⑥] 一系列"突发事件"的直接导火索是1956年英国侵略埃及的失败。[⑦]

同时，不乏学者持政府积极干预的观点。林恩认为英国决策者怀有保持英国世界强权角色的决心，在战后初期并没有预见到未来的非殖民化。将非殖民化视为一个线性的过程，实际上忽视了不同时期各个政府施政重心的不同。非殖民化事实上发生在一连串非匀速前进的历史事件中。1951—1957年的保守党政府实施了野心勃勃的帝国政策，不仅仅是

[①] Gerold Krozewski, *Money and the End of Empire: British International Economic Policy and the Colonies*, 1947–1958, p. 199.

[②] F. Heinlein, *Brititsh Government Policy and Decolonisation*, 1945–1963, Lodndon: Frank Cass, 2002, pp. 291–302.

[③] David Goldsworthy, "Keeping Change within Bounds: Aspects of Colonial Policy during the Churchill and Eden Governments, 1951–1957", *The Journal of Imperial and Commonwealth History*, Vol. 18, No. 1, January 1990, pp. 81–108.

[④] Ritchie Ovendale, "Macmillan and the Wind of Change in Africa, 1957–1960", *The Historical Journal*, Vol. 38, No. 2, June 1995, pp. 455–477.

[⑤] J. D. Hargreaves, *Decolonization in Africa*, 2nd edn, London: Longman, 1996, pp. 171–173.

[⑥] Philip E. Hemming, "Macmillan and the End of the British Empire in Africa", in R. Aldous and S. Lee, eds., *Harold Macmillan & Britain's World Role*, Basingstoke: Macmillan Press, 1996, pp. 97–121.

[⑦] Prosser Gifford and Wm. Roger Louis, eds., *Decolonization and African Independence: The Transfers of Power*, 1960–1980, New Haven: Yale University Press, 1988, p. 14.

"保持变化在限度内"①。S. 阿什顿强调战后英国政府并未认可帝国终要灭亡的命运,为保住殖民地而做出了各种积极的努力。②

通过上述分析,笔者认为尚需通过实证研究判定英国政府在制定非殖民化政策时的考量因素及各因素的优先性为何,英国政府施展主动性的边界在哪里,英国政府与外部力量互动的方式及成效如何,英帝国解体方式和时机的特殊性与普遍性何在。

第二节 英国殖民统治的外部压力

要对英国殖民统治瓦解过程进行实证分析,可以先从考察英国殖民统治所面临的外部压力入手。

第二次世界大战后,大英帝国走向"日落",以欧洲为中心的世界殖民体系逐渐瓦解,发展中国家开始兴起。这个过程是世界民族解放运动和国际共产主义运动曲折发展的结果。

世界殖民体系的形成和西方的全球扩张几乎同步进行。这个体系的维持以炮舰政策为基础,体系内的各殖民地具有多种形式,如保护国、特许公司殖民地、宗主国政府殖民地、托管地、委任统治地和势力范围等。在经济上,将欧洲之外地区的经济和宗主国的经济相衔接,并使之服务于宗主国的经济发展需要,强制实施工业宗主国和初级产品殖民地的劳动分工。在文化上,种族主义和文明使命论盛行。欧洲殖民者将殖民统治美化为"优越"文明向"落后"文明传播的渠道,将欧洲人统治视为理所当然。在殖民体系中,原本居于各地的人口发生迁移,欧洲人口被迁移到欧洲之外,作为"先进"文化和经济的代表,亚非人口作为劳动力也被迁移到殖民体系需要的地方。人口迁移在许多地区造成新的种族矛盾。20世纪的两次世界大战大大削弱了英国及其欧洲殖民伙伴的实力。然而,英国伙同老的殖民列强仍旧积极努力恢复战前的垄断状态,采用更加现代化的方式掠夺殖民地资源为本国经济恢复服务。但是,世

---

① Martin Lynn ed., *The British Empire in the 1950s: Retreat or Revival?* pp. 1–7.
② S. R. Ashton, *Keeping Change Within Bounds: A Whitehall Reassessment*, in Martin Lynn ed., *The British Empire in the 1950s: Retreat or Revival?* pp. 34–52.

界潮流已经不允许恢复既往的殖民体系。经过 20 世纪五六十年代的发展，民族解放运动和国际共产主义运动结束了世界殖民体系。英帝国也随着世界殖民体系的瓦解而衰落。

具体来说，从战后初期到 1956 年英国侵略埃及的苏伊士运河战争结束，英国的帝国政策方针是"撤退"与"重建"相结合，偏向"重建"。除不得不撤离南亚次大陆和巴勒斯坦，英国对民族解放运动主要使用镇压的策略，如 1948 年在马来亚、1949 年在尼日利亚、1950 年在黄金海岸、1952 年在肯尼亚和 1956 年在埃及。从上面的镇压地点来看，非洲已经成为英帝国的重心所在。英国力图保住非洲，试图通过对非洲资源的开发，维持英帝国的存在。1952 年，麦克米伦认为："在国内，我们面临着不断加强的阶级持续分化和一种会导致排斥所有既有体制的失望情绪；在国外，我们可能不得不面临着英联邦的分裂和我们沦落为二流国家的命运。"麦克米伦认为挽救这一局面的办法有两个："滑进劣质的廉价的社会主义，或走向第三帝国。"[1] 为了挽救资本主义制度，英国政府面临两种选择，一种是对英国国内财富分配体制进行修改，另一种是额外增加从殖民地获得的财富数量。从主观上，英国政府的高官们显然更希望走后一条道路。麦克米伦的设想反映出英国高层的普遍设想，大臣们也将保有非洲帝国作为英国维持世界强权的有力武器。早在 1948 年，工党商务大臣哈罗德·威尔逊就在下院发表演讲："我赞同众多议员在许多场合发表过的看法：即开发非洲和其他落后地区是改善国际收支的一个最有效的办法。"[2] 工党外交大臣贝文认为："只要我们在非洲的开发取得进步，不出四五年的时间我们就能使美国依赖我们，完全顺从我们……美国严重缺乏的某些矿物资源，在我们的非洲才能找到。"[3] 可以这样认为，自从南亚次大陆印巴独立之后，非洲已经成为英帝国复兴的最后希望，成为英国帝国政策的重心所在。同样，各殖民帝国也都将自己的重心放在了非洲。为了盘踞阿尔及利亚，法国进行多年的殖民战争，比利时和

---

[1] 英国内阁档案：CAB129/52，C（52）196，1952 年 6 月 7 日，麦克米伦关于经济政策的内阁备忘录，in David Goldsworhty, *The Conservative Government and the End of Empire*, 1951–1957, London: HMSO, 1994, 第 3 册, 第 369 号文件。

[2] ［英］帕姆·杜德：《英国和英帝国危机》，苏仲彦等译，世界知识出版社 1954 年版，第 198—199 页。

[3] John Gallagher, *The Decline, Revival and Fall of the British Empire*, Cambridge: Cambridge University Press, 1982, p. 146.

葡萄牙也想方设法保有自己的非洲殖民地。

1956年后，英国的帝国政策方针由偏向"重建"向侧重"撤退"转变。1968年，时任英国首相威尔逊宣布英国放弃苏伊士以东的防务，意味着英国的帝国政策方针完成偏向"撤退"的转变。他的这一决策源于当时英帝国的现实状况。从撒哈拉以南非洲的情况而言，仅1960年一年就有17个国家获得独立，大多是法国在这里的殖民地。从1960年到1968年，15个英属撒哈拉以南非洲殖民地获得独立，其中大块殖民地更早在1963年年底前独立，再加上其他地区殖民地的独立，英帝国的殖民体系在20世纪60年代末便已不复存在。随着1971年英国撤离苏伊士运河以东，英帝国便也寿终正寝。

西方宗主国的维持殖民统治企图是被世界范围内的民族解放运动所摧毁的。世界民族解放运动在20世纪50年代后半期进入一个新的阶段。1955年举行的万隆会议成为亚非人民反殖的一次盛会，有29个国家的代表参加，许多都是第一次参加国际会议的新独立国家，这在世界范围内都是具有决定意义的事件，单独的民族解放运动形成合力，大大鼓舞了民族解放者的信心，将殖民强权逼迫到被动防守的地位。这次盛会也是民族独立风暴从亚洲转向非洲的标志。[1] 1956年的苏伊士运河战争和1957年加纳的独立为60年代非洲殖民地的独立拉开了序幕。1960年法属非洲殖民地的独立，掀起了独立运动的新高潮。

正是在亚非新独立国家的努力下，联合国大会于1960年12月通过了《给殖民地地区和人民独立宣言》，号召迅速和无条件地结束一切殖民统治。这一切都对英国的殖民统治形成了压力。1960年，英国殖民部认为，联合国在世界事务中特别是非洲事务中的角色正在增长，已成为小国平衡大国的工具。联合国未来将更可能成为西方国家和亚非国家之间解决矛盾的场所。[2] 联合国17国委员会后来扩展为24国委员会对英国具体的殖民政策施加了许多压力。可以说，联合国促成了亚非国家的独立，独

---

[1] 关于万隆会议对非洲率先获得民族解放的西非地区的影响，见 I. Wallerstein, *The Road to Independence: Ghana and the Ivory Coast*, Paris & The Hague: Mouton & Co, pp. 75 – 77.

[2] 英国殖民部档案：CO 936/678, no. 40, 1960年9月29日 "联合国在英国同殖民地区关系中的未来角色，特别在非洲"，H. 波音顿给各位总督发出的殖民部通阅信, in Ronald Hyam and Wm Roger Louis, eds., *British Documents on the End of Empire: The Conservative Government and the End of Empire*, 1957 – 1964, London: HMSO, 1994, 第2册, 第405号文件。

立的亚非国家反过来加强了联合国的反殖力量。以联合国为舞台,获得独立的非洲国家积极鼓动国际社会关注非洲种族关系,对英国处理"黑白种族问题"施加有效的压力。① 新独立的亚非国家强烈要求英国确定各个殖民地区具体的独立日期,一定程度上制止了英国拖延殖民地独立的企图②,而且它们还反对英国在托管地保有非自治的政府,直接加速坦噶尼喀的独立进程。③ 甚至可以说,亚非国家对南部非洲问题的持续关注,直接遏制了英国政府妄图让英国和欧洲公司继续霸占南部非洲矿业财富的野心。④

世界民族解放运动受到国际共产主义运动的支持。特别是苏联、东欧各社会主义国家和中国的存在,大大加速了英国殖民统治的瓦解。社会主义国家的存在钳制了西方国家的力量,为殖民地人民增加了寻求援助的选择,迫使西方国家不得不做出有利于殖民地人民的让步。以苏联和中国为代表的社会主义国家对麦克米伦政府帝国政策的影响也是显而易见的。1957年4月,英国外交部在一份报告中称:"反对苏联意图的最好方式是立足实际,系统地将依附政策(dependent policy)尽可能快地转变为建设性的稳定自治政府或独立政府政策。以此种方式,这些政府将会愿意并能够保存它们同西方的政治和经济联系。……尽管每个地方都必须取得进步,但不可能以同样的步伐进行。在此种情况中,最困难的和最重要的问题是掌握好一种平衡,不能太快,太快将导致专制和压迫并为共产主义者的影响开辟道路;不能太慢,太慢将把未来的领导人赶

---

① 英国殖民部档案:CO 936/678, no. 40, 1960年9月29日, in Ronald Hyam and Wm Roger Louis, eds., *British Documents on the End of Empire*: *The Conservative Government and the End of Empire*, 1957 – 1964, 第2册, 第405号文件。

② 英国殖民部档案:CO 936/680, no. 251, 1961年6月1日, "英国在联合国对殖民地主义和规定独立日期的政策":马丁(J. Martin)致麦克劳德(Macleod)殖民备忘录, in Ronald Hyam and Wm Roger Louis, eds., *British Documents on the End of Empire*: *The Conservative Government and the End of Empire*, 1957 – 1964, 第2册, 第406号文件。

③ 英国外交部档案:FO371/166819, no. 1, 1961年12月27日, 联合国中的殖民问题, in Ronald Hyam and Wm Roger Louis, eds., *British Documents on the End of Empire*: *The Conservative Government and the End of Empire*, 1957 – 1964, 第2册, 第409号文件。

④ 英国首相办公厅档案:PREM 11/4078, 1962年1月19日和24日, 联合国中对于英国东南非政策的看法, in Ronald Hyam and Wm Roger Louis, eds., *British Documents on the End of Empire*: *The Conservative Government and the End of Empire*, 1957 – 1964, 第2册, 第412号文件。

向共产主义者的怀抱。"[1] 在英国政府看来，社会主义国家采取了政治、经济和文化等各种手段以影响非洲地区。在经济上，社会主义国家同新独立国家开展贸易并提供经济与技术援助。这方面的一个突出事例是苏联同加纳建立的经济联系。由于无法从西方获得自己所需的援助，加纳政府在独立两年半后同苏联建立了外交关系。苏联在建交后半年内向加纳提供了1500万英镑的贷款，一年内苏联的技术专家就来到加纳。[2] 同苏联的接触促使加纳开始采取不结盟的政策，从而引起了英国的担忧，并促使英国向加纳提供更多的援助，也使英国更多地同意撒哈拉沙漠以南非洲其他地区的援助要求。在政治上，苏联积极寻求同刚独立的非洲国家如加纳建立外交关系，并支持泛非组织。同时努力寻求建立非政府组织间的联系，积极寻求将非洲工会纳入左翼国际工会组织之中，帮助建立并且承认了大量非洲地区的共产党，邀请更多的非洲人访问社会主义国家宣传共产主义思想，还直接联系非洲政治领导人如肯尼亚的奥金加·奥廷加[3]；中国则尤为关注已然发生武装反抗的地区，以及可能发生武装反抗的地区。这些政策都使英国有所顾忌，削弱了英国的殖民统治。在文化上，源于苏联"新殖民主义"理论广泛被非洲人所接受，使非洲人更加有意识地寻求经济自立，增加了对西方的不信任感。[4] 英国政府还认为苏联所提出的建立"人民民主"国家的目标和中国的"和平共处五项原则"都增强了殖民地人民的民族主义，并促使殖民地人民认清自己

---

[1] 英国外交部档案 FO371/125292, no. 9, 1957年4月10日, "研究共产主义者在热带非洲的干涉, 同杜勒斯先生达成一致": 外交大臣塞尔温和英国驻非洲代表的电报通告 (no. 67), in Ronald Hyam and Wm Roger Louis, eds., *British Documents on the End of Empire*: *The Conservative Government and the End of Empire*, 1957 – 1964, 第2册, 第376号文件。

[2] 英国殖民部档案：CO936/714, 1961年12月5日, 英国同加纳的关系, 和共产主义者的威胁, in Ronald Hyam and Wm Roger Louis, eds., *British Documents on the End of Empire*: *The Conservative Government and the End of Empire*, 1957 – 1964, 第2册, 第384号文件。

[3] 奥金加·奥廷加 (Oginga Odinga, 1912 – 1994), 信奉社会主义。在肯尼亚争取独立时期拒绝英国利诱, 同肯亚塔结盟反对殖民统治。1963年肯尼亚独立后, 他曾任肯尼亚副总统。1966年后长期作为反对派领导人。

[4] 英国殖民部档案：CO 1027/405, no. 9, 28 Nov. 1961, "'新殖民主义'理论在苏联和非洲的发展"：外交研究部文件, in Ronald Hyam and Wm Roger Louis, eds., *British Documents on the End of Empire*: *The Conservative Government and the End of Empire*, 1957 – 1964, 第2册, 第383号文件。

地区与西方的经济和文化联系是西方使殖民地依附于己的手段。①

亚非国家在联合国中力量的增强动摇了美国对英帝国支持的态度，使其态度变得暧昧。因为美国人"认识到除非他们和所谓的亚非集团妥协，不然不可能在联合国成功实行自己的外交政策"。结果导致英国政府认为"（英帝国的）整体地位现在居于特别危险的处境"。② 从这里我们可以看出，美国的支持对于英国的殖民帝国而言是多么的重要。事实上，战后英帝国的衰落由于美国的援助而减缓。美国对外政策的意图在于维护全球资本主义体系的稳定。为了实现这个意图，美国一方面将旧殖民帝国的恢复视作遏制苏联的防波堤，另一方面将之视为便利欧洲经济恢复的工具。实际上，没有美国的援助，多数殖民宗主国本就无望恢复自己国内的经济并且支付二次殖民占领的费用。美国在支持列强恢复各自殖民地的同时，经济势力渗透进各列强的殖民地。美国政府宣传美国获取原材料、殖民地获益和重建欧洲经济可以一举三得，其同各殖民宗主国形成了既相互协作又相互抵制的关系。尤其是美国将非洲事务视为欧洲盟国的"义务"。如英国政府认为的那样，"他们（美国人）知道我们永久性撤出殖民地所带来的东西将会有利于美国经济，但是会卸去战略义务，危及自由世界。这个事实使他们处于痛苦的两难困境"③。在1955年夏的日内瓦会议上，美国国务卿杜勒斯告诉麦克米伦，英国控制非洲的时期是非洲人曾有过的最快乐的时期。④ 从1957年3月至1962年4月五年多的时间里，英国首相麦克米伦与美国总统艾森豪威尔和肯尼迪会晤多达13次，就包括殖民问题在内的广泛问题交流了看法。相当多的美

---

① 英国外交部档案：FO 371/125292, no. 9, 1957年4月10日, in Ronald Hyam and Wm Roger Louis, eds., *British Documents on the End of Empire: The Conservative Government and the End of Empire*, 1957–1964, 第2册, 第376号文件。

② 英国首相办公厅档案：PREM 11/3239, PM (57) 9, 1957年2月23日 "殖民主义"：（殖民部）伯斯勋爵呈交给麦克米伦的备忘录。附件：英国殖民政策和美国的态度简报摘要；关于自治政府进程的附录, in Ronald Hyam and Wm Roger Louis, eds., *British Documents on the End of Empire: The Conservative Government and the End of Empire*, 1957–1964, 第2册, 第374号文件。

③ 英国首相办公厅档案：PREM 11/3239, PM (57) 9, 1957年2月23日, in Ronald Hyam and Wm Roger Louis, eds., *British Documents on the End of Empire: The Conservative Government and the End of Empire*, 1957–1964, 第2册, 第374号文件。

④ 英国外交部档案：FO 371/159681, 兰姆斯波特姆（P. Ramsbottom）作备忘录, 1961年1月13日, in David Ryan, edit., *The United States and Decolonization*, London: Macmillan Press, 2000, p. 173.

国学者经过研究认为：当1959—1963年英国在非洲实行殖民撤退政策之时，美国政策的特征是英美紧密合作，美国并没有对英国的殖民政策进行多少直接的干预。① 美国一贯将印度洋和非洲地区看作英国的"国际责任"区域，希望英国待在那里，减轻美国维持霸权的负担。从英国方面来看，同美国合作的好处是能够使伦敦获得影响美国政策的渠道，并可以从美国在其殖民地增加的所有投资中获益。甚至，英美特殊关系也因为需要美国保护英国海外利益而显得更为必要。② 所以有学者认为，战后英美在对待民族解放运动和第三世界兴起方面存在着紧密的合作关系。③

如果说，民族解放浪潮的冲击力使美国对英帝国的支持有所动摇的话，英国政府从未动摇保有帝国的野心。维持帝国的野心可以从麦克米伦政府对英联邦的重视中窥见一斑。即使在1961年，麦克米伦政府提出申请加入欧共体之时，英联邦在英国外交战略构想中仍旧占据着中心地位。在麦克米伦政府看来，加入欧洲是对抗苏联的需要，确保英国的世界地位还要依赖英联邦。从经济和政治上的好处来看，还是不能舍弃英联邦。英国财政大臣希思科特·艾默里（Heathcoat Amory）认为："加入欧共体是带有经济目的的政治行为……我们应该不得不接受这样的事实：我们在联邦中享受特惠地位的商品，占我们总出口额的20%，工业产品还有附加值。这些好处都会由于罗马条约而遭到破坏。"英联邦事务大臣霍姆伯爵（Earl of Home）认为："就我们对大西洋共同体未来的政治影响力而言，我们加入欧共体有望最终获取它的领导权，并且我们能用我们的影响使西德独立于苏维埃集团。另一方面，我们在世界上的利益和影响很大程度依赖于我们和英联邦的联系；如果加入欧共体，我们会对此造成致命的伤害，我们会丧失在世界范围内施加我们影响的权力。""成为欧共体成员将直接损害我们的世界地位。……（由于）欧共体国家普遍寻求扩大从欠发达国家获取初级产品供给的渠道。（所以）我们加入

---

① Ritchie Ovendale, "Macmillan and the Wind of Change in Africa, 1957 – 1960", pp. 455 – 477; Wm. R. Louis and R. Robinson, *The Imperialism of Decolonization*, pp. 462 – 511.

② 英国内阁档案：CAB 129/118，CP（64）164，1964年9月2日，"英美关系利弊"内阁备忘录, in Ronald Hyam and Wm Roger Louis, eds., *British Documents on the End of Empire*: *The Conservative Government and the End of Empire*, 1957 – 1964, 第2册，第391号文件。

③ 张顺洪：《论战后英美国际战略伙伴关系》，《世界历史》1998年第2期。

欧共体的谈判,可能会削弱英联邦的团结,破坏英联邦成员对联合王国的信心,给我们带来严重的财政和经济后果。"首相麦克米伦在总结时认为,"内阁向议会的陈述应该解释:我们在既有的罗马条约条款下获得共同体成员资格具有不可逾越的困难,特别是在我们对于英联邦的责任关系方面……"[1] 内阁集体认为,在谈判中应该获取保全同英联邦主要贸易利益的专门条款。[2] 殖民部再次强调:不应让六国完全自由地进入英联邦市场,同时应让英联邦农产品仍旧自由进入英国。[3] 英国内阁最终得出决议:尽可能地保持英联邦产品自由进入英国。除非英国能够获得有关英联邦问题的满意协议,英国才能最后决定是否参加共同市场。[4] 直到1962年4月27日,当英国代表在布鲁塞尔提出申请加入欧共体时,仍认为面临四个主要难题:温带农产品问题、亚洲英联邦国家贸易问题、欠发达或依附地位的英联邦国家和英联邦市场的联系问题、国内农业问题。其中三个和英联邦有关,足可见英国对保持同英联邦关系的重视程度。[5] 可以说,并非如有些学者所认为的那样,从1956年英国提出加入自由贸易区开始,"欧洲开始缓慢而明显地提升地位,英联邦的地位开始下降"[6]。实际上,麦克米伦政府仍将英国重心放在帝国,加入欧共体所带来的利

---

[1] 英国内阁档案:CAB 128/34, CC41 (60), 1960年7月13日"关于是否参加欧洲经济共同体的决定":内阁结论, in Ronald Hyam and Wm Roger Louis, eds., *British Documents on the End of Empire: The Conservative Government and the End of Empire*, 1957–1964, 第2册, 第363号文件。

[2] 英国内阁档案:CAB 128/35/1, CC24 (61) 3, 1961年4月26日"同欧洲的政治和经济关系, 请肯尼迪总统和戴高乐总统会谈的可行性",内阁结论, in Ronald Hyam and Wm Roger Louis, eds., *British Documents on the End of Empire: The Conservative Government and the End of Empire*, 1957–1964, 第2册, 第364号文件。

[3] 英国殖民部档案:CO 852/1935, no. 27A, 1961年6月18日"欧洲和英联邦":财政部特设大臣会议, in Ronald Hyam and Wm Roger Louis, eds., *British Documents on the End of Empire: The Conservative Government and the End of Empire*, 1957–1964, 第2册, 第365号文件。

[4] 英国内阁档案:CAB128/35/1, CC35 (61) 4, 1961年6月22日"关于大臣访问英联邦国家咨询英国和欧共体未来关系指导草案",内阁结论, in Ronald Hyam and Wm Roger Louis, eds., *British Documents on the End of Empire: The Conservative Government and the End of Empire*, 1957–1964, 第2册, 第366号文件。

[5] 英国内阁档案:CAB 128/36/1, CC42 (62) 3, 1962年6月26日"英国申请加入欧共体",内阁结论, in Ronald Hyam and Wm Roger Louis, eds., *British Documents on the End of Empire: The Conservative Government and the End of Empire*, 1957–1964, 第2册, 第371号文件。

[6] M. Camps, "Missing the Boat at Messina and Other Times?" in Brivati and Jones, eds., *From Reconstruction to Integration*, p. 141.

益仅仅处于次要的地位。那种认为英国从殖民地撤退是由于英国经济重心转向欧洲的看法并不成立。在麦克米伦政府时期，向欧洲靠拢的倾向并未对英国的帝国政策施加多少压力。换句话说，在英帝国存废的历史进程中，欧洲的吸引力并未发挥多大作用。甚至可以说，融入欧洲仅仅是英国政府在帝国衰亡后不得已的选择。

在第二次世界大战之后，英国等殖民宗主国仍旧企图恢复旧有的世界殖民体系。但是，世界范围内高涨的民族解放运动摧毁了这一企图。对英国政府而言，苏东集团以及中国的存在对英国的殖民政策形成显著压力；美国对其殖民政策的实质影响并没有多少，双方处于一种以合作为主的状态之中；20 世纪 60 年代初英国政府回应同西欧的联合更多的是一种策略，开发和加强同殖民地或英联邦独立国家的联系才是政策的重心所在。考察完外部压力对英国殖民统治瓦解的影响，我们尚需考察英国国内政治对英国殖民统治瓦解的作用。

第三节　英国国内政治与英帝国解体

在英帝国解体过程中，英国国内政治发挥了重要但非决定性的作用。英帝国解体以和缓、平稳著称。在大多数情况下，英帝国解体作为和平的权力转移的结果。英国政府在权力转移的方式和时机方面握有较大的发言权。在判断国际形势的发展、殖民地民族解放运动力量的强弱时，英国政府不可能不考虑国内政治空气。因而，从国内政治角度入手研究英帝国解体具有一定的学术价值。

以往的研究存在两点不足。一是往往局限于以各届政府为主线。[1] 多将政治领域与英国社会隔离开来，强调其相对独立性。未能从英国国家整体发展需要的角度看待问题。二是尽管不乏从反殖力量、国内舆论和

---

[1] F. Heinlein, *Brititsh Government Policy and Decolonisation*, 1945 – 1963, London: Frank Cass, 2002.

政党政治等方面进行的研究,①却没有说明国内舆论、不同政党态度和政府政策之间的内在联系,未能说明国内政治运作的路径。

通过梳理国内政治运作的路径,从英国国家整体发展需要的角度入手,本节试图回答国内政治如何使不惜代价地保留帝国成为英国政府不可能的选择,如何使英帝国能够平稳地解体,没有引发大的国内动荡。

实现这一目标需要找到一条合适的解释路径。从国内政治角度出发,最为著名的两个关于帝国主义理论都认为只顾自身利益的帝国主义集团"绑架了国家",把国家政策转化为对集团利益的追求。

从经济着眼的霍布森指责垄断资产阶级经由金融垄断资产阶级不断输出剩余资本,以阻止投资利润的下降,是帝国扩张的根源。从经济角度解释英帝国解体原因的英国学者,多秉承霍布森的立场。霍布森认为,如果资本家把投向海外的剩余资本撤回国内重新分配,资本主义社会面临的生产过剩和消费不足的两难困境可以自己解决。如此一来,帝国的维持或废止成为英国的政策手段,所以,有英国学者认为英帝国的解体过程就是英国撤回海外投资、建设"福利国家"的过程,是英国资本主义发展到新阶段的产物。②那么垄断资产阶级利益是如何变迁的? 其变化的利益又如何传导到政治领域? 这两个问题将在下文中加以研讨。

从政治军事着眼的熊彼特指责军事—政治精英在社会中的统治地位要依靠帝国扩张的军事功能来加以维持。秉持熊彼特立场的学者多将英国政府的政治和防务考虑同资本主义的发展相隔绝,甚至同所有的经济背景都割裂开来,好像帝国的维持仅仅是出于本国政客和军事"贵族"的要求。从中自然推理出军政精英衰落到不能维持自身的利益,而导致帝国解体。这个问题也将在下文得到研讨。

笔者认为,综合两个理论出发点可以使解释更加全面而富有说服力。可以假设,英国曾形成一个金融—军政利益集团联盟或称帝国联盟掌握国家政权。在英国,对外投资的金融圈和政治精英的社会联系是如此紧密,以至政治精英中的绝大部分人都认为,国家利益和伦敦金融城的利

---

① Stephen Howe, *Anticolonialism in British Politics*, 1918 – 1964: *The Left and the End of Empire*, Oxford: Clarendon Press, 1993; Stuart Ward, *British Culture and the End of Empire*, Manchester: Manchester University Press, 2001; Philip Murphy, *Party Politics and Decolonization*, Oxford: Oxford University Press, 1995;陈仲丹:《英帝国解体原因探析》,《南京大学学报》1994 年第 4 期。

② D. K. Fieldhouse, *Black Africa*, 1945 – 1980.

益并无区别。① 垄断资产阶级的利益通过与军政精英的联盟传导到政治领域。这个联盟推动了 19 世纪末 20 世纪初英帝国的扩张。无人否认，要维持帝国就需要付出一定的代价。在这一时期，帝国帮助把收入从大批中产阶级纳税人和工人阶级手中转移到一个在国外拥有大量投资的伦敦商业精英集团手中。在各种开支中，为保卫在国外的经济利益而支付的军事开支是花费最大的项目。② 由于保有帝国的成本为整个国家所分担，受损者分散，所以很少会促成国内反帝国联盟的出现。战后福利国家建设则预备了准国内反帝联盟出现的基础。战后英国的民主政治大发展，达到经济民主阶段，大众要求建设福利国家。在战前，由于保有帝国的成本为整个国家所分担，所以很少有利益相关方在反对扩张方面拥有重大利益，战后福利国家建设改变了这种状况。当普选制造成政治权利在社会中高度分散时，各利益集团都拥有了很大的发言权。民主制对可能推动过度扩张的利益集团构成制衡。在民主体制中，政党要想获得选举的胜利，就必须提出能够获得多数选民支持的政治纲领。分散而又相互交叉的利益使政治纲领通常反映整个社会的最终动机。一般来说，选民们发出的公众舆论，只会支持那些有利于整个社会的帝国事业。

一　社会危机塑造出公众舆论

战后的英国政治面临两重危机：国家合法性危机和帝国合法性危机。两重危机塑造出影响英国政治的公众舆论。③

（一）国家合法性危机与福利国家建设第一

第二次世界大战结束后，英国政治面临的最大问题是如何证明国家政权的合法性。为第二次世界大战胜利付出巨大代价的英国人民要求国家政权承认自身的贡献，建设福利国家。福利国家建设提供了化解阶级

---

① P. J. Cain and A. G. Hopkins, *British Imperialism*, 1688 – 2000.

② Lance Davis and Robert Huttenback, *Mammon and the Pursuit of Empire*：*The Political Economy of British Imperialism*, 1860 – 1912.

③ 有种观点认为：在英帝国解体过程中，民众对帝国漠不关心。著名英帝国史学者 J. 加拉格尔（Gallagher）曾强调英国选民对帝国政策的影响，并强调帝国维持的铁律即帝国须自我维持，不对国内的纳税人造成负担。见 John Gallagher, *The Decline, Revival, and Fall of the British Empire*：*The Ford Lectures and Other Essays*, Cambridge：Cambridge University Press, 1982, p. 79. 以约翰·麦肯齐（John M. MacKenzie）为首的一批学者同样批判了民众漠不关心说。他们提出该说是英国国内右翼的政治宣传，实际上英国大众文化中蕴藏着帝国情结，对帝国瓦解进程中的政府政策产生了影响。见 Stuart Ward, *British Culture and the End of Empire*。

冲突、塑造政治体制合法性的途径。避免英国陷入贫富分化造成的内部冲突中。

帝国经济暂时提供了弥合贫富冲突的可能。① 1945—1953 年，英国面临严重的美元荒和初级产品荒。国际收支连年逆差，1945 年为 70.4 亿英镑，1946 年为 38.6 亿英镑，1947 年为 65.2 亿英镑，1948 年为 48.8 亿英镑；连年出现财政赤字，1945 年为 7.04 亿英镑，1949 年为 4.88 亿英镑。② 工党政府依赖从美国借贷来的 11 亿英镑，起步建设福利国家。在这种情况下，殖民地的初级产品更显得重要，不仅供应了英国国内急需的农副产品、工业原料，而且出口创汇。1945—1951 年，英国投资殖民地的资金约 4000 万美元，同一时间殖民地存入伦敦的外汇结余增长大约 1.6 亿美元。③ 这些美元是维持廉价英镑的凭借。维持廉价英镑则是社会福利建设和充分就业共同的要求。这两项都是获取工人阶级选票的关键。在当时的情景下，国内廉价货币要求一个封闭的海外英镑区，以捍卫英镑的价值、保护海外出口市场以及食品和原材料供应地。

所以，在战后经济窘迫的背景下，英国政府采取既要福利国家又要保有帝国的策略，正是为了协调贫富阶层不同的诉求。1952 年，时任保守党政府住房和地方政府事务大臣的麦克米伦认为："在国内，我们面临着不断加强的阶级持续分化和一种会导致排斥所有既有体制的失望情绪；在国外，我们可能不得不面临英联邦的分裂和我们沦落为二流国家的命运。"麦克米伦认为挽救这一局面的办法有两个："滑进劣质的廉价的社会主义，或走向第三帝国。"④ 为挽救资本主义制度，英国政府面临两种选择，一种是对英国国内财富分配体制进行修改，另一种是额外增加从殖民地获得的财富数量。从主观上，英国政府的高官们显然更希望走后

---

① 有种观点认为，英国经济不需要殖民地纾困，殖民地经济反而造成英国经济增长乏力。限于本书主题，此处不做过多说明。著名英国经济史学者 D. K. 菲尔德豪斯认为，在 20 世纪帝国对英国经济做出了显著的贡献。详见 J. M. Brown and W. M. Roger Louis：*The Oxford History of the British Empire*：*Twentieth Century*，Ⅳ，Oxford：Oxford University Press，1999，pp. 88 – 113。

② David Sanders, Losing *An Empire*, *Finding A Role*, London：St. Martin's Press, 1990, p. 49.

③ D. Morgan, *The Official History of Colonial Development*, *Developing Colonial Resources*, 1945 – 1951, Second Volume, London：Macmillan Press, 1980, First Chapter.

④ 英国内阁档案：CAB129/52, C (52) 196, 7 Jun 1952, "经济政策"麦克米伦先生所作内阁备忘录, in David Goldsworthy, edit., *British Documents on the End of Empire*：*The Conservative Government and the End of Empire*, 1951 – 1957, London：HMSO, 2000, 第 3 册, 第 369 号文件。

一条道路。麦克米伦的设想反映了英国高层的普遍想法。战后处于"共识政治"中的两党对保有帝国具有较广泛的共识。①

福利国家和保有帝国一致性的外衣之下,蕴藏着内部紧张。为争取选民,两党不断扩大福利范围,福利支出不断增加,不断侵夺维持帝国所需的军事行政费用。这反映出中产阶层、工人阶级势力的崛起,帝国传统支柱之一的军事行政贵族衰落。福利国家第一,国内经济重建第一。政府证明自身合法性的方式由对外的军功变为社会福利。维持帝国所需要的军政花费,使帝国在许多人心目中成为多余的负担。

帝国经济收益和军政花费之间的脆弱比例平衡需要精心维系。1947年印度独立时,正面临筹谋福利国家建设时的经济窘境,英国不可能采取1853年镇压印度民族起义时的政策。朝鲜战争期间,工党政府在美国压力下不得不加大军备投入,同国民健康服务的花费发生冲突,导致内阁和党内的分裂。在选举中被保守党乘虚而入,故而在整个20世纪50年代保守党政府无论是丘吉尔、艾登还是麦克米伦都寻求减少防卫花费。1971年削减苏伊士运河以东防卫也是出于同一理由。1971年后英帝国不再作为全球性力量存在,正式解体。帝国荣耀相比福利国家黯然无光。

1953年后帝国经济收益的下降影响了福利国家和保有帝国的一致性。1953年后,殖民地作为农产品和原材料供应基地的地位下降了。这是因为世界市场对原材料和初级产品需求的减少,便利了英国从国际市场上获得供应,合成工业和本土农业的发展也减少了英国对进口农产品的依赖。殖民地弥补英国国际收支赤字的作用下降了。殖民地生产的原材料价格跌落,使殖民地开发计划不再能获得预期的高额利润。保有殖民地不再绝对有利于英国经济,融入美国主导的多边贸易和货币体系对于英国更为有利。于是,从1953年起英国政府开始追求经济自由化政策,最终在1958年实现了英镑可自由兑换。② 以此来保障无形贸易的收入。

虽然无形贸易的收入最为重要,有形贸易的收入也不可轻视。从20世纪50年代初至60年代初,制造业出口到英镑区的比例高于英镑区之外

---

① Philip Murphy, *Party Politics and Decolonization: The Conservative Party and British Colonial Policy in Tropical Africa*, 1951 – 1964, p. 22.

② A. Hinds, *Britain's Sterling Colonial Policy and Decolonization*, 1939 – 1958, Westport: Greenwood Press, 2001; Gerold Krozewski, *Money and the End of Empire: British International Economic Policy and the Colonies*, 1947 – 1958, New York: Palgrave, 2001.

的地区。① 随着1958年英镑自由兑换和取消从非英镑区的进口配额后，英国制造业产品出口到英联邦的数额下降了。如表1-1所示，60年代开始英国出口转向西欧、北美市场，增加了帝国维系和福利国家建设之间的资金紧张。

表1-1　　　　　英国出口方向（1935—1973）　　　　单位：%

年份＼出口地	西欧	自治领	殖民地或前殖民地
1935—1938	27	29	19
1950—1954	26	30	23
1955—1959	27	26	23
1960—1964	35	22	17
1965—1969	39	20	12
1970—1973	43	17	10

资料来源：C. Feinstein, "The End of Empire and the Golden Age", in P. Clarke and C. Trebilcock, eds., *Understanding Decline: Perceptions and Realities of Britain's Economic Performance*, Cambridge: Cambridge University Press 1997, p. 229.

1953年后至1958年福利国家和帝国之间的资金紧张逐步加深。尤其是1958年后，为保障福利国家，牺牲帝国成为一种合理的选择。当殖民地民族主义浪潮迭起，维持帝国面临昂贵的军事和行政花费时，保证伦敦城为中心的英国无形贸易收入更为重要，有形贸易的对象也发生了转变，放弃保有帝国成为现实的选择。

国家合法性危机使建设"福利国家"构成公众舆论的第一基础。公众要求一个"廉价的帝国"，为维持帝国英国政府所消耗的资源不能超过一定限度。如果消耗过多，就会引起公众舆论的反对。

（二）帝国合法性危机与帝国自豪感丧失

在帝国逐渐丧失证明英国国家政权合法性功能的同时，以往维系帝

---

① J. M. Brown and W. M. Roger Louis: *The Oxford History of the British Empire: Twentieth Century*, Ⅳ, p. 109.

国存在本身的"道德使命感"也在人群中流失，表现在传统上捍卫帝国合法性的"文明使命论"及其衍生的"人民的帝国说"和"姑表兄弟"（Kith and Kin）情谊走向破产。传统上捍卫帝国的公众舆论基石之一发生动摇。

文明使命论可以被追溯到18世纪晚期的埃德蒙·伯克，成为论证帝国在亚洲、非洲统治合法性的说辞。按照该论调，英国的统治推动了亚非历史前进，将亚非带离野蛮时代，为亚非带来和平、人道与符合文明标准的生活方式。非洲人被认为是懒惰的、不诚实的，欠缺原创性，没有发明任何文明的事物，没有修建石头城市，缺乏文化成就或者恢宏的宗教，三重劣势注定非洲人被统治的命运。在20世纪四五十年代的英国政客眼中，自治政府对于许多依附地区而言，就如给一名十岁儿童"一把大门钥匙、一个银行账户和一把短枪（一样危险）"[1]，故而，为帝国统治披上了合法外衣。这套说辞在面对亚非高涨的民族主义浪潮面前显得苍白无力。

第二次世界大战之后，文明使命论产生新的变种。英国公众被灌输一种"人民的帝国"的新帝国形象概念。[2] 帝国将不同种族和族群的人们聚拢到一起，在促进殖民地经济、社会、和技术发展的同时，带给英国人更多的工作岗位和各种良机。实际上，英国政党通过在国内实行福利国家的政策来缓解资本主义社会的矛盾，赢得执政的机会，所以首先力图满足国内的花费。[3] 英国人并不愿意满足殖民地对发展资金的需要。在1946—1960年的15年中，殖民地发展和福利援助平均仅占到英国国内生产总值的0.1%。[4] 在投入不足的情况下，帝国难以有预想中的产出。到1951年，经济政策委员会正式通知诸位大臣，大规模增加殖民地的产出

---

[1] W. Roger Louis, *Imperialism at Bay: The United States and the Decolonization of the British Empire*, 1941–1945, p.14.

[2] W. Webster, *Englishness and Empire*, 1939–1965, Oxford: Oxford University Press, 2005, pp.7–8.

[3] 英国内阁档案：CAB 130/153, GEN624/10, 1958年6月9日, "联合王国在世界事务中的地位"：官方报告, in Ronald Hyam and Wm Roger Louis, eds., *British Documents on the End of Empire: The Conservative Government and the End of Empire*, 1957–1964, 第1册, 第5号文件。

[4] M. A. Havinden and D. Meredith, *Colonialism and Development*, 1850–1960: Britain and Its Tropical Colonies, London: Routledge, 1993, p.275.

是不可能的。① 1952年年底，保守党政府承认帝国特惠制不再能发挥扩展英镑区贸易的作用，已经不再是一种有效的经济政策工具。② "人民的帝国"概念在事实上破产了。

对于海外移民的"姑表兄弟"情谊成为维持帝国使命感的另一来源。在处理澳大利亚、新西兰、加拿大和南非这些存在大量白人移民地区的问题时，"姑表兄弟"情谊发挥出作用。在上述地区之外，大约30万名在中非联邦的欧洲移民和6万名在肯尼亚的欧洲移民唤起了保守党内甚至英国国内普遍的"姑表兄弟"之情。种族平等在这一片地区遭到顽强的抵抗。"伙伴关系"曾被用来作为解决非洲种族冲突的方式。但是在欧洲移民眼里，伙伴关系的含义是不同的，南罗得西亚首席部长说那是"马和骑手的关系"；最好的说法也就像塞西尔·罗得斯（Cecil Rhodes）的声明，即"所有文明人权利平等"，文明的标准则自然由欧洲移民订立。③ 于是，实践所谓"伙伴关系"的中非联邦成为抵制非洲多数人统治的堡垒，而该堡垒正是1953年在保守党手中诞生的。

在1959年，上述"姑表兄弟"情谊受到两起事件的冲击。一件事发生在肯尼亚，有11名囚犯在肯尼亚的霍拉（Hola）劳动营中被无端打死。另一件事是中非联邦的尼亚萨兰地区实行紧急状态，逮捕了以民族主义政党领袖班达为首的1320人，杀害48人。几乎同时，在北罗得西亚地区民族主义政党领导人和同事也遭到逮捕。德夫林（Devlin）使团被派去调查紧急状态，得出结论认为中非联邦是警察国家。这导致议会和媒体对殖民活动的公开批评。④ 在下议院关于霍拉劳动营的讨论中，一名年轻的保守党下议员宣称："我们不能，我们不敢，在非洲各地降低我们高

---

① 英国内阁档案：CAB134/228，EPC5（51）3，"在殖民帝国的原材料生产"：内阁经济政策委员会备忘录，1951年3月9日，in Ronald Hyam, ed., *British Documents on the End of Empire: The Labour Government and the End of Empire*, 1945–1951, London: HMSO, 1992, 第2册, 第187号文件。

② D. J. Morgan, *The Official History of Colonial Development*, Vol. Ⅲ, London: Macmillan Press, 1980, pp. 5–6.

③ Miles Kahler, *Decolonization in Britain and France: The Domestic Consequences of International Relations*, N. J. Princeton: Princeton University Press, 1984, p. 143.

④ J. Darwin, "The Central African Emergency, 1959", *Journal of Imperial and Commonwealth History*, Vol. 21, No. 3, 1993, pp. 217–234.

标准的责任感。"① 结果,"姑表兄弟"情谊在道德上破产了。

保守党政府的政策也随之进行调整。首相麦克米伦承认中非联邦和肯尼亚是"我们(英国)真正的小规模阿尔及利亚"。② 出于对中非联邦"阿尔及利亚化"的担心,麦克米伦最终还是决定为北罗得西亚在1961年2月举行一次宪法大会。③ 到1962年,不给予非洲人多数统治地位已经不能换取哪怕是温和派的合作。法国在阿尔及利亚的彻底失败更证明了武力镇压不具有可行性。除非允许尼亚萨兰和北罗得西亚退出联邦,成立非洲人多数自治政府,否则这些地区将不可避免地走向革命。④ 随着事态的发展,麦克米伦开始感觉"似乎没有人对欧洲移民怀有很深的担忧"⑤。显然,同维持帝国的花费相比,"姑表兄弟"之情被割舍掉了。

随着第二次世界大战后帝国合法性危机的恶化,帝国的"道德"感召力逐步下降,遭受到前所未有的质疑。帝国合法性危机转化了人们心中的"文明使命论"及其衍生的"人民的帝国"和"姑表兄弟"之情的概念,大众文化在潜移默化中被转化了。帝国背后的荣誉感不再。

二 受公众舆论影响的政府政策

毫无疑问,就英国国内政治而言,英国政府在帝国政策的制定过程中占据着绝对的主导地位。由于两党政治体制,议会在理论上对于英国海外领地特别是皇家殖民地所具有的权威已经丧失,政策制定的主动权掌握在占据政府部门职位的人手中。至于议会之外所存在的政治活动和组织,更不能影响到非殖民化的主要进程。

两党轮流执政的政府不得不在上述两种舆论趋势之间寻找一条大致的中间道路。两党都是在做出扩大社会福利的承诺下上台执政的。因而两党都将福利国家建设摆在第一位。同时,如前所述公众仍保有一定的帝国自豪感。在实践中,往往会形成福利国家建设和帝国维持之间资源

---

① A. N. Porter and A. J. Stockwell, eds., *British Imperial Policy and Decolonization*, 1938 – 1964, Vol. 2, Basingstoke: Macmillan Press, 1989, p. 513.

② Macmillan Diary, 14 Dec. 1960, in A. Horne, *Macmillan*, 1957 – 1986, Basingstoke: Macmillan, 1989, p. 209.

③ 英国首相办公厅档案:PREM11/3080,温德姆(Wyndham)作记录,1960年11月13日。

④ Macmillan Diary, 19 Feb. 1962, in A. Horne, *Macmillan*, 1957 – 1986, *Basingstoke: Macmillan Press*, 1989, p. 408.

⑤ 英国内阁档案:CAB21/4772, f62, M182/63, 1963年5月7日。

投入的此消彼长矛盾。政府不得不寻找一条中间路线。而且帝国问题不被公众理解为一个单一的问题，而是一连串问题的集合，更增加了政府协调的难度。一连串问题包括两次重大危机和一个平缓过渡。两次重大危机中的一次是1947年印度、巴基斯坦独立，另一次是1960年之后撒哈拉以南非洲殖民地走向独立；一个平缓的过渡即从帝国过渡到联邦。在公众舆论的指引下，政府采取了适当的协调策略，没有引发国内政局的大波动。

（一）经济开发优先下的帝国非洲转向

1945—1951年，工党执掌政府期间的做法符合这一时期的公众舆论的限度、主要关切点。如前所述，这一时期英国舆论关切的是建立在本土经济恢复基础上的福利国家建设。当时英国经济还严重仰赖帝国经济的支持。保有帝国和维持国家合法性统一在一起。所以工党的帝国政策偏好以经济开发为重心，是不同于往届政府政策的鲜明特点。工党理论家认为维持全球秩序尤其是经济秩序是帝国合法性的根源。[1] 工党政府的最大任务不是削弱帝国，而是寻找加强帝国的方式，以最大限度地开发其战略和经济潜力。[2] 故而工党政府提出了"人民的帝国"概念。

在这样的背景下，1947年工党政府迎来印巴独立，并确定非洲作为帝国存在的新基石。"在所有纠葛缠绕成一团的事务中，艾德礼政府被锁于国内危机之中，关注社会改革和经济稳定要求的平衡，领悟到需要斩断同飘忽不定的已成为净债务的依附地区的联系，同时紧握住那些良性资产。"[3] 英国政府所掌握的资源已难以付出压制印巴民族主义运动所需的开支。英国统治集团需要满足塑造国内合法性的开支，需要兼顾公众的帝国自豪感，不得不寻找一个替代品作为帝国维持的精神和物质出口。这个替代品必须更廉价且足够大，大到仍旧能够彰显出帝国的庞大。非洲"将成为印度的替代者，更为温顺，更具可塑性，更为虔诚"[4]。所以，艾德礼在承认亚洲民族解放运动是"浪潮而非泡沫"的同时，认为非洲

---

[1] 陈其人：《殖民地的经济分析史和当代殖民主义》，上海社会科学院出版社1994年版，第103—104页。

[2] L. G. Butler, *Britain and Empire*, *Adjusting to a Post-Imperial World*, London: I. B. Taurus, 1999, p. 63.

[3] R. F. Holland, "The Imperial Factor in British Strategies from Attlee to Macmillan, 1945–1963", *Journal of Imperial and Commonwealth History*, Vol. 12, No. 2, 1984, p. 169.

[4] J. Gallagher, *The Decline*, *Revival and Fall of the British Empire*, p. 146.

"文明并不发达",在这里太快交权是危险的。① 通过宣扬非洲作为帝国的新基石,工党政府缓和了此时复杂的公众心理,即希望在统一帝国经济的基础上,在不妨碍国内福利国家建设的同时,尽可能保有帝国。

印巴独立后,公众舆论重新整合,集中表现在中东问题上。此时,公众舆论具有两面性。一方面要求节约维持帝国的花费,另一方面文明使命论支撑的帝国自豪感仍处于高潮期,公众舆论要求保有帝国的呼声不低。1947年4月30日有一份备忘录建议应集中力量到非洲,内阁就此展开争论。② 首相艾德礼和财政大臣主张放弃中东以减轻财政负担,集中力量到非洲,贝文代表的外交部和军方则认为需要中东维持英国的大国地位和抗衡苏联威胁。艾德礼最终放弃先前的主张。③ 工党自称为工人阶级的政党。由于英国工人阶级和资产阶级以民族为界限共享垄断殖民地的超额利润,工党政府决策人物艾德礼、贝文、莫里森和克里普斯都不反对维持原有的帝国义务。④ 所以,公众舆论对南亚独立的默认并不意味着公众对帝国的漠视,节约花费和帝国自豪感结合为保有"廉价帝国"的理念。在这种理念影响下,工党政府虽不得不从南亚撤退,却不敢从更多的地区撤出,只要维持帝国的开销不至于危及福利国家建设。

如前文所述,1953年后"人民的帝国"说辞的破产,使工党改革帝国的理想主义趋于破产。工党捍卫帝国合法性说辞的破产,使其殖民政策较保守党更倾向于"同情"殖民地人民。1956年苏伊士运河危机中,工党批评保守党政府用武力解决是不明智之举,与国际政治发展的趋势相违背,损害了英国的长远利益,适时让步更有利于保持英国影响。这同1960年后保守党对非洲政策的调整达成共识。

(二) 紧随时势的保守党政府

如果说工党的帝国政策显示出理想主义色彩的话,保守党的政策更多体现出实用主义的色彩。保守党被称为帝国党。但在维持帝国的努力受挫时,保守党也能把放弃殖民地当作维护英国大国地位的手段。

---

① Ronald Hyam, *Britain's Declining Empire: The Road to Decolonization*, 1918–1968, p. 96.
② 英国殖民部档案:CO537/2057, no. 48, 1947年4月30日,"殖民政策的国际方面", Ronald Hyam ed., *British Documents on the End of Empire: The Labour Government and the End of Empire*, 1945–1951, 第2册,第174号文件。
③ Frank Heilein, *British Government Policy and Decolonisation*, 1945–1963, p. 12.
④ Johan Darwin, *Britain and Decolonisation: The Retreat from Empire in the Post–war World*, New York: St. Martin's Press, 1988, p. 72.

在保守党执政的1951—1964年，公众舆论不断转变，大体可分为三个时期，分别为1951—1953年、1953—1958年和1958—1964年。其中1951—1953年处于1945—1953年的公众舆论大历史阶段中，在这一阶段中帝国经济同英国福利国家建设具有一致性，同时"人民的帝国"理念增强了帝国自豪感，公众舆论反而对印巴独立持有一种漠视感。帝国仍旧被视为英国外交的首要一环。1953—1958年帝国经济同英国经济开始分野，但文明使命论塑造的帝国自豪感仍旧在公众中反响强烈，帝国在政策制定中的地位并未发生多大变化。1958年英镑实现可自由兑换标志着帝国经济同英国经济恢复彻底分道扬镳，几乎同时，1959年"姑表兄弟"之情被揭露出如何在非洲被滥用，最终帝国成为负面的形象。公众舆论明确了福利国家第一，丧失了维持帝国的道德感。1960年后短短数年间撒哈拉以南非洲诸国便纷纷独立了。

在上述公众舆论环境中，保守党的帝国政策不断调整。表现为三环外交政策的重心在不断转移。保守党首相丘吉尔曾提出三环外交政策，即视英国在英帝国/联邦的超然地位、在欧洲的核心地位和在英美关系中的伙伴地位为捍卫英国国际地位的三大支柱，这三大支柱从政治上支撑了英国的国际地位。帝国曾被丘吉尔、艾登政府高度评价，视作维系三环关系的核心支柱，因而决心"在界限内保持变化"[1]，受1956年苏伊士危机促动，到20世纪60年代早期，英美关系上升为三环关系中最重要的一环[2]，欧洲维持在第二位，1960年英国外交部官员称："英联邦不是并且将再不会成为绝对意义上可与美国或可能的西欧共同体相比拟的权力源泉。"[3] 这也预示了可投放于维护撒哈拉以南非洲帝国资源的严重削减。

1960年后非洲殖民地突然性加速独立，开始了英帝国解体的最后阶段。这同保守党内舆论的变化分不开。1959年大选的胜利使首相麦克米伦提升了权威，也让持更自由观点的年轻派进入议会。这些人没有老派

---

[1] David Goldsworthy, "Keeping Change within Bounds: Aspects of Colonial Policy During the Churchill and Eden Governments, 1951 – 1957", pp. 81 – 108.

[2] J. Dickie, *Special No More*: *Anglo – American Relations*: *Rhetoric and Reality*, London: Weidenfeld and Nicolson, p. 105.

[3] L. J. Butler, "Winds of Change: Britain, Europe and Commonwealth, 1959 – 1961", in B. Brivati and H. Jones, eds, *From Reconstruction to Integration*: *Britain and Europe since* 1945, p. 160.

对帝国和白人移民的情感寄托。在这样的氛围中，当麦克米伦判断难以阻挡民族解放的浪潮，他便较为迅速地顺势而为，以便为英国赢得更多的利益。当保守党内老派领导人索尔兹伯里勋爵因反对新政策辞去内阁职务时，时任殖民大臣的伦诺伊德－博伊德（Lennox - Boyd）在党的联邦事务委员会会见了120名后座议员，调查证明党内并不存在不可调和的矛盾："因而，我们的政治环境是好的，没有理由不安。"① 保守党思想已经完成了整体调整，同公众舆论的转向高度契合。随后在数年时间中，英属撒哈拉以南非洲地区的殖民地纷纷独立。英帝国丧失了最后一块大陆级别的殖民地域。

（三）舆论共识下的英联邦转型

为避免舆论对政府决策可能出现的激烈批评，英国政府更愿意让殖民地作为英联邦成员和平独立。公众舆论对发展英联邦有相对恒定的共识。这种共识的表现之一便在于处于"共识政治"中的两党对保有帝国具有较广泛的共识。不仅保守党首相丘吉尔不想主持英帝国衰亡，而且工党首相艾德礼甚至哈罗德·威尔逊也是如此。如一位保守党政治家所说的："殖民地政策几乎是两党在目标和宗旨上存在广泛认同的仅有领域。"② 两党制因素有助于维持英国政局的稳定，在一定程度上可以解释英帝国何以能平稳地过渡到英联邦。

在英联邦问题上，两党持有一致意见，将其视作保存英国世界影响力的途径。在工党的设想中，英联邦将替代帝国，在英国的领导下，前殖民地将通过联邦特惠制和技术援助联合起来，作为沟通东西方关系的桥梁。保守党的领导人心中也认为英国保持世界权力基于将独立后的殖民地纳入英联邦。当1961年保守党政府申请加入欧共体时，两党都认为应该以确保英联邦在英国政治中的地位为前提。在保守党政府看来，加入欧洲是对抗苏联的需要，确保英国的世界地位还要依赖英联邦。英国内阁最终作出决议：尽可能地保持英联邦产品自由进入英国。除非能够

---

① Simon Ball, *The Guardsmen: Harold Macmillan, Three Friends, and the World They Made*, London: Harper Perennial, 2004, p. 336.

② David Goldsworthy, *Colonial Issues in British Politics, 1945 - 1961: From "Colonial Development" to "Wind of Change"*, Oxford: Oxford University Press, 1971, p. 1.

获得有关英联邦问题的满意协议，英国才能最后决定是否参加共同市场。①

由于两党对英联邦的重视，是否在英联邦内设立两个等级的成员资格成为一项在英联邦内争论十余年的议题。成员资格问题先是围绕新加入国家的种族构成展开。1947年印度独立并于1949年变为共和国。使英联邦面临挑战，第一个挑战是是否给予印度同等于原有老白人成员国的资格，第二个挑战是是否修改英王作为各成员国国家元首的既有规定。对于艾德礼政府来说，为建立抗衡美苏的第三世界强权的国际地位，英联邦需要尽可能地大，印度需要不计代价地被保留在英联邦内。因而，先是同意印度以与白人成员国同等的资格加入英联邦，后又承认共和国也可作为英联邦成员，英王仅作为英联邦的象征。20世纪五六十年代之交，是否设立两个等级的成员资格的讨论围绕各地地域面积大小不同展开。讨论的核心仍是想将亚非拉新独立国家划为第二等成员资格。由于担心"无止境的（联合国）干预和反殖阵营制造的麻烦"②，为尽可能扩大英联邦的影响，英国政府不得不承认小殖民地的充分成员地位。

正是由于英联邦的壮大，英国政治领导人更容易申辩帝国解体不意味着英国影响在欧洲之外世界的结束，非殖民化是帝国另一种形式的延续。英国公众也乐于接受帝国解体是英帝国自我革新产物的说辞。帝国解体未引发国内政治动荡。

三 结语

战后社会危机显示了原有经济、社会结构的破裂。一个政党要继续执政，就必须考虑两个基本的要素：国家整体经济状况和支持自己的特定利益集团的政策偏好。国家经济状况好，则执政党容易保住政权。战后英国经济状况同帝国经济体系的关联度逐步下降。垄断资产阶级利益也发生变化，帝国在其利益构成中的比例不断下降。如前所述，1945—1953年，英国面临严重的美元荒和初级产品荒。垄断资产阶级向帝国投

---

① 英国内阁档案：CAB128/35/1, CC35(61)4, 1961年6月22日"关于大臣访问英联邦国家咨询英国和欧共体未来关系指导草案"，内阁结论，in Ronald Hyam and Wm Roger Louis, eds., *British Documents on the End of Empire: The Conservative Government and the End of Empire, 1957-1964*，第2册，第366号文件。

② 英国内阁档案：CAB134/2402, 备忘录，"小殖民地问题"[PFP(62)19]，殖民部递交内阁委员会有关太平洋地区未来政策的呈文，1962年11月30日。

资同英国社会的整体利益契合，英国政府得以采取既要福利国家又要保有帝国的策略。1953年后金融垄断资产阶级开始转向追求面向全球的金融利益，英国政府开始追求经济自由化政策。英国出口转向西欧、北美市场，显示垄断资产阶级投资方向发生转化，保有帝国的经济价值下降，甚至，保有帝国同英国社会的整体利益产生背离。

如前所述，在建设福利国家花费的限制下，军政人员的地位在不断下降。战争为军政贵族加强其相对于国内其他集团的地位提供了一个正当的理由。但在无回报战争中耗费国家资源的统治者将会陷于困境，遭到国内其他群体激烈的反对。苏伊士运河危机在改变人们对军事权威的态度上起到关键性作用。经过20世纪五六十年代，那些被认作帝国社会价值观基石的观念衰败了，以军政作为主业的英国贵族已不能自信地宣称依靠继承的责任作为民族和帝国的统治阶级。[1] 苏伊士运河危机刚好为不满的社会大众提供了一个反对自大和不称职的统治阶级的良机。[2] 当时的英国电影表达出挑战旧有的仰慕军事贵族的价值观。[3] 苏伊士运河危机之后，军政精英已然不能发挥阻碍帝国瓦解的作用。他们唯有顺从英国社会整体的利益诉求，放弃帝国。

为了掩盖自身私利，金融—军政联盟曾推出宣扬保有帝国必要性的意识形态，将自身利益隐藏到国家大众的共同追求之中。文明使命论、人民的帝国和"姑表兄弟"之情等意识形态的兴衰具有象征性。这些保有帝国的意识形态充当了联盟内部、联盟和大众之间的黏合剂。随着垄断资产阶级从帝国统治联盟的退缩和大众经济利益的转移，意识形态失去了经济基础，逐渐失去确保帝国的功能，联盟也走向解体。

在这样的背景下，政府实施帝国政策。工党是福利国家的倡议者，却提出了"人民的帝国"口号。因为他们为了执政不仅要照顾支持自己的核心阶层——中产阶层和工人阶级，而且要注意到帝国联盟的利益诉求，所以才有"人民的帝国"这一口号，试图通过对内实行福利国家、

---

[1] David Cannadine, *Ornamentalism: How the British Saw Their Empire*, London: Penguin Books Ltd., 2001.
[2] Mark Donnelly, *Sixties Britain: Culture, Society, and Politics*, New York: Pearson Longman, 2005, p. 25.
[3] Sue Harper and Vincent Porter, *British Cinema of the 1950s: the Decline of Deference*, Oxford: Oxford University Press, 2007, pp. 243 – 265.

对外维持帝国来谋取最大量选民的支持。保守党的核心支持力量是帝国联盟,却不断下调帝国在施政政策中的优先地位。原因在于军政贵族势力的衰落,垄断资产阶级利益的转移,大众要求福利国家的呼声高涨,保守党不得不做出上述的调整对策。

可见,政府政策大体遵循了公众的意见,化解了社会危机,使英国没有如法国般因帝国解体引发国内政治不稳定。由于民主制,英国政治制度具有能够从帝国抽身而退的能力。对于福利国家的关注和帝国丧失道德合法性,让英国人的情绪得以转移。由于有技巧地强调作为英帝国的化身,英联邦能够继续保持以英国为核心的世界体系,英国的世界地位也得以维持。英国人丧失帝国的情绪得以缓和。

英国国内政治决定着帝国解体的节奏。社会危机显示了居统治地位的利益集团联盟隐藏的危机。在危机的刺激下,利益集团联盟改变自身的诉求,适应了新形势的发展。同时,民主制的存在使利益集团联盟不可能孤注一掷。显性表现为不同阶段公众舆论的指向不同,为不断变化的政府决策需求套上笼头。公众舆论框定出政策的可能性空间,成为政治领导人决策的出发点。当帝国有助于福利国家建设和经济增长时,公众舆论就支持花费一定代价保有帝国。反之,则会产生放弃帝国的舆论。公众对帝国的自豪感随国家合法性危机的解决程度而变动。从时间维度看,公众对帝国的疏离感随时间推移而加强,影响着政府政策。由于社会危机的解决方式与保有帝国分野,再加上外部环境的变化,导致帝国平稳瓦解。

简单来说,帝国解体的实质是居于统治地位的利益集团联盟丧失了维系帝国的能力。从利益集团联盟的角度出发能较好地阐释历史,说明联盟假设不失为一条可行的理论解释途径。

进一步说,利益集团联盟仅仅构筑起国内环境的基础,英国特色的政党政治在殖民地问题上扮演了相对更直接的角色。

第四节 两党帝国意识与政府政策

战后英国政治的显著特点之一就是"共识政治",各党政见趋同。这一点在殖民地问题上也是适用的。通过对1945—1959年英国主要政党竞选政纲的分析，可以发现英国三大主要政党在竞选政纲中关于殖民问题的态度是大同小异的。① 大同在于主要政党往往都承认帝国和联邦对英国的极度重要性，都主张利用殖民地资源摆脱英国的经济困境；小异在于不同的政党对于民族解放运动的反应速度不同，工党②和保守党相比对殖民地人民的反抗活动更敏感一些。在竞选纲领中，工党在政治上声称自己促成老帝国向新帝国的转变，在经济上声称十年殖民地经济开发计划"以自由代替了剥削"，认为保守党怀有维多利亚时代的帝国情结，破坏了英国的"道德感召力"，而将自己标榜为唯一适应殖民地新形势的政党。实际上，处于"共识政治"中的两党对保有帝国具有较广泛的共识。③ 不仅丘吉尔不想主持英帝国的衰亡，而且工党首相艾德礼甚至哈罗德·威尔逊也是如此。如一位保守党政治家所说的："殖民地政策几乎是两党在目标和宗旨存在广泛认同的仅有领域。"④ 工党弥漫着费边主义思想，认为经过劳工运动和殖民地开发能建立起一个新的"道德"帝国，仍将拥有殖民地视为捍卫英国世界地位的必由之路。从 1945 年到 1964 年，工党代表大会仅有 7 次讨论英国所从事的殖民战争，在对战争表示支持之余，表达了一点对殖民地社会苦难的关切。在 1945—1951 年工党执政时期，艾德礼在承认亚洲民族解放运动是"浪潮而非泡沫"的同时，认为非洲"文明并不发达"，在这里太快交权是危险的。⑤ 甚至，工党政府承担了更多的"直接义务"，驻军遍布欧亚非。在 1951—1964 年工党在野时期，工党在英国议会中并没有扮演反殖政党的角色，即使个别议员表现出对殖民问题的关注，也难以形成有影响的力量。工党左翼发起的殖民地自由运动组织在工党内部也属于少数派组织。在事实上，由于两党政治体制，议会在理论上对于英国海外领地特别是皇家殖民地所具有的权威已经丧失，政策制定的主动权掌握在占据政府部门职位的人手中。至于议会之外所存在的政治活动和组织，更不能影响到非殖民化的

---

① 《英国主要政党竞选政纲》原文参见 http：//www.politicsresources.net/area/uk.htm，登录时间：2019 年 1 月 24 日。

② 对工党殖民思想和执政时期政策（1945—1951）帝国主义本质的分析，参见倪学德《战后初期英国工党政府的非殖民化政策》，《历史教学》2005 年第 8 期。

③ Philip Murphy, *Party Politics and Decolonization*, p. 22.

④ David Goldsworthy, *Colonial Issues in British Politics, 1945 – 1961: From "Colonial Development" to "Wind of Change"*, p. 1.

⑤ Ronald Hyam, *Britain's Declining Empire: The Road to Decolonization 1918 – 1968*, p. 96.

主要进程。可以说，整个英国的反殖力量无论是对政策决策过程还是对公众的影响都是极其有限的。① 毫无疑问，就英国国内政治而言，英国政府在非殖民化政策的制定过程中占据着绝对的主导地位。

如果说英国政府受到什么国内政治力量的直接影响，那便是两党党内帝国意识的影响。如果以两党政府执政时间来看，保守党的帝国意识对自 1945—1964 年英国的非殖民化政策制定发挥了更多的影响。之所以将时间下限定在 1964 年是由于那一年英属撒哈拉以南非洲的大多数殖民地已经独立。在这 19 年间工党执政 6 年，保守党执政 13 年，特别是麦克米伦保守党政府执政的近 7 年时间内，英属撒哈拉以南非洲地区纷纷独立。前文中已对其意识形态对其政府政策的影响作了一定说明。下文我们将重点分析麦克米伦保守党政府时期保守党大臣对政府政策制定的影响。

这里先分析要求不顾一切保有帝国的顽固派，其代表人物是索尔兹伯里勋爵。作为首相的麦克米伦和索尔兹伯里勋爵在政策制定上颇有矛盾，一定程度上反映了保守党内帝国政策灵活派和顽固派之间的对立。政府首相麦克米伦以 1960 年 2 月 3 日在开普敦发表"变革之风"演讲而著称。在该演讲中，他具有代表性地提出非洲民族主义浪潮是时代的潮流。但很难说他有什么反殖倾向。他的所作所为似乎更多地表现出他对时局的精确判断力和随机应变的能力。这一点在他处理苏伊士运河危机的态度上表现得较为明显。他最初极力主张以武力解决问题，当世界舆论反对声高涨和苏联进行了武力威慑后，作为财政大臣的他瞬时转变了态度，主张积极撤军。在对帝国问题的处理上，他的这一性格特征同样发挥了作用。当他判断难以阻挡民族解放的浪潮，便较为迅速地顺势而为，以便为英国赢得更多的利益。他也是一个善于维护英国和保守党尊严的人，坚持认为用武力处理苏伊士运河危机的决定并没有错，最后不良的结果仅仅是由于时局的变化。因而，我们不难理解他始终声称是英国尽到自己的责任后，自愿放弃了帝国。

麦克米伦在经历了苏伊士运河危机之后，认为应该对殖民地采取柔和的抚慰政策，以便平息世界舆论、挽救英国的"世界威望"。这一新动

---

① Stephen Howe, *Anticolonialism in British Politics: The Left and the End of Empire*, 1918–1964.

向的表现之一就是释放塞浦路斯的民族领导人马卡里奥斯大主教（Archbishop Makarios）。尽管麦克米伦知晓索尔兹伯里勋爵会因此辞职，但仍然坚持自己的想法。可能他知道索尔兹伯里勋爵的辞职并不反映保守党内的普遍倾向。当辞职发生后，时任殖民大臣的伦诺伊德－博伊德（Lennox－Boyd）在党的联邦事务委员会会见了120名后座议员，调查证明党内并不存在不可调和的矛盾，"因而，我们的政治环境是好的，没有理由不安"①。给麦克米伦带来问题的是如何处理苏伊士运河通航费的事情。在这个问题上，政府面对一群死硬的下议员，这些议员坚持英国船只不应为通过苏伊士运河而付费。这引起了麦克米伦的担心。他估计会有16—30名的反对派议员，"后一个数字将会带来严重的后果，难以使我们（政府）走得更远"②。经过保守党督导员的努力，持反对态度的议员数目下降到14个。索尔兹伯里虽有所不满，但也承认麦克米伦可能在苏伊士运河的问题上有很少的选择空间，确实需要快速地抚慰第三世界。③

在做完了上述两件事之后，麦克米伦不再有什么具体的举措，而是督促政府各机构审视英国在英联邦中的地位，特别对未来民族解放浪潮的冲击力，以及英国的应对举措做出研究，所以在1957—1959年，麦克米伦政府出台了一系列的报告。一般认为，麦克米伦担心政府的地位会因大幅度转变帝国政策而动摇。麦克米伦在处理帝国问题时，必须顾及苏伊士运河危机对保守党造成的伤害，并使新问题不会分裂保守党。麦克米伦对斯温顿勋爵（Lord Swinton）说："我们首要的目标必须是保持党的团结，在所不惜的团结。就如同时保持五个球在空中，掉下任何一个来都是不行的。"④ 他的这种心态和保守党整体的帝国意识是分不开的。

现代保守党的帝国意识源自保守党的意识形态，后者继承自19世纪保守党领袖迪斯累里，可以归为三条原则：尊重传统、社会立法和民族

---

① Simon Ball, *The Guardsmen: Harold Macmillan, Three Friends, and the World They Made*, p. 336.

② Simon Ball, *The Guardsmen: Harold Macmillan, Three Friends, and the World They Made*, p. 339.

③ Simon Ball, *The Guardsmen: Harold Macmillan, Three Friends, and the World They Made*, p. 344.

④ A. Sampson, *Macmillan: A Study in Ambiguity*, London: Allen Lane The Penguin Press, 1967, pp. 58 – 59.

主义。如果要实行新的帝国政策必须证明符合这三条原则。民族主义原则是和帝国紧紧相连的。帝国意识作为消弭党内阶级分野的方法，是党形成跨阶级联合、维护党内团结的重要因素。具体表现为英国的世界大国地位、反对共产主义和排斥欧洲联合等。保守党前党魁丘吉尔所提出的三环外交政策，实际上将帝国的存废与英国的兴盛紧紧相连，成为维护另两环的基础。尊重传统的原则有两重理解。第一重理解经常被称作"保守的原则"，信奉既有的制度、象征和观念是必要的存在，不可变更①，这一点被顽固派所利用。第二重理解是指保守哲学或保守的政治观点，是更富柔性和重视实效的。更重要的是这一原则使保守党不能通过直接改变意识形态来获得对政策的支持，而是依靠转换旧有概念的内涵。即便是全新的政策也要将之解释为对传统的遵循。这种态度在帝国问题上表现为所谓的"埃德蒙·伯克传统"。伯克通过总结北美13个殖民地的独立提出，当时代的变化不可阻挡时，就接受时代变化，所以起码在语言表述中，帝国政策应该是"调整的、包容的和渐进的"。后来，麦克米伦宣扬非殖民化是"文明使命"完成的表现正是遵循了这种传统。战后这种传统有了新的变化，保守党内信奉它的主要是知识分子、专业精英和战后不断壮大的中产阶级群体，他们在英国社会的地位和权力依赖于"专家治国"和"机会平等"观念的扩展，而非依赖于传统地位和权力背景。他们将"传统"的和"现代"的权力基础之间的对立，应用到非洲的非殖民化过程中，与生俱来的欧洲人特权同"传统"基础相联系，自治政府和多数人统治同"现代"基础相联系。所以在英国的帝国政策话语中应用了"英国责任、托管义务、伙伴关系、自由联合和自治政府"等词语。

帝国意识的调整主要围绕着中非联邦展开，而中非联邦的问题又和东非问题紧密相连。大约30万名在中非联邦的欧洲移民和6万名在肯尼亚的欧洲移民唤起了保守党内甚至英国国内普遍的"姑表兄弟"之情。种族平等在这片地区遭到顽强的抵抗。"伙伴关系"曾被用来作为解决非洲种族冲突的方式。但是在欧洲移民眼里，伙伴关系的含义是不同的，南罗得西亚首席部长说那是"马和骑手的关系"；最好的说法也就像塞西

---

① R. Hornby, "Conservative Principles", *The Political Quarterly*, July – September 1961, pp. 227 – 269.

尔·罗得斯（Cecil Rhodes）的声明，即"所有文明人权利平等"，文明的标准则自然由欧洲移民订立。① 于是，实践所谓"伙伴关系"的中非联邦成为抵制非洲多数统治的堡垒，而该堡垒正是1953年在保守党手中诞生的。在1959年之后，保守党内对非洲多数统治的一致抵制开始改变。1959年发生在尼亚萨兰的暴力活动导致52名非洲人死亡，未经审判拘留了超过1000人，这些情况突然将移民殖民地的未来带入了英国的政治议题中。中非联邦的存废成为帝国政策争论的中心。

主张坚守中非联邦（包括南罗得西亚、北罗得西亚和尼亚萨兰）的顽固派以索尔兹伯里勋爵为喉舌。自他从内阁辞职之后，索尔兹伯里失去了自己作为保守党内中心人物的地位，成为托利党右翼关于帝国和外交政策问题最主要的发言者。索尔兹伯里勋爵卷入非洲事务有个人因素也有思想背景。他的家族和罗得西亚有长久的联系，他自己在20世纪40年代就在南罗得西亚购买了农场。在他从政府辞职之后，进入了南非公司的董事会，这个公司以前统治着南罗得西亚，当时控制着南罗得西亚的经济。他是1953年中非联邦的构建者之一，和南罗得西亚的首席部长韦伦斯基有很好的关系。1956年1月，他对在南罗得西亚的欧洲人讲，罗得西亚是种族伙伴关系的样板："该模式将可能最终成为整个撒哈拉以南大陆的唯一形式。"② 在索尔兹伯里的观点中"英国对海外世界的使命"体现在保存非洲的欧洲人社区，"那里传承有广为人知的英国生活方式"。③ 因而他关注"英国政府和海外人群之间的关系"④；反对"遗弃我们帝国的前哨"和"收缩英国影响范围"⑤。坚守传统观念的托利党人如索尔兹伯里勋爵一样，认为非殖民化意味着"我们在大声喝彩声中退出一个接一个的国家，最后摧毁了联合王国国旗"⑥。罗得西亚的游说者因而能够依赖这一传统，动员英国政府支持中非地区的欧洲移民。

---

① Miles Kahler, *Decolonization in Britain and France: The Domestic Consequences of International Relations*, p. 143.
② 英国内阁档案：CAB124/2602，索尔兹伯里自由演讲，1956年1月24日，in Simon Ball, *The Guardsmen: Harold Macmillan, Three Friends, and the World They Made*, p. 334.
③ Salisbury, Lord, "Decline and Fall", *The Sunday Times*, 26 January, 1964.
④ Salisbury's Letter to The Sunday Express, 26 February, 1961, in Dan Horowitz, "Attitudes of British Conservatives towards Decolonization", *African Affairs*, Vol. 69, No. 274, 1970, p. 22.
⑤ Salisbury, Lord, "Decline and Fall".
⑥ Salisbury, Lord, "Decline and Fall".

第一章　英国政府制定殖民政策的环境 | 47

罗得西亚问题使索尔兹伯里和麦克米伦之间的关系从互不信任到公开憎恨。索尔兹伯里认为不能抛弃肯尼亚和中非联邦的欧洲移民和忠诚的非洲人。① 索尔兹伯里认为权力转交给非洲领导人之后，将不再存在伙伴关系与和谐，只会带来恐怖主义与残酷的经济灾难。② 然而，麦克米伦认为非洲人是"有力的、转变中的和强大的野蛮人"，即使他们有着"孩童"的思想。③ 麦克米伦认为英国的托管义务不可想象地弥漫于殖民地管理机构衰落的精神之中。④ 于是，他任命了一名年轻激进的殖民大臣麦克劳德（Iain Macleod）。麦克米伦相信麦克劳德认同他的"迪斯雷利式托利党激进主义"。

麦克劳德知道殖民地和帝国政策在保守党右翼眼中是最敏感的问题，也认识到没有什么比价值或意识形态的争论对党更具有分裂作用了。因此，为了让传统的保守党人接受自己的政策，他准备了大段的说辞。1960 年在斯卡伯勒（Scarborough）⑤ 召开的保守党人大会上，他将自己对待殖民问题的态度表达为遵循托利党人家长传统，认为"人的责任"不应该放在"人的权利"前面。所以欧洲移民的特权不具有合法性。但他没有使他的批评者信服，他的批评者要么像索尔兹伯里勋爵一样控诉他努力蒙骗非洲的欧洲移民，要么怀疑麦克劳德的用心。麦克劳德所反映的是柔性理解尊重传统原则群体的观点。该群体不承认被麦克劳德称为"老沙文主义的习语"，即"英国不仅是头而且是帝国拥有者"的论调。⑥ 由保守党知识分子组成的弓集团（The Bow Group）中的成员都相信柔性的第二重理解。他们认为保守党不仅应该对环境的变化做出反应而且应该期望新的反应，他们格外关注非洲多种族地区的问题，支持麦克劳德的政策。他们和麦克劳德的其他支持者一起努力避免保守党联邦委员会

---

① 英国首相办公厅档案：PREM11/3414，索尔兹伯里致麦克米伦，1961 年 2 月 4 日，in Simon Ball, *The Guardsmen: Harold Macmillan, Three Friends, and the World They Made*, p. 346.
② 英国首相办公厅档案：PREM11/3414，索尔兹伯里致麦克米伦，1961 年 2 月 4 日，in Simon Ball, *The Guardsmen: Harold Macmillan, Three Friends, and the World They Made*, p. 346.
③ Philip E. Hemming, "Macmillan and the End of the British Empire in Africa", in Richard Aldous and Sabine Lee, eds., *Harold Macmillan and Britain's World Role*, pp. 99 – 100.
④ 英国首相办公厅文件：PREM11/2587，1959 年 7 月 3 日。
⑤ 英格兰北约克郡的一座海滨小镇。
⑥ Dan Horowitz, "Attitudes of British Conservatives towards Decolonization in Africa", *African Affairs*, Vol. 69, No. 274, January, 1970, p. 19.

(Conservative Commonwealth Council) 被顽固派所左右。[①] 该会议对政府的影响能力源于政府当选对党的组织和经费的依赖,它成为保守党内热衷于殖民帝国者的港湾,是一个反对在非洲殖民地实行新政策的源头。星期一俱乐部(The Monday Club)也是党内不满麦克米伦国内外政策的小群体,在麦克米伦政府任期内一直作为议会外组织存在。帝国忠诚者同盟(The League of Empire Loyalists)甚至提出了"列宁—麦克米伦路线"的说法,但该组织作为极右翼,没有多少影响力。在保守党年会上,非洲的非殖民化问题相对来说没有激起什么波浪。在麦克劳德担任殖民大臣的1960年和1961年也是如此。麦克米伦的反共产主义逻辑——向殖民地让步能够避免殖民地提出更加激进和更多违背英国利益的要求,能够防止共产主义渗透进殖民地——在党员之间的谈话中很流行。实际上,大会对国外事务的关注度是很低的,只有移民问题和加入共同市场引起了较大的回应。显然,政府在帝国事务上握有很大的主动权。

除了首相之外,麦克米伦政府中最富争议的成员无疑是右翼的索尔兹伯里勋爵和左翼的殖民大臣麦克劳德。这两位大臣代表着保守党内的新老两代,前者在英帝国鼎盛的爱德华时代步入政坛,后者在英帝国屡受冲击的"二战"后崛起。这两位大臣也代表着对保守党意识形态的不同理解,前者代表着对尊重传统原则的僵化理解,后者则代表着更富柔性和重视实效的理解。但是,在现实政策的制定中,两种理解是相互交织的,索尔兹伯里也认可某种程度的退让,麦克劳德同样致力于维护帝国。后者认识到民族解放运动的时代浪潮难以阻挡,力图以政治让步保有英国的利益。麦克米伦则努力协调两代人和两种传统。虽然,他想保有既有的帝国利益,但民族解放运动的时代浪潮却让他不得不变得柔性和重视实效。

本章小结

任何政策都不是凭空产生的,而是在对外部压力和国内环境进行研究之后,由具有一定组织特色的机制和有倾向性的领导人做出的。

[①] David Goldsworthy, *Colonial Issues in British Politics*, 1945-1961, p. 285.

由于"二战"的影响，英帝国赖以生存的世界格局不复存在，世界殖民体系遭受重大打击。虽然，各殖民宗主国在美国的默许和帮助下，试图恢复旧有的殖民体系，但是在世界民族解放运动和国际共产主义运动的双重打击下，日益分崩离析。为了维护旧有的殖民体系，英国发动了侵略埃及的苏伊士战争，结果却向世人展现出自己国力的虚弱，受经济实力局限的军事实力已不足以四处维护殖民统治。这构成了英国政府所面临的外部压力。

英国政府还需面对复杂的国内环境。在金融—军政利益集团联盟的影响下，战后英国国内政治由三大变量构成：社会危机、公众舆论和政府协调策略。社会危机引发公众舆论，政府在公众舆论的框架中制定政策。战后英国国内政治面临公众对国家政权合法性、帝国合法性的质疑。质疑集中表现在两个方面：一是建设福利国家的公众需求与维持帝国开支的政治需求之间的平衡性被打破，二是公众帝国自豪感的逐步丧失。在公众舆论的压力下，利益集团联盟走向解体。在此情况下，英国政府被动采取了一系列措施，经历印巴独立和撒哈拉以南非洲殖民地独立，使英帝国过渡到英联邦。可以这么说，帝国解体的重要原因之一是居于统治地位的利益集团联盟丧失了维系帝国的能力。

英国的政党体制独具特色，是英国政府拟定政策的有利条件。两党制使工党或保守党政府具有比法国多党制政府更为稳定的地位。内阁集体负责的惯例增强了政府对工党或保守党内反对派的抗争力，因为不支持内阁可能导致自己政党的下台。而党魁的推举制度使首相在内阁中具有突出的地位。这些都是戴高乐以前的法国政府首脑所不具备的。无疑，这一体制因素有助于维持英国政局的稳定，在一定程度上可以解释英国的非殖民化过程为何较为平稳。

正是在上述环境中，英国政府领导人发挥出自己的领导风格。如艾德礼打出"改良"的旗号，构建以撒哈拉以南非洲为中心的帝国。丘吉尔和艾登一心想巩固帝国并采取相应措施，却由于发动苏伊士运河战争严重削弱了帝国。麦克米伦发挥其柔性和重视实效的领导风格，正确认识到英国国力进一步相对衰落的现实，及时跟上时代的发展，主持了英国在英属撒哈拉以南非洲的殖民撤退。对他们任期政策的详细分析将在本书第二章中展开。

第二章　英国对撒哈拉以南非洲宏观帝国政策的演变

第二次世界大战结束后不久，英国便不得不从南亚次大陆撤退。印度曾是英帝国的核心殖民地，被视为帝国王冠上的明珠。英国撤出南亚次大陆并不意味着它准备放弃帝国，立即从其他殖民地撤退。相反，无论是工党政府还是随后上台的保守党政府都竭力保有剩余的殖民地。由于战后的国内经济问题以及正在开展的冷战，历届英国政府认为自己的最大任务不是削弱帝国，而是寻找加强帝国的方式，以最大限度地开发其经济和战略潜力。正是由于以上原因，英国政府加强了对非洲的开发，试图建立以非洲大陆为核心的第三英帝国。然而，由于殖民地人民的反抗和国际局势的变化，英国政府对撒哈拉以南非洲的宏观帝国政策只能不断调整，经历了从以"固守"为主，到"固守"和"撤退"结合，再到以"撤退"为主的三个阶段。本章先通过对三个阶段英国政府政策的分析，探讨英国历届政府政策的延续性和变异性，揭示出历届政府一贯重视保有帝国的政策立足点；后从英帝国体系的故有弱点入手，探讨英国政府政策与殖民撤退之间的关系。

第一节　构建以撒哈拉以南非洲为中心的新帝国（1945—1951）

1945—1951年是英国工党执政的时期。工党以"改革者"的姿态，在国内初创福利国家政策体系，在国外初创以撒哈拉以南非洲为中心的新帝国框架，在此节中我们简要分析工党创立新帝国框架的思想渊源、出发点和主要政治措施。

一 工党帝国政策的思想理论渊源

由于英国工人阶级和资产阶级以民族为界限共享垄断殖民地的超额利润。从根本上看,工党的理论家主张维持一个帝国,这个帝国的合法性依赖于它能够维持全球的秩序,特别是经济秩序。费边派的重要成员肖伯纳在《费边主义与帝国》一书中提到国际交通和通商是整个人类的福祉,需要一个政府加以维护。如果本国政府不能做到这一点,外来的商业强国必须建立替代性的新政府。此外,妨碍国际文化传播的国家也是必然要灭亡的,英国文化或者往大一点说西方文化是国际文化的替身。无论是经济上还是文化上,英帝国的政治秩序都获得了合理性。20世纪30年代费边派的重要成员、工党的理论家拉斯基持相近的看法。他认为帝国能够保持有效的国际秩序,能够确定合适的关税、劳动标准、维持原料供应、进行落后地区开发,因而帝国获得了合理性。[①]

另外,工党的理论家认为帝国需要改革。1918年6月工党在《工党与新社会制度》的声明中,主张对附属国、附属种族和殖民地不实行强力统治,而倡导殖民地人民最大限度地参与政治和经济事务。[②]

20世纪30年代,工党领袖克莱门特·艾德礼指出,一方面英国不能放弃帝国统治,另一方面要实行某种统治方式的改革。他说不管大英帝国是如何形成的,大不列颠需要对千百万有色人种的福祉负责,不能轻言放弃统治。在此前提下工党要根据不同情况给予殖民地以自治权,各殖民地是否获得自治权取决于各自的成熟程度。对于成熟的地区,工党政府总是宁愿犯过早赋予而不愿犯过晚赋予自治权的错误。对于不成熟的地区,英国政府继续实行委任统治。[③] 于是,在艾德礼成为首相后,以英属撒哈拉以南地区属于不成熟地区为由,延缓向殖民地人民移交政治权利。

如上的观点实际上框定了1945—1951年工党政府制定政策的基本出发点,一是捍卫帝国,二是帝国需要改革,三是依据各地区的情况决定英国的对策。

---

① 陈其人:《殖民地的经济分析史和当代殖民主义》,上海社会科学院出版社1994年版,第103—104页。
② 《各国社会党重要文件汇编》,世界知识出版社1959年版,第310页。
③ [英]艾德礼:《工党的展望》,吴德芬、赵鸣岐译,商务印书馆1961年版,第132—133页。

二 工党帝国政策的出发点

以上述基本出发点为基础，工党政府要应对战后国际格局提出的挑战。战后国际格局对政府提出的要求是快速恢复经济实力，以便在日趋明显的美苏对立的国际环境中保证自身世界第三大国的地位。从此点出发，工党政府的帝国政策集中于两个方面，一个是经济的殖民地开发政策，一个是政治的殖民地改革政策。前一个政策为尽可能开发殖民地的经济资源弥补战后英国虚弱的经济地位，既表现在克服美元短缺，也表现在缓解英国食物和原料短缺方面。后一个政策是为化解殖民地民族主义的挑战和国际压力，在殖民地实行程度不同的政治让步，保证自己拥有广阔的海外属地弥补自身本土面积的不足，挟殖民地以自重，对抗苏联，威慑美国，从而确保英国的世界大国地位。

执政之后，1924—1939年工党持续坚持的一些原则，在内阁层面上已经不复存在。在1945年，英帝国仍旧显得很现实，不仅丘吉尔不准备主持英帝国的瓦解，对艾德礼首相，甚至对60年代末的哈罗德·威尔逊首相来说，也是如此。首相作为内阁的首位成员，他的态度代表着大臣们的普遍态度。对于工党大臣来说，以往政纲中那些和平主义、裁军、反资本主义、工人阶级团结、反军国主义和反帝国主义等立场，都已成明日黄花。担任食品大臣的马克思主义者（前共产党员）约翰·斯特雷奇（John Strachey）积极推行在坦噶尼喀种植落花生以改善英国人造黄油供应的窘境，稍后他作为国防大臣负责对马来西亚反殖民起义的镇压活动。

对英国来说，由于战后的经济问题以及正在开展的冷战，工党政府已经普遍认识到，现在政府的最大任务不是削弱帝国，而是寻找加强帝国的方式，以最大限度地开发其战略和经济潜力。[1]

英国工党艾德礼政府的殖民政策一个基本特征便是实行"改良"的帝国主义。对于内阁成员们而言，老式的帝国主义已经死掉了，但对于帝国强权而言仍有许多建设性的工作要作。

最重要的建设性工作是在印度独立后确定帝国存在的新基石。出于现实需要，艾德礼政府将非洲特别是撒哈拉以南非洲确定为帝国倚仗的

---

[1] L. G. Butler, *Britain and Empire, Adjusting to a Post-imperial World*, London: I. B. Taurus, 2002, p. 63.

重点。这一决定来源于该政府对帝国四大区域的通盘考虑。艾德礼政府按四大区域考虑帝国政策：一是印度，由于印度在 19 世纪以来英帝国中的核心位置、次大陆级的体量和蓬勃发展的民族主义，都让印度以及如何寻找印度在英帝国中的替代者成为艾德礼政府考虑的重点；二是中东地区，这个地区由于石油资源和地处苏联腹地南部显示出新的价值，然而民族主义和防卫苏联的军事重负，让艾德礼有了将军事重心转移到肯尼亚的想法，只是由于军方和内阁强硬派的反对才未实施；三是撒哈拉以南非洲地区，这个地区由于大陆级的体量，被英国政府希冀于它能提供更多的经济资源和军事人力资源，以克服印度脱离帝国后，英帝国的经济和军事虚弱。四是东南亚和太平洋岛屿国家。马来亚被视作战略前哨，当然也是出口物资换取美元的重要来源地。维持在马来亚的存在不仅要求英国镇压当地反抗武装，而且要求英国直接出兵抗衡印度尼西亚的压力，耗费不少。澳大利亚则被视作英帝国太平洋地区的支柱。然而这一地区更多的是战略利益，同维持帝国的耗费相比不具有突出价值。综合来看，撒哈拉以南非洲地区被英国政府作为战略后方和经济资源筹集地而纳入政策考虑的核心，成为印度独立后的替代者。

具体而言，艾德礼政策对非洲政策有两个重点，一是推行地方自治政府改革，二是大力推行资源开发，包括贴补英国国内对食品和原材料的渴求和出口换取美元。帝国自然不会成为为殖民地人民着想的慈善机构。相反，帝国的资源成为英国摆脱经济困境的有力助力。我们在此处主要谈论政治领域的地方自治政府改革。

三　工党政府的地方自治政府改革

对于非洲殖民地，工党政府"非殖民化政策"的主要内容是创造实行自治的条件，因此强调开发资源和改革地方政府制度。1946 年，英国殖民大臣乔治·霍尔在一项声明中说："我们的政策是开发殖民地及其一切资源，以便使其人民迅速和大幅度地改善他们的经济和社会状况，并在有实际可能时尽早实现责任制自治……英王政府将尽其所能帮助他们达到这个目标。"显然，霍尔强调的是经济和社会发展，这一政策重点又被他的继任者所重复。1949 年，克里奇·琼斯在议会谈到非洲殖民地问题时说："我认为我们只有在扩大了社会设施后才能加速政治发展。"[1]

---

[1] 吴秉真、高晋元主编：《非洲民族独立简史》，世界知识出版社 1993 年版，第 349 页。

从思路上讲，工党对非洲的新政策基本上是"政治优先"的策略，即引导建立自治政府，以此为平台对大众进行政治教育，促进维多利亚时代"自助"和自我进步理念的传播，对殖民地人民实现有限的政治和经济动员。这种政治举措既是对殖民地区普遍政治形势的适应，也是为了配合殖民地开发计划。

地方自治政府改革是英国官员适应撒哈拉以南非洲具体环境的产物。1946 年，殖民部的官员很清楚需要采取新的政策以适应撒哈拉以南非洲新的政治环境。所谓新的政治环境主要由六个维度构成：第一，民族主义浪潮席卷而来。如艾德礼所说，曾经在印度遇到过的民族主义浪潮现在扩散到了非洲。艾德礼认识到"这肯定是一股浪潮而非泡沫"，然而非洲的文明程度是如此之低，太快转移权力会面临危险。① 第二，第二次世界大战让参战的非洲人看到了白人的弱点，白人政府的威望受损；第三，为了贯彻新的社会福利和经济发展计划，新的政治策略需要能够更广泛动员非洲人参与；第四，旧有的间接统治模式已面临日益增多的批评；第五，在中东非，需要采取某些主动措施，以避免出现当地白人移民组织的政权争取独立的情况，特别是遏制南非向北方英属中非的渗透；第六，来自联合国、苏联、美国和其他国家对殖民政策的谴责。上述这些因素共同要求工党政府采取新的政策取向。

地方自治政府改革代表着英国殖民统治模式的转变，从间接统治模式转变为直接统治的地方自治政府，代表着英国政府对间接统治效果的失望。一位任职非洲的殖民官员卢加德勋爵在其《热带非洲的双重管理》一书中解释为，英国政治模式是通过那些接受英国指导和控制的传统本地统治者进行统治。这是一种很保守的统治方式，它将非洲的中产阶层排除在统治权力之外，而依靠部落首领与当地统治者之间的合作来进行统治。② 尽管间接殖民统治方式是一种比较廉价而有效的经典统治策略，但早在战前的 1930 年，英国国内就已经有人对这种统治模式颇有微词。英国非洲研究勘察委员会主任海利勋爵在其《非洲观察》一书中批判"间接统治"在政治上是过时的，它阻滞了殖民地经济和社会的现代化以

---

① Ronald Hyam, *Britain's Declining Empire: the Road to Decolonization*, 1918 – 1968, p. 96.

② Nicholas J. White, *Decolonisation: The British Experience Since* 1945, London: Lonagman, 1999, p. 15.

及威斯敏斯特模式的议会制度的发展。① 故而,1946 年殖民部的一份文件中讲道,"建立非洲本地政府的这一极具灵活性的政策"将可以保证"人民大众"不会追随"那些暴乱分子的领导,而这些人恰恰就是要将我们尽快地赶走"。②

1947 年 2 月,英国殖民大臣在给非洲殖民总督的一份通报中宣布了一项新政策,表示要将殖民地的土著当局改造成"有效率的民主的地方政府制度"。其主要内容是:把许多分散而效率不高的土著行政单位合并为较大的行政单位,通过选举产生村、地区、县乃至省的地方政府,逐步取代原来的土著当局;同时通过选举吸收知识分子、新兴的中产阶级和农民参加地方政府。英国政府实行这项改革的目的之一是提高行政效率,因为许多代表土著当局的酋长文化水平低,没有能力管理地方经济发展项目和社会设施,英国需要有一批受过学校教育的非洲人协助它贯彻这方面的政策。更重要的是,英国指望通过满足一部分知识分子和中产阶级参政要求的办法,将他们变为殖民政府新的合作者。工党政府还希望新的地方政府能成为所谓"民主的训练场",将来逐步由在地方政府中受过训练、政治上能与英国人合作的非洲人进入立法会议和中央政府,实现殖民地的自治。

安德鲁·科恩(Andrew Cohen)具体操作了政策规划的拟定。他于 1947 年 2 月发出著名的"地方政府通告",主张在地方政策层面建立高效的代议制政府,以此为基础构建各殖民地中央政府的坚实底座。③ 以此文件为考虑前提,1947 年 11 月召开了非洲总督会议。关于彻底落实这些政策时间期限,科恩认为即便是在各方面发展最为领先的加纳,内部自治政府也需要一代人的时间才能实现,在其他地区进展可能更慢。如此,一个二三十年或更长时间的计划便显得更为必要了。对于已经实现内部自治的殖民地,如 1923 年南罗得西亚白人政府,也被认为需要很长的时间才能走向独立。总之,起码在一代人的时间内主要的殖民地地区仍只

---

① John Dawin, *Britain and Decolonization: The Retreat from Empire in the Post-war World*, New York: St. Martin's Press, 1988, p. 19.
② Nicholas J. White, *Decolonisation: The British Experience Since 1945*, p. 17.
③ 英国殖民部档案:CO847/35/6, nos 15 - 24, 25 February 1947, Circular to African Governors, in in Ronald Hyam ed., *British Documents on the End of Empire: The Labour Government and the End of Empire*, 1945 - 1951, London: HMSO, 1992, 第 1 册, 第 44 号文件。

能将实现地方政策层面的自治作为政治目标。没有任何明确的时间表被制定出来。可以看出，这些政策阐述更多是为了应对科恩所说的"来自外部的持续的批评和干预"①。

实际上，这一思路的宣传意义要远远大于实际意义。在实际操作上，英国政府以"文明优越论"为支撑，以对撒哈拉以南非洲人文明程度的蔑视，否认撒哈拉以南非洲人的政治和经济组织能力。艾德礼对罗得西亚非洲人说他们有"很长的路要走"，甚至更直接地表达出自己对非洲人的轻视"政治不可能从书本上习得"。克里奇·琼斯（Creech Jones）则尖锐地抨击东非地区"不负责任"的民族主义者。殖民部的一位高官相信非洲具有一种"乞丐精神"，总是像过圣诞节的儿童向父亲乞求礼物那样看待政府。他认为非洲人仍旧处于"完全野蛮未开化"的状态，在整个大陆都不可能阻挠宗主国的计划。②作为巡视大员，他已经采取了尽可能严肃的态度谈论非洲形势，他的态度很好地说明了当时英国政府高层的普遍心理。

所谓的自治政府是工党长期的政策，是一个受到严格控制的进程，英国政府掌握着进程节奏。在工党的思路中，政治进步是以经济发展为基础的，而且自治政府即便成立也必须留在英联邦内。在这两个前提下，"一个精力旺盛的、成熟的和乐意的伙伴显然比一个依附的、稚嫩的和不乐意的伙伴更符合我们的心意"③。

"伙伴关系"这个词成为战后历届政府所用词中最富弹性的之一。它在不同的地域、不同的时期被赋予了不同的解释。在此时的撒哈拉以南非洲，这一词语所指代的是尚不成熟、需要英国人耳提面命的孩童甚至未开化的非洲人。甚至在英属中非地区的白人移民政治领袖将"伙伴关系"比喻为马和骑手的关系。这个充满弹性的词语成为地方自治政府改

---

① 英国殖民部档案：CO847/36/1, no9, 22 May 1947, in Ronald Hyam ed., *British Documents on the End of Empire：The Labour Government and the End of Empire*, 1945 – 1951, 第1册, 第59号文件。

② 英国英联邦部档案：DO35/2380, no.1, "Tour in Africa, Nov – Dec.1947", 19 December 1947, in Ronald Hyam ed., *British Documents on the End of Empire：The Labour Government and the End of Empire*, 1945 – 1951, 第2册, 第104号文件。

③ 英国殖民部档案：CO537/5698, no.69, May1950, "The Colonial Empire Today：Survey of Our Main Problems and Policies", in Ronald Hyam ed., *British Documents on the End of Empire：The Labour Government and the End of Empire*, 1945 – 1951, 第1册, 第72号文件。

革的核心理念。

1948年黄金海岸阿克拉骚乱拉开了西非政治改革序幕。从体制上讲，英国帝国政策的制定要经过三个层次，即内阁、殖民部或英联邦部和殖民地总督。骚乱发生之前，西非地区的各位总督对政治改革持冷漠的态度，改革仅仅停留在纸面，被以非洲人文明程度难以胜任自治为由束之高阁。阿克拉的抗议发生后，从殖民部到殖民地总督开始正视非洲社会力量的变化，以更积极的心态筹划改革。在殖民官员看来，尼日利亚和黄金海岸的民族主义运动主要存在于城镇之中，正在向一些乡村地区扩展。不管是城市还是乡村，民族主义者主要来自受过西式教育的阶层，主张立即实现自治政府；温和派来自专业人士和商业人士以及开明酋长，即认识到宪制进步必须渐进并准备同政府的进步政策合作；广大乡村人口，还没有政治觉悟，生活在部落制度下，将酋长作为他们的代表。虽然第三类人群占据了人口的绝大多数，但政治压力从前一类人群中而来。所以，成功的政策必须满足第二个阶层，同时捍卫第三个阶层的利益，可以适当前行满足第一个阶层的要求以争取部分合作，但要排斥极端民族主义者。①

以上述社会分析为模本，确立西非政治改革的模式。先是黄金海岸，稍后尼日利亚进行了政治改革。1951年《麦克弗逊宪法》直接复制了黄金海岸政治改革模式。麦克弗逊（Macpherson）将之称为杀死极端分子，培植温和政治领导人的有效手段，实施它可以提前抽取民族主义者的基础。② 如英国官员所述，我们不能等待被历史进程甩到身后，这种事情在黄金海岸、苏丹和利比亚等地一再发生。③ 通过1951年《麦克弗逊宪法》，尼日利亚地方政府转变为半责任制政府，明确结束了旧有的间接统治体制。对尼日利亚适宜独立的怀疑态度一直保持到工党政府下台。黄

---

① 英国殖民部档案：CO537/5698，no.69，May1950，"The Colonial Empire Today: Survey of Our Main Problems and Policies"，in Ronald Hyam eds.，*British Documents on the End of Empire: The Labour Government and the End of Empire*，1945-1951，第1册，第72号文件。

② 英国殖民部档案：CO583/287，no.4，Cohen to Macpherson，2 June 1948；CO583/286，Macpherson to Cohen，28 June 1948，in Martin Lynn eds.，*Bitish Documents on the End of Empire: Nigeria*，London: HMSO，2001，第1册，第49号文件。

③ 英国殖民部档案：CO554/298，no.13，Macpherson to Sir T. Lloyd，18 January 1952，in David Goldsworthy ed.，*British Documents on the End of Empire: The Conservative Government and the End of Empire*，1951-1957，第2册，第263号文件。

金海岸和尼日利亚被工党政府官员看作先行者，可以经过很长时间走向独立，而塞拉利昂和冈比亚的政治改革则更为滞后。

在中非、东非，政治改革的模式与西非不同，强调白人移民、印度裔和土著非洲人作为三个主要种族分享权力，实质的政策核心既在于限制当地白人移民权力，限制其走向独立，同时利用前两个族群制衡土著非洲人。① 在工党执政时期，政策的首要出发点是前者。用时任外交大臣贝文（Bevin）的话来说，要记得英国如何失去的北美殖民地，他不想扮演乔治三世的角色。政策的原则应是经济上绥靖，政治上限制。此项政策表现在以经济开发的名义，放任肯尼亚白人占地；② 表现在筹备英属中非三地合并为中非联邦，这个措施将补贴南罗得西亚白人，抵制南非的影响。③

四 工党政府帝国政策的实质

一位英国官员曾高度自我表扬，将工党采取的政策称作"超越了已经公布的任何政治实验，包括苏维埃俄国人或其他任何人的实验"④。

工党政府的政策实质上处于传统殖民地政策改革范畴之中，并不以非殖民化为最终目的，仅是个地方政府改革计划，目的是将殖民地民族主义者的注意力吸引到地方层面，这是两次世界大战期间英国已在印度实行过的策略。实行这种策略同20世纪40年代晚期非洲的民族主义还没有真正形成，仅仅处于"原始民族主义"阶段有关，到60年代初那种持续性、全民性的民族主义运动还未出现。由于压力不够，英国政府"没

---

① 英国殖民部档案：CO537/5698, no. 69, May 1950, "The Colonial Empire Today: Survey of Our Main Problems and Policies", in Ronald Hyam ed., *British Documents on the End of Empire*: *The Labour Government and the End of Empire*, 1945–1951, 第1册, 第72号文件。

② 英国内阁档案：CAB21/2277, M373/46, Minute to Creech Jones, 29 October 1946, in Ronald Hyam ed., *British Documents on the End of Empire*: *The Labour Government and the End of Empire*, 1945–1951, 第2册, 第115号文件。

③ 英国内阁档案：CAB129/45, CP (51) 109, 16 Apr 1951, in Ronald Hyam ed., *British Documents on the End of Empire*: *The Labour Government and the End of Empire*, 1945–1951, 第4册, 第433号文件。

④ 英国殖民部档案：CO886/49, no. 1, "Reflections on Colonial Office organisation", 10 May 1948, in Ronald Hyam ed., *British Documents on the End of Empire*: *The Labour Government and the End of Empire*, 1945–1951, 第1册, 第70号文件。

有意愿过早地废除自己的责任"①，故而，此时的政策还不能算作非殖民化政策。

之所以这么说，还源于工党政府帝国政策的动力和初衷。英国不再有充分的经济资源，一方面是南非在非洲的不充分合作，印度在亚洲逐渐采取自主立场，联合国的反殖民压力，以及朝鲜战争带来的战备恐慌都削弱了工党政府维护帝国的能力，而另一方面是殖民地民族主义浪潮不断高涨。有限的经济资源、过度延伸的防卫要求、为赢得冷战过多的地缘政治义务，这些都需要英国国内和帝国广大地区大众的支持，这便构成了改革殖民政策的动力。通过改革保持某种相对民族主义运动先行的主动性，并扶持亲英的温和派领导人，以便在未来殖民地独立时能够在多种族英联邦框架下保持长久的贸易和战略关系，将原殖民地继续保持在帝国框架内，成为其维护世界大国地位的工具，工党政府几乎可以说代表了帝国理想主义的最后高潮。政府成员们试图做出的尝试仅仅在于希望转化老的帝国主义到新的具有道德感的殖民政策上。

可以这样认为，尽管工党的计划涵盖了广泛的殖民地问题，但不意味着这里存在任何结束帝国的战略计划。他们制订的宏大战略计划仅仅是技术性的调整而已，是为了应对丧失印度后的新形势。1947年4月30日有一份备忘录评价了英国在面临经济危机和印度独立后所应采取的策略。② 备忘录建议应尽可能快地收起英国在中东、北非和东南亚的负担，集中力量到非洲，此应成为英国未来行动的核心。这表明英国政府希望在集中力量确保重点的同时，力图保持帝国的全球性框架。同时潜在地，英国政府将撤离一些地区作为可行的选项。

工党政府的政策同后续保守党政府政策有所区别，最大的一点是工党政府的政策试图更新帝国统治模式以跟上时代前进的步伐，后续丘吉尔政府的基本态度是尽可能地让殖民地通向独立的步伐慢下来。著名记者布赖恩·拉平评论说："有人认为，不管是工党还是保守党执政，其帝

---

① 英国殖民部档案：CO537/5698, no. 69, May 1950, in Ronald Hyam ed., *British Documents on the End of Empire: The Labour Government and the End of Empire*, 1945–1951, 第1册，第72号文件。

② 英国殖民部档案：CO537/2057, no. 48, 30 April 1947, "International Aspects of Colonial Policy", in Ronald Hyam eds., *British Documents on the End of Empire: The Labour Government and the End of Empire*, 1945–1951, 第2册，第174号文件。

国主义政策都没有两样,这种看法不对。工党对殖民地增长中的民族主义比起保守党反应总是更富同情心且更迅速。"① 他的看法并非完全没有道理。当然,我们应该看到工党本质上讲还是一个维护帝国的党,工党政府政策的主旨在于为失去印度的英帝国重新找到一根支柱。

第二节 英属撒哈拉以南非洲帝国的勉强维系(1951—1956)

战后历届政府中,1951—1956年执政的丘吉尔和艾登保守党政府可称为主观想法和客观结果相距最远的政府。这届政府任期内,帝国并不平静。政府先后镇压马来亚、肯尼亚和塞浦路斯的反英起义,暂停英属圭亚那宪制进程,流放塞浦路斯希腊人政治领袖、乌干达殖民地中布干达王国的国王,在英属苏丹和黄金海岸成立了自治政府,从埃及的苏伊士运河区、南非的西蒙敦(Simon's Town)海军基地撤军,经历了苏伊士运河危机的灾难。然而,这届政府通常被认作在帝国殖民政策上处于严格意义上的保守地位②,也有学者认为此届政府并不那么保守、被动,以较积极的心态应对帝国难题③。在笔者看来,前者主要从政策制定的主观动机出发,后者主要从政府处理的众多帝国事务及其客观效果出发。一直存在于英国政府帝国政策中主客观背离的情况在这届政府的时期内表现得最为突出。

从该届政府成员的主观想法来看,他们一心想巩固帝国并采取相应措施,却由于发动苏伊士运河战争严重削弱了帝国。显然此届政府未能正确认识英国国力进一步相对衰落的现实及时跟上时代的发展。这成为理解后续的麦克米伦保守党政府实行快速非殖民化政策的基础。

从该届政府成员的客观作为来看,他们执政时期帝国各地政治改革的步伐比艾德礼工党政府时期更快。除在印度、锡兰和缅甸进行积极的政治改革外,艾德礼工党政府在其他地区特别是非洲地区的政策相当谨

---

① [英]布赖恩·拉平:《帝国斜阳》,钱乘旦等译,上海人民出版社1996年版,第6页。
② David Goldsworthy, *Keeping Change within Bounds: Aspects of Colonial Policy during the Churchill and Eden Governments* 1951–1957, pp. 81–108.
③ Martin Lynn, edit., *The British Empire in the 1950s: Retreat or Revival?* Introduction.

慎。我们已经考察过工党政府的政策，其政策同其他届政府一样主张渐进地改革，想将变化限制在地方自治政府的政治妥协之内，想在反抗共产主义的名义下保持帝国的全球性结构。如果仅从提出的政策口号上看，丘吉尔、艾登保守党政府甚至比工党政府更向前迈了一大步。工党政府那里的"伙伴关系"概念在保守党政府这里被演化为"多种族社会"概念；工党那里的"地方自治政府"政策在保守党政府这里演化为"英联邦内自治政府"政策；在工党政府那里，预计非洲各地独立的时间为"一代人或更久"，到丘吉尔、艾登保守党政府这里预计非洲各地独立的时间大为缩短，转变为"15 年左右"。

丘吉尔、艾登保守党政府的这种主客观背离的政策形成的原因何在？是主观意识适应环境的产物，还是被迫适应的结果？

一 "尽可能地慢下来"与苏伊士运河战争

无论是同之前的艾德礼工党政府相比，还是同稍后的麦克米伦保守党政府相较，丘吉尔、艾登保守党政府突出的特点是不喜欢制订整体性的计划，政策思路上的探索基本停止了。丘吉尔解散了许多内阁委员会，实际上将政策制定的权力集中在更小的范围，经常由首相自己或者三五个亲近大臣制定出应对性政策。这一政策制定方式体现出丘吉尔以消极的态度应对帝国形势的变化，发展到艾登那里试图用武装干预的方式在苏伊士运河问题上挽救帝国衰亡，反而加速了帝国的解体。

丘吉尔曾提出战后长期被英国历届政府奉为圭臬的三环外交政策，即视英国在欧洲的核心地位、在英帝国/联邦的超然地位和英美关系中的伙伴地位为捍卫英国国际地位的三大支柱。这三大支柱从政治上支撑了英国的国际地位，也可以说是从外交策略上维护了英国的国际地位。英国自身的经济实力则是支撑这三根支柱的核心。英镑的地位是英国经济实力消长的晴雨表。帝国政策的制定同英镑地位的变化息息相关，维持帝国需要一定的花费，增加的开销会削弱英国政府维护英镑的资源，而从帝国撤退则会损害外界对英镑的信心。尽可能廉价地维持帝国成为战后历届政府制定帝国政策的出发点之一。丘吉尔、艾登政府也是如此。

然而，在关乎帝国战略、经济利益的关键地区，在被认为受到共产主义渗透的地区，选择坚守仍旧被认为是必要的。丘吉尔以捍卫帝国著称。在制定《大西洋宪章》时，他坚持将民族自决的权力范围限制在白人范围内，在战后屡屡反对工党稍显变革精神的帝国政策。在丘吉尔于

1955年宣布退休后，长期辅佐他处理外交事务的艾登接任首相，继续奉行丘吉尔的方针。1955年保守党政府在塞浦路斯宣布"紧急状态"，镇压塞浦路斯人民的反英斗争是为了继续掌握在当地的军事基地，继续进行马来亚的殖民战争则是为了获取当地的美元出口品，1953年在英属圭亚那宣布"紧急状态"，武力中止合法政府则是出于反共产主义渗透的考虑。实际上对上述三个因素的考虑经常是综合的，如1952年保守党政府在肯尼亚宣布"紧急状态"，发动镇压"茅茅运动"的殖民战争。再如1956年艾登保守党政府发动苏伊士运河战争。

丘吉尔、艾登政府要解决的帝国核心问题是在南亚次大陆独立后继续巩固其在印度洋的地位。要解决这一问题便需要估算英国的国力，国力最直接的体现便是外汇赤字问题。战后初期直到20世纪50年代，依靠加大开发殖民地的力度，恢复自身经济是英国政府一以贯之的政策。开发殖民地计划在1951—1957年运转得并不如设想的那样好，最重要原因是资本投入不足。投入殖民地开发的资本以官方资本居多，作为官方资本掌管者的英国财政部和英格兰银行并不十分乐意资金流向帝国，因为那样会扩大英国国内发展资金的缺口，私人资本并不积极向殖民地投资。在20世纪50年代，从伦敦资本市场筹集殖民地贷款也并非持续地受到投资者的欢迎。此外有限的资本集中在出口创汇部门，限制了殖民地经济长远发展的潜力。出口创汇的政策导向使不少地区原材料生产有了迅猛增长，也有不少经济开发项目以亏损告终，如东非的花生种植计划。总体上讲，殖民地开发计划虽然缓解了英国战后的经济困难，然而英国仍旧没有实现依托开发殖民地让自己摆脱周期性英镑危机的经济目标和让美国在经济上依赖自己的战略目标。在20世纪50年代，英国在世界贸易额中的比重持续下降，英国工业品的竞争力也逐渐降低。尽管英国的货物在许多殖民地有关税优惠，英帝国有一个巨大的市场，然而英国出口到殖民地市场的份额从1953年的29%下降到1958年的23%，同时殖民地向英国市场出口货物的份额从31%下降到23%。[1] 上述经济数据展示了英国能投入保卫帝国方面资源的程度。

---

[1] C. R. Schenk, "Decolonization and European Economic Integration: The Free Trade Area Negoriations, 1956 – 1958", *The Journal of Imperial and Commonwealth History*, Vol. 24, No. 3, September 1996, p. 447.

第二章 英国对撒哈拉以南非洲宏观帝国政策的演变 | 63

　　如何在可承受代价的情况下维持帝国成为丘吉尔、艾登政府帝国政策的出发点。时任财政大臣的麦克米伦认为英国经济地位依赖于世界对英镑的信心，更深层依赖于"我们保持自身作为伟大强权的能力"①。英国应该继续依靠帝国获得食物和原材料供应用于经济恢复。所以不仅现在的花费水平要保持，而且在某些特定区域有必要花得更多。中东便是这样一个地区，接下来的20年中，英国的燃料必定要依赖这一地区，确保英国公司以可承受的价格获得石油供应，更重要的是英镑石油对于维持英镑地位尤为重要，所以不能因为仅仅着眼于暂时节约一些英镑。而维持帝国将给予大众骄傲和信心。② 艾登也反对收缩帝国，认为没有全球安全体系，英国将面临更大的外部威胁，更会威胁到宗主国国内的生活标准。特别是英国无法自给自足，而只能通过贸易交换来保证经济运转。③ 于是，尽可能维持帝国框架，不仅在政治上、心理上甚至在经济上对英国人而言都是一种收获。哪怕是从帝国局部的撤退，都会从上述三个方面损害英国人的利益。

　　正是由于资源的有限，艾登在处理同埃及的关系上主张采用非军事的方式，这也是对工党政策的继承。出于节约花费的考虑，应用影响力和争取合作的方式解决问题被置于日益优先的考量位置上。非军事的方式包括教育、信息服务，议会交流、经济援助和军警训练等。艾登也相信武装干预将最终破坏而非维系英国的影响力，相信只要包括埃及在内的亚非领导人不触动英国的底线，英国便可以接受同亚非领导人的妥协。故而，在1953年内阁讨论苏伊士基地问题时，艾登鼓吹应用一种灵活的解决方式。他的主张可能听从了外交大臣建议，在后者看来英国不能再希望用19世纪的方式保持自己的地位。如果使用武力，则意味着站在了中东地区崛起的民族主义者的对立面。保持英国在中东影响力的最好方

---

① 英国内阁档案：CAB 129/52 Memorandum "Economic Policy"（C（52）196），17 June 1952, in David Goldsworthy ed., *British Documents on the End of Empire: The Conservative Government and the End of Empire*, 1951 – 1957, 第3册，第369号文件。

② 英国内阁档案：CAB 129/78, Note, "Middle East Oil"（CP（55）152），Macmillan to Cabinet, 14 October 1955, in David Goldsworthy ed., *British Documents on the End of Empire: The Conservative Government and the End of Empire*, 1951 – 1957, 第1册，第45号文件。

③ 英国内阁档案：CAB129/53, Memorandum "British Overseas Obligations"（C（52）202），Eden to Cabinet, 18 June 1952, *British Documents on the End of Empire: The Conservative Government and the End of Empire*, 1951 – 1957, 第1册，第3号文件。

式是想办法驾驭民族主义运动，而非简单地站在对立面反对它们。要继续使用英国位于苏伊士运河区内的军事基地，便需要准备镇压整个埃及人民的反抗，这将花费大量的金钱、人力资源和公信力，所以英国政府应该以尽可能体面的方式撤退。在尽可能保障英国的战略利益的同时避免公开和埃及人冲突。1954年英、埃达成协议，英国撤回驻扎在苏伊士运河军事区的8万名驻军，放弃这块同威尔士面积相仿的地区的权利，将在苏伊士运河区的军事基地转为后备基地，仅技术人员能够继续待在苏伊士基地中，英国军队有权在战时重新进入苏伊士基地。

到1956年年中，面对纳赛尔国有化苏伊士运河公司的决定，艾登的解决策略经历了180度的大转折。英国政策制定者害怕他们立即丧失英国在中东的政治威望、英镑的稳定性、英国投资安全和中东石油供应。对于英国官员来说，埃及人领导下的泛阿拉伯民族主义是对英国在整个中东地位的威胁，是对1954年协议的不尊重。显然，运河国有化政策触动了英国的底线。在这样的担忧之下，苏伊士运河问题成为维持帝国的核心问题。艾登决定实行武装干预。历史证明，艾登在处理苏伊士运河问题时过高估计了自身力量，在发动武装攻击后，英镑地位急转直下，英国却毫无办法，不得不撤离苏伊士运河。

英国武装干预的失败说明了三个问题：（1）没有美国的支持，英国已无力发动一场殖民战争；（2）英联邦不再无条件地支持英国；（3）为了保证英镑地位，英国对帝国事务的财政支出需要重新详加考虑。

我们还可以进一步考察苏伊士危机的结果。苏伊士危机启动了撒哈拉以南非洲的非殖民化吗？这便需要通过分析非殖民化的动因来进行评价：（1）殖民地民族独立运动的强弱是英国决定撤离殖民地的最重要考量因素，撒哈拉以南非洲各地民族独立运动在苏伊士运河危机之前便已展开，所以从这个角度看苏伊士运河危机并非直接促动了撒哈拉以南非洲各地非殖民化进程的因素；（2）这场危机对后续的麦克米伦政府制定整体政策方面有巨大的心理冲击，上任伊始便对整个帝国情况进行了反复调研，以制定更为切合实际的政策，一定程度上有助于各殖民地快速非殖民化；（3）从英国官员心理上讲，苏伊士危机军事干预的失败，让英国官员重新思考应用军事手段的可能性，一定程度上促成了各殖民地和平交权；（4）苏伊士运河危机的武力干预使英国在接下来的十余年中成为联合国的头号公敌，这段时间刚好是各殖民地独立的时期，间接上为各殖民地独立创造了良好的国际舆论环境。

包括官方学者在内的许多学者认为苏伊士危机是英属非洲殖民地，甚至整个英帝国瓦解的关键因素。① 笔者不否认英国政府军事解决苏伊士问题失败对包括撒哈拉以南非洲非殖民化具有很大的促进作用，但我们理解撒哈拉以南非洲非殖民化需要更多地从当地民族独立运动，特别是1957年加纳独立的标志性意义入手。

二 "适应形势发展"与黄金海岸政治改革提速

尽管丘吉尔、艾登主观上想让殖民地自治的步伐尽可能地慢下来，客观上大多数殖民地自治进程以不慢于工党执政时期的速度前进。具有讽刺意义的是，保守党政府在标榜完自身同工党政府的不同后，采取了几乎一样的政策，甚至由于突发事件的刺激，马来亚和黄金海岸比原本计划的更早独立。为了避免同民族主义领导人的冲突，保守党政府官员经常做出妥协，按照他们自己的话说"我们承认理论上讲政治前行的速度有点过快了"②。阻挠政治前进会冒恶化独立后双方关系的风险，所以大臣们认为得不偿失。③ 大多数政策制定者承认黄金海岸或其他地区对独立的准备类似于让十几岁的姑娘掌管大门钥匙一般，经过5—10年的准备后他们的独立或许会更好。传统的政策是不断少量地赋予土著人权力，尽可能地比土著人的要求领先一步。在英国政策制定者的心中，"稳步"向前地"移交"权力是理想中的模式，然而他们认识到要想保持殖民地地区独立后对英国的善意，加速移交权力是必然的选择。非洲人已经迫切地想当自己的主人，无视任何管理和物质方面的困难。④ 进入20世纪50年代，传统政策不再可行，唯一可行的办法是让非洲人在掌握权力的

---

① D. J. Morgan, *Guidance Towards Self-government in British Colonies*, 1941-1971, Vol. 5, London: Macmillan, 1980, p. 343. Morgan认为苏伊士危机后重新评价帝国导致了自1957年起殖民政策的加速变变。W. R. Louis, *Ends of British Imperialism: The Scramble for Suez, and Decolonization*, London: I. B. Tauris, 2006, Introduction. Louis认为如果说存在任何单独的大事件标志着非洲帝国的解体，这就是1956年苏伊士危机。

② 英国殖民部档案：CO554/254, T. Lloyd to J. Macpherson (Nigeria), 5 March 1953, in R. Rathbone, *British Documents on the End of Empire*: *Ghana*, London: HMSO, 1992, 第2册, 第123号文件。

③ 英国殖民部档案：CO554/805, Arden-Clarke to Gorell Barnes, 2 September 1954, in R. Rathbone, *British Documents on the End of Empire*: *Ghana*, 第2册, 第153号文件。

④ 英国殖民部档案：CO 822/892, A. Cohen (Uganda) to T. Lloyd, 12 Janu 1954, in R. Rathbone, *British Documents on the End of Empire*: *Ghana*, 第2册, 第295号文件。

过程中学习操作它。为了获得"更多有责任心的政治领导人"的善意，英国政府不得不"以比我们理想中预期更快的速度"前进。① 所以接替工党政府的保守党政府依然认为加速政治改革是最好的保持殖民地政治领导人和人民对英善意和避免暴力对抗的方法。黄金海岸的案例体现了这一想法。

1951年，黄金海岸民族主义领导人恩克鲁玛在狱中仍旧领导自己的党获得选举的胜利。稍后，他被释放并被任命为"政府事务领导人"。1952年2月，英殖民大臣建议将恩克鲁玛的头衔变革为"首席部长"。首席部长能够在总督缺席的情况下主持黄金海岸的部长会议，并能够提名部长人选，总督仅直接负责防务、外交、警察事务。英国官员如此作为在于认识到非洲人已经急切地想取得政治权利，难以遏制。通过在黄金海岸成立责任制政府，英国政府希望能够鼓励更多的温和政治家站到英国一边。② 一旦成立责任制政府，黄金海岸迈向独立就仅是时间问题。

英国内阁、殖民部和非洲殖民官员系统内部都有不同的意见。先从非洲殖民官员系统来说，黄金海岸加快政治改革步伐，受到尼日利亚殖民官员的反对，认为会导致连锁反应，其他的殖民地将被迫跟随，而不管各殖民地发展的具体情况如何。③ 在殖民部内部，有人怀疑恩克鲁玛组织政府是否会保持同英国的友好关系，导致殖民大臣李特尔顿（Lyttelton）不得不建议黄金海岸的部长们采取明确的行动展示他们避免共产主义影响扩张的意愿。④ 在内阁层面上，财政大臣麦克米伦认为黄金海岸独立的前景将恶化英镑的地位，故加以反对。⑤

为了平息这三个层次的反对声音，1954年和1956年分别举行了两次

---

① 英国殖民部档案：CO 537/7181, Cohen to Mackintosh, 11 June 1951, in R. Rathbone, *British Documents on the End of Empire*：Ghana，第1册，第100号文件。

② 英国殖民部档案：CO 554/254, Minute, by Gorell Barnes, 5 February 1953, in Porter and Stockwell, eds., *British Imperial Policy and Decolonization*, 1938-1964, Vol. 2, London：Macmillan, 1987, p. 197.

③ 英国殖民部档案：CO 554/298, J. Macpherson to T. Lloyd, 18 January1952, in David Goldsworthy ed., British Documents on the End of Empire：The Conservative Government and the End of Empire, 1951-1957, London：HMSO, 2000, 第2册，第263号文件。

④ 英国殖民部档案：CO 554/371, T. Lloyd to Arden-Clarke, 4 January 1954, in R. Rathbone, British Documents on the End of Empire：Ghana，第2册，第147号文件。

⑤ 英国内阁档案：CAB 128/30/2, CM 64 (56) 2, 11 September 1956, in R. Rathbone, British Documents on the End of Empire：Ghana，第2册，第253号文件。

大选，以便确定恩克鲁玛的民意基础和发现一个有力的恩克鲁玛反对派。选举结果显示，恩克鲁玛背后有大多数民众的支持，没有一个反对派能与之抗衡。英国政府已难以在黄金海岸内部找到一个制衡民族主义者的力量。只有实行暴力措施才能遏制黄金海岸人民加快政治改革的要求，而这又不是英国国力能够承担的。

加快黄金海岸政治改革步伐的速度对尼日利亚的影响已无法顾及，如何保证黄金海岸独立后同英国在政治、经济方面友好的态度，成为研讨的主要问题。援助被认为是一种行之有效的方式。对于恩克鲁玛抽取黄金海岸在英镑池中资金的担心，英国官员认为恩克鲁玛反复请求英国在独立后给予援助，显示出他不可能做出不计后果抽取资金的行为，因为那样从长远来看会危及他自己的利益。[①] 对于政治上苏联渗透的问题，英国官员认为仅有的遏制方式是经济援助。[②]

一般而言，英国官员在考虑某个殖民地价值的时候都会用战略地位、反对共产主义需要和对英镑区的影响三个角度进行思考。由于地理位置没有战略重要性，反对共产主义需要和对英镑区的影响也可以用援助的方式进行干预，在英国政府官员面前已经没有什么同意黄金海岸独立的障碍，而且黄金海岸的独立还有助于树立英国的良好国际形象，增强英国在联合国的地位。1957年黄金海岸独立，国名为加纳。

保守党政府任期内加速政治改革，其速度甚至比工党政府时期还要快，原因有四个方面。

第一，民族主义运动在整个帝国范围内蔓延，使不管是保守党还是工党都认识到要保持非洲人对英国的善意以捍卫殖民地独立后的英国利益。他们害怕促使殖民地民族主义者更加激进，为了整体上使民族主义运动保持在较为温和的状态，英国政府经常不得不做出一些妥协。随着民族主义运动的发展，英国政府认识到对政治改革的拖延会危及自己支持的政治领导人的政治地位。所以，英国政府官员认为加速政治改革是较好的措施。

第二，在冷战的时代背景下，对抗共产主义是争夺人心的需要。在

[①] 英国英联邦关系部档案：DO 35/6127, Galsworthy to Eastwood, 28 January 1957, in R. Rathbone, British Documents on the End of Empire：Ghana, 第2册，第282号文件。

[②] 英国殖民部档案：CO554/994, Minute, by Galsworthy, 23 January 1957, in R. Rathbone, British Documents on the End of Empire：Ghana, 第2册，第279号文件。

20 世纪 50 年代，捍卫殖民帝国合理性成为"关键的冷战战场"①。英国政府官员很担心延迟政治改革会驱使民族主义者投向以苏联为首的共产主义阵营。外交部一直沉溺于收集苏联关注非洲事务的证据。殖民部也担心苏联为增加自身的影响力去积极支持对英国失望的民族主义者。② 因而，对于英国官员来说更快的政治改革成为应对冷战的一个策略。

第三，国际反殖民主义的舆论压力迫使英国不得不通过加快政治改革步伐证明帝国的合理性。在 20 世纪 40 年代晚期英国官员认识到国际舆论不支持殖民地的依附状态，要求快速地授予"任何形式的自治政府"③。到了 50 年代，殖民者已经成为一个负面的词语，成为塑造英国国际形象的严重的不利条件。④ 更重要的是，英属多哥兰、喀麦隆和坦噶尼喀是联合国托管地。政治改革的速度缓慢使英国在联合国辩论中饱受批评。因而不得不保持一定的政治改革速度以便让"托管委员会尝到合理的甜头"⑤。出于此目的，英国不得不做出主动的妥协而非等到外部压力集结完毕席卷而来。

第四，应对挑战的力量不足是英国政府不得不做出妥协的直接原因。英国缺乏足够支撑大量常备军的国力。无论是在马来亚、肯尼亚还是塞浦路斯的军事活动，都要求长期驻扎大量军队。这会削弱主要的战略方向即西欧方向的力量。英国持续的财政困难限制了扩大军备或者长期应

---

① 英国内阁档案：CAB 129/72, Memorandum, "Internal Security in the Colonies" [C (54) 402], Macmillan to Cabinet, 29 December 1954, in David Goldsworthy ed., *British Documents on the End of Empire: The Conservative Government and the End of Empire*, 1951 – 1957, 第 1 册, 第 18 号文件。

② 英国殖民部档案：CO537/7780, Memorandum, "Communist Prospects in East and Central Africa" by W. Ingrams, April 1952. in Susan L. Carruthers, *Winning Hearts and Minds: British Governments, the Media and Colonial Counter – insurgency 1944 – 1960*, Leicester: Leicester University Press, 1995, p. 161.

③ 英国殖民部档案：CO847/36/1, "Report of the Committee on the Conference of African Governors", 22 May 1947, in Ronald Hyam ed., *British Documents on the End of Empire: The Labour Government and the End of Empire*, 1945 – 1951, 第 1 册, 第 59 号文件。

④ 英国内阁档案：CAB 130/113, Brook for Cabinet committee on Commonwealth Prime Ministers' meeting 18 June 1956, in David Goldsworthy ed., *British Documents on the End of Empire: The Conservative Government and the End of Empire*, 1951 – 1957, 第 2 册, 第 215 号文件。

⑤ 英国殖民部档案：CO822/912, Minute, by H. Bourdillon, 12 December 1956, in David Goldsworthy ed., *British Documents on the End of Empire: The Conservative Government and the End of Empire*, 1951 – 1957, 第 2 册, 第 299 号文件。

用暴力方式镇压殖民地反抗运动。

总体上看,丘吉尔、艾登政府继承了工党在非洲的政策,不管他们采取延缓策略还是加快政治改革步伐的策略。在1956年苏伊士运河危机以前,英帝国没有制订过系统的非殖民化计划,英国政府制订各种计划的目的是维持殖民统治。① 一方面,丘吉尔和艾登保守党政府想坚持自己固守帝国的想法,突出表现在处理苏伊士运河危机问题上。苏伊士运河被埃及人收归国有使英国同时丧失战略地位、经济利益和政治威望,让艾登不顾一切地用武力维护。该政府也表现出尊重殖民地客观形势的一面,集中表现在处理黄金海岸政治改革问题上。黄金海岸政治改革不牵涉英国的战略利益,对经济利益和政治威望的威胁可以凭借援助的手段加以干预,甚至能够收获到额外的政治威望,所以英国政府采用了柔性的方式,收到了较好的效果。丘吉尔和艾登保守党政府的经历显示殖民地民族主义的发展已经对英国殖民统治形成直接的威胁。后任的麦克米伦保守党政府更多采用柔性的方式来应对殖民地民族主义的发展,可以说是较好地吸取了丘吉尔和艾登保守党政府执政的教训。

第三节 英属撒哈拉以南非洲帝国的崩溃(1957—1964)

一 英帝国的现状与未来

麦克米伦政府是在苏伊士危机的背景下上台的,他所面临的首要问题是修复英国的经济。战后,英国脆弱的经济已难以承受苏伊士危机带来的冲击,英国以撤军为条件从国际货币基金组织得到的借款并不能维持多长时间的稳定。在无法骤然增加国民收入的情况下,限制开支无疑成为唯一可取的稳定通货的方法,而只有通货稳定才能带来经济的稳定。麦克米伦不愿通过紧缩国内项目来实现这一目的,他将希望寄托在海外支出的削减上。但这又带来了新的矛盾,因为对麦克米伦来说,英国经

---

① 李安山:《日不落帝国的崩溃:论英国非殖民化的"计划"问题》,《历史研究》1995年第1期。

济的繁荣很大程度上依赖于世界对英镑的信心，这反过来又依赖于英国保持履行世界范围内"义务"的能力，即保有帝国。唯有以帝国为基础，英国才有资本加强与美国的特殊关系，保持自己的世界地位。解决这个矛盾的办法，就是对帝国进行研究，明确英国的目标和可实现的利益，同时明确减少哪些"义务"以节约开支。

因而，麦克米伦在任首相后的18天就出台了名为《未来殖民地宪制发展》（*Future Constitutional Development in the Colonies*）的研究大纲。[①] 大纲要求从四个角度对殖民地的政治发展做出研究：（1）政治上，从各个殖民地所面临的内外压力考虑，并估计出压力所要求的变化；（2）从战略的角度考虑，估计各地区的战略重要性，考虑宗主国对该地的战略需求，并预计要求可能实现的程度；（3）从经济的角度考虑，研究独立对英国财政的影响、独立对英镑区的影响，以及对殖民地和英国贸易之间的影响；（4）强调对种族和部族少数群体的保护，对英国在更大区域内威望和影响的干扰，撤离不会导致撤离地区对英国及其盟友的敌视。实际上，第四个角度也是从政治方面对殖民地进行研究，故而在后续的报告中，将之归入第一个角度进行研究。

在殖民部回复首相要求的报告中[②]，将所有英帝国范围内的地区分为六个大区：西非、东非、亚丁和英属索马里、地中海地区、远东地区和加勒比海地区。西非地区由三块殖民地组成，尼日利亚、塞拉利昂和冈比亚。从政治上看，西非受到黄金海岸独立的直接影响，在主要的殖民地尼日利亚维持殖民统治有一定的压力；该地区受苏联的影响很小，主要受到美国和法国的影响。从战略上看，该地区的战略价值主要是作为向远东和中东增援的战略通道，可以考虑通过订立协议继续保有过境权。从经济上看，该地区同英国的经贸联系也不会因独立受到多大影响。因而，可以考虑让尼日利亚的独立进程更快一些。东非地区主要由肯尼亚、

[①] 英国内阁档案：CAB134/1555，CPC（57）6，1957年1月28日，"殖民地未来宪制发展"：麦克米伦给索尔兹伯里勋爵记录，索尔兹伯里勋爵和伦诺伊德－博伊德记录，*in* Ronald Hyam and Wm Roger Louis, eds., *British Documents on the End of Empire: The Conservative Government and the End of Empire*, 1957-1964，第1册，第1号文件。

[②] 英国内阁档案：CAB134/1551，CPC（57）27，1957年5月，"殖民地未来宪制发展"：官方委员会（布鲁克任主席）（CO（0）（57）5）报告（殖民部印刷，GEN174/012），*in* Ronald Hyam and Wm Roger Louis, eds., *British Documents on the End of Empire: The Conservative Government and the End of Empire*, 1957-1964，第1册，第2号文件。

第二章 英国对撒哈拉以南非洲宏观帝国政策的演变

乌干达、坦噶尼喀和桑给巴尔组成,但在研究时将中非联邦一起并入研究。该地区受中东地区民族解放运动和联合国亚非集团反殖宣传的影响比较大,维持殖民统治有一定的压力,但由于其突出的战略价值、良好的经济发展态势,更重要的是对于欧洲移民的"义务",所以不能撤离。亚丁和英属索马里由于突出的军事战略价值,要尽量维持统治。地中海和远东地区的直布罗陀、马耳他、塞浦路斯、中国香港①、婆罗洲(Borneo)地区和新加坡由于突出的政治、战略和经济价值需要维持。加勒比地区应该通过西印度联邦加强经贸合作,减少对英国的财政依赖。此外,文件还专门对一些地域面积狭小的殖民地价值进行了分析,认为有些地区对英国、英联邦或北约有战略价值,例如百慕大、斐济;有些是美元赚取者,例如百慕大、巴哈马;有些对英国没有经济价值,反而需要获得资助,如圣赫勒拿。最终,报告得出结论认为:即使撤退能为英国节约很小一部分的资金,但也得不偿失,会带来国内的争议,也会被认为是对英国责任的否定和履行责任能力的衰退,会损坏英国的世界地位,影响英国经济的稳定。结果,依照殖民部看来,要么是出于对英国的政治、战略和经济价值的考虑,要么是出于对英国责任的考虑,要么是出于殖民地无法自立的考虑,没有哪个殖民地是可以马上撤离的。

殖民大臣伦诺伊德-博伊德高度赞扬了殖民部的工作,认为"这是一项巨大的工作——壮丽的工作","部里所有人为了此项宏伟的成就已经工作得如此努力,值得最高的赞扬"。② 他还认为这份文件是深刻而现实的。③ 然而,内阁殖民政策委员会主席布鲁克(Brook)认为殖民部的评价像简单的资料收集。财政部的人也不喜欢这份不顾及保留殖民地花费的文件。④ 布鲁克进一步建议既然在决策时要求单独考虑每个殖民地,

---

① 中国政府和英国政府对 1997 年回归前香港地区的地位有不同看法。中国政府认为香港地区属于租借地,英国政府认为香港属于自己的殖民地。

② 英国殖民部档案:CO1032/146,备忘录,1957 年 5 月 23 和 25 日,*in Ronald Hyam and Wm Roger Louis, eds., British Documents on the End of Empire: The Conservative Government and the End of Empire*, 1957-1964,第 1 册,介绍,第 xxxiv 页。

③ 英国殖民部档案:CO1032/147, no. 161,伦诺伊德-博伊德致巴特勒,1958 年 2 月 14 日,*in Ronald Hyam and Wm Roger Louis, eds., British Documents on the End of Empire: The Conservative Government and the End of Empire*, 1957-1964,第 1 册,介绍,第 xxxiv 页。

④ 英国殖民部档案:CO1032/146,1957 年 6 月 11 日,*in Ronald Hyam and Wm Roger Louis, eds., British Documents on the End of Empire: The Conservative Government and the End of Empire*, 1957-1964,第 1 册,介绍,第 xxxiv 页。

内阁讨论可以不依据这一文件。麦克米伦同意进一步充实这份文件。①

数月后,内阁殖民地政策委员会直接列出了未来十年各个殖民地可能的政治地位,并且将经济、战略和政治的指标加以细化。② 首先,文件列举了接下来十年成为独立英联邦成员或成员资格候选国:马来亚联邦(1957年8月)、尼日利亚(可能在1960年、1961年或更晚一些)、西印度联邦(可能在1963年)、中非联邦(1960年以后)、新加坡参加马来亚联邦可以取得独立地位。其次,文件列举了接下来十年可能获得内部自治政府的殖民地:新加坡、塞浦路斯、直布罗陀、肯尼亚、乌干达、坦噶尼喀、桑给巴尔、塞拉利昂、冈比亚、亚丁、索马里保护地、毛里求斯、英属圭亚那和英属洪都拉斯。

之后,文件重点从经济、战略和政治三个角度分析了保留殖民地的代价。

第一,经济方面从五个角度进行了分析:向联合王国提出的预算补助申请额度、对联合王国投资的影响、对英镑结余的影响、对英镑区支付平衡的影响、对联合王国贸易的影响。

文件认为,虽然,当时殖民地发展和福利项目、殖民地公职人员项目及殖民地开发公司的花费大约是每年5100万英镑,形成了一定的负担,但是独立后许多地区仍旧可能需要英国的财政援助。例如,马来亚联邦继续需要在紧急状况下的援助,还需要援助建立军队;西印度联邦也要求独立后获得大规模的援助。所以,独立并不能减轻多少英国的财政负担。

从1955—1960年的情况看,无论是英国官方援助,还是伦敦资本市场都难以满足殖民地对发展资金的需求。这必然会引发殖民地吸收外部资金获得发展的愿望,导致对以英国为核心的帝国金融体系的离心倾向。为了避免这种离心力,英国政府已经鼓励殖民地最大可能地用它们的英镑资产资助它们目前的发展计划,但这些资产需要保持相当的数量,以

---

① 首相办公厅档案:PREM 11/2617, 1957年8月4日, in Ronald Hyam and Wm Roger Louis, eds., British Documents on the End of Empire: The Conservative Government and the End of Empire, 1957 – 1964, 第1册, 介绍, 第xxxiv页.

② 英国内阁档案:CAB134/1556, CPC (57) 30, 1957年9月6日, "未来殖民地宪制发展":布鲁克作内阁殖民地政策委员会备忘录, in Ronald Hyam and Wm Roger Louis, eds., British Documents on the End of Empire: The Conservative Government and the End of Empire, 1957 – 1964, 第1册, 第3号文件.

便维护英镑地位的稳定，此种地位正是英帝国经济体系的核心。殖民地持有的英镑资产在1956年年底是13.11亿镑（其中1.6亿镑是自治领和殖民地证券）。其中11.15亿镑是公共账户，1.96亿镑是私人账户。以此花费水平和速度计算，殖民地政府在接下来的3—4年将从基金中抽取1.3亿镑用于发展花费。一旦殖民地独立，会执行"过度"发展政策，政府花费会急剧增加，带来通货膨胀，并导致殖民地的英镑结存快速下降，英国维护英镑平衡的负担会加重。这就需要拥有大量英镑结存的殖民地对英镑区做出责任承诺。在英国的努力下，马来亚联邦、加纳和尼日利亚都做出了承诺，使支付平衡不至于马上成为致命的问题。

委员会认为，任何永久性的权力转移都会导致政治灾难，恶化该地区的经济环境，严重影响联合王国的贸易和财政利益。因为，"我们毫无疑问地在殖民地比我们的贸易竞争者拥有不可言喻的有利性。例如，在殖民地的英国管理者和技术人员会采纳英国的标准和处理方式，维系着和联合王国有力的财政和经济联系，这些都自然导致购买英国货"。如果权力转移，这些有利条件都可能丧失。可以说，独立一定会恶化英国贸易，英国不喜欢在殖民地遇到竞争者。所以，"我们要尽可能确保英式的商业标准、方法和对整个地区生活的英式管理。以此，可以确保我们的经济优势"。要想尽可能保存英式标准，从难以抑制民族解放运动的殖民地较早撤退无疑成为一种选择。因为，永久性的独立或许会伤害英国资本家的利益，但拖延会使他们受到更大的损害，这一点在黄金海岸和马来亚的例子中已经明显昭示了。[①]

文件在对经济问题做出了很大篇幅的论述之后，欲盖弥彰地反过来强调，不应该夸大撤离殖民地对英国经济的影响，因为撤离殖民地只会对支付平衡有较大的影响；由于已逐步实行的自由贸易政策，对贸易的影响会有所削弱，再加上皇家代理机构（Crown Agent）已经代理了所有殖民地政府的对外贸易，独立后仍可能继续代理，对贸易的影响会进一步削弱。所以，"经济因素自身不成为独立的决定性因素"。在委员会看来，虽然经济因素占据突出位置，但其他方面的因素也不容忽视。

第二，从战略上看，殖民地提供给联合王国世界范围内的航海、航空和无线电通信设施和基地，更重要的是提供了军事人力资源。特别是

---

① Tony Hopkins, "Macmillan's Audit of Empire 1957", pp. 249–250.

自从印度独立后，东非和西非已成为帝国潜在的军事人力资源基地，很难放弃。文件列举出军事上最重要的殖民地：直布罗陀、马耳他、塞浦路斯、亚丁、新加坡、尼日利亚和东非。

分布在直布罗陀、马耳他、塞浦路斯、亚丁和新加坡的军事基地可以一如既往地将印度洋作为英国的"内湖"，维持从英国直达远东的交通线，从而保持英国的世界地位。随着航空事业的发展，一旦中东和远东有事，在欧洲的英军便可以利用飞机经由西非特别是尼日利亚的卡诺（Kano），经过东非的空港，到达亚丁或新加坡。如果爆发大规模战争还可以征集东非的人力资源。

作为军事重镇，无疑需要内部政治环境的稳定，在英国看来这些地区在接下来的十年中内部自治政府会显著发展，尼日利亚和新加坡可能不再成为殖民地，这两个地区原有的军事功能可能受到影响，并不得不寻找替代性的地区，当然新的地区在地缘和设施上都不如这两个地区。

上面所列举的地区发挥的是主动的军事功能，还有一些地区发挥着被动的军事功能。如一些小的殖民地，它们的战略地位在于一旦被不友好的强权所占据，将会对英国或其盟友不利，例如，西印度群岛、太平洋上的澳大拉西亚列岛（Australasia）[①]、马尔维纳斯群岛[②]、索马里保护领和红海中由亚丁保护领管理的小岛。结果，从军事上看，在英国直接控制下的主要殖民地区，都具有价值。

第三，从政治方面看，文件认为许多地区已经注入了英国的习惯，继续控制殖民地会给英国带来广泛的批评。但是，英国的权威在许多地区（如东非、毛里求斯和斐济）已经成为维持社会稳定所必需的条件，因为只有英国的权威才能使不同的种族服从。该文件继续重复了殖民部文件的论调，认为东非地区是以后确定帝国内多种族地区向多种族社会或非种族社会发展的试验场。这个地区多数的部族没有民族凝聚感，非洲部族嫉妒非非洲裔的少数族群，只有英国的继续存在才能使乌干达和坦噶尼喀免于社会分裂和经济崩溃。所以，只有当殖民地各族群众能够

[①] 一般指大洋洲的地区，如澳大利亚、新西兰和邻近的太平洋岛屿。澳大拉西亚一词是由法国学者布罗塞（Charles de Brosses）于 1756 年出版的 *Histoire des Navigations aux Terres Australes* 一书中提出的，取自拉丁文，意思是"亚洲南部"，并将其区别于波利尼西亚（至东面）和东南太平洋（Magellanica）地区。也不包括密克罗尼西亚群岛（至东北面）。

[②] 英国称福克兰群岛，该地区现在属于英国和阿根廷争议地区。

和平相处，独立后政府能够以理性标准维持独立地位的地区，才可以授予独立。

总之，同殖民部的文件一样，委员会的结论也是希望尽可能地保持现有殖民地。相比殖民部，委员会更加注重对殖民地经济作用的探讨。依委员会看来，殖民地独立并不能减少英国的负担，反而会带来一系列经济问题。委员会文件在强调经济因素重要性的同时，也认为有些殖民地所具有的军事价值不能用经济眼光来衡量，如直布罗陀、马耳他、塞浦路斯、亚丁和新加坡，这是一条帝国的"生命线"。甚至一些偏远的小殖民地也被赋予了军事价值。委员会承认英国的统治不受欢迎的同时，以殖民地内部种族冲突为借口，为自己的统治寻求合法性。

经过1957年的讨论，英国政府还是没有找出从帝国节约花费的途径，几乎每一个殖民地都被认为是需要保持的，几乎每一项花费都被认为是必要的。于是，英国政府反过来进一步研究英国的主要目标何在，以便依此对帝国进行下一步的研究。于是，1958年6月形成的《联合王国在世界事务中的地位》[1]规划出英国的海外政策目标：进行东西方冷战；保存和加强英联邦的凝聚力，进一步寻求英国世界范围内的贸易利益，保持和加强英镑区。文件认为要实现上述目标就需要四项经济措施：进一步限制海外政策花费，加强英镑地位，通过节约加强英国的对外财政地位，厉行节约（首先针对防卫和海外花费，国内消费花费不能触动）。内阁同意了上述文件，并且更具体地提出了限制花费的措施：强调更灵活的海外花费政策，允许开发技术援助、信息和文化活动（包括教英语）一定程度的增加；考虑寻求石油公司向海外政策提供进一步的财政共享，例如支持巴格达条约的非军事措施；希望其他英联邦成员国分担英国的责任，例如澳大利亚和新西兰对西南太平洋的殖民地负起责任。[2]

就在英国政府似乎无止境的研究中，世界民族解放运动进一步发展。法国在阿尔及利亚的殖民战争已经难以维系，比利时在刚果的统治也摇

---

[1] 英国内阁档案：CAB130/153，GEN624/10，1958年6月9日，"联合王国在世界事务中的地位"官方报告，in Ronald Hyam and Wm Roger Louis, eds., *British Documents on the End of Empire: The Conservative Government and the End of Empire*, 1957-1964，第1册，第3号文件。

[2] 英国内阁档案：CAB130/153，GEN659/1st，1958年7月7日，"联合王国在世界事务中的地位"内阁会议备忘录，in Ronald Hyam and Wm Roger Louis, eds., *British Documents on the End of Empire: The Conservative Government and the End of Empire*, 1957-1964，第1册，第6号文件。

摇欲坠,中非联邦发生大规模反对殖民统治的斗争,尼日利亚独立在即。英国殖民地独立的前景更加明确。所有殖民地的最终指向都是在英联邦内的独立,尤其是估计在未来十年内独立的新国家都将进入英联邦,这就需要对英联邦未来的发展方向做出预估。麦克米伦政府急忙进行了对未来十年英联邦发展状况的研究。1959年7月,英联邦关系部认为①:在政治上英联邦是英国国际地位的基础,在经济上英联邦是英国最大的市场,"从英联邦我们每年能获得10005亿镑(1m500m.原文如此)"。几乎毫无例外地,英联邦国家比它们的邻居从英国进口的都多。英国能保持住英联邦市场不仅因为关税特惠,而且也因为许多既有影响力所带来的特惠,英国和其顾客有着共同的语言、同样的度量衡、产品规格,到1959年情况仍然如此。对英联邦的研究从整体研究逐渐演变为对各地区何时独立的研究,研究的焦点集中到了东非地区。8月,外交部提出在整个英联邦和帝国事务中最重要的是印度(规模、地缘和民主制)和东非(多种族共同体的测试场)。② 10月,殖民部声称:在东非太急于交权会冒使当地经济崩溃的风险。③

经过上述研究最终形成了1960年2月内阁审议的《未来政策研究,1960—1970》。④ 这份文件起草的初衷是麦克米伦决定要朝前看十年,拟订一份可供政府以后实施的大规模计划,从整体上思考可用于海外"义

---

① 英国内阁档案:CAB134/1935, no. 15 (15), 1959年7月30日, "英联邦, 1960 - 1970":英联邦关系部未来政策研究工作组提交内阁草案, in Ronald Hyam and Wm Roger Louis, eds., *British Documents on the End of Empire*: *The Conservative Government and the End of Empire*, 1957-1964, 第1册, 第11号文件。

② 英国外交部档案:FO371/143705, no. 58, 1959年8月4日, "未来政策研究:现有结论的评定", R. W. B. (财政部) 科拉克给 P. 迪安的备忘录, in Ronald Hyam and Wm Roger Louis, eds., *British Documents on the End of Empire*: *The Conservative Government and the End of Empire*, 1957-1964, 第1册, 第12号文件。

③ 英国殖民部档案:CO1032/174, no. 16, 1959年10月16日, "殖民部评论英联邦关系部备忘录,'英联邦, 1960-1970':C. G. 伊斯沃给 (英联邦关系部) W. A. W. 科拉克", P. 塞尔温, T. B. 威廉森 和 A. 伊曼纽尔作备忘录, in Ronald Hyam and Wm Roger Louis, eds., *British Documents on the End of Empire*: *The Conservative Government and the End of Empire*, 1957-1964, 第1册, 第14号文件。

④ 英国内阁档案:CAB129/100, C (60) 35, 1960年2月24日, "未来政策研究, 1960-1970":内阁备忘录,官方委员会报告 (布鲁克主席), in Ronald Hyam and Wm Roger Louis, eds., *British Documents on the End of Empire*: *The Conservative Government and the End of Empire*, 1957-1964, 第1册, 第17号文件。

务"的全部资源。报告对帝国前景的估计是灰暗的,20世纪60年代英国相对力量肯定下降了。文件高度肯定了同美国关系的首要性,也承认西欧的重要性,但如拉姆斯伯塔姆(Ramsbotham)所说的:"联合王国的权力基础建立在同美国伙伴关系的基础上,(我们希望)由西欧团结所支持,并可用英联邦这一工具来实现。"①

该文件还认为:英联邦确实不可能成为一体的政治或军事单元。但其中会存在紧密的同盟者如马来亚和尼日利亚。英联邦对于维持英国的世界角色仍很重要。失去英联邦,英国将失去很多,包括直接的经济利益和广泛的政治利益。"即使失去殖民地的性质、军事色彩也在削减,英联邦也仍旧是保持英国'世界范围'内存在的有用工具。"虽然,英联邦不太可能成为一个经济单元,但在健康的英镑维系下,成员之间的贸易、伦敦金融市场和英国成规模的发展援助,都有助于将英联邦结合在一起。

文件还认为:英联邦在未来十年的情况不仅取决于殖民地或英联邦成员的状况,还取决于英国的经济力量和政策。在培育英国经济力量方面需要注意以下两条:保持英镑强势地位,这是"联合王国第一的经济责任和保持世界地位的必要条件";"禁止任何扩张海外花费的雄心,也限制国内花费",以免将技术和经济资源抽离于英国本土的经济发展。在政策实施上,英国应该反对亲苏集团;保持英镑的力量,进一步落实英国遍布世界的贸易利益;保持和加强英联邦的凝聚力。伦诺伊德-博伊德支持文件的观点,"我强烈地喜欢这个计划,这是一份涵盖广泛的研究,将对新管理班子成员具有极大价值"②。殖民部对文件中财政部表现出的态度感到失望,因为它不像预期那样倾向增加援助的数目。③

其实,英国政府经历数年所从事的政治、经济和战略研究,无论是从宏观上对整体的帝国形势进行分析,还是从微观上对具体殖民地的考察,目的无非是了解继续保留殖民地的可能性,以及设计殖民地脱离帝

---

① 英国外交部档案:FO371/143707, no. 72, 备忘录, 1959 年 9 月 22 日, in F. Heinlein, *Brititsh Government Policy and Decolonisation*, 1945 – 1963, p. 168.
② 英国殖民部档案:CO1032/167, PM (59) 25, 1959 年 6 月 17 日, in Ronald Hyam and Wm Roger Louis, eds., *British Documents on the End of Empire: The Conservative Government and the End of Empire*, 1957 – 1964, 介绍, 第 xxxvi 页。
③ 英国殖民部档案:CO1032/170, 1959 年 6 月 24 日至 9 月 16 日, in Ronald Hyam and Wm Roger Louis, eds., *British Documents on the End of Empire: The Conservative Government and the End of Empire*, 1957 – 1964, 介绍, 第 xxxvi 页。

国后可采取的补救措施。在自身国力日衰的情况下,英国政府试图依靠集中力量来保存英国既有的世界地位。依英国决策者看来,无论从哪方面看,保有帝国都是最现实的选择。在政治上,只要有可能就留在殖民地,实在难以停留也要尽力确保不为它国所乘(首先,提防苏东集团和中国的影响;其次,提防西方盟友),同时要将所有独立国家留在英联邦内;在经济上,能以政治控制力将殖民地限制在英镑区和特惠制体制内肯定对英国最为有利,即使殖民地独立,英国政府也能在各种援助的利诱下,使殖民地继续同英国保有紧密的经济联系;在军事上,要不顾一切地保留几个要塞殖民地,捍卫帝国"生命线",在尼日利亚独立在即的情况下,确保东非作为帝国军事人力资源的供应地尤为重要。东非地区存在的欧洲移民成为英国借以控制东非的借口和有力工具。结果,种族问题成为非殖民化过程中的重要问题。

二 种族难题:中非、东非殖民地

种族问题严重的中非、东非地区已经成为接下来十年英国政策的核心和难题所在。英国一贯试图将没有欧洲人口的地区和已建立欧洲人少数统治的多种族地区明确区分开来。在非殖民化过程中,英国西非殖民地能够较早独立的一个原因就是整个地区 4000 万人口中欧洲人总共还不到 3 万。在英国决策者看来,非洲殖民问题的核心在于中非、东非的多种族问题,如果解决此问题,所有的问题都将不再成为问题。[1] 这一方面是由于国际舆论对种族问题的压力,"我们(英国)在联合国的地位和影响,将在很大程度上取决于我们成功地处理自己的殖民问题,我们应用武力的纪录,和我们对那些联合国内形成'黑色浪潮'国家的态度"[2]。另一方面是由于中非、东非非洲人的反抗。肯尼亚的茅茅运动、乌干达的巴塔卡运动和卡巴卡运动、中非联邦非洲人的反联邦运动都极大地冲击了英国政府虚伪的殖民政策。说英国政策具有虚伪性的原因在于英国政府一方面声称殖民地未来都要走向自治,另一方面不断地论证英国越

---

[1] 英国首相办公厅档案:PREM 11/2583,麦克劳德致麦克米伦的报告,1959 年 5 月 25 日;英国首相办公厅档案:PREM11/3240(PRO),麦克劳德致麦克米伦的报告[Report(PM)(60)33],1960 年 6 月 1 日。

[2] 英国内阁档案:CAB129/100, C(60)35,1960 年 2 月 24 日,in Ronald Hyam and Wm Roger Louis, eds., *British Documents on the End of Empire: The Conservative Government and the End of Empire*, 1957–1964, 第 1 册, 第 17 号文件。

晚撤出越好的论调，充分显示了英国政府假开明真殖民的政策实质。

20 世纪五六十年代，英国实行的种族主义政策具体表现为：等级选举制（人种折算票数，文化水平附加财产资格选举权）基础上的欧洲人自治；在经济上表现为对欧洲人地产权和采矿权的绝对维护；在文化上表现为宣扬欧洲人和非洲人的"伙伴关系"，鼓吹多种族社会。① 可以用"中间路线"政策来统称在此一时期的殖民政策路线。

1959 年 3 月，殖民大臣伦诺伊德－博伊德明确表述了此一政策。② 他分析了英国有三种可行的选择。第一种，快速撤退，即在 1965 年之前撤出东非。此种政策的后果是英国的关键利益可能受到损失，撤退后的殖民地也会爆发暴力活动，并可能颠覆匆忙组建的政府，产生导致外部势力进入的"政治真空"；第二种，尽可能地巩固英国既有的地位，不给出可预见的交权期限。此种政策的后果是殖民地政府必须准备而且有能力使用武力维持自身的统治。第三种，中间路线，以十年为期，坦噶尼喀和乌干达逐步准备过渡到自治政府。肯尼亚要以更慢一些的步伐前进。不公布具体的时间表，以免除加速改变的压力。此项政策的未来将是多种族社会的建立，在这个社会中，非洲人、亚洲人和欧洲人都享有平等的权力，每个群体的社会和经济地位都受到其他群体的尊敬。实际上，这项政策没有勾画出具体的时间表。伦诺伊德－博伊德在向议会陈述时称，自己还没有预见到任何英国政府交出权力的日期。所谓的十年时间，只是一个约数，仅仅是为了勾勒一个"可预见"的时间，提供一个诱人的虚幻果实。而要建设的多种族社会只能说是对现有状况的一种维护而已。殖民部回应的是殖民地欧洲移民的自治要求，而与已经成为世界潮流的多数人统治的民族国家目标相距十万八千里。

数月后，在伯克·特伦德（Burke Trend）的监督下，非洲官方委员会准备了一篇报告《非洲：接下来的十年》。保守党要员劳埃德（Lloyd）③ 认为是第一份将"撒哈拉以南非洲"作为一个整体加以考虑的文件。实际上，该文件的重心无疑是中非、东非，因为西非的尼日利亚和塞拉利昂

---

① 这个概念包含两层意思：（1）保护少数群体；（2）免除种族歧视。实质上是抵制非洲人多数政府的建立。对此概念的阐述见保守党 1959 年竞选纲领。

② 英国内阁档案：CAB134/1354，记录，"东非政策"［AF（59）23］，CO to Africa（Official）Committee，1959 年 3 月 4 日。

③ 芬埃德先后任麦克米伦政府外交大臣和财政大臣。

已经注定独立，冈比亚仅仅在确定同哪个地区合并。文件认为，英国在非洲主要的政治任务是保持地区稳定和亲西方（最起码中立）；经济任务是保持非洲作为原料产地和商品市场的经济地位；在军事上保证英军过境权和驻扎权；在义务上保持欧洲移民的人身和财产安全。而中非、东非并不具备这些条件，这里没有受过"理性教育"的中等阶级，英国人撤退会导致管理混乱并且带来危险的"真空"，将为反西方的势力打开通道；这里的土地问题严重，需要一定时间加以改革，以确保独立后原有生产链条不致中断；这里也需要时间同当地土著非洲人协调确保独立后欧洲移民的权力。①

政府的各个相关决策部门也纷纷认为东非的宪制步伐应该缓慢进行。非洲官方委员会认为热带非洲国家不可能沿着欧洲国家18、19世纪的路线前进。② 殖民部官员警告说，如果英国"即便以更温和的形式，默许这个区域（东非）的非洲民族主义者宪制进步步伐的观点，那么管理的混乱也将不可避免"。在坦噶尼喀，很少有非洲人能够履行管理责任，"永久性独立和英国撤退的结果将导致该地区转回到部落制"。英联邦关系部的代表夏侬（G. E. B. Shannon）欢迎"渐进主义"的政策，认为这将稳定中非联邦的形势和整个非洲，英国应援助加速教育计划和高级管理职位非洲化。③ 联邦关系部也拒绝讨论中非、东非不同发展道路的可能性。④

1959年，中非、东非发生了两件具有影响力的大事，或许可以反过来说，有两起事件起到了导火索作用。一件事发生在肯尼亚，有11名囚犯被无端打死在肯尼亚的劳动营中。另一件事是中非联邦的尼亚萨兰地区实行紧急状态，逮捕了以民族主义政党领袖班达为首的1320人，杀害48人。几乎同时，在北罗得西亚地区民族主义政党领导人和同事也遭到

---

① 英国内阁档案 CAB134/1353，AF1（59），1959年1月14日，"非洲下一个十年"，非洲（官方）委员会讨论研究过程会议备忘录, in Ronald Hyam and Wm Roger Louis, eds., *British Documents on the End of Empire: The Conservative Government and the End of Empire*, 1957–1964，第1册，第19号文件。

② 英国内阁档案：CAB134/1353, A. F.（59）8th. mtg., 1959年4月7日, in Ritchie Ovendale, "Macmillan and the Wind of Change in Africa 1957–60", p. 467.

③ 英国内阁档案：CAB 134/1353, A. F.（59）7th. mtg., 1959年3月6日, in Ritchie Ovendale, "Macmillan and the Wind of Change in Africa 1957–60", p. 465.

④ 英国内阁档案：CAB 134/1353, A. F.（59）9th. mtg., 1959年4月9日, in Ritchie Ovendale, "Macmillan and the Wind of Change in Africa 1957–60", p. 467.

逮捕。德夫林（Devlin）使团被派去调查紧急状态，得出结论认为中非联邦是警察国家。麦克米伦政府不得不像其他殖民宗主国政府一样选择是继续实行"仁慈的专制统治"，还是向土著人转移权力。①

一旦转移权力又可能意味着中非联邦的解体，内阁在是否实行镇压的问题上又形成了争议。麦克劳德准备将防线退守到保持肯尼亚和南罗得西亚、北罗得西亚地区，在这三个地区继续实行"中间路线"。麦克米伦也赞同这一看法，他认识到非洲人不可能被永久控制，不得不被允许获得某些政治进步，但进步不能以欧洲人为代价，也不能将欧洲人排除在外。② 麦克米伦的目标在于"某种真正公平的伙伴关系体制，可以通过公平产生的代表将不同因素纳入一致的体制中"③。这种"真正公平的伙伴关系体制"决不意味着"一人一票"基础上的非洲人多数统治。简单多数仅仅带来"极大的不稳定"④。独立之后，非洲人可以轻易更改宪法，欧洲人的权益将毫无保障。显然，政策的制定者知道他们面临一个拐点，但是还不知道应该朝哪个方向前进。

但不论朝向哪个方向都需要开始寻觅本地的政治力量，这种力量必须取得广泛的支持，必须温和，而且必须亲西方。在英国决策者看来，尼雷尔领导的坦噶尼喀非洲人国民联盟（TANU）是这一标准的典范。在麦克劳德看来，尼雷尔的坦噶尼喀非洲人国民联盟享有普遍的支持，该政党已经在1958—1959年两阶段选举中赢得了所有的非洲人席位。甚至欧洲移民也支持该党，因为他们知道在未来自己不得不同非洲人一起生活。⑤ 但是，英国决策者认为还须进一步检验和等待。经过选举权更为广泛的1960年选举，出现了一个非洲人多数政府。此时，由于同英国合作，尼雷尔已经开始被攻击过于温和。英国政府知道此时支持尼雷尔建立多数人政府，不仅能够维持内部稳定，同时也能借此避免联合国对坦噶尼

---

① 英国首相办公厅档案：PREM 11/2783，麦克米伦、伦诺伊德－博伊德、珀斯（Perth）和布鲁克（Brook）作会议记录1959年7月13日，in Ritchie Ovendale, "Macmillan and the Wind of Change in Africa 1957–1960", p. 471.

② 英国内阁档案：CAB 130/190，1963年4月23日，内阁大臣会议备忘录（GEN 792/1st meeting）。

③ A. Horne, *Macmillan* 1957–1986, p. 192.

④ 英国内阁档案：CAB134/1559，CPC（60）2，1960年3月18日。

⑤ 英国内阁档案：CAB134/1558，CPC（59）20，1959年12月12日，殖民大臣"坦噶尼喀宪制发展"备忘录。

喀托管地独立进程的批评。但考虑到对肯尼亚和中非联邦的局势影响，还是减缓了坦噶尼喀朝向多数人统治前进的步伐。麦克劳德的计划让坦噶尼喀于1968年独立。但是在尼雷尔的坚决要求下，坦噶尼喀于1961年12月获得独立。

坦噶尼喀独立日期的确定并不表示拉开了中非、东非其他地区独立的序幕。在1960年5月的一份文件中，英国政府仍旧希望继续维持在中非联邦、乌干达和肯尼亚的殖民统治。肯尼亚需要时间在宪法中设立保护财产权的条款，只有如此才能保持欧洲移民的信心、鼓励开发和投资。[1] 乌干达需要等待民族领导人的涌现。中非联邦的尼亚萨兰和北罗得西亚地区，还有肯尼亚是英国政策的最后检验场所，需要花更多的钱（一种说法是1000万英镑）鼓励发展非洲人的农业和非洲人的教育。[2] 要拨款发展非洲人的农业是因为欧洲人农场主占据了大量的土地，非洲人的土地已经越来越难以承载人口，这反过来激发了非洲人反对殖民统治的热情，也增强了他们对欧洲移民的憎恶。发展非洲人的教育一方面是要加快培训非洲人成为低级管理人员，一方面要培育出一个亲西方的中等阶层。文件对欧洲人的定居农业（实际上仅有大约2500个家庭）的未来表现出担忧之情，认为很难如同欧洲人从事的贸易行业一样适应殖民地的变化。

1960年2月，麦克米伦著名的"变革之风"演讲，也同样没有普遍建立非洲人多数政府的意图。这篇演讲提到了非洲民族主义浪潮的高涨，这股浪潮可能成为反西方的力量，并和东方共产主义力量联合危及西方的生活方式。[3] 然而，整篇演讲没有提到快速地放弃非洲帝国。他的这篇演讲更多地是为了说服居住在非洲的欧洲人正视非洲人的力量，给予他们更多的权力，避免极端的欧洲人种族主义激化非洲的矛盾。因为，南

---

[1] "肯尼亚宪制大会报告"，Cmnd 960，1960年2月，in Porter and Stockwell, eds., *British Imperial Policy and Decolonization*, 1938 – 1964, Vol. 2, 第78号文件。

[2] 英国首相办公厅档案：PREM 11/3240, PM (60) 33, 1960年5月31日，"殖民政策进程报告"，麦克劳德给麦克米伦的会议记录，in Ronald Hyam and Wm Roger Louis, eds., *British Documents on the End of Empire*: *The Conservative Government and the End of Empire*, 1957 – 1964, 第1册，第35号文件。

[3] 内阁防卫委员会档案：DO35/10570, no. 53, 1960年2月3日，麦克米伦在开普敦对南非联邦上下两院的演讲，in Ronald Hyam and Wm Roger Louis, eds., *British Documents on the End of Empire*: *The Conservative Government and the End of Empire*, 1957 – 1964, 第1册，第32号文件。

第二章　英国对撒哈拉以南非洲宏观帝国政策的演变 | 83

非所坚持的极端种族政策已经弱化了英联邦，毁坏了亚非国家对英国的信任。① 麦克米伦隐藏的立场还是促进多种族合作而非预备实行非殖民化。麦克米伦仍旧担心破坏中非联邦，"如果我们在中非联邦所设计的多种族政府运作失败，之后肯尼亚也将如此，非洲可能不再成为骄傲的源泉或者让开发它的欧洲人获利，麻烦的大漩涡已将我们都吸了进去……约略区分左派或右派是明显错误的。虽然非洲人不能永久地被控制，……但是欧洲人也不能被放弃"②。麦克劳德表达了自己对首相的看法："我认为和哈罗德·麦克米伦在对非关系问题上的困难在于，……只要情况许可，他不想和他在国内或中非、东非的好朋友闹翻。然而，我所持有的残忍的但却实际的观点是：你不能不打破蛋就做出煎蛋，一个人不能和每个人都成为朋友。然而不止一个人想这样做，同时有某个人正在追求这样的政策。"③

麦克米伦承认中非联邦和肯尼亚是"我们（英国）真正的小规模阿尔及利亚"④。他的政策也如法国一样，即使认识到了困难和危险，也希望继续待下去。他所想的仅仅是如何以尽可能少的代价待下来。而且在他看来，欧洲移民是英国和非洲各种联系的天然纽带。在非洲民族主义浪潮泛起的时候，太快给予非洲人选举权，只会让欧洲移民离开非洲。随之，会导致中非、东非经济和管理的崩溃。他的这种估计并非危言耸听，由于英国既往的扶持政策，作为当地支柱产业的农业和矿业都主要由欧洲人担任管理和技术骨干，当地的行政管理职位也绝大多数由欧洲人占据。而且中非联邦和肯尼亚的欧洲移民在英国议会和保守党中也有众多的支持者。这将可能动摇麦克米伦政府的地位。同时，他也担心太快地给予非洲人权力，将导致"长期和残酷的运动——茅茅和所有诸如此类的运动"⑤。而无论英国能否镇压得了，都会在国际上陷于孤立。

直到1961年1月，麦克米伦政府仍旧认为撤离不合适。永久性地撤

---

① 财政部档案：T236/4873，"对南非政策：联合国方面"，霍姆勋爵呈递首相备忘录，1959年12月17日，in Ronald Hyam and Wm Roger Louis, eds., *British Documents on the End of Empire: The Conservative Government and the End of Empire*, 1957–1964, 第2册, 第439号文件。
② A. Horne, *Macmillan 1957–1986*, p. 180.
③ R. Shepherd, *Iain Macleod*, London: Hutchinson, 1994, p. 199.
④ 麦克米伦日记：1960年12月14日，in A. Horne, *Macmillan 1957–1986*, p. 209.
⑤ 首相办公厅档案：PREM 11/2583, CPA, CRD, 2/53, SC/45, 1959年6月23日，in A. Horne, *Macmillan 1957–1986*, p. 389.

离肯尼亚只会导致类似刚果的混乱情况。从东非的撤离会影响英国的防卫利益，并会引来其他强权的进入。总之，一点都不符合英国以前提出的独立标准。但形势的发展已经不允许殖民统治继续下去，也不可能依靠武力维持统治。坦噶尼喀的先例是适用的时候了，这个例子展示出：主动和较早地将政权转交到温和领导人手中，会更好地维护英国的利益。①

即使面临白人移民的反对，麦克米伦也认识到需要对非洲人做出让步的时候到了。尤其伴随着1960年6月刚果独立，与之相邻的北罗得西亚的形势也显得敏感起来。中非联邦欧洲移民的首领、联邦政府的负责人韦伦斯基（Welensky）和英联邦大臣霍姆认为两地的宪法会谈在1962年举行也不晚，提出尼亚萨兰和北罗得西亚不应该在1970年之前被授予独立，否则南罗得西亚也将相应地宣布独立。② 出于对中非联邦"阿尔及利亚化"的担心，麦克米伦最终还是决定为北罗得西亚在1961年2月举行一次宪法大会。③ 显然，韦伦斯基和霍姆代表的欧洲移民的反叛比和非洲人进行战斗的可能性或严重性更低。但在宪法大会期间，欧洲移民联合英国保守党下议员使进程陷入停顿。在民族领袖班达的领导下，尼亚萨兰要求在1962年退出中非联邦。

在东非，麦克米伦政府也加快了步伐。对于肯尼亚，麦克劳德希望依靠扩大选举权赢得非洲人的支持，同时达成保护欧洲人的原则性协议。④ 他的想法仍是旧有政策延续，是在旧的限度内对新历史潮流的趋近而非在新的界限内行动。1960年2月，肯尼亚欧洲移民和非洲人拒绝了麦克劳德的建议，殖民大臣只好以坦噶尼喀模式扩大非洲部长的人数，将立法机构65席中的33席给了非洲人，同时保持了旧有的制度（由总督任命部长会议成员和等级选举制）。英国政府开始提供资金购买"白人

---

① 英国内阁档案：CAB 134/1560, CPC1 (61) 2, 1961年1月6日，"殖民地问题, 1961"：内阁殖民地政策委员会会议记录, in Ronald Hyam and Wm Roger Louis, eds., *British Documents on the End of Empire: The Conservative Government and the End of Empire*, 1957–1964, 第1册，第37号文件。
② 英国殖民部档案：CO1015/2254, 霍姆致麦克米伦, 1960年6月10日。
③ 英国首相办公厅档案：PREM11/3080, 温德姆（Wyndham）作记录, 1960年11月13日。
④ 英国首相办公厅档案：PREM11/3030, 麦克劳德致巴特勒, 1961年1月15日。应为1960年2月15日。

高地"的土地，重新分配给非洲小农场主，以图满足吉库尤人的主要诉求，同时购买不愿再待在肯尼亚的欧洲人农场主的土地。仅仅由于1%当地人口是白人，肯尼亚的进程就需要尽可能慢地前进。

即便如此，英国国内的反对派还是认为麦克劳德将政治改革步伐调得太快，麦克劳德于1961年10月离职。随之，国内的反对派发现，麦克劳德的去留对局势发展几乎无关紧要。原因如麦克劳德受到右翼胁迫辞职之后所写的："据说，我成为殖民大臣之后显著加快了独立进程。我承认此种说法。因为依我看来任何其他政策将导致非洲恐怖的血流成河。"①"我们无法用武力保住我们在非洲的属地。甚至在动用大批部队的情况下，我们连塞浦路斯这个小岛都保不住。戴高乐将军无法制服阿尔及利亚。人们迈向自由的步伐可以加以引导，但无法加以阻止。当然，步子迈得快就有风险。但是，步子放慢的风险要大得多。"② 到1962年，不给予非洲人多数统治地位已经不能换取哪怕是温和派的合作。法国在阿尔及利亚的彻底失败更证明了武力镇压不具有可行性。除非允许尼亚萨兰和北罗得西亚退出联邦，成立非洲人多数自治政府，否则这些地区将不可避免地走向革命。③ 随着事态的发展，麦克米伦开始感觉"似乎没有人对欧洲移民怀有很深的担忧"④。中非联邦于1963年年底正式解散。同年12月，在英国提供资金的允诺下，肯尼亚民族领袖肯雅塔答应和平赎买欧洲移民农场土地，肯尼亚获得独立。在赎买政策下，当地富有者购得了土地，土地上的耕作者仍难获得自己的土地。随即，1964年尼亚萨兰和北罗得西亚独立；南罗得西亚要求在欧洲人控制下独立未获得准许。

三 小殖民地的未来和英联邦成员资格问题

凭借多种族的英联邦保存英国的世界经济和政治影响力是战后历届英国政府外交政策的主要措施之一。战后，是否在英联邦内设立两个等级的成员资格成为一项争论十余年的议题。

是否设立两个等级的成员资格先是围绕各地种族构成不同展开。1947年印度独立并且于1949年提出作为共和国，使英联邦面临挑战，第一个挑战是是否给予印度同等于老白人成员国的资格，第二个挑战是是

---

① N. Fisher, *Iain Macleod*, London: Andre Deutsch, 1973, p. 142.
② Goldsworthy David, *Colonial Issues in British Politics*, 1945-1961, p. 363.
③ 麦克米伦日记：1962年2月19日, in A. Horne, *Macmillan 1957-1986*, p. 408.
④ 英国内阁档案：CAB21/4772, f62, M182/63, 1963年5月7日。

否修改英王作为各成员国国家元首的既有规定。最早一批的英联邦成员有加拿大、澳大利亚、新西兰、南非和爱尔兰等。根据1931年威斯敏斯特法案，它们在英联邦内享有充分平等和独立的资格，即享有与英国同等的地位，都尊英王为自己的国家元首。对于艾德礼政府来说，为了建立抗衡美苏的第三世界强权的国际地位，英联邦需要尽可能地保留一定的规模，印度需要不计成本地被保留在英联邦内。因而，英联邦成员资格的标准被修正。先是同意印度以与白人成员国同等的资格加入英联邦，后又承认共和国也可作为英联邦成员，英王仅作为英联邦的象征。印度的案例创造了亚非共和国进入英联邦的先例。

20世纪五六十年代之交，是否设立两个等级的成员资格围绕各地地域面积的大小展开。讨论的核心仍是想将亚非拉新独立地区划为第二等成员资格。非洲殖民地的动荡代表着英帝国大块殖民地的丧失几乎已成定局，所余小块殖民地的未来问题也显得重要起来。国际社会不仅关注中非、东非地区的反殖民活动，而且对小殖民地的未来地位也较为关注。[①] 如果在接下来的数年中，小殖民地问题不被从联合国殖民地问题中排除出去，那么"无止境的（联合国）干预和反殖阵营制造的麻烦"将无法避免。[②] 所以，英国不得不尽快抹去殖民者的标签，迅速考虑对小殖民地的政策。

对小块殖民地未来的考虑同英联邦成员资格问题息息相关。在英国政府看来，小殖民地问题有两个方面：一方面，小块殖民地在经济上难以自立，在政治上易被颠覆，在防务上难以支撑；另一方面，小块殖民地的独立带来英联邦组织的难题，为数众多的成员将弱化英联邦的凝聚力，更难以维持原有等级结构的英联邦。

因而，英联邦成员资格问题的解决成为小殖民地问题的先决条件之一。早在1955年，英国政府就对小殖民地能否独立并成为英联邦成员展开过讨论，有人提出可以准其独立，但给予不完全的英联邦成员资格，

---

① 英国殖民部档案：CO 1024/325, no. 75, 1962年9月12日, "小殖民地", H. 波因顿发给各位总督的殖民部通传信件，附："对将同联合王国整合或紧密联系作为宪制目标可能性的检验", in Ronald Hyam and Wm Roger Louis, eds., *British Documents on the End of Empire: The Conservative Government and the End of Empire*, 1957–1964, 第2册, 第566号文件。

② 英国内阁档案：CAB134/2402, 备忘录, "小殖民地问题"[PFP（62）19], 殖民部递交内阁委员会有关太平洋地区未来政策的呈文, 1962年11月30日, in F. Heinlein, *Brititsh Government Policy and Decolonisation*, 1945–1963, p. 267。

这个建议被内阁拒绝。① 然而，这种想法并没有消失，当民族解放运动兴起，大量的小殖民地也面临独立，将它们排除于第一等级之外，似乎成为更可接受的选择。1958 年年底，同塞浦路斯的协议即将签订之际，受到首相支持的英联邦关系部建议布鲁克的委员会就成员国资格问题再次展开研究。面对殖民部"英联邦政府"和联邦关系部"联系政府"的提法，委员会更喜欢前者，这一名称将被用来指称处于自治政府和独立地位之间的地区。这样的政府将无权参加英联邦首相会议。如此一来，肯尼亚、乌干达、坦噶尼喀和西印度群岛都被考虑给予第二级成员资格，原有的英联邦权力格局也不会受到大的影响。由于需要应对 1959 年大选，这个议题暂时受到搁置。到 1960 年再议之时，麦克米伦任命了一个不仅包括英国人的英联邦小组重新审议。该研究小组在 1960 年 6 月得出结论：在未来十年，英联邦的成员数可能上升到 17—24 个，甚至翻倍。给如此多的成员全部授予完全资格似乎无法想象，两级成员资格似乎成为唯一的解决办法。然而，英国驻联合国代表发现实行两级成员资格的国际压力过大。不同的殖民地面临不同的国际环境（特别是要塞殖民地和一些有国际争议的地区，如亚丁、英属洪都拉斯、马尔维纳斯群岛和巴苏陀兰②），不可能集中将之都归为第二级的成员资格，不可能制定统一的政策。官方工作组认为：任何介于殖民地地位和独立地位之间的地位都是不可被接受的。既然过去的标准明显"过时"了，自治政府和英联邦完全成员资格就应该授予所有的殖民地（除了要塞地区），而无论面积大小。若拒绝上述做法，将被视为阻止殖民地人民走向独立，"我们一致认为，在 20 世纪下半叶，这将成为逆流而上的徒然努力"③。

剩下的一种解决办法就是减少申请英联邦成员资格的地区数。于是，鼓励小殖民地合并组成联邦又被赋予了一层意义。这种方法主要适用于地理位置相互接近，或和英国大块殖民地邻近的小殖民地。英国准备使

---

① David Goldsworthy ed., British Documents on the End of Empire: The Conservative Government and the End of Empire, 1951 – 1957，第 2 册，第 193, 198, 204 和 206 号文件。
② 巴苏陀兰是莱索托旧称。
③ 英国首相办公厅档案：PREM11/3649，布鲁克（Brook）致首相，1960 年 7 月 28 日。

用此方法的地区有：中东以亚丁为核心的联邦①、阿拉伯联合酋长国②、东非的东非联邦③、西印度和南美的加勒比联邦④。但随着1961年9月多数牙买加人投票反对西印度联邦，这一方法的前景也似乎显得黯淡。麦克劳德建议大臣们遵从以往塞浦路斯和塞拉利昂的先例，授予牙买加独立。内阁采纳了他的建议，在组建东加勒比联邦失败后，在接下来的若干年，加勒比海的其他英国殖民地也相继独立。西印度联邦的解体不仅意味着通过组建联邦来减少英联邦成员数量的努力失败，而且也意味着任何宣称地域太小不能支撑独立说法的破产。

组建联邦的传统途径失败，并不意味着减少英联邦成员资格努力的完结。英国的政策制定者又从联合国的文件中获得灵感。1960年12月，联合国1541号决议明确提出了非自治地区转变为自治地区的三条标准：(1) 主权独立；(2) 和一个独立国家"自由联合"；(3) 同独立国家合并。"自由联合"被认为适合于小殖民地（主要是岛屿）。英国试图将合并应用到马耳他，但合并带来了一系列难以解决的问题：如马耳他人在英国议会的代表权问题、马耳他人是否应享有和英国本土人口同等程度的社会设施和税收水平问题等。⑤ 于是，自由联合成为唯一的途径，这也符合英国政府一贯的想法。早在1957年，内阁殖民政策官方委员会就希望将小块殖民地的权力责任转交给其他英联邦国家，例如将百慕大转交给加拿大，将斐济转交给新西兰，或满足南非的愿望，将三个高级委员会地区转交给它。英国政府希望这些英联邦国家分担英国的财政、援助"义务"。⑥"自由联合"要得以成立需要满足三个条件，分别是该地区人

---

① 1959年2月，英国将靠近亚丁的六个酋长国组成南阿拉伯联邦（不包括亚丁殖民地），这实际上是组建以亚丁为核心联邦的第一步。

② 英国准备把阿拉伯半岛南部的一些酋长国，如阿布扎比、迪拜、沙迦、阿治曼、乌姆盖万、哈伊马角和富查伊拉等组成联邦。

③ 英国计划组成以肯尼亚欧洲移民统治为核心的联邦，包括肯尼亚、乌干达、坦噶尼喀和桑给巴尔。

④ 英国于1958年组织了包括西印度群岛的西印度联邦，还企图将英属洪都拉斯和英属圭亚那也囊括其中，组成加勒比联邦。

⑤ 英国殖民部档案：CO 1024/325, no. 75, 1962年9月12日，见《保守党政府与帝国的终结（1957—1964）》，第2册，第566号文件。

⑥ 英国内阁档案：CAB 134/1556, CPC (57) 30, 1957年9月6日，in Ronald Hyam and Wm Roger Louis, eds., *British Documents on the End of Empire: The Conservative Government and the End of Empire*, 1957-1964, 第1册，第3号文件。

民同意联合，该地区能决定自己的宪法，能在任何时候改变自己的地位。这些标准似乎不难达到，"自由联合"成为许多英国殖民地可能的前途，像马尔维纳斯群岛、圣赫勒拿、皮特凯恩（Pitcairn）、直布罗陀、吉尔伯特和埃利斯群岛（Gilbert and Ellice Islands）。① 对于此一打算，联合国没有多少压力。于是，对于较小的殖民地，"自由联合"成为优先的方式，西萨摩亚的解决方式则被当作一种普遍的模式。② 在联合国的支持下，西萨摩亚于1962年1月独立，同新西兰建立了特殊的代理关系，不寻求联合国或英联邦的成员资格，由新西兰处理所有外部事务，同时其公民在所有事务上享受和新西兰国民同等法律地位，并且可以再次选择最终地位。之所以会出现如此的结果，是该地区几乎所有的进出口都面向新西兰，和新西兰的人员流动也很密切。该模式在处理澳大利亚和新西兰周边岛屿的殖民问题上占据了主导地位。

但是有一类小殖民地英国政府一直不轻言放弃，那就是战略地位重要的小殖民地。无疑，武装力量的存在是帝国存在的标志，遍布全球的战略基地构成了帝国的骨干，唯有保持骨干，才能便利英国在海外的经济活动。所以，英国人将这些殖民地在地图上连成一条线，称为"帝国生命线"。它们是英国保护残存殖民利益必不可少的战略基地和交通要道，如直布罗陀、马耳他、塞浦路斯、亚丁和新加坡等。英国一直以直布罗陀公民投票赞同保持既有地位为借口直接控制直布罗陀。在马耳他，英国也以威逼利诱等多种方式保持着军事基地。经过武装斗争获得独立的塞浦路斯，也在英国的压力下给予英国两个主权基地。亚丁作为英国在中东的军事中心，英国大臣们确信亚丁的存在具有重要的政治利益：维持英国在中东稳定的影响力，捍卫英国的世界大国地位，充当同远东

---

① 英国外交部档案：FO371/172610, no. 13, 1963年9月27日，"英国殖民地未来"：殖民部备忘录，附录："可能的未来地位", in Ronald Hyam and Wm Roger Louis, eds., *British Documents on the End of Empire: The Conservative Government and the End of Empire*, 1957 – 1964, 第1册，第46号文件。

② 英国殖民部档案：CO1032/226, no. 169, 1962年4月24日，"英联邦的演变"：官方工作组（J. 查得威克任主席）, in Ronald Hyam and Wm Roger Louis, eds., *British Documents on the End of Empire: The Conservative Government and the End of Empire*, 1957 – 1964, 第1册，第3号文件。

交流的柱石。① 他们更认为单凭军事力量无法维持英国的影响力，需要政治政策的调整与之相配合。政治政策要变为容纳阿拉伯民族主义，取代原有的支持专制政权的政策。换句话说，英国逐渐倾向于采取政治妥协、保全战略、经济利益的做法，因为他们知道没有同英国合作的当地政府的支持，战略基地将不可能发挥作用。② 由于非洲大陆和阿拉伯民族解放运动的进一步高涨，英国于1963年1月强制把亚丁殖民地并入南阿拉伯联邦，以便延缓亚丁殖民地的独立。直到1967年年底英国才在南阿拉伯人民武装斗争的压力下撤离亚丁。新加坡则是英国在远东的军事中心，是对东南亚地区施加直接影响的有力工具，是遏制东亚共产主义运动发展的桥头堡，也是维持同澳大利亚、新西兰关系的枢纽。英国政府同样将新加坡和马来亚合并，以保证其战略利益。

随着1961年塞拉利昂和1962年牙买加作为主权国家独立并获得完全成员资格，英国政府更难以对众多非洲、太平洋和加勒比地区国家的成员资格进行限制，小殖民地独立的最后障碍消除了。1963年9月，一份殖民部调查显示尽管此时仍有40个英国殖民地，但其中24个殖民地将会在1965年独立（南部非洲的三个高级委员会属地③没有获得独立日期）。大多数英国在加勒比和太平洋保留的地区将获得独立。剩下的16个小地区，大多数被列在联合国让其同英国"自由联合"的目录中，它们各自特殊的情况难以实行统一的解决办法。殖民部同意这16个殖民地都将获得自治或独立。这份调查结果被交给其他部检验，没有提出什么修正，成为麦克米伦政府任期的最后政策。这16个地区多是弹丸之地，除香港外，人口稀少；除亚丁和直布罗陀外，多没有什么大的战略价值。大多

---

① 英国首相办公厅档案：PREM 11/4678，1963年2月6日，特兰德爵士（Burke Trend）致首相有关亚丁的备忘录，in F. Heinlein, *Brititsh Government Policy and Decolonisation*, 1945 – 1963, p. 224.

② 英国英联邦关系部文件：DO35/7873，1958年12月10 – 22日，"小殖民地和英联邦的扩张"，A. W. 斯奈林、E. N. 拉莫和H. 林特起草英联邦关系部备忘录，in Ronald Hyam and Wm Roger Louis, eds., *British Documents on the End of Empire: The Conservative Government and the End of Empire*, 1957 – 1964, 第2册，第561号文件。

③ 今莱索托、博茨瓦纳和斯威士兰。

为大洋中的小岛，或渺无人烟之地，所以没有激起国际批评。[1] 即使这些地区日益被认为是政治和财政负担，政策制定者仍旧要么担忧留下政治"真空"，要么担忧留下"混乱"[2] 而不肯放弃。或许，这反映出了英国决策者对帝国难以割舍的真实心理。

随着独立的小殖民地以完全成员资格加入英联邦，撒哈拉以南非洲帝国崩溃的历史进程画上了句号。

第四节 整体视野下的战后英属撒哈拉以南非洲帝国解体

上述三节主要分析了战后英国政府政策的演变，本节注重发掘较长时段中深层的经济、社会与思维的渐变，同时兼顾突发事件对历史进程的影响，注意通过比较得出英属撒哈拉以南非洲帝国解体的特点，更多强调整个体系各因素之间的互动。

16世纪以来，世界横向联系空前加强，有学者将之称为全球化。全球化进程多展现为资本主义框架下欧洲文明的扩张，从而使这种横向联系的发展同世界历史的纵向发展联系在一起，并使这一过程兼具政治、经济和文化意味。这一进程的动力源于资本主义生产的扩张要求及与之相适应的权力结构。现代殖民帝国便应运而生，并于19世纪构成一个遍及全球的帝国体系。由于民族解放运动的兴起，20世纪帝国体系趋向瓦解，反西方主导的全球化取得阶段性胜利。英帝国解体便发生在上述背景下。英帝国解体包含政治权力让渡和经济权利保留，带来资本主义世界体系调整，作为焦点影响到战后东西方矛盾和南北方矛盾的发展。

一 英帝国体系的结构弱点

英帝国的兴衰是20世纪70年代前资本主义全球化的缩影。大致而

---

[1] 截至2010年，下面14个地区仍旧处于同英国的"自由联合"中：安圭拉岛、英属大西洋领地、英属印度洋领地、英属维尔京群岛、开曼群岛、马尔维纳斯群岛（福克兰群岛）、直布罗陀、蒙特塞拉特岛、皮特克恩岛、圣赫勒拿岛、阿森松岛和特里斯坦-达库尼亚岛、南乔治亚岛和南三维治岛、特克斯群岛和凯科斯群岛、百慕大。

[2] 英国内阁档案：CAB 134/2402，殖民部致内阁委员会关于太平洋地区的未来政策，1962年1月3日，in F. Heinlein, *Brittish Government Policy and Decolonisation*, 1945–1963, p. 267.

言，英帝国的发展史可分为三个时期：成型期（1588—1815年）、兴盛期（1815—1945年）、解体期（1945—1971年）。凭借超乎同时代吸纳私人资本的能力，1588年英国战败西班牙无敌舰队，获得支撑全球化的跨洲贸易支配权。1815年战败拿破仑法国，挫败了建立路上跨洲贸易的可能。结合强大的工业生产能力和伴随大额贸易流的金融流，英国经济确立世界首强地位，以英帝国为核心的世界体系逐步成型。两次世界大战冲击了欧洲文明的优越性，资本主义强国之间的斗争打击了全球经济，1945年第二次世界大战结束，上述影响便显现出来，英帝国体系趋向衰落。到1971年英国结束苏伊士运河以东的存在，英帝国体系彻底结束。美帝国取代英帝国成为资本主义全球化的代言人。

根据英国影响力强弱，英帝国体系由下述三大部分构成，有形帝国、无形帝国和帝国之外区域，即大片殖民地构成的有形英帝国、资产阶级世界范围内的无形"贸易和金融帝国"、建立在符合力量对比基础上的国际关系等级结构。施加影响的方式既凭借暴力强制也凭借软实力，既有官方的也有非官方的。

从政治控制力上讲，英国以等级制治理成分多样的有形帝国。英国以种族划分权限等级，大体可分为白人移民殖民地治理模式和非移民殖民地治理模式两类。直到1900年2/3的英国移民迁往美国，剩余移民会前往加拿大、澳大利亚、新西兰和南非。除南非外，其他地区都依赖于英国输出的劳动力和技术。南非则主要依赖当地劳动力，凭借"移民自治"的权力和当地劳动力的辛勤劳动发展出相对独立的经济。白人移民殖民地往往被授予程度不等的内部事务自主权，优先获得投资，但限制外交权、防务权和工业化权。英国视白人移民殖民地作为维持帝国体系的伙伴。白人移民殖民地在两次世界大战中同印度一样提供大量兵员，更提供了初级工业生产基地。出于对它们实力的肯定，上述四个地区在1931年后成为白人英联邦初始成员。战后它们对英国的需求不仅在防务领域，也在经济领域，这两项需求英帝国体系都难以给予。[1] 英帝国体系逐渐对它们丧失吸引力。

非移民殖民地几乎所有权力都由宗主国保留。自1783年北美十三块

---

[1] Paul L. Robertson and John Singleton, "The Commonwealth as an Economic Network", *Australian Economic History Review*, Vol. 41, No. 3, November 2001, pp. 241–266.

第二章　英国对撒哈拉以南非洲宏观帝国政策的演变

殖民地独立后，印度作为有形英帝国的核心，为宗主国提供源源不断的原料、资金和人力，并且为宗主国的工业制成品提供巨大的市场，享受独特地位，伦敦设有专门的印度事务部，英王兼印度皇帝。由印度岁入供养的英印军承担了苏伊士以东以南的防御负担。由于印度本土文明程度较高、英国"开发"力度较大，20世纪伊始印度民族主义已渐趋高涨，最终于1947年获得独立。印度独立使帝国暴力体系丧失了一大支柱，成为帝国解体的重要因素。印度的独立同时让英联邦不复成为白人俱乐部。

从经济影响力上讲，有形的英帝国之外是更大范围的无形帝国。1914年英国对外投资占世界各国对外投资的近半[①]，是法国的两倍多、德国的三倍多。英国作为世界最大的投资者、原材料的主要市场，伦敦城应运成为最大的金融中心。由于英国强大的经济地位，确立了以金本位为基础的英镑的世界货币地位。英帝国的经济霸权还体现在缔造以己为中心的贸易网和规则。各地要从伦敦获得资金扩张自己的经济，或者支付赔款。为此各地不得不按伦敦市场的需求生产特定的出口物，以支付借贷资金，南部非洲的矿业生产便属于此类情况。需要指出的是，英国资本的流向呈现出等级制的特征。在1865—1914年的体系鼎盛时期，英资投入移民殖民地的资金数额为10.45亿英镑，投入印度2.87亿英镑，投入其他殖民地1.56亿英镑。[②]

帝国体系的维持有赖于得自无形帝国的收益。19世纪90年代，英国从海外资产、航运业和服务业获得的收入相当于英国出口额的70%—80%，1960年英国的上述无形收入少于出口收入的1/20。[③] 英国外汇赤字的持续扩大，迫使本已受两次世界大战重创的英国资本不得不加速回流国内。据统计，在1952—1958年，国际往来账户中只有一次赤字，赤字为1.55亿英镑，而仅1960年赤字就达到2.65亿英镑，1964年更增长到3.95亿英镑。[④] 这种状况背后是英国经济竞争力的下降。英国在世界

[①] P. J. Cain and A. G. Hopkins, *British Imperialism: Innovation and Expansion, 1688 – 1914*, London: Longman, 1993, pp. 171 – 179.

[②] Lance E. Davis and Robert A. Huttenback, *Mammon and the Pursuit of Empire: The Economics of British Imperialism*, pp. 40 – 41.

[③] John Darwin, *the Empire Project: The Rise and Fall of the British World – system, 1830 – 1970*, Cambridge: Cambridge University Press, 2011, pp. 10 – 11.

[④] ［意］奇波拉：《欧洲经济史》（第六卷上册），李子英等译，商务印书馆1991年版，第124页。

制造业出口中所占比例从 20 世纪 40 年代的 20.4% 下降到 1959 年的 17.9%。[1] 1956 年，英国的传统产业如造船业，只建造不到世界总产量 14% 的船只，1949—1951 年，英国建造的船只占世界总产量的 38%。[2] 造船业的衰退源于航运业的衰败，传统保险业务受到冲击，作为无形帝国支柱的金融业也在同纽约的竞争中渐趋下风。英国经济维持无形帝国的能力大为削弱。

帝国之外区域同样是英帝国体系的重要组成部分。各地同英国的联系是动态的，其联系强度不仅受英帝国体系内部经济和地缘政治关系的影响，而且受到全球关系的影响。英国对帝国之外区域的影响更多依靠互相给予，分享体系红利，主要表现为诸大国之间的利益协调。英国 19 世纪的"（欧洲）大陆均衡政策"或是 20 世纪的结盟政策，都是为更好地保障对帝国之外世界的影响力。德国的挑战、美国的崛起都对英帝国形成压力。值得注意的是，1865—1914 年投向帝国外的英国资金为 24.58 亿英镑，是帝国范围内投资额的一倍多。[3] 这不仅说明英帝国体系的全球性影响，更说明帝国给予英国的回报更多，是否保有帝国并不能以投资的流向为单一考量因素。

帝国体系承受着内外双重压力。内部的压力如英国无力输出资本和维护贸易网、殖民地诉求的增长，外部压力如各强国力量对比变化引发的战争。为缓和上述双重压力，有形帝国和无形帝国之间会互相转化。作为资本主义先驱国家，英国政府在考虑政策时怀着"经营"理念，试图以尽可能少的成本获取尽可能多的收益。为节约花费，英国尽可能地维持无形帝国，只有受到挑战时才将无形帝国转化为有形帝国。[4] 同样为节约花费，英国可以放弃维持有形帝国。维持帝国体系花费多寡可从两个维度考虑：一是帝国挑战者实力强弱，力量强则花费多；二是帝国维护者实力强弱，实力强则特定数额花费在其总负担中占比更少。

故而，帝国形式的转变源于如下四大因素的分别作用：英国自身军

---

[1] Keith Robbins, *The Eclipse of Great Power*, 1870 – 1992, London: Longman, 1994, p. 302.
[2] Keith Robbins, *The Eclipse of Great Power*, 1870 – 1992, p. 216.
[3] Lance E. Davis and Robert A. Huttenback, *Mammon and the Pursuit of Empire*, pp. 40 – 41.
[4] John Gallagher and Ronald Robinson, "The Imperialism of Free Trade", in John Gallagher, *The Decline, Revival and Fall of the British Empire: The Ford Lectures and other Essays*, Cambridge: Cambridge University Press, 1982, pp. 1 – 18.

事和工业实力的衰退、殖民地力量的增强、英国资产阶级掌握的无形帝国衰竭和体系等级结构随力量对比变化。若四大因素共同作用则帝国解体。第二次世界大战结束后，英帝国正面临如此的局面。

第二次世界大战使19世纪的英帝国世界体系濒临解体。众多海外资产的损失、印度的独立、白人移民殖民地对美国的战略性依附、制海权的丧失、苏联和中国的崛起改变了欧亚战略格局，19世纪英帝国体系赖以存在的基础几乎全被削弱。英国迫切希望开发原本处于边缘地位的撒哈拉以南非洲。

英属撒哈拉以南非洲长期作为有形帝国的边缘地区而在帝国体系中被赋予政治意义。19世纪80年代之后迅速被纳入帝国版图，直到1947年印度独立，该地区更像是一块帝国"保留地"，为避免他国占领的损害和未来开发存在。在瓜分非洲的过程中，出现了英国政府利用国际会议瓜分殖民地的新现象，从而使帝国体系在非洲的扩张有别于以往。以往英帝国扩张曾出现过移民垦殖形式（如北美殖民地）、特许公司的形式（如对印度的殖民化）。新的举措显示出随着帝国体系扩展到全球，各强国之间建立起利益协调机制。

作为"保留地"，"间接统治"成为英属撒哈拉以南地区主要的统治形式。这源于英国政府希望尽可能少地投资殖民地。在"合作"的旗帜下，英国培植一些土著统治者作为殖民统治中间人，如尼日利亚北部的酋长、乌干达贵族、苏丹的反马赫迪派等。甚至殖民者再度创造出一些所谓的土著统治者，现代许多部族和酋长便由此而来。罗纳德·罗宾逊（Ronald Robinson）著名的"合作者理论"便取自撒哈拉以南非洲的史实。尽管有关"合作者"的定义争议不断，但是在如何保持殖民统治的问题上，他的分析基础被广泛接受，即相比被殖民者，殖民者的数量很小，不得不借助本土合作者来实行统治，一旦丧失当地合作者的忠诚，殖民者要么选择离开，要么只能被赶走。[1]

直到战后英属撒哈拉以南非洲都处于英国投资的边缘地位，较少意义上作为移民目的地，更多作为食品和原材料供应地而在帝国体系中被

---

[1] R. Robinson, "Non-European Foundations of European Imperialism: A Sketch for a Theory of Collaboration", in R. Owen and B. Sutcliffe, eds., *Studies in the Theory of Imperialism*, London: Longman, 1972, p. 117-142.

赋予经济意义。在农业领域，英国推行单一作物制，掠夺性开采矿物。典型的单一作物制地区如黄金海岸的可可种植。当局以土著小农为基础，以可可管制局为工具，赚取大量"剪刀差"。1926年英国殖民部官员到黄金海岸可可产区考察，发现当地的粮食供应常常不够，价格也偏高。矿业是英国资本流的主要方向，1870—1936年私人投资总额为11.27亿英镑，其中5.8亿英镑投资到矿业领域，输出矿产品价值超过大陆贸易总量的67%。属于公共投资的5.46亿英镑相应地集中于矿业生产地区，主要投资于矿业需要的管理和交通基础设施。[1]

第二次世界大战后，上述定位被彻底颠覆，英属撒哈拉以南非洲被寄希望为重建新帝国体系的核心，承担原本印度的功能，即帝国经济资源和军事人力资源的来源地[2]，以重塑帝国体系，维护英国的世界地位。1948年，时任工党政府商务大臣的哈罗德·威尔逊就在下院发表演讲："我赞同众多议员在许多场合发表过的看法，即开发非洲和其他落后地区是改善国际收支的一个最有效的办法。"[3] 时任工党政府外交大臣的贝文认为："只要我们在非洲的开发取得进步，不出四五年，我们就能使美国依赖我们，完全顺从我们……美国严重缺乏的某些矿物资源，在我们的非洲才能找到。"[4] 1947年4月30日有一份备忘录建议应尽可能快地卸下英国在中东、北非和东南亚的负担，集中力量到非洲应该成为英国未来行动的核心。这表明英国政府希望在集中力量确保重点的同时，力图保持帝国的全球性框架。[5] 英属撒哈拉以南非洲帝国解体的直接原因便是：在新的世界格局下，英属撒哈拉以南非洲地区的人民不愿再承担如此重负。

---

[1] S. H. Frankel, Capital Investment in Africa, Oxford University Press, 1938, p. 158, p. 165, p. 213. p. 374.

[2] 英国殖民部档案：CO847/35/6 "African Administration Policy", Minute by F J Pedler, Commenting on Cohen's Memorandum, 1 Nov, 1946, in Ronald Hyam ed., *British Documents on the End of Empire*: *The Labour Government and the End of Empire*, 1945–1951, 第1册, 第43号文件。

[3] [英] 帕姆·杜德：《英国和英帝国危机》，苏仲彦等译，世界知识出版社1954年版，第198—199页。

[4] John Gallagher, *The Decline*, *Revival and Fall of the British Empire*, Cambridge: Cambridge University Press, 1982, p. 146.

[5] 英国殖民部档案：CO537/2057, no. 48, 30 April 1947, "International aspects of colonial policy", in Ronald Hyam ed., *British Documents on the End of Empire*: *The Labour Government and the End of Empire*, 1945–1951, 第2册, 第174号文件。

二 英帝国的中央集权化尝试与体系功能的丧失

当南亚不复存在于有形帝国后,英国加紧开发撒哈拉以南非洲。对撒哈拉以南非洲的开发作为加强帝国经济中央控制的一部分。帝国经济中央控制的核心是维护英镑地位,尽可能开发殖民地资源以换取美元。为配合开发,通过地方自治政府改革,英国政府将"间接统治"改为"直接统治",以加强政治领域的帝国中央控制力。经济和政治领域的大变动加剧了社会不稳定。英国将暴力体制中央化作为另一重保障措施,以图恢复英国本土经济,强化有形帝国,壮大无形帝国,在新的国际环境中重建帝国体系。

殖民地开发有两个目的,一是满足英国自身对农副产品和原料的需要[①],恢复本土经济;二是出口殖民地农副产品和原料换取美元,以维护英镑地位[②],振兴无形帝国。1953 年朝鲜战争结束前,世界范围内的物资匮乏使第一个目的成为殖民地开发的主要目的。

战后殖民地开发并不意味着英国政府放弃限制殖民地工业发展的既有策略,而是对既有帝国经济体系的强化。英国殖民官员们对发展殖民地的工业的确不感兴趣。例如,殖民部次官里斯·威廉斯在 1949 年 3 月号的《事实》杂志上写道:"我们的目的并不是试图到处建立小兰开夏。很显然,一个地区总是不能生产一切东西的。"[③] 殖民地开发公司和海外粮食公司是英国特意为殖民地开发成立的国有公司,在大多数情况下,殖民地开发公司和海外粮食公司并未推动西方技术向殖民地经济的重大转移。[④] 对殖民地投资结构不合理且数额很少的状况也没有根本性的改变。在 1951—1959 年所谓的"殖民地开发"投资高峰时期,英国平均对撒哈拉以南非州(不包括南非)的长期投资为人均 10 英镑左右。[⑤] 当然只是这样的资金注入对广大殖民地的发展来说是远远不够的,殖民地反

[①] D. J. Morgan, *The Official History of Colonial Development*, Volume 2: *Developing British Colonial Resources 1945 – 1951*, London: Macmillan, 1980, p. 274.

[②] 英国内阁档案:CAB 129/20, CP (47) 242, 23 August 1947, 支付平衡形势下美元商品的生产, in Ronald Hyam ed., *British Documents on the End of Empire*: *The Labour Government and the End of Empire*, 1945 – 1951, 第 2 册,第 83 号文件。

[③] [英] 帕姆·杜德:《英国和英帝国危机》,第 223—224 页。

[④] M. A. Havinden and D. Meredith, *Colonialism and Development*, 1850 – 1960: *Britain and Its Tropical Colonies*, London: Routledge, 1993, p. 297.

[⑤] 郑家馨:《殖民主义史非洲卷》,北京大学出版社 2000 年版,第 128 页。

而要将大量的英镑结存保留在伦敦。在 1947—1955 年 8 年中,殖民地英镑结存增加了大约 8.5 亿英镑。这意味着殖民地把它们的剩余资金投资到英国,资助英国战后重建。①

在获得暂时强化的同时,体系的"合法性"受到削弱。在西非和乌干达这类非洲小农生产发达的地区,1945 年后的农作物生产扩张,通常依靠政府的销售局推动。这些销售局对经济的长期发展而言是破坏性的,由于农民收入的减少降低了农业生产再投资的可能,更损害了政权在非洲小农心中的合法性。在东非这类白人能够定居的区域,农业扩张试图通过资本集中机制来实现,即创建大型种植园,依靠机械和白人而非非洲人从事生产。最终失败的坦噶尼喀的落花生种植便是著名的例子,它的失败大大损害了帝国在宗主国国内和殖民地的合法性。此外,强迫兴建农业基础设施、屠宰"过量"畜群都被认为扰民,促使非洲小农政治化。英国在最大化殖民地价值的同时,种下了自己毁灭的种子。②

为配合殖民地开发计划背后经济体制中央化的努力,也为适应殖民地区普遍的政治形势,加强对有形帝国的控制,英国政府在撒哈拉以南非洲实行地方自治政府改革。其目的很明确,1946 年殖民部的一份文件中讲到"建立非洲本地政府的这一极具灵活性的政策"将可以保证"人民大众"不会追随"那些暴乱分子的领导,而这些人恰恰就是要将我们尽快地赶走"。③ 以便更广泛动员非洲人参与殖民地开发计划的需要,满足一部分知识分子和中产阶级参政要求,将他们变为殖民政府新的合作者。④ 尽管学界对地方自治政府改革对传统合作者的影响有争议,却对未能吸引新的合作者(特别是代表新生产力的阶级、阶层)有共识。受过现代教育的知识分子并未都成为合作者,反而吸收了外部民族主义思想,

---

① M. A. Havinden and D. Meredith, *Colonialism and Development*, 1850 – 1960: *Britain and Its Tropical Colonies*, p. 267.

② [英]理查德·雷德:《现代非洲史》,王毅、王梦译,上海人民出版社 2014 年版,第 268—269 页。

③ Nicholas J. White, *Decolonisation*: *the British Experience Since 1945*, p. 17.

④ 英国殖民部档案:CO537/5698, no. 69, May 1950, "The Colonial Empire Today: Survey of Our Main Problems and Policies", in Ronald Hyam ed., *British Documents on the End of Empire*: *The Labour Government and the End of Empire*, 1945 – 1951, 第 1 册,第 72 号文件。

转化了原本的想象，适应了反殖民的需要。① 非洲最具现代性的反殖运动——工会运动接纳了民族解放思想，从争取经济目标（争取同工同酬）向争取政治目标（争取民族独立）发展。② 有学者认为埃及、尼日利亚和肯尼亚的中产阶级在帝国解体过程中都投向了民族独立运动。③ 上述三地的情况具有一定代表性。简而言之，地方自治政府改革未能扩大帝国的统治基础，遂不得不逐步过渡到走上独立的宪制改革道路。

加强有形帝国的另一措施是警察力量的中央化。1948年，英国政府在帝国范围内开始大力整合并加强分散的警察力量，以形成一个单一的命令和控制体制。在各地，警察由总督直接指挥，独立于地方自治政府改革的进程之外，监视政府活动。④ 即便如黄金海岸的恩格鲁玛获得"首席部长"头衔，仍旧受到监视，无权从警察部门获取敏感信息如政治情报。⑤ 警察活动耗费了帝国的大量财政资源。如1955年肯尼亚花费在镇压活动上的经费是殖民地开发项目的一倍多。英国政府援助其中的25%⑥，违背了伦敦一贯的原则，即各殖民地自己负担安全花费。在实践中，警察秉持着军事而非公共服务原则，如肯尼亚的警察仅需喊两声"开火"，便可以向集会人群射击。⑦ 消耗了英国统治赖以存在的"道德"资源，难以长期维系。相比印度，撒哈拉以南非洲的帝国军警力量很弱，这是撒哈拉以南非洲帝国"和平"解体的又一原因。

作为凝聚有形帝国的手段，英联邦在战后发展到新的阶段，从种族

---

① Frederick Cooper, "Conflict and Connection: Rethinking Colonial African History", *American Historical Review*, Vol. 99, No. 5, December 1994, pp. 1516 – 1545.

② Frederick Cooper, *Decolonization and African Society: The Labour Question in French and British Africa*, Cambridge: Cambridge University Press, 1996.

③ Robert L. Tignor, *Capitalism and Nationalism at the End of Empire: State and Business in Decolonizing, Egypt, Nigeria, and Kenya, 1945 – 1963*, Princeton: Princeton University Press, 1998.

④ 英国殖民部档案：CO537/6960, 25 Apr 1952, "Position of Colonial Police", Minute by Sir C Jeffries, in Ronald Hyam ed., *British Documents on the End of Empire: The Labour Government and the End of Empire*, 1945 – 1951, 第3册，第244号文件。

⑤ 英国殖民部档案：CO554/254, 9Feb1953 "Gold Coast Constitution", Minutes by Sir C Jeffries and Mr Lyttelton, in David Goldsworthy ed., *British Documents on the End of Empire: The Conservative Government and the End of Empire*, 1951 – 1957, 第3册，第267号文件。

⑥ Leigh A. Gardner, *Taxing Colonial Africa: The Political Economy of British Imperialism*, Oxford: Oxford University Press, 2012, p. 201, p. 203.

⑦ Georgina Sinclair, *At the End of the Line: Colonial Policing and the Imperial Endgame*, 1945 – 1980, Manchester: Manchester University Press, 2006, p. 149.

主义的组织原则向多种族主义转化。印度加入英联邦后,是否在英联邦内实行等级制的讨论仍持续到 20 世纪五六十年代之交,是否将亚非新独立地区列为第二等成员是讨论的核心。① 历史证明正式的等级制已难以维系。随着众多亚非国家在英联邦框架下获得平等地位,英联邦成为成员国重要的联系平台。

战后帝国体系面对一个新的国际环境。19 世纪帝国体系维持有赖于"落后"的东亚、欧洲的平衡以及平和的美国。战后美国崛起为资本主义世界霸主,苏联成为欧洲首要强国,西欧的联合,中国屹立于东亚,这一切使维持旧有体系需要更多资源。

英国政府想到的途径之一是寻求美国资助,美国以资助换取英国配合霸权转移。环顾当时资本主义世界,唯有美国有余力输出资本和生产资料,吸引美国资本便成为英国政府唯一的解决办法。② 英国对资本的需求迎合了美国过剩资本的要求。1950 年美国领事官员建议政府应采取措施增进自身和殖民宗主国在非洲的经济合作。③ 双方的经济合作不仅在国家资本层面,更体现在私人资本相互控股,以南方为代价,使资本主义过渡到以跨国公司为支柱的跨国垄断资本主义阶段。美国人知道,默认英国的殖民宗主国地位能使美国享受经济上的好处,而免于维持殖民秩序的花费。④ 可以这么说,英美双方对布雷顿森林体系和关贸总协定的共识在资本主义体系层面进行了霸权和平转移,以相对收益来考虑彼此关系;在双边关系层面协调了霸权转移的冲击,双方私人资本的合作在民间层面构筑了霸权和缓转移的可能。随着英美霸权的转移,英帝国体系也逐渐由世界体系缩小为附属性体系,进而解体。

西欧联合同英帝国解体的关系也是一个热门论题。20 世纪 60 年代初属于英属撒哈拉以南非洲帝国解体的关键时期。当时的英国麦克米伦政

---

① 英国首相办公厅档案:PREM11/3649,布鲁克(Brook)致首相,1960 年 7 月 28 日。
② 英国殖民部档案:CO537/7597, no. 3 "Dec 1951" 'Colonial Development': CO Brief for Mr. Churchill, in David Goldsworthy ed., *British Documents on the End of Empire*: *the Conservative Government and the End of Empire*, 1951 – 1957,第 3 册,第 398 号文件。
③ James P. Hubbard, *The United States and the End of British Colonial Rule in Africa*, 1941 – 1968, N. C. Jefferson: McFarland & Company, 2011, p. 63.
④ 英国首相办公厅档案:PREM 11/3239, PM (57) 9, 23 Feb 1957, in Ronald Hyam and Wm Roger Louis, eds., *British Documents on the End of Empire*: *The Conservative Government and the End of Empire*, 1957 – 1964,第 374 号文件。

府内阁集体认为，在谈判中应该获取保全同英联邦主要贸易利益的专门条款。① 直到1962年4月27日，英国代表在布鲁塞尔提出申请加入欧共体时，认为面临四个主要难题：温带农产品问题、亚洲英联邦国家贸易问题、欠发达或依附地位的英联邦国家和英联邦市场的联系问题，还有国内农业问题。其中三个都和英联邦有关，足可见英国对保持同英联邦关系的重视程度。② 如申克所说的，在麦克米伦政府时期，欧洲和帝国并非相互抵触的两个目标，而是相互依存的。英国向欧洲靠拢是回应殖民地市场主导地位丧失的行为，而非主动采取的策略。③ 实际上，那种认为英国从殖民地撤退是由于英国经济重心转向欧洲的看法并不成立。欧洲共同体对麦克米伦政府的吸引力并非强烈到可以导致放弃帝国，甚至可以说，融入欧洲仅仅是英国政府在帝国衰亡后不得已的选择。

上面叙述了殖民地开发、帝国控制中央化转型和国际环境变化三项影响帝国解体的客观因素，作为帝国体系演变的主体，人们主观意识的变化对帝国解体进程的影响不可忽视，它受突发事件的影响很大。

第一大变化是民族主义在帝国体系中蔓延开来。战后民族主义浪潮包含土著人民族主义和白人移民民族主义，两种民族主义都要求摆脱帝国体系的束缚，两种民族主义在撒哈拉以南非洲都以坚决但和缓的态度出现。在撒哈拉以南非洲，白人移民民族主义的特性体现在要求更多地剥夺非洲人的土地权、劳动权和其他权力，进而实现同其他地区白人移民民族主义类似的诉求，即在外交、防务和经济上的更多自主权。南非不惜为此于1961年退出英联邦。同印度民族主义类似，战后非洲人民族主义要求结束殖民统治，拥有更多的发展自主权。1945年第三届泛非大会的召开标志着现代非洲民族独立运动的开始。它的发展同自19世纪以来的民族主义传统有相承之处，也具有新的时代特性。说它有相承之处

---

① 英国内阁档案：CAB 128/35/1, CC24（61）3，1961年4月26日"同欧洲的政治和经济关系，请肯尼迪总统和戴高乐总统会谈的可行性"，内阁结论, in Ronald Hyam and Wm Roger Louis, eds., *British Documents on the End of Empire: The Conservative Government and the End of Empire*, 1957–1964，第2册，第364号文件。

② 英国内阁档案：CAB 128/36/1, CC42（62）3，1962年6月26日"英国申请加入欧共体"，内阁结论, in Ronald Hyam and Wm Roger Louis, eds., *British Documents on the End of Empire: The Conservative Government and the End of Empire*, 1957–1964，第2册，第371号文件。

③ C. R. Schenk, *Decolonization and European Economic Integration: The Free Trade Area Negoriations*, 1956–1958, pp. 444–463.

在于大多主张用和平方式经由合法渠道争取民族解放，传统精英仍旧活跃其中，说它有新的时代特性在于受西方教育的精英成为领导核心，并将民族主义同广大人民的诉求结合起来。受过西方教育的精英和西式厂矿中的工人将自己争取权力的行动同争取全民族解放的事业联系起来，形成现代性全民群众运动，使争取独立的要求具备了现实基础。[1] 另外，无论是白人移民还是土著非洲人都认识到英国是他们重要的原材料市场、资本和技术来源地，受过西方教育的精英对西方制度怀有不同程度的认同，故而他们的身份兼具反叛者和合作者的双重性。因此，英、南双方关系并未因南非退出英联邦急剧恶化，直到20世纪70年代初英国资本家都是南非最大的投资者。英属各殖民地独立后继续同英国保持密切的往来。所以说，撒哈拉以南非洲民族主义和缓的特点是英属撒哈拉以南非洲帝国和平解体的重要原因。

第二大变化是世界潮流发生变化，殖民统治成为逆时代潮流的事物。1955年举行的万隆会议有29个亚非国家代表参加，单独的民族解放运动形成合力，民族独立风暴从亚洲转向非洲。1960年12月，联合国大会通过《给殖民地地区和人民独立宣言》，号召迅速和无条件地结束一切殖民统治。新独立亚非国家强烈要求英国确定各个殖民地区具体的独立日期，一定程度上制止了英国拖延殖民地独立的企图[2]，而且它们还反对英国在托管地保有非自治的政府，直接加速坦噶尼喀独立进程[3]，以及遏制住英国和欧洲公司继续霸占南部非洲矿业财富的野心。[4] 亚非国家的力量使美国人"认识到除非他们和所谓的亚非集团妥协，不然不可能在联合国成功实行自己的外交政策"。结果导致英国政府认为，"（英帝国的）整体地

---

[1] A. Adu. Boahen, *African Perspectives on European Colonialism*, New York: Diasporic African Press, 2011, p. 63, p. 92.

[2] 英国殖民部档案：CO 936/680, no. 251, 1961年6月1日, "英国在联合国对殖民地主义和规定独立日期的政策"，马丁（J. Martin）致麦克劳德（Macleod）殖民部备忘录, in Ronald Hyam and Wm Roger Louis, eds., *British Documents on the End of Empire: The Conservative Government and the End of Empire*, 1957 – 1964, 第2册, 第406号文件。

[3] 英国外交部档案：FO371/166819, no. 1, 1961年12月27日, "联合国中的殖民问题", in Ronald Hyam and Wm Roger Louis, eds., *British Documents on the End of Empire: The Conservative Government and the End of Empire*, 1957 – 1964, 第2册, 第409号文件。

[4] 英国首相办公厅档案：PREM 11/4078, 1962年1月19日和24日, "联合国中对于英国东南非政策的看法", in Ronald Hyam and Wm Roger Louis, eds., *British Documents on the End of Empire: The Conservative Government and the End of Empire*, 1957 – 1964, 第2册, 第412号文件。

位现在居于特别危险的处境"①。

第三大变化是英国社会整体对帝国的态度有所变化。突出的便是更喜欢将公共资源用于福利国家建设，而不乐于负担维系帝国的花费，主张利用殖民地资源摆脱英国的经济困境，而不乐于对殖民地投资。同时，英国社会中弥漫着帝国使命感。英国镇压茅茅运动的行动在当时被描述为文明和野蛮、现代社会和古代部落之间的斗争。② 以金融业为代表的服务业能够在失去有形帝国后，继续获得无形收入，甚至会因有形帝国的丧失而获得更广泛的世界，也大大缓解了英国资产阶级失去帝国的焦虑。③ 那个时期的英国知识分子"特别集体自满"，"几乎没有任何人感觉到大不列颠面临重大的难题"。④ 在这种氛围之下，处于"共识政治"中的两党对保有帝国具有较广泛的共识。⑤ 这种保有必须尽可能廉价，且不拖累英国福利国家建设。这种共识在1956年英国侵略埃及的失败后有所松动，苏伊士运河危机成为撒哈拉以南非洲一系列"突发事件"的直接导火索。⑥ 英国政府了解殖民地反叛者的双重性，认为"殖民地更早而非更晚获得独立较有利于英国贸易"⑦，丧失有形帝国的损失可以在无形帝国范围内获得部分弥补。事实上，反殖力量迫使帝国解体，促成了英国福利国家建设，资本主义进入一个新阶段。

三 帝国解体的五大特征

英帝国体系的结构弱点造成英属撒哈拉以南非洲帝国解体。这种结构弱点被战后人们主观意识的转变所强化，使英国政府采取的挽救措施

---

① 英国首相办公厅档案：PREM 11/3239，PM（57）9，1957年2月23日"殖民主义"，（殖民部）伯斯勋爵呈交给麦克米伦的备忘录。附件：英国殖民政策和美国的态度简报摘要；关于自治政府进程的附录，in Ronald Hyam and Wm Roger Louis, eds., *British Documents on the End of Empire: The Conservative Government and the End of Empire*, 1957–1964, 第2册, 第374号文件。

② D. Anderson, *Histories of the Hanged: Britain's Dirty War in Kenya and the End of Empire*, New York: Weidenfeld & Nicolson, 2005.

③ Cain and Hopkins, *British Imperialism: Crisis and Deconstruction*, 1914–1990, London: Longman, 1993, pp. 265–266.

④ Stuart Ward, *British Culture and the End of Empire*, p. 8.

⑤ Philip Murphy, *Party Politics and Decolonization*, p. 22.

⑥ Prosser Gifford and Wm. Roger Louis, eds., *Decolonization and African Independence: The Transfers of Power*, 1960–1980, New Haven: Yale University Press, 1988, p. 14.

⑦ Tony Hopkins, *Macmillan's Audit of Empire*, 1957, in Peter Clarke and Clive Trebilcock, edit., *Understanding Decline: Perceptions and Realities of British Economic Performance*, pp. 234–260; Wm Roger Louis and Ronald Robinson, *The Imperialism of Decolonization*, p. 487.

归于失败。英国军事和工业实力的衰退、殖民地力量的增强、英国资产阶级掌握的无形帝国衰竭和体系等级结构发生不利于英国的变化等因素，使战后帝国面临难以维系的局面。为加强控制有形帝国，英国采取四大类集权手段，如殖民地开发、地方自治政府改革、警察力量中央化和英联邦组织方式变革，但未能实现目的。此外，英国配合美国进行霸权转移，垄断帝国利益的同时靠拢西欧等外交措施，并未能营造出有利于帝国的国际环境。解体趋势更由于人们主观意识的变化而加速，如民族主义的传播使殖民统治成为逆时代潮流的事物，以及英国民众更喜欢将公共资源用于福利国家建设。

由于上述因素，英属撒哈拉以南非洲帝国解体显示出自身乃至英帝国解体的下列五大属性。

和平性是英属撒哈拉以南非洲帝国解体的突出特点。除肯尼亚外，殖民地开发和帝国控制中央化对殖民地民众的扰动并未造成长期的流血冲突。直接的原因在于该地区帝国暴力镇压力量的薄弱。其他原因还有该地区依附型经济结构造就了依附性的社会力量，这股社会力量具有的反抗和合作的双重性，造就了"和平性"的特点。英国国力的衰微和吸取过往的教训，国际力量对比的变动都影响了这一特点的形成。

非线性是英帝国解体的又一特征，是多种因素纠葛缠绕造成的波动起伏进程。历史上英帝国体系便有过跌宕起伏，在经历战后初期的亚洲民族独立浪潮后，1947—1956 年处于平稳期，1956 年后帝国解体进程骤然加速。英国公共产品供给能力的丧失、资本主义霸权的转移和民族主义思潮的扩散致使英帝国体系等级制的组织方式合法性丧失，英帝国体系随即解体。

必然性是英帝国解体的天然未来。不同于古代帝国，英帝国的扩张收缩同现代资本主义的发展密切相关。资本主义的剥削性天然带来对"强制力"的要求。用帝国的强制力保证剥削，构建一个与资本积累相适应的政治权利。英帝国体系的瓦解便是由于资本无力满足政治权利的需要。

过渡性是英帝国解体不可忽视的内涵。帝国解体是后殖民主义时期和新帝国主义的过渡阶段，是全球资本主义体系英美霸权转移的一部分。"二战"后，英帝国解体似乎又一次回转到 19 世纪早期的老路，有形帝国向无形帝国转换。然而，有形帝国向无形帝国的转换依赖于英国的世界体系的存在，维系英国的世界体系需要一定的实力才能够反对其他强权的竞争。战后英国缺乏19世纪的国内外环境重建这样的体系。美国取代英国成为全球资本主义世界体系的霸主，资本主义并未走出帝国主义阶段。

罪恶性是英帝国解体的根本原因。罪恶性是由资本主义剥削性带来的帝国统治天然原罪。为维护资本主义剥削形成了不平等的全球经济格局，阻碍了良性全球化的发展，更阻碍了殖民地半殖民地社会富有生产力的阶级的壮大，培植出各种"合作者"阶层，使各地区无法再沿着西方资本主义发展道路前行。帝国因而成为阻碍世界历史纵向发展和横向发展的绊脚石。故而，帝国统治遭到全球人民的唾弃。

本章小结

英国政府一贯重视保有帝国、维持英国在英联邦中的主导地位。所有研究的出发点都是为了更好地明晰重点，更合理地应用英国的政治、军事和经济力量保有帝国。帝国的任何部分都不被轻言放弃。

大臣们大多认为从殖民地撤退会导致英国大国地位的削减，引发投资者对英镑信心的下降，进而危及英国经济本身的发展。同时，也认为在殖民地驻军可以更好地捍卫英国的经济诉求，诸如在亚丁驻军保证石油供应，在肯尼亚驻军保护欧洲移民经济。

保护欧洲移民甚至被视为超脱于英国具体利益之上的义务，但在实际落实中，欧洲移民的利益从属于英国本国的整体利益。欧洲移民不过是保持英国和殖民地政治和经济联系的媒介。在处理中非、东非殖民地的过程中很明显地表现出这一点。为了维持英国的统治，英国政府在支持欧洲人主导地位的同时，努力平衡欧洲移民和非洲人之间的关系。当非洲民族解放运动不可遏制之时，转而支持非洲人多数统治，以图殖民地在独立后继续保有和英国的诸种联系。

殖民地独立后同英国最重要的组织联系就是英联邦。英联邦原有的组织结构有利于维护英国在英联邦内的主导地位。所以，英国想借用两级成员资格维护原有结构。然而，种种要求平等的压力迫使英国放弃了这一企图。

虽然英国政府不得不准许殖民地独立，但是英国保持英帝国的野心并没有丧失。当大块殖民地纷纷独立时，英国仍旧决心维持在苏伊士运河以东的军事存在，捍卫旧日的帝国框架。新的战略依赖于三个支柱，即亚丁、新加坡等战略基地，澳大利亚、新西兰的军事帮助，再加上利用航母和快速机动力量输送的英国武装力量。

这一切都说明英国政府制定出非殖民化政策，并不意味着首相或政府大臣们认为帝国没有多少价值。相反，政府的研究报告从政治、经济和军事三个角度肯定了帝国的价值。受世界民族解放运动高涨的影响，英国政府先是不得不撤离西非，力保中非、东非，接着又力图确保几个战略基地，被动地步步设防，但又只能逐层收缩。即使大块的殖民地丧失，战略基地维持失去了原本的意义，也试图继续依托战略基地维持帝国的框架，坚持不肯从苏伊士运河以东撤退。同时，试图将独立后的殖民地纳入英联邦，并试图在英联邦组织结构中继续保持帝国原有各地区等级性。这些都表明英国政府的政策尽可能保存帝国的本心，每项政策都是在各种具体情况下力图最大限度保有帝国的产物。

正是由于英国政府没有非殖民化的主观动机，所以包括麦克米伦在内的历届英国政府实施的政策并没有什么计划性。即便有一位历史学家认为，麦克米伦政府的"变革之风"从1957年早期便已开始[1]，我们通过分析历史事实仍旧可以得出和这位学者相反的结论。如麦克米伦于1958年在新加坡向听众解释的那样：英国不再作为超级强权而存在，但它"仍旧选择保留作为一个伟大强权的地位"。尽管它的权威可能已经减少，它仍旧在世界上有广泛的影响力。麦克米伦向自己的听众保证，他没有清算帝国的愿望。[2] 在经济上，英国决策者对于保持英国伦敦作为一个主要的国际金融中心、复杂的商业和政治关系网络中心的决心不可动摇。[3] 在军事上，仍旧维持苏伊士运河以东的存在，维持世界范围内的军事义务。所以包括麦克米伦政府在内的历届英国政府所有的殖民政策都是层层设防、民族解放运动层层追击的结果。但不能说英国就不具备实

---

[1] Ritchie Ovendale, "Macmillan and the Wind of Change in Africa 1957 – 1960", p. 477.
[2] W. David McIntyre, *British Decolonization*, 1946 – 1997: *When, Why and How Did the British Empire Fall?* London: Macmillan, 1998, p. 46.
[3] J. Darwin, *Britain and Decolonisation: The Retreat from Empire in the Post – war World*, New York: St. Martin's Press, 1988, pp. 237 – 239.

第二章　英国对撒哈拉以南非洲宏观帝国政策的演变

行新殖民主义的条件，如张顺洪等认为的那样，"'非殖民化'是民族主义强大而又非十分强大、殖民主义力量削弱而又非完全削弱的产物"[①]。所以，英国殖民者在撤退过程中仍有能力对准备独立的新国家部署一些后续控制措施。即使英国政府没有完整一贯的计划，也丝毫不影响其为控制独立后的新国家埋下伏笔。从而使英属撒哈拉以南非洲帝国解体显示出五大属性。

本章以时间段为线索分析了英国政府全球性的宏观殖民政策。下一章将具体分析战后英国政府在政治方面针对撒哈拉以南非洲的殖民政策，以更好地解释英国政府如何能够从政治上间接控制独立后的新国家。

[①] 张顺洪等：《大英帝国的瓦解——英国的非殖民化与香港问题》，社会科学文献出版社1997年版，第5页。

第三章　英国政府在英属撒哈拉以南非洲的政治改革政策

第二次世界大战之后，英国政府立足保有帝国的宏观政策，在撒哈拉以南非洲实行了一系列政治改革政策。政治改革所包含的内容是相当广泛的，其中宪制改革、国家的组织形式和公职人员的任免三方面的政策尤为重要。本章将重点考察英国在上述三方面的政策，阐述英国谋划宪制改革、筹组联邦和保持殖民地外籍公职人员队伍稳定的计划与实质，分析它们同英国殖民撤退政策的关系，解释英国实行"新殖民主义"的手法，间接控制新独立后的国家。

第一节　宪制改革路线图与加纳独立

"二战"后，英国殖民地政策有两大改变，一是加强殖民地的经济开发，出台了以1945年殖民地发展和福利法案为代表的经济发展措施；二是政治改革，即地方自治政府改革。安德鲁·科恩这位费边派改革者于1943年成为非洲司的领导人。1946年4月，科恩认为迫切需要解决两个问题。第一，要将政治上日益觉醒的非洲人，包括快速扩大的受教育阶层和退伍士兵，吸纳到本土人管理的机构中。第二，扭转殖民部和殖民地政府中人员信心不足的境况，特别是年轻人。[1] 经过1947年11月非洲总督大会等渠道，殖民部确立了新的非洲政策。下面这段话很好地说明了殖民部制定非洲政策的动力和新非洲政策的取向。"非洲现在居于我们

---

[1] 英国殖民部档案：CO847/35/6, no.2, "本土化管理政策：进一步讨论记录"，科恩作备忘录，in Ronald Hyam ed., *British Documents on the End of Empire: The Labour Government and the End of Empire*, 1945–1951, 第1册, 第40号文件。

殖民地的核心位置，是我们仍旧有希望抽取经济和军事力量的仅有的大陆规模的地区。我们在这里的地位基本依赖于我们同非洲大众的关系。这取决于我们成功地创造非洲人地方政府。"① 印度的例子是教育殖民部官员要在地方或部落层面和中央政府之间搭建一个平台，以容纳"不被代表的"民族主义者，于是地域性代议制政府的概念便浮出水面。

创建非洲人地方代议制政府意味着推翻原本的间接统治方式。合并如北尼日利亚的埃米尔邦国和布干达王国到更大的政治单元中去。更大的单元将让人们更好地相互接触，小而穷的部落将被带到有效的地方政府结构中。② 酋长作为传统部落领导人不再是中央政府的代理人。官员们探查到如此一来将削弱部落的影响，最终将完全打破部落体系，在城市增长的冲击下，会出现一个新的基于财富和教育的中等阶层和移民劳工队伍，即所谓的去部落化的非洲人，现在被看作新兴社会力量的代表。

如此一来，便形成了殖民地政治进程的四个阶段的路线图。英国在亚非的非移民殖民地大多推行"皇家殖民地"体制。权力掌握在总督和由指定成员组成的立法会议手中。总督下设行政会议，同立法会议一样作为总督的咨询机构。皇家殖民地政治体制的发展变化的中心是立法会议。立法会议起初一般只有官方成员，后来纳入一些指定的非官方成员，后者在很长时间内是少数。这是政治形态的第一阶段。增加立法会议中非官方成员人数是英国对殖民地人民让步的表现形式。而当立法会议中选举的非官方成员的数量达到半数或超过半数时，从法律上讲，立法会议可称作代议制立法机关，这时该殖民地的政府便可被称为代议制政府。这便进入第二阶段。在代议制政府阶段，选民有了在法律上控制立法会议的机会。当立法会议控制行政机关的时候，责任制政府就出现了。这时立法机关获得委任和罢免政府成员如行政会议或部长会议成员的权力。这便进入第三阶段。真正意义上的责任制政府只有在殖民地独立后才能取得。关键在于独立前总督掌握对防卫、警察和外部事务的权力，政府

---

① 英国殖民部档案：CO847/35/6，"非洲人管理政策"，评论科恩的备忘录，in Ronald Hyam ed., *British Documents on the End of Empire: The Labour Government and the End of Empire*, 1945 – 1951，第 1 册，第 43 号文件。

② 英国殖民部档案：CO847/36/1, no. 9，1947 年 5 月 22 日，"殖民部代表委员会关于非洲总督大会的报告"，in Ronald Hyam ed., *British Documents on the End of Empire: The Labour Government and the End of Empire*, 1945 – 1951，第 1 册，第 59 号文件。

中的部长并非都对立法机关负责,从而政府处于一种半责任制状态。在殖民地独立前,英国还掌握着修改、指定甚至中止宪法的权力,所谓的责任制政府随时有可能被取消。①

殖民部的官员们大多认为西非政治成熟的程度要远远高于中东非。这显示出英国官方在尝试更新自己在非洲的统治方式,以跟上时代发展。实际上,非殖民化并非线性的,它需要群众不断地推动。

1948年1—2月黄金海岸爆发了广泛的抵制运动。这场抵制运动有广泛的群众基础。持续的外贸控制挫伤了商人的积极性,从事交易活动的妇女不愿意看到大公司控制她们的进货渠道,受过教育的年轻人不满于工作岗位受限,农民不满于专家砍掉可可树的要求。抵制运动中两人在阿克拉被射杀后,反而引起更多市镇的骚动,最终有29人被杀,超过200人受伤。这场被镇压的运动对总督来说可能是暂时恢复了秩序,但是对费边改革派来说不啻是一场警告。

1949年6月,受1948年抵制运动的促动,人民大会党(the Convention Peoples' Party)成立,恩克鲁玛成为新党领袖。人民大会党提出了立即实现完全自治的口号。恩克鲁玛最大的特点便是注重将党的根基深扎于城乡大众之中。可以说,恩克鲁玛没有发动1948年阿克拉的抵制运动,相反是抵制运动塑造了恩克鲁玛,政府的反应塑造了黄金海岸的大众民族主义政治浪潮。如英国官员评价的那样,"它不是共产主义者或民族主义者的行为。经济冤情确实作用良多……不管他们对错,他们产生出了政治感情,导致政治意识的快速增长"②。1950年1月人民大会党开展"积极行动",领导了大罢工。结果遭到殖民当局的镇压,恩克鲁玛等领导人被捕入狱。受大罢工的刺激,英国于1950年12月制定了新的黄金海岸宪法。

1950年宪法建立在1946年宪法的基础上。1946年宪法第一次使黄金海岸立法会议中选举产生的成员数超过总督指定成员数,达到18∶12,这在英属非洲是第一次。但总督对立法会议通过的法案保留否决权,行政会议的全部成员仍由总督而非立法会议任免。1950年宪法包含以下精神:

---

① 张顺洪等:《大英帝国的瓦解——英国的非殖民化与香港问题》,第124—125页。
② 英国殖民部档案:CO96/820/2, no. 39, 1951年5月1日,"黄金海岸宪制", in Ronald Hyam ed., *British Documents on the End of Empire*: *The Labour Government and the End of Empire*, 1945–1951, 第3册, 第225号文件。

这个地方还不准备实现充分责任制政府，但立即的宪制进步是必要的。不可能完全地满足民族主义者的愿望，重要的是在英国人手中保持终极权力。在具体措施上：（1）地方权威的民主化；（2）建立地区议会；（3）扩大立法会议以代表整个黄金海岸的各个地区；（4）行政会议的8名部长中有5名来自立法会议的非洲人，由总督任命但服从于立法会议。[①] 一旦实施，黄金海岸的政治便进入政治路线图的第二阶段。

具体来说，新的立法大会包括议长、3名当然成员、6名特殊成员和75名选举成员。议长本人虽不是立法大会的代表，却是由立法大会选举产生。另有一名副议长从立法大会成员中选出。3名当然成员是首席秘书、监察总长和财政秘书。6名特殊成员中的3名从商会选出，3名由矿业协会选出。75名选举成员按照地域划分，其中的37名代表南方，代表北方和阿散蒂的各19名。阿散蒂的19名代表中，6名代表酋长，12名代表农村，1名代表市镇。北方的19名都为酋长代表。在代表南方的37名成员中，12名代表酋长，21名代表农村，4名代表市镇。这样，75名代表中只有38名是由选民选出的，其中5名市镇代表为直接选举，33名农村代表为间接选举。

新的行政会议由总督、3名当然成员和不少于8名的立法会议成员构成。总督自然是行政会议主席，3名当然成员为首席秘书、检查总长和财政秘书。8名立法大会成员，经总督提名，立法大会同意，总督任命产生。立法大会可以以占总票数2/3的票要求总督取消任命。虽然1950年宪法使黄金海岸自治进入第三阶段，但总督仍旧握有很大的权力，如否决立法机关通过的法案的权力，即便总督通过了，英国国王仍可否决。此外，名额限制显示出英国官员利用酋长牵制新兴社会力量的企图，新兴力量仅仅被希望容纳进现存体系，而非让其掌权，更非准备让黄金海岸在新兴社会力量领导下独立。

1950年之时，黄金海岸的整体社会力量构成及其心态有利于反殖民活动。这一年无产阶级人数已达30.6万，相当于成年男子人口的1/4。民族资产阶级主要有两类：一类是英国商贸公司的中间商，另一类是向

---

① 英国内阁档案：CAB129/36/2，CP（49）199，1949年10月8日，英国首相办公厅档案：PREM8/924，1949年10月12日，英国殖民部档案：CO96/820/2，no.9，1951年5月1日，"黄金海岸宪制"，in Ronald Hyam ed., *British Documents on the End of Empire: The Labour Government and the End of Empire*，1945–1951，第3册，第217号文件、第218号文件、第225号文件。

工矿业投资的商人。充当中间商的当地商人在具备一定实力之后，希望打破英国商贸公司对加纳的贸易垄断。自己开矿办厂的商人也不满于殖民当局和英国资本家的排挤。黄金海岸还有一批饱受种族歧视之苦，又受过西方民族主义熏陶的知识分子，他们往往成为群众运动的领导者。故而1950年年初，人民大会党能够发动声势浩大的全国总罢工和抵制英货运动，以表示拒绝宪法草案，要求立即实现完全自治。

殖民政府宣布黄金海岸处于紧急状态，实行宵禁，并将恩克鲁玛逮捕入狱。当局以"煽动叛乱"罪判处他1年的有期徒刑。他的被判刑大大提升了人民大会党的威望。到人民大会党成立1周年的时候，该党已拥有4.5万名党员，其中4000名是在恩克鲁玛被捕后加入的。人民大会党成为真正的第一大党。

当局在镇压反对斗争的同时，宣布将在1951年2月举行新宪法下的选举，成立责任政府和实行内部自治。尽管人民大会党反对该宪法，但仍旧相信自己在人民群众中的威望，决定参加选举，以便取得胜利后在政府内部开展斗争，实现自己的政治纲领。人民大会党取得了巨大的选举胜利，在直接选举的38个立法议会议席中获得35席。恩格鲁玛当时虽在狱中，但仍被选为立法大会成员，英国殖民当局被迫释放恩克鲁玛。人民大会党成为立法大会中的第一大党，在11名行政会议人选中占6名，恩克鲁玛成为"政府事务领导人"。但四个重要的部门仍旧由欧裔的当然成员掌握，即国防、外事、财政与司法部门。英国总督在给殖民部的报告中称："恩克鲁玛是一名有技巧的政治家，正在成长为一名真正的国务家……"① 恩克鲁玛并不满足于此，提出在政府内外开展斗争的计划，要求逐步扩大人民大会党的权力。具体要求将"政府事务领导人"改称"总理"，将行政会议改称内阁。"总理"排位仅次于总督。恩克鲁玛成为第一个黑人总理。时任英国殖民大臣的李特尔顿指出："这些改变实际上只是名称的改变而不是实质的改变；它们并未超过黄金海岸已经形成的

---

① 英国殖民部档案：CO537/7181, no. 3, 1951年3月5日，"黄金海岸"，总督C. 阿登-克拉克爵士致科恩关于政治形势的信件，in Ronald Hyam ed., *British Documents on the End of Empire*: *The Labour Government and the End of Empire*, 1945–1951, 第3册，第224号文件。

现实。"① 因为以前被限制的权力领域仍旧被限制。

显然,恩克鲁玛不会满足于这样的状态。1953年7月,恩克鲁玛向立法大会提交一项议案,要求英国政府承认黄金海岸为英联邦内的独立地位。立法大会以压倒多数通过了这项提案。英国政府不得不做出让步,颁布了1954年宪法。这部宪法规定,立法大会完全由非洲人组成,并设立非洲人内阁管理内政事务,但是防卫(包括警察权)和外部事务权仍在总督手中。在再一次组织的选举中,人民大会党取得了104席中的71席,超过2/3多数。恩克鲁玛组成新内阁。黄金海岸的政治进入政治路线图的第三阶段。

虽然人民大会党取得了选举胜利,但是黄金海岸的政治中出现了有力的"反对党"问题,这种状况也成为后来许多殖民地独立时出现的状况。这一方面同当地利益多元性有关,另一方面同英国的支持不无关联。1954年选举中与人民大会党有竞争关系的反对派是北方人民党,仅获得14个席位。后出现的民族解放运动党对人民大会党的冲击更大,这个党背后是阿散蒂人的不满,其中有丧失权力的酋长,有对政府可可定价不满的可可农,还有不满于人民大会党政策的人。民族解放运动党谴责人民大会党贪污腐化和有专断倾向,主张实行联邦制。英国人支持这种分立。英国理想的政治模式——威斯敏斯特模式中要求一个反对派出现。1952年时任殖民大臣的李特尔顿谈到向人民大会党做出让步或许将延缓进一步限制改革,以便获得时间让反对党发展。② 英国学者拉思伯恩指出,民族解放运动党在伦敦获得那些担忧殖民帝国的瓦解和黄金海岸行将独立分子的支持,支持者包括诸多公司如阿散蒂金矿公司的董事会和英国议会两院中坚决支持帝国的保守党成员。③

由于反对党的活跃,英国乘机提出重新进行立法会议选举,表示新的立法会议只要以多数通过实行联邦制,或实行英联邦内的独立,英国都会接受。此外,英国政府还提出可以通过联邦制来弥合分歧,人民大

---

① 英国首相办公厅档案:PREM11/1367, C (52) 28, 1952年2月9日,李特尔顿关于黄金海岸宪法修正案的备忘录, in R. Rathbone, *British Documents on the End of Empire:Ghana*, 第1册,第115号文件。

② 英国首相办公厅档案:PREM11/1367, C (52) 28, 1952年2月9日,李特尔顿关于黄金海岸宪法修正案的备忘录, in R. Rathbone, *British Documents on the End of Empire:Ghana*, 第1册,第115号文件。

③ R. Rathbone, *British Documents on the End of Empire:Ghana*, 第1册,前言,第62页。

会党被迫同意重新进行选举，这便是 1956 年大选，结果人民大会党在 104 个议席中获得 71 席，获得了压倒性多数。人民大会党选举获胜后，于 8 月 3 日在立法大会通过决议，要求黄金海岸在英联邦内独立。1957 年年初，英国宣布了黄金海岸新宪法，黄金海岸成为英联邦内一个独立国家。黄金海岸于 1957 年 3 月 6 日独立，改国名为加纳。加纳成为英属撒哈拉以南非洲第一个独立的国家。

加纳独立的政治历程向我们昭示三点。一是民族独立是在加纳人民反复斗争的情况下获得的，而非英国殖民者赐予的，故加纳独立过程并非如表面上那般线性地依据宪制改革路线图进行。二是撒哈拉以南非洲的民族独立运动早已有之，并非受 1956 年苏伊士运河战争的直接影响。三是加纳独立的意义并非在于一个"模范"殖民地的独立，而是作为英属撒哈拉以南非洲第一个独立的黑人统治的国家而激励其他地区的民族独立运动。被激励的地区便包括英属东非的核心殖民地——肯尼亚。

第二节 肯尼亚移民经济、民族反抗和宪制改革

自立国以来，肯尼亚经济平稳、政治延续同 1945—1963 年的宪制改革进程联系紧密。宪制改革又根源于当时肯尼亚的经济和政治结构，即移民经济的经济压榨和殖民统治的政治歧视。经过以茅茅起义为代表的民族反抗，肯尼亚先是摆脱了政治歧视，后又逐渐摆脱移民经济的影响。肯尼亚宪制改革进程最突出的特点便是先激起武装斗争，后又和平解决。理解这一特点要比较分析移民经济，也要综合考虑政治、经济和军事需求在英国决策中的位置。因此，需要在剖析过一直和平进行宪制改革的加纳后，对拥有移民经济和经历武装反抗后的肯尼亚宪制改革进行分析。

一 肯尼亚在英帝国体系中的位置和主要社会问题

肯尼亚在英帝国体系中作为备选移民点、侧翼军事要塞而存在，居于英属撒哈拉以南非洲殖民帝国的东非核心。备选移民点的定位成为引发肯尼亚社会矛盾的导火索。

第二次世界大战结束时，作为肯尼亚经济支柱的欧洲裔移民和公司的商品农业经济背后，隐藏着深层的种族矛盾。欧洲裔移民和公司提供英帝国经济体系所需的西沙尔麻纤维、除虫菊、花生、咖啡、玉米、糖

和干椰子肉等农产品。① 非洲人提供了维持上述产品生产的廉价土地和劳动力。这便是"白人高地"和茅屋税、人头税的由来。所谓"白人高地"是指英国政府于1938年颁布法令确认归欧洲移民专用的1.67万平方英里土地,占肯尼亚土地总面积的7%,约占其良好土地的20%。② 某些欧洲移民和英国垄断公司拥有的土地多达十万、百万英亩以至数百平方英里。这片土地上原本居住的非洲人一部分被迫进入"保留地",一部分人留在"白人高地"成为白人农场主的长工(Squatters),还有一少部分人流入城市。保留地内的非洲人要负担沉重的茅屋税和人头税,税额由20世纪初的每年3300英镑增加到1930年的59万多英镑。③ 为缴纳税赋,保留地内的非洲人同样成为白人农场和城镇的廉价劳动力。殖民当局将非洲人保留地经济限制为维生经济,不允许非洲人种植经济作物。保留地内贫困问题不断加重。战争期间,90%被招募到军队的吉库尤人被拒绝接收,原因是他们营养不良。④ 土地问题先是作为一个经济问题,后演变为一个重要的政治问题。

这个政治问题严重影响着社会稳定。为尽可能长久地维持统治,殖民当局制造并利用、加强了黑人与白人间的种族矛盾。英国政府宣扬实行多种族平衡的政策,其实质是扶植并控制欧洲裔移民。这种政策背后的经济基础是欧洲裔移民的商品农业;战略基础是利用欧洲裔移民制衡非洲人,防止南非影响力蔓延到肯尼亚,防止肯尼亚白人移民摆脱英国政府的控制;情感基础是英国国内普遍怀有的对欧洲裔移民的"姑表兄弟"之情。所以,英国政府一方面宣扬保护非洲人利益以遏制欧洲裔移民的自治主张,另一方面宣扬非洲人在学习西方文明方面还有很长的路要走。⑤

---

① 英国内阁档案:CAB131/4,DO(47)37,1947年4月11日,"殖民地在战争中的角色",in Ronald Hyam ed., *British Documents on the End of Empire: The Labour Government and the End of Empire*,1945-1951,第3册,第325号文件。

② [英]贾克·沃迪斯:《非洲——风暴的起源》,陆启蒙译,世界知识出版社1962年版,第5页。

③ D. Wadada Nabudere, *Imperialism in East Africa*, Vol. 1, London: Zed Press, 1981, p. 57.

④ Piers Brendon, *The Decline and Fall of the British Empire*, 1781-1997, London: Jonathan Cape, 2007, p. 545.

⑤ 英国殖民部档案:CO 967/62,1946年10月17日,in Ronald Hyam ed., *British Documents on the End of Empire: The Labour Government and the End of Empire*,1945-1951,第3册,第200号文件。

政治问题还影响着英国在肯尼亚的军事战略利益。肯尼亚为英帝国防卫体系提供的是中东防卫的侧翼和跨越非洲航海、航空通道。作为军事基地，需要一个稳定的社会环境和长期保留在英国控制之中的前景。然而，自茅茅运动开始的肯尼亚局势动荡危及军事需要。

英国政府和肯尼亚殖民地政府并非对社会矛盾视而不见，不断调整政策以图缓和矛盾实现自身的政治目标。茅茅运动证明了他们政策的失败。

二 茅茅运动促使肯尼亚发展道路改变

战后，同对非洲其他地区的政策相比，英国政府对包含肯尼亚在内的东非地区政策既有普遍性的一面，也有特殊性的一面。普遍性的一面表现在认为殖民政府应该首先推动社会和经济的进步，政治进步稍后会尾随这些发展而至。故而，大体政策同其他地区一样，实行殖民地开发计划加地方自治政府改革。特殊性的一面体现在将该地区为数不多的白人视作殖民地开发计划加地方自治政府改革的主要被实施者。在1944年就任的总督菲利普·米切尔（Mitchell）爵士看来，寻找"黑人国家"之外的选项是一大政治任务，肯尼亚的未来是欧式"文明"社会，非洲人需要同其他种族合作。[①]

1945—1952年，英国政府鼓励新的欧洲移民，着力促进移民商品农业的发展。新到的移民从政府那里获得土地，并获得160万英镑的补助金帮助其发展商品农业。欧洲裔移民持续增长，最高峰达到6万人，其中3500户欧洲裔移民从事农业生产。战后经济繁荣期和政府的支持刺激了欧洲裔移民农业的快速增长。小麦生产从1945年的8000吨上升到1950年的10万多吨。伴随农业出口增加的是商业和工业部门扩展。1945年肯尼亚存在888家本地籍注册公司和180家外籍注册公司，1952年数目分别扩展到2102家和330家。[②] 非洲人并没有分享多少经济发展的好处。

在白人农场工作的长工生活日趋恶化。1937年"长工法令"（Resident Native Labour Ordinance）规定在报酬不变的前提下，长工每年为农场主干活的天数从90—180天延长到240—270天，还规定欧洲移民控制

[①] David F. Gordon, *Decolonization and the State in Kenya*, London: Westview Press, 1986, p. 89, p. 101.

[②] David F. Gordon, *Decolonization and the State in Kenya*, p. 106.

第三章　英国政府在英属撒哈拉以南非洲的政治改革政策

的地方当局有权限制长工的耕地面积和牲畜数量,而且农场主有权驱逐任何多余的长工。为给新移民腾出土地和支持农场主榨取更多利润,大量长工被赶出"白人高地"。上述举措严重侵犯了20万吉库尤长工的利益。

保留地并不足以容纳被赶出来的长工,甚至自身都难以维系。英国政府认为提高非洲人保留地的土地效率是解决保留地贫困化的出路,包括引入更好的耕种方法、调整传统的部落土地所有制以利于土地的充分开发、加强对目前未充分利用的土地的开发利用和改良土壤。改良土壤涉及强迫减少牲畜存栏量和耗竭地力的耕种活动,都激起了保留地内非洲人的反对。另外,当局将解决非洲人土地问题的希望寄托在经济多样化之上,寄望于过多非洲乡村人口会被其他生产部门吸收。

然而,其他产业部门云集的城市同样不是非洲人的天堂。肯尼亚城市人口,尤其在蒙巴萨和奈洛比,许多都生活在官方贫困线之下。1948年在奈洛比的非洲人一天大多只吃一顿饭。[1] 同时,大量的人口还在涌向城市。1941—1948年,奈洛比的人口年均增长17%。这些新的城市移民很多是被赶出欧洲人农场的前长工和失去土地的吉库尤人。[2] 为限制人口的过快流入,当局引入限制性立法,结果强化了当局同非洲人的对立。

在政治方面,欧洲裔移民的政治影响力在不断扩大,非洲人参政道路被阻塞。肯尼亚同其他地区一样模仿英国的郡议会,由选举产生一个地方议会,管理地方事务,主要由欧洲移民把持[3],酋长都被置于地方议会的管辖之下。欧洲裔移民在立法会议中的代表总数由约30人增至38人,非洲人代表从1名增加到6名。他们并非由非洲人选举产生,而是先由地方土著会议提出名单,再由殖民政府指定。非洲人政治精英们试图通过组建肯尼亚非洲人联盟(Kenya African Union)形成一个表达大众不满的中心渠道,却满怀失望。如果非洲人参政道路畅通,肯尼亚可能不会出现茅茅运动,而是走上一条英国政府期许的宪制改革之路。

如上所述,茅茅运动是欧洲裔移民资本积累增速、政治权利扩张、

---

[1] Piers Brendon, *The Decline and Fall of the British Empire*, 1781 – 1997, p. 549.

[2] David Throup, *Economic and Social Origins of Mau Mau*, 1945 – 1953, London: James Currey, 1987, p. 8.

[3] Zöe Marsh and G. W. Kingsnorth, *A History of East Africa*, Cambridge: Cambridge University Press, 1972, p. 174.

非洲人经济恶化、温和政治组织无效的结果。茅茅运协主要由三部分人构成：被从"白人高地"无理驱逐的长住劳工、吉库尤保留地中难以生活的人口、城市失业和贫困人口。

茅茅运动爆发后，殖民当局立即实行严厉的镇压措施。1952年10月20日上任的总督巴林（Sir Evelyn Baring）宣布肯尼亚处于"紧急状态"，随即当局逮捕肯雅塔等183名肯尼亚非洲人联盟的各级领导人。肯尼亚非洲人联盟于1953年6月被取缔，直到1960年当局都不允许非洲人组织任何政治性团体。有学者评价巴林总督道：他奠定了英帝国历史上最残酷和最具限制性的警察国家之一的基础。[1]

茅茅运动代价巨大。据殖民政府官方材料，到1956年年底，吉库尤起义战士共牺牲11503人，伤1035人；政府方面付出的代价是死2044人（其中欧洲人95人、亚洲人29人、非洲人1920人），伤2560人（其中欧洲人127人、亚洲人48人、非洲人2385人），耗资约5560万英镑。[2] 肯尼亚政府绞死1090名非洲人，这个数目超过法国人在阿尔及利亚绞死当地人的数目。[3]

1952年茅茅运动给殖民当局深刻教训，殖民当局决定在肯尼亚实行新的政治、经济政策，以瓦解茅茅运动的基础。简单来说，便是以改变片面倚重欧洲移民的政策，允许非洲人成为商品农业生产者，并提升其政治地位。

改变先从土地改革开始，即"斯维纳顿计划"。这个计划试图在不触动欧洲裔移民利益的前提下，重分非洲人保留地中的土地，变集体土地所有制为私人土地所有制，变作为廉价劳动力蓄水池的保留地为商品化农业的生产地。同时，允许和鼓励非洲农民种植咖啡等经济作物。改革的目标是培育一个拥有自己土地的阶层，培育一个新的合作者阶层。

从短期来看，土地改革并没有成为立竿见影的万能药。原本被寄予厚望的拥有自己土地、从事商品生产的非洲农场主还有待于成长，在土地压力下失业的非洲人也很难立即在农业或者城市中找到工作。1955—1960年，私人非农业部门的雇佣处于停滞状态，同时公共服务部门雇佣

---

[1] Caroline Elkins, *Britain's Gulag: The Brutal End of Empire in Kenya*, London: Bodley Head, 2005, p. 61.

[2] 高晋元：《"茅茅"运动的兴起和失败》，《西亚非洲》1984年第4期，第86页。

[3] Ronald Hyam, *Britain's Declining Empire: The Road to Decolonization*, 1918–1968, p. 192.

人数实际上下降了 10%。①

从长期来看，欧洲裔移民的经济地位下降和吉库尤族取得超越其他部族的经济实力是土地改革的两大影响。受益于斯维纳顿计划的非洲小生产者产量从 1954 年占商品农业总产量的 9%，增至 1960 年的 23%，再到 1964 年的 30%。② 到 20 世纪 50 年代中期，制造业商品的价值超过移民农业生产的价值。③ 欧洲裔移民的经济地位受到削弱，吉库尤族乘势崛起，这便不难理解吉库尤族在非殖民化过程中乃至独立后国家中的优势地位。

随着欧洲移民经济地位的下降，殖民政府传统的权力重心被破坏。为非洲民族主义打开了通往殖民政府政治体制的大门。

在进行土地改革的同时，英国还推行有限的宪制改革。在殖民当局看来，肯尼亚欧洲裔移民的规模使肯尼亚并不能如南非和罗得西亚那样成立纯粹的白人政府，也不能如坦噶尼喀那样组成普通的殖民地政府，而只能吸收亚洲裔和温和的非洲人到白人占主体的政府中。④

改革的指导思想是用基于种族的政治体制维持种族调和，保护欧洲裔移民的优势地位，抑制非洲权力的增长。以此思想为依托，英国政府出台 1954 年《李特尔顿宪法》，这是肯尼亚第一部多种族主义的宪法。首次设立多种族的部长会议，使所有种族都有成员在内。非洲人首次被给予一个部长职位，1957 年增加到 2 个，欧洲移民在 1954 年占 3 个部长职位，1957 年增长到 4 个。立法会议中选举的非洲人代表人数从 4 名逐渐增加到 1957 年年底的 14 名，欧洲移民则一直为 14 名，但他们还有 20 多名官方代表。此外，亚裔和阿拉伯裔代表也占据一定席位。

宪制改革允许非洲人进入立法会议和部长会议并未平息非洲人的不满。非洲民族主义者坚持应实行一人一票普选制和非洲人多数统治，并开放"白人高地"。他们的斗争引起欧洲移民态度的分化，1956 年有一少

---

① David F. Gordon, *Decolonization and the State in Kenya*, p. 131.
② John W. Harbeson, *Nation-building in Kenya: The Role of Land Reform*, Illinois: Northwestern University Press, 1976, p. 39.
③ Prosser Gifford and Wm. Roger Louis eds, *Decolonization and African Independence: The Transfers of Power*, 1960 – 1980, p. 407.
④ 英国殖民部档案：CO822/599, no. 74, 1953 年 10 月 29 日, "肯尼亚", 总督巴林爵士致李特尔顿关于宪制发展的信, in David Goldsworthy eds., *British Documents on the End of Empire: the Conservative Government and the End of Empire*, 1951 – 1957, 第 2 册, 第 292 号文件。

部分人得出结论，认为自己社区的幸存之途在于非种族政治。①

不管是土地改革还是宪制改革，目的都是回应紧张局势，并不代表非殖民化的方向。当1955年茅茅运动被基本镇压之后，殖民官员认为肯尼亚成立自治政府将是下一代人的事情。晚至1959年1月殖民大臣伦诺伊德-博伊德（Lennox - Boyd）和东非总督举行会议时认为肯尼亚不可能取得独立，同坦噶尼喀和乌干达类似，得等到1975年之后。1959年5月肯尼亚总督在巡视欧洲移民区域时，确切告知欧洲人农场主肯尼亚将不会在接下来的15年内独立，在此期间肯尼亚将作为一个要塞殖民地。②

三 加速撤退和新合作阶层初现

在数月之内谨慎的表态发生突转。1959年10月英国大选后，以麦克米伦为首的保守党上台执政。1959年6月麦克米伦提出需要"可察觉的前进步伐"，这种步伐既能转移非洲人的不满，又不至于将欧洲裔移民推到努力同南非联合的尝试中。③ 英国政府开始加速对包括肯尼亚在内的整个英属非洲殖民地的非殖民化。同月，殖民政府便放弃多种族主义政策的倾向，向非洲人开放"白人高地"。随后，肯尼亚结束了紧急状态，在政治上向非洲人开放，允许非洲人组织政党。1960年1月，第一次肯尼亚制宪会议在英国伦敦兰开斯特宫召开。这标志着英国决心不再依靠欧洲裔移民势力继续统治肯尼亚，而是准备开启肯尼亚的非殖民化进程。

之后，问题便集中在独立的时机。殖民大臣麦克劳德的观点是尽可能的慢，但也不能过慢，因为那将导致又一次的（充满武装冲突的、混乱）塞浦路斯式的局面。④ 1961年11月，他的继任者莫德林（Maudling）认为非洲人的数量和民族主义的传播已经破坏掉欧洲裔移民的政治权利，在接下来的一些年继续统治肯尼亚是不可能的，因为这将可能

---

① David F. Gordon, *Decolonization and the State in Kenya*, p. 128.
② Prosser Gifford and Wm. Roger Louis eds, *Decolonization and African Independence: The Transfers of Power*, 1960 – 1980, p. 409.
③ 英国首相办公厅档案：PREM11/2583 "D 斯特灵制关于黑非洲变化的备忘录"：麦克劳德先生至麦克米伦先生的信件，1959年5月25日，in Ronald Hyam and Wm Roger Louis, eds., *British Documents on the End of Empire: The Conservative Government and the End of Empire*, 1957 – 1964, 第1册，第29号文件。
④ 英国首相办公厅档案：PREM 11/4083, M15/61, 1961年1月8日，内阁对东非政策的不同意见，in Ronald Hyam and Wm Roger Louis, eds., *British Documents on the End of Empire: The Conservative Government and the End of Empire*, 1957 – 1964, 第1册，第125号文件。

使用暴力，会导致"另一场茅茅运动的爆发"和极大的社会失序，甚至可能使肯尼亚出现刚果的状态。① 尽管向非洲人多数政府过渡会引发白人移民担心，从而失去外资投资，但是推迟独立只会导致反叛和流血，恶化同英国和西方既有的友谊。②

从第一次肯尼亚制宪会议起直到三年后独立，影响肯尼亚非殖民化进程主要有两个问题，一是同欧洲移民未来地位相结合的土地改革，二是从制度上确保未来领导人实行对英友好政策。

土地改革的目标是在确保欧洲人农场利益的前提下，逐步向非洲人开放"白人高地"。"白人高地"上的欧洲人农场占地面积存在严重的两极分化。公司所有的种植园面积占到"白人高地"的一半，在1958年其生产了80%的肯尼亚出口农产品。③ 1500英亩（约607.028公顷）以下的农场占到白人农场数的60%。④ 土地改革变动的是小规模白人农场，虽然这部分白人农场的经济价值不大，却是保护公司所有大农场财产权的前沿堡垒，也是英国统治肯尼亚的政治基础。所以在殖民统治最后的年头里，较小规模的白人移民农场成为讨价还价的对象。由于不愿意增加自己的负担，英国内阁对如何给予白人农场主以土地补偿与肯尼亚民族主义者争论了两年。其实质是通过对土地权益的调整，更好地迎合欧洲人大农场的需求。

非洲领导人接受这样的条件也是希望在经济发展和社会稳定之间取得一个平衡。因为肯尼亚的经济发展离不开外资，农业发展离不开规模农业，同时肯尼亚的政治稳定又要求重分土地缓解非洲人贫困和失业的状态。

上述土地改革计划造成两个后果，一是创造出一个非洲农业中产阶

---

① 英国内阁档案：CAB 134/1560，CPC12（61），1961年11月15日，"肯尼亚的未来"，内阁殖民政策委员会会议备忘录；英国内阁档案：CAB 134/1561，CPC（62）3，1962年1月30日"肯尼亚宪制大会"的目标，in Ronald Hyam and Wm Roger Louis, eds., *British Documents on the End of Empire: The Conservative Government and the End of Empire*, 1957-1964, 第1册，第169号文件，第172号文件。

② 英国内阁档案：CAB134/1558，CPC（59）2，1959年4月10日，in Ronald Hyam and Wm Roger Louis, eds., *British Documents on the End of Empire: The Conservative Government and the End of Empire*, 1957-1964, 第1册，第163号文件。

③ David Birmingham, *the Decolonization of Africa*, London: Routledge, 1995, p. 184.

④ David F. Gordon, *Decolonization and the State in Kenya*, p. 185.

级,二是维护住欧洲人的大商品农场,这两者成为连接新旧政权的枢纽,成为肯尼亚非殖民化进程最终平稳前进的最重要因素,更是确立了独立后长期的农业政策方针。可以说,英国政府、欧洲裔移民和非洲政治领导人在土地问题上获得了一个平衡点。

同土地改革紧密相连,政治领域的宪制改革与其成掎角之势、并肩前行。从制度上确保未来肯尼亚政权由对英国友好的温和派非洲领导人掌握是政治领域的关键问题。

英国政府首要关注的是选择合适的党派和政治领导人。1960年开放非洲人党禁后,肯尼亚非洲民族联盟(Kenya African National Union)和肯尼亚非洲民主联盟(Kenya Africa Democratic Union)先后成立,前者简称"卡努"(KANU),后者简称"卡杜"(KADU)。两党之间的政策分歧是卡努主张建立强有力的中央政府和一院制议会,强调英国政府对欧洲移民土地的责任,卡杜则主张地区分权,建立联邦形式的中央政府和两院制议会,即额外设立一个代表地区而不是政党的上院,强调赎买欧洲移民土地的重要性。卡杜的地方分权主张同英国政府的想法一致,且在土地问题上更加温和,成为英国政府有心扶持的政党。英国也将保有军事权利的考虑纳入对殖民地政党的选择标准中。英国政府认为在肯尼亚两党中,卡努较可能同意继续保留军事基地,但是在军事援助等的利诱下,卡杜也可能同意。① 在1963年5月的选举中,卡努获胜。同年6月,肯雅塔成为"自治政府"总理。他执行亲英政策并对欧洲移民态度和缓,表示对过去的事要"忘记和宽恕",使英国政府确信找到了一位温和派领导人。

英国政府其次关注的是确保制定出符合英国利益的独立宪法,并长期留存。1963年9月第三次肯尼亚制宪会议召开,最终通过了独立宪法。宪法规定肯尼亚成立单一制的中央政府和两院制议会,赎买"白人高地"土地和许多既有制度被规定为"特别稳固条款",修改"特别稳固条款"需要在二读和三读时获得众议院全体成员3/4的支持和参议院全体成员9/10的支持时方可通过。这样的规定在制度上保证了既有体制的延续,约束执政的卡努变得更为温和。

---

① 英国外交部档案:FO371/146498, no. 20, 1960年12月16日—1961年1月12日,"东非防卫和东非联邦问题", in Ronald Hyam and Wm Roger Louis, eds., *British Documents on the End of Empire*: *The Conservative Government and the End of Empire*, 1957–1964, 第1册,第123号文件。

至此英国政府确信自身长远的政治、战略和经济利益有了保证。肯尼亚遂于 1963 年 12 月 12 日独立。

四 独立后统治联盟的形成

非洲人政党整合，并且在政府中容纳欧洲人，形成一个利益照顾全面的执政联盟。1964 年卡杜自行解散，成员多加入执政党卡努，地区主义的倾向被废除。两年之后，立法机关成为一院制。肯尼亚政治体制向一元制变革。独立后的一些年中，许多原有的欧洲人官员继续待在政府中。军队、警察、司法、公职人员和议会都几乎保持原样，欧洲人以顾问或其他名义继续工作。对外继续保持亲英政策。

非洲人和欧洲人逐步形成互利的经济伙伴关系。通过赎买政策，肯尼亚政府在独立初期从英国争取到每年 1500 万英镑的赠款和贷款[1]，而且有效地推动和吸引外国资本从农业流向制造业部门。[2] 到 20 世纪 70 年代中期，外国人拥有的农业已经可以忽略不计。政府通过鼓励非洲人地区土地所有权私有化、赎买欧洲人土地，形成一批能从事商品生产的农场，保存和发展了商品化程度较高的农业部门。

茅茅运动使肯尼亚和平地将自身从一个欧洲裔移民主导的殖民地转化为非洲人多数统治的民族国家。平稳过渡背后是非洲人中产阶级和外国大资本取代欧洲裔移民的经济、政治地位，形成新的统治联盟。

五 结语

殖民当局采取和废除种族歧视政策是肯尼亚爆发茅茅运动后又和平解决的原因所在。为扶持欧洲裔移民，殖民当局侵占非洲人的土地，压榨非洲人劳动力，剥夺非洲人的政治权利，日积月累激发起受冲击最大的吉库尤族的反抗。在茅茅运动后，殖民当局逐步向非洲人放开"白人高地"的土地，向非洲人逐步开放政治空间，试图培养出一个新的经济和政治合作阶层。在独立后，这个阶层继续发展壮大，形成新的本土统治联盟，成为肯尼亚长期稳定的基础之一。

理解茅茅运动的影响需要同西部非洲的加纳、南部非洲的津巴布韦进行比较分析。三地或和平走向独立如加纳，或经武装冲突后和平独立

---

[1] 罗毕：《肯尼亚的外国资本和民族资本》，《西亚非洲》1984 年第 14 期，第 14 页。
[2] Prosser Gifford and Wm. Roger Louis eds, *Decolonization and African Independence：The Transfers of Power*, 1960–1980, pp. 422–423.

如肯尼亚，或在武装冲突中走向独立如津巴布韦。三地独立方式不同的根本原因在于三地独立前的经济结构不同造成阶层分布不同，进而影响到各自的种族（或称民族）政策，形成三条不同的发展道路。加纳如西非其他地区一样，经济建立在非洲小农耕作之上的大贸易公司垄断，独立所要变革的仅仅是贸易垄断权，非洲中产阶级发育较为成熟。肯尼亚不同于东非其他地区，茅茅运动之前商品农业建立在白人移民和大公司之上，运动之后非洲人农业中产阶级逐步崛起，故经武装冲突后和平独立。津巴布韦在独立前商品农业都垄断在白人移民手中，缺乏非洲人农业中产阶级，故而走出武装斗争促进独立的道路。我们也便不难理解2001年的"快车道计划"。

此外，要综合考虑政治、经济和军事需要在英国决策中的位置。在肯尼亚非殖民化进程中，土地造成的矛盾贯穿始终，影响了非殖民化的基本步伐。为照顾"姑表兄弟"之情和军事战略利益，英国政府不断变化非殖民化步伐的节奏。为尽可能地维持长期整体利益，英国政府加快了非殖民化步伐。

第三节 英属撒哈拉以南非洲的政治改革与联邦制

非殖民化进入高潮时期，英国政府的有些官员提出在非洲后续独立的殖民地中加强政府地位，弱化议会，允许一党制的主张。但是这一主张遭到否定，官方高层普遍的看法是：在此问题上，英国只有很小的调整空间。首先，英国议会和公众的看法都主张在移交权力前建立英式政体，很难引入更权威的政体或改变议会民主的形式。其次，非洲民族主义者很敏感，反对政治领域中任何认为非洲人无能力的观念，认为那是帝国主义的论调。因而，很难大规模修正英国的宪法模式。可以留待独立后，让非洲人自己修正政体，以适应"非洲个性"。[①] 所以，英国政府

---

① 英国殖民部档案：CO1032/242，no. 2 1960年8月3日至1961年4月1日，in Ronald Hyam and Wm Roger Louis, eds., *British Documents on the End of Empire*: *The Conservative Government and the End of Empire*, 1957–1964，第1册，第28号文件。

应该实行的政策是:强调独立的司法机制、非政治化的文官、批评自由等,而非宪制的形式;同时,也应该较少强调民主意识形态,更多将英国的角色塑造成可靠的援助者、民族独立的捍卫者。[1] 为了避免所谓"独立后的专制统治",英国加强了地方分权,特别热衷于建立地方议会。这成为英国偏爱联邦制的一个政治动因。在撒哈拉以南非洲的国家组织形式方面,英国政府主要表现为不遗余力地组建联邦。联邦制的联合有两类:(1) 原本就归于一个殖民地政府管辖,但地区间差异较大,如尼日利亚联邦;(2) 独立前后,英国努力将相邻的几个殖民地联合,如中非联邦和拟议中的东非联邦。

一 地区分治和尼日利亚联邦

地区分治和尼日利亚联邦都是殖民统治的产物。1914年,尼日利亚在历史上第一次被合并成为统一的政治单元。英国殖民者采用"分而治之"的策略进行统治。对于多样化的尼日利亚而言,本就容易产生内部政治分化。殖民统治者不仅没有缩小地区间的隔阂,反而加强了地区间的不信任和敌对。可以说,地区分治是殖民者政治措施的产物。

第二次世界大战后,英国政府对尼日利亚的政策以1957年为界分为两个时期,前一个时期是配合所谓的"地方政府"改革,后一个时期是筹备独立。政策的具体表现便是制定尼日利亚宪法。随着英国对尼日利亚宪法的调整,政治上的地区分治逐渐成形。

作为对民族主义运动的回应,英国殖民者于1945年制定了《理查兹(Richards)宪法》。首先,值得关注的是,该宪法正式提出了地区分治的原则和具体政策。宪法规定将尼日利亚分为三个部分,即北方区、西部区和东部区。这样做的目的是使北方取得伴随人口多数而来的政治权利。北方拥有1700万人口(其中穆斯林占1100多万人),在尼日利亚总共3100万人口中居于多数。宪法规定,除在中央设立中央议会之外,这三区作为各自相对独立的政治实体,每一区都设有区议会,在北方区还设有酋长会议。这种政治结构分化了反英力量,便利了英国对殖民地的控制。其次,该宪法强化了英国的政治和经济权力。在新的中央议会和区

---

[1] 英国殖民部档案:CO 1032/241,1959年12月14日至1960年8月4日,"非洲的议会民主和威斯敏斯特模式",in Ronald Hyam and Wm Roger Louis, eds., *British Documents on the End of Empire: The Conservative Government and the End of Empire*, 1957–1964,第1册,第25号文件。

议会中，议员被分为官方议员和非官方议员两部分。前者由总督任命，后者经选举而来，中央议会中的非官方议员由区议会委派。虽然非官方议员略多，但总督可以否决中央议会的任何决议，权力集中于总督手中。同时，殖民当局还颁布了几项法令规定尼日利亚的矿产资源、石油、河流、水域以及公共设施所占用的土地和保护地等均为英国王室所有。

这部宪法颁布后，遭到尼日利亚社会各阶层的反对。一个请愿团被派往伦敦，但是英国政府拒绝接见。尼日利亚各地纷纷举行群众性抗议集会，并逐渐演化为反英大罢工和民族主义运动高潮。特别是1949年埃努古煤矿事件后，民族主义运动朝着更激进的方向发展，要求尼日利亚完全政治自治甚至独立成为越来越多尼日利亚人的目标。

在此背景下，1951年新通过了《麦克弗逊（Macpherson）宪法》。同《理查兹宪法》相比，《麦克弗逊宪法》的一大变化是中央议会即众议院的成员绝大多数已经由选举产生，限制了总督的权力。另一个重要变化是建立联邦内阁制，确立了全国统一的最高行政机构"内阁会议"，这是对北方区分治倾向的一种遏制。同时，《麦克弗逊宪法》遵循理查兹的发展方向，引入了正式的地区主义，于是尼日利亚按种族分成三个地区。宪法给予北方的代表权等于两个南部地区合起来的权重，因而北方可以对整个尼日利亚的事务行使某种否决权。地区分治成为一种既成的政治结果。1951年《麦克弗逊宪法》建立了三个由选举产生的地区议院，中央议院的席位数依赖于地方议院的胜利，如此的安排鼓励了创立地方政党为地方选举而战斗。[①] 直接导致以往统一的尼日利亚民族运动分裂为三个部分，将种族认同和政治组织形式联系起来，原有的尼日利亚和喀麦隆的民族大会党不再可能成为全国性的政党。因而1951年宪法可以被认为是"分而治之"原则在尼日利亚现代政治生活中的制度化。同时，不像被称为铁腕的理查兹政策[②]，麦克弗逊的政策希望将受过西式教育的阶层吸收到殖民统治体系中去。

这部宪法仍旧受到尼日利亚人民的抨击。中央的权威远低于许多民族主义者的预期。继续在某些地方应用间接选举的方式，有助于加强传

---

① Kalu Ezera, *Constitutional Developments in Nigeria*, Cambridge: Cambridge University Press, 1960, pp. 132–152.

② Kalu Ezera, *Constitutional Developments in Nigeria*, p. 81.

统权威，不利于形成真正有代表性的责任政府。最为人诟病的是将民族主义运动从全国性组织转向地区为基础的组织。政党演变为以地区为依托，为地区的利益而发声。

1951年宪法所带来的地区和政党分裂，严重威胁了尼日利亚的稳定，并且没有满足民族主义者成立自治政府的要求。这就导致了"1953年3月危机"。殖民大臣李特尔顿的反应是可以让尼日利亚从代议制政府过渡到责任制政府，但同时加大地区权力，使其仅受到中央政府有限的干预。① 显然，他打算继续用地方分治来转移尼日利亚民族主义者的视线。1954年，作为大会结果的《李特尔顿宪法》授予地区极大的自治权，并且在原则上部长会议实行部长责任制。② 李特尔顿同意1956年组成地区自治政府，并且原则上同意组成更广泛的联邦自治政府，同时强调只有三个地区都同意才能建立尼日利亚自治政府。实际上，授予了对独立持保守态度的北方以否决权。这种政策鼓励了尼日利亚的地区对立。李特尔顿自己也说："你可以说是'分而治之'，但我拒绝任何这样的观点。"③

1954年《李特尔顿宪法》将"尼日利亚殖民地与保护国"改名为"尼日利亚联邦"，实行英帝国范围内的自治。宪法再次强调尼日利亚实行分区制。三大区各设区总督和区议会，区议会议长由区总督任命。联邦大总督主持全联邦政府工作。同时，加强了中央政府的功能，建立联邦内阁制政府，组成大总督领导下的内阁。大总督保留对警察的控制权。还规定联邦众议院为国家最高立法机构，设立了尼日利亚最高法院。《李特尔顿宪法》塑造了以西方现代议会政治和多党竞争体制为核心、北方占据优势而三大区具有相当独立性的联邦式政治体制。

按照《李特尔顿宪法》，从1954年起，尼日利亚就成为面积最大和人口最多（3300万人）的联邦形式的殖民地，拥有三个自治地区和南喀麦隆、拉各斯联邦地区。联邦政府的权力范围包括防卫、警察、主要通信设施、港口、通货、贸易管制、外交事务、国际贸易和国际贷款。警

---

① 英国殖民部档案：CO554/260, no.62，李特尔顿主持下召开的殖民部会议结论，1953年4月15日。
② 英国殖民部档案：CO554/312, no.28，李特尔顿致麦克弗逊，1953年9月4日。
③ 英国殖民部档案：CO554/262, no.296，李特尔顿关于"1956年自治事务"的演讲草稿，1953年8月18日。

察力量的最终控制权在联邦政府，但各区政府可以组建、管理和日常使用。① 英国总督对内部治安拥有最终权力，掌握最终的警察权，最终司法权也掌握在英国枢密院手中。如 A. W. 斯内林（A. W. Snelling）在 1958 年 10 月所说的：我们不分享如下观点，即强势政府在这些新国家中是必需的。强势政府在尼日利亚是不可能的。联邦政府或任何地区政府通过的法律都能被在法庭上检测是否违背宪法。我们已经在印度看到了法律不确定性所带来的困难。这将可能引来对尼日利亚宪法伊斯坎德·米尔扎（Iskander Mirza）② 式的做法。③

李特尔顿"分而治之"的目的实现了。三个主要的族群各自在尼日利亚的三个区政府中占据主导地位，分别拥有自己的政党。北方的豪萨－富拉尼人（Hausa－Fulani）拥有北方人民大会党（The Northern Peoples' Congress），西部的约鲁巴人（Yoruba）拥有行动团党（Action Group），东部的伊博人（Ibo）拥有尼日利亚和喀麦隆的民族大会党（National Council of Nigeria and the Cameroons）。1953—1956 年，三个政党都忙于巩固党在自己地区内的地位，民族独立的要求暂时搁置起来。1957 年加纳的独立重新激起了尼日利亚民族主义者的独立愿望。

由于李特尔顿赋予了北方在尼日利亚政治组织结构中的优势地位，所以南方长期要求将北部分为两个部分，即建立一个新的中部地带区。理由是这个地带的种族和宗教信仰不同于北方。殖民部和北方民族大会党害怕会导致北方丧失现有 50% 的席位而不答应。④ 在 1957 年伦敦大会上，南方又一次要求分割北方。这次的理由是保护少数族群需要分立新区。1954—1959 年任殖民部长的伦诺克斯－博伊德没有正面回应这一要

---

① 英国内阁档案：CAB 129/95, C（58）213, 1958 年 10 月 20 日, in Ronald Hyam and Wm Roger Louis, eds., *British Documents on the End of Empire*: *The Conservative Government and the End of Empire*, 1957 - 1964, 第 1 册, 第 105 号文件。

② 此人为 1956—1958 年巴基斯坦总统。依 1956 年宪法上台，该宪法规定巴基斯坦是总统领导下的"伊斯兰教共和国"，总统必须是穆斯林。1958 年发生军事政变以后，巴基斯坦有长期的军事独裁时期。这里应该指对少数派的不宽容和联邦政权的不稳定。

③ 英国内阁防卫委员会档案：DO177/84, nos. 1&4, 1958 年 8 月 8 日至 1958 年 10 月 21 日,"尼日利亚"，政治环境和宪制建议备忘录［C（58）171&C（58）213］, in Ronald Hyam and Wm Roger Louis, eds., *British Documents on the End of Empire*: *The Conservative Government and the End of Empire*, 1957 - 1964, 第 1 册, 第 103 号文件。

④ 英国殖民部档案：CO 554/261, no. 163c, 1953 年 5 月 22 日；英国殖民部档案：CO554/261, no. 139, 麦克弗逊致李特尔顿, 1953 年 5 月 29 日。

求，而是任命威林克（Willink）委员会在更广泛的框架内检验尼日利亚少数族群的地位。① 1958 年，委员会的报告反对创立新的地区，只提出了一些保护少数群体（政策制定的主要动力来自基督徒压力集团）的措施②，所给出的理由是建立独立的州不能为小族群提供多少补救，而且"如果独立的州被创建出来，只会成为永久性供奉部族分立牌位的政治设计形式"③。委员会提出的新措施是给尼日利亚独立宪法中添加 16 项欧洲式的人权条款，委员会认为这 16 项条款可能不会给尼日利亚带来很多实际利益，但是这些条款的价值在于提供了一个标准，建立一项标志，给那些权利受到侵犯者以申诉的手段。尼日利亚因而成为撒哈拉以南非洲地区第一个在宪法中包含个人基本权利条款的国家。修改宪法中的人权条款需要联邦两院 2/3 多数和 2/3 地区议会的简单多数，以此来保障少数派的地位。同时，要给予尼日利亚政府一定的权力将联邦维系在一起。④此时，英国政府的目标是既要保持尼日利亚的完整，又要保证尼日利亚既有的政治格局，唯有这样尼日利亚联邦才能在独立后成为英国影响撒哈拉以南非洲地区的工具。

除了提出划分新地区，南方还试图改革选举制度，以瓦解北方的优势地位。南方认为尼日利亚需要一个统一的选举法，要么让受伊斯兰教影响的北方给予妇女选举权，要么北方按照排除女性后的人口数占据中央议院席位数。英国官员拒绝了上述两项要求，他们认为改革选举制度将导致南方政党侵蚀北方政党的选举能力，会激起北方政党的强烈反对，因而要求殖民部和尼日利亚政府拒绝这两项要求。⑤ 1955—1960 年任尼日利亚总督的詹姆斯·罗伯逊（James Robertson）强调关于北方伊斯兰的问题要谨慎处理，因为可能会导致北方退出尼日利亚。⑥ 问题的实质在于，北方地位的弱化不利于英国控制尼日利亚。

---

① J. D. Hargraves, *Decolonization in Africa*, New York: Longman, 1996, p. 162.
② 英国殖民部档案：CO554/1521，1958 年 10 月 10 日。
③ H. U. Willink, *Nigeria: Report of the Commission Appointed to Inquire into the Fears of the Minorities and the Means of Allaying Them*（Cmnd505, 1958）esp., p33, pp97 – 103.
④ 英国内阁防卫委员会档案：DO177/84, nos. 1&4, in Ronald Hyam and Wm Roger Louis, eds., *British Documents on the End of Empire: The Conservative Government and the End of Empire, 1957 – 1964*, 第 1 册, 第 103 号文件。
⑤ 英国殖民部档案：CO554/904, no. 6，1955 年 10 月 18 日。
⑥ 英国殖民部档案：CO554/1159, no. 17，1956 年 6 月 26 日。

事实上，殖民部特别担心南方主导联邦政府后北方会退出，也担心北方分裂成两个地区。① 为了培育北方主导的尼日利亚政局，英国政府准备将尼日利亚独立至少拖延到 1962—1963 年。② 虽然按照既定规划，尼日利亚将获得自治政府地位。殖民部长伦诺克斯-博伊德再一次强调不会强迫北方进入尼日利亚自治政府，直到北方愿意加入，殖民部将捍卫北方人民大会的合法愿望，即便北方因此拥有了对尼日利亚独立的否决权。③ 在晚了两年之后，1959 年北部建立了地方自治政府，北方人民大会党接受自己主导的尼日利亚自治政府。北方人民大会党的领导人塔法瓦·巴莱瓦（Tafawa Balewa）被麦克劳德称为"我们很好的朋友"，被选定作为首席部长引导尼日利亚走向独立。④ 这一结果是 1945 年以来英国政策的延伸。

英国之所以支持北方，源于独特的历史条件。尼日利亚作为一个政治体是英国殖民统治的结果，具有种族杂处、文化多样和语言纷乱的特色。从文化上，北方受伊斯兰文化的影响，南部则受基督教文化影响较大。尼日利亚北方作为"间接统治"模式的发源地，英国殖民者一贯维护传统统治阶层和制度，使北方处于一种与外界隔绝的"密封"状态。结果到了战后民族独立运动高涨之时，北方才发现特别缺乏受过西方教育的人才，一旦实现公职机构的"尼日利亚化"，必然带来"南方化"。据统计，1953 年，北方人仅仅占据了 700 个高级公职中的大约 30 个。⑤ 北方传统统治者担心尼日利亚独立之日就是南方控制北方之时，也是自己丧失统治地位之日，不情愿让尼日利亚太快独立，以便有时间培养出自己的人才。北方的这种愿望由于尼日利亚地区分治的政治体制而得以实现。

英国政府也不是一味推行地区分治的政策。英国的政策既要消弭部分地区矛盾，又不能使之完全消失，具体表现为支持北方主导下的尼日利亚自治。实行这一政策出于对英国利益的考虑。1957 年的尼日利亚是

---

① 英国殖民部档案：CO554/1533, no. 7, "大纲：尼日利亚", 1957 年 3 月。
② 英国殖民部档案：CO554/1583, no. 33, 1957 年 4 月 15 日。
③ 英国殖民部档案：CO554/1178, no. 4, 伦诺伊德-博伊德致麦克弗逊, 1954 年 11 月 17 日。
④ 英国殖民部档案：CO554/2122, no. 82, 1958 年 12 月 2 日。
⑤ 英国殖民部档案：CO554/262, no. 221, 1953 年 4 月 15 日, "部门领导人之间讨论尼日利亚政府的记录"。

当时英国残留殖民地中人口最多、面积最大的殖民地。每四名非洲人就有一名住在尼日利亚。一旦尼日利亚独立，将成为西非主要国家，也作为林波波河以北的撒哈拉以南非洲主要的国家而存在。如英国殖民部在1955年所评价的："除非尼日利亚能保持完整，否则没有值得考虑的未来"，"一个完整的尼日利亚拥有巨大的、精力旺盛的和活力四射的人口将在英联邦……和在世界事务中，立即扮演一个不同寻常的角色"。① 殖民部在1956年仍旧认为，"尼日利亚潜在地是非洲最大的国家之一"。一个分裂的尼日利亚或者两个尼日利亚将是弱小的，会求助于苏联或美国。② 可以说，从麦克米伦政府上台伊始，就初步确定了尼日利亚作为一个整体走向独立的方向，企图以尼日利亚作为支柱，维持英国在非洲的影响力。英国政府相信可以利用尼日利亚既有的地区矛盾作出宪制安排，使英国（作为调解人）保持在权力的中心位置，尼日利亚也可成为"民主国家"。③

英国政府的目标在1959年大选中实现了。该次大选实现了北方区主导下地区利益的妥协。选举结果显示，代表北方利益政党占据142席，代表东部利益的政党获得89席，代表西部利益的政党获得72席。代表北方利益的政党和代表东部利益的政党组成联合政府，代表西部利益的政党成为反对党。北方更加确信自己能够主导联邦，保有地区权力。同时联邦政府又有权力制止任何地区的过分行为。英国政府批准尼日利亚联邦议会提出的尼日利亚于1960年10月1日独立的要求。

从表面上看，北方穆斯林在独立过程中占据着主动地位，决定着独立的速度。所以，英国学者大多将独立后尼日利亚混乱的责任归于尼日利亚人内部的矛盾。如罗纳德·海厄姆（Ronald Hyam）认为，尼日利亚的独立过程并无英雄般的民族斗争，全部是按时间表一板一眼而来，北

---

① 英国殖民部档案：CO 822/940, no. 3，殖民部对尼日利亚的展望，1955年3月。
② 英国殖民部档案：CO 554/905, no. 45，"尼日利亚：1956年宪法大会：联邦政府的结构"，1956年7月27日。
③ 英国内阁档案：CAB134/1555, CPC (57) 6, 1957年1月28日，"殖民地未来宪制发展"麦克米伦给索尔兹伯里勋爵的备忘录，in Ronald Hyam and Wm Roger Louis, eds., *British Documents on the End of Empire: The Conservative Government and the End of Empire*, 1957–1964, 第1册，第1号文件。

方主导了非殖民化进程，英国只不过是迎合了非洲人的愿望。① 马丁·林恩（Martin Lynn）则认为那是北方、南方和殖民部三方博弈的结果。殖民部真心地害怕北方退出尼日利亚，所以迁就北方，北方人民大会党由于害怕南方的统治所以不断地以退出"自保"。② 然而，需要以更长时段的眼光来看待这一问题。北方之所以能屡屡以退出相威胁，本就源于英国历史上的政策，如前所述北方在联邦中的重要地位是英国一手促成的，英国一贯不想削弱北方，是为了延缓独立的要求。当 20 世纪 50 年代后期，英国突然发现独立不可避免时，就想以保守的北方来控制尼日利亚，达到从外部控制尼日利亚的目的。正是由于英国一味地扶持北方，造成独立后北方继续企图完全控制南方两区，促成了内战和内战后的军事独裁。经过事实证明，在尼日利亚依靠地方分权来保护少数是行不通的。以后的尼日利亚宪法不断地削弱地方的权力，以便实现一个稳定的政局。

　　英国学者的上述观点也影响了中国学者，如庆学先和罗春华认为蓬勃发展的民族独立运动使英国人被迫放弃了原定至少两代人才能完成的宪政改革。如果给英国殖民统治者更多的时间，英国人可能给西非三国留一个更加稳定的政治体系。③ 这种看法无疑是错误的。这种假设唯一的根据就是英国政府制订的计划。但是按照历史经验来看，英国殖民者总是会不断地拖延转移权力的进程，一直到不能再拖延。如果殖民地人民坐等殖民者的改革，是永远不可能有结果的。那么，是否民族主义者放下一切内部矛盾，争取早日独立的策略不当呢？事实上，正是此种策略才使现代非洲国家成形，通过国家载体而形成民族意识。如果殖民者继续待下去，只会使矛盾激化。让殖民者快速撤离，并非出于一时的情绪化，而是殖民地人民对历史经验的理性总结。英国殖民者撤离殖民地更非一时冲动，而是面对殖民地人民的反抗寻求自身利益最大化的行为。

　　如上所述，战后英国在尼日利亚的殖民政策大致经历了两个时期。在 20 世纪 50 年代后期民族浪潮兴起时，英国政府将在分区制基础上扶持北方的做法，改为以分区来延缓独立要求，促成北方主导下全尼日利亚

---

① Ronald Hyam, *Britain's Declining Empire: The Road to Decolonization*, 1918 – 1968, p. 275.
② Martin Lynn ed., *The British Empire in the 1950s: Retreat or Revival*? p. 156.
③ 庆学先、罗春华：《西非三国——对抗与和解的悖论》，四川人民出版社 2006 年版，第 268 页。

独立的政策。英国划分的三区制经实践证明加剧了族群对立，之后的数十年中，尼日利亚政府不断划分出新的地区，彻底破坏了三区制，越来越趋向于美国式的联邦制。

二　虚伪的"伙伴关系"和中非联邦的瓦解

要理解中非联邦的瓦解就需要从它的建立开始。中非联邦包含南罗得西亚（今津巴布韦）、北罗得西亚（今赞比亚）和尼亚萨兰（今马拉维）三个殖民地。19世纪末，英国占领了这一地区，在20世纪初的黄金热中，欧洲移民进入这一地区，主要定居在南罗得西亚，20年代，在北罗得西亚发现蕴藏丰富的铜矿，欧洲移民开始进入北罗得西亚。在三个小地区中，南罗得西亚白人人口最多，到联邦建立前夕约为17.8万，非洲人口为240万；北罗得西亚白人人口为6.6万，非洲人口总数为218.3万；尼亚萨兰的白人为6800人，非洲人口259.6万。[1] 南罗得西亚一直由白人移民控制政权，在1923年获得内部自治政府地位，以致获得了"第五自治领"的称号。南罗得西亚通过联邦关系部接受英国的管辖，而非通过殖民部，与此时其他自治领的不同在于对外关系处于英国的掌控之下。更重要的是，南罗得西亚政府可以无须英王授权就使用军队，从而使南罗得西亚政府在内政方面几乎可以为所欲为。

南罗得西亚一直觊觎北罗得西亚的矿业财富，早在20世纪30年代南罗得西亚就要求同北罗得西亚合并。出于遏制南罗得西亚分离势力的考虑，也出于更好保持对北罗得西亚铜矿控制的考虑，英国未予准许。战后，南罗得西亚屡次提出以联邦的形式而非合并形式联合北罗得西亚的要求。为了拉住实力增长的南罗得西亚移民，避免其向南非靠拢，也为了遏制日益高涨的非洲民族主义，英国政府化被动为主动，启动"分而治之"和"合而治之"相结合的中非联邦。在英国政府的坚持下，尼亚萨兰也加入了联邦，让尼亚萨兰加入至少可以在名义上抵制南罗得西亚白人移民的政治影响。

但是在政治安排上，英国政府极力维护白人移民的特权。在中部非洲，英国政府一贯利用白人移民作为殖民统治支柱，但是双方在对待非洲人的政策和策略上存在分歧。战后，英国政府为了缓和非洲人反对殖民主义的斗争，大力宣扬"伙伴关系"的概念。在英国政府看来，成立

---

[1] Colin Cross, *The Fall of the British Empire*, London: Paladin, 1970, p.296.

中非联邦有两方面的好处：(1) 实现经济的节约，整合南罗得西亚的技术、北罗得西亚的矿藏和尼亚萨兰的劳动力，并可将英国从补助尼亚萨兰财政中解脱出来①；(2) 建立一个白人国家。通过南北罗得西亚合并增强对英国的向心力，遏制同南非合并的可能。② 按照英国殖民大臣李特尔顿的看法：中非联邦的成立是非洲历史上的转折点，将促成所有种族间的"伙伴关系"，非洲人也将获得安全、进步和福利。③ 联邦的另一个有利性在于经济上的"互利"。这种观点和1960年蒙克顿委员会（Monckton Commission）的说法几乎完全一样。似乎接受联邦将带来地区经济的发展，伙伴关系也将因此获得成功。于是，伙伴关系和经济进步成为中非联邦的两个口号。中非联邦从开始建立就缺乏非洲人的参与，所以一开始就充满了政治不平等。

结果，所谓的"伙伴关系"成为切切实实的谎言。这一点从联邦政治安排上就可以看出。100个非洲人才等于1个欧洲移民人的票数，非洲人在联邦立法机构的49个席位中仅仅占12个。联邦拥有一支完全由白人组成的军队，而不允许非洲人持有武器。联邦的国家安全机构压制非洲人的政治活动，联邦大总督不断宣布紧急状态，限制非洲人的政治活动空间。非洲民族主义领导人怀着对联邦怀疑和防卫的态度进行政治活动。联邦成立后的非洲人事务委员会不再是一个独立的实体，而是成为联邦议会中的一个组成机构，由联邦下议员组成，白人议员占多数的议会自然能够掌控委员会。委员会向英国议会提交任何有利于非洲人的申请也受到限制。可以说，联邦内委员会的角色进一步弱化。联邦负责欧洲人的教育和农业，非洲人则由地方政府负责。欧洲人所享受的社会福利的质量也高于非洲人。这些都激起了非洲人的不满。可以说，中非联邦组成后，白人移民控制了联邦政权，非洲人的权益更加遭到忽视。

所以，在非洲人看来，伙伴关系是一种种族主义的伪装。20世纪50

---

① 英国内阁档案：CAB129/48 "中非的紧密联合"，联邦关系大臣和殖民大臣谈话备忘录，1951年11月9日，in Porter and Stockwell, eds., *British Imperial Policy and Decolonization*, 1938 - 1964, London: Macmillan, 1987, 第3号文件。

② Philip Murphy, ed., *British Documents on the End of Empire: Central Africa*, London: HMSO, 2005, p. xliv.

③ 英国下议院关于中非的辩论, 1953年3月24日, in Arthur Hazlewood, *African Integration and Disintegration: Case Studies in Economic and Political Union*, Oxford: Oxford University Press, 1967, p. 188.

年代末，北罗得西亚和尼亚萨兰出现了民族解放运动高潮。北罗得西亚和尼亚萨兰的非洲人特别反对联邦的原因之一，是他们害怕将南罗得西亚的法律和实践注入联邦之中，将南罗得西亚的土地政策扩展到北方（土地私人所有制，白人农场主占有所有肥沃土地），自己的土地会落到欧洲移民手中。在南罗得西亚，1930年的土地分配法使非洲人不可拥有或租用任何城市及南罗得西亚多数地区的地产，1934年的工业调停法规定非洲人不算在员工之列。这就促成了中非地区的一个经济特点，即北方以部落土地所有制为基础的黑人劳动力要到赞比西河以南白人控制的农场上和城市中打工。北方成千上万的流动劳工为民族主义的传播创造了有利的条件，促进了反联邦运动的展开。本来为了遏制非洲民族主义发展的中非联邦，反而促使非洲民族主义向大众化发展。在非洲大陆的民族解放浪潮的激励下，联邦已经成为非洲人眼中快速政治进步的拦路虎。

这刺激了中非联邦的白人移民领导人。他们想让中非联邦成为拥有充分英联邦成员资格的自治领，或者退一步实现南罗得西亚在联邦框架内的充分自治，抵制非洲民族解放运动。[①] 但是殖民部未予以同意，因为他们知道北方的非洲人民根本不会同意这样的主张，只有南罗得西亚对北方两个地区实行武装占领才有可能实现，而那又会导致英国政府不得不卷入其中。

非洲人民争取选举权的斗争成为反联邦运动的重要组成部分。欧洲移民领导人设置获得选举权的先决条件，即成为"文明人"，在这一条件下，绝大多数非洲人都没有联邦公民权。由于选举权被限定在白人中，1953年第一次选举受到非洲人的抵制。但是，联邦总理以抵制南非影响，排斥布尔人的选举权为借口，不肯扩大选举权。1957年《宪法修正法案》和1958年《联邦选举法案》更加强了白人移民在联邦内的主导地位，进一步限制了非洲人的权利，受到了非洲人事务委员会的谴责。尽管1958年《联邦选举法案》承认了非洲人可以参加选举，但创造了"普通"和"专门"两个类别的选举权，用选举权的财产和文化资格限制确保欧洲人的优势，150英镑的年收入加文化测试排除了大多数非洲人。在草案送交

[①] 英国英联邦关系部档案：DO35/7558，"怀特黑德（Whitehead）致霍姆"，1959年10月22日，Philip Murphy, ed., *British Documents on the End of Empire: Central Africa*, p. lxxix.

立法大会时，非洲人事务委员会认为它是反非洲人的。在非洲人的压力下，白人移民不得不增加北罗得西亚非洲人代表数和非洲人部长人数。然而，这并不能表示中非联邦内部非洲人缺乏权利的实质有多少改变。

1959年5月，尼亚萨兰实行紧急状态是联邦政治发生质变的拐点。对于英国政府在这次紧急状态中的角色，学者们存在争议。① 逮捕和释放尼亚萨兰非洲领导人班达成为政策的一种象征。英国政府和殖民地政府在采取强硬路线反对班达及其政党方面是一致的。② 双方的不同点仅仅在于联邦政府想派联邦军队进入尼亚萨兰，而殖民部害怕加剧紧张局面，不同意联邦军队进入尼亚萨兰，认为暴力镇压并不能解决问题，应该向非洲人让步。在紧急状态中殖民地政府动用了大量的"非法力量"，以致英国政府的调查团都宣称尼亚萨兰毫无疑问已经成为一个警察国家，暴力镇压反而激起了非洲人对联邦更多的敌视。③ 在班达被捕后，其释放已经和允许尼亚萨兰退出中非联邦画上了等号。就地区是否有权退出联邦，英国政府、联邦政府和三个地区政府展开争论。1961年，英国政府的态度逐渐转变为承认尼亚萨兰可以退出联邦，但是这一态度并不代表可以解散联邦。英国政府仍旧想将南北罗得西亚联合在一起。但是北罗得西亚非洲人坚决反对这一企图。终于在1962年12月，非洲人政党获得选举胜利。至此，联邦的解体已不再有疑问。

可以说，中非联邦所有非洲人反对联邦是正常的，但是令人奇怪的是，在选举权局限于白人的南罗得西亚，反联邦的政党也被选举上台，可以说中非联邦是被三个地区执政党共同推翻的。南罗得西亚白人也敌视联邦，因为许多人相信在联邦和三个地区，非洲人的权利扩大得太快。南罗得西亚的白人和北方的黑人民族主义者一样，认为联邦是自己政治发展的绊脚石。本质上，南罗得西亚白人还是支持联邦的，部分原因在于联邦为白人经济扩张提供了良机，部分因为联邦为欧洲人提供了更大的政治安全。反对联邦仅仅是因为南罗得西亚白人担心非洲人会改变白

---

① 比较突出的作品有：John Darwin, "Central African Emergency, 1959", *The Journal of Imperial and Commonwealth History*, Vol. 21, No. 3, September, 1993, pp. 217 – 234; Colin Baker, *State of Emergency, 1959 – 1960: Crisis in Central Africa, Nyasaland*, London: I. B. Tauris, 1997.

② 英国殖民部档案：CO1015 \ 1520，"伯斯（Perth）致麦克米伦"，1959年2月10日，in Philip Murphy, ed., *British Documents on the End of Empire: Central Africa*, p. lxx.

③ Murphy, *Alan Lennox – Boyd*, I. B. Tauris, 1999, p. 217.

人在联邦内的特权，转而想巩固自己在南罗得西亚的特权。

南北罗得西亚白人在不得不同意解散中非联邦的同时，又企图将北罗得西亚最富有的铜矿带地区，或者称作铁路线地区（是一个农业、矿业和工业化的地区，在这个地区白人沿着铁路线定居）划入自己的行政范围，成为一个独立的自治领，而让北罗得西亚剩下的地区要么同尼亚萨兰合并，要么成立众多的非洲人小政府，这些非洲人政府应该和自治领结成紧密的同盟关系。自治领将和英国政府一起，管理公共服务，如铁路、邮政和电报，建立一个相当于东非高级委员会的机构。自治领将给非洲人政府发放补助金，但自治领政府不具有永久性援助非洲人政府的义务（这和南非种族隔离政策极为类似）。这种计划将满足白人获得自治领地位的要求，也将满足非洲人获得免于欧洲人控制的自治政府的要求。这就是所谓的中非联盟（Central African Alliance）方案。还有另外两种方案，不提供单一经济中心的中非政务会（Central African Council）方案；或者结束政治联系，三个地区仅仅依赖类似东非高级委员会的组织维系，实现关税同盟，共同管理公共事务。

英国委派对中非联邦进行评估的蒙克顿委员会发表意见，希望保留联邦，但是削弱中央权威，中央仅保留干预经济权、外交权和防务权，进一步将伙伴关系贯彻到日常生活中。[①] 该报告在承认政治上没有实现真正平等的"伙伴关系"之后，竭力吹嘘联邦的经济成就，将所谓联邦的经济成就作为保留联邦的主要证据。这份报告凝缩了英国政府对中非联邦经济益处的一贯论调，声称有五项益处：（1）扩展了工业品市场；（2）促进经济多样化；（3）增强三个地区经济互补和相互依赖；（4）更有效的经济计划和利用区域经济资源；（5）可以吸引外资流入，加速经济发展。

确实如报告所称，联邦整合的市场中有 800 万潜在的消费者，对消费品的容纳程度比分割于三个市场中的消费者更佳，但是北方市场贫穷且运输不便只能接受少量的工业品输入，无疑限制了北方消费潜力的发挥，联邦市场仅仅为南罗得西亚提供了有限的工业发展机会。然而，即便是这样有限的机会，也是以北方两个地区的巨大付出为代价的，因为北方

---

① 英国政府敕颁文件：Cmnd. 1148：" 中非：蒙克顿委员会（Monckton Commission）对于罗得西亚和尼亚萨兰宪制建议的报告摘要"，1960 年 10 月，PP（1959 – 1960）XI, 21, in Philip Murphy, ed., *British Documents on the End of Empire：Central Africa*，第 1 册，第 79 号文件。

地区要放弃原有廉价的外部商品，接受贵得多的南罗得西亚工业品。虽然三个地区的经济成分有一定的互补性，南罗得西亚的煤炭、牛肉和轻工产品在北罗得西亚消费，尼亚萨兰劳动力面向南罗得西亚的输出居多，北罗得西亚的铜出口换取外汇。但是，三个地区的相互依赖充满着不平等交换，并不足以使彼此交出主权。

1954年建立起的联邦关税有利于英国商品的进口，更有利于南罗得西亚发展工业。中非联邦的关税分为A、B、C、D四类，其中D类是税率最低的，适用于从英国和英国殖民地进口的商品，C类则应用于从英联邦国家进口的商品。如果联邦解散，关税政策取消，南罗得西亚将会面临失业和普遍的衰退。对于尼亚萨兰来说，用昂贵的南罗得西亚商品代替廉价的外部商品使尼亚萨兰承担了更多的花费。锄头原来在尼亚萨兰是免关税的，但是在联邦时期，仅仅从C类和D类中免除15%的关税。

从经济计划和吸引外资两个方面来说，卡里巴（Kariba）大坝工程是联邦实行经济计划的成果，也是有利于南罗得西亚的政绩工程。可以肯定的是卡里巴计划没有联邦框架是不可行的，因为北罗得西亚已经有卡富埃（Kafue）计划，后者在花费50万英镑之后为了实现卡里巴计划而被迫下马。而且卡里巴不一定是最好的选择，可以由一些花费较小的系列工程发挥同样的作用。联邦吸引了较多的外资，但是所付的高昂利息引起人们的争议，未必是一种可持续的发展方式。在鼓励外资方面，联邦作为一个整体比各地区单独作保借来了更多的公共外债。但是，北罗得西亚本来能够利用自己的盈余来解决发展资金问题，不需要举借那样大规模的外债。种种所谓联邦的益处都渗透着地区的不平等。

这种地域不平等背后隐藏着的是种族的不平等。南罗得西亚是最富的，尼亚萨兰是最穷的。1954年，南罗得西亚贡献了约联邦国内生产总值的49%，北罗得西亚贡献了约国内生产总值的42%，尼亚萨兰不超过9%；南罗得西亚的人均国内生产总值是54英镑，北罗得西亚是51英镑，尼亚萨兰是11英镑。每个地区的各个种族的收入也是不同的。总体来说，非洲人的收入和白人移民的收入呈两极分化的态势。联邦对各地区的返还表现在提供一些社会福利上，而没有从联邦政府岁入转移支付到地区政府的岁入中。联邦主管非非洲人的社会福利工作如农业和教育，非洲人的教育和农业则由地方政府负责。1955年，社会福利花费占联邦政府花费的32%，地方政府花费的22%。教育和农业的种族区别对待被写入了宪法。联邦为非非洲人提供的 3/4 社会福利经费由南罗得西亚获得。1961—1962 年，南罗得西亚高额的债务由联邦承担，社会福利债务也由联邦承担。1961—1962 年，南罗得西亚花费了联邦医疗支出的 57%、交通支出的 58% 和公共事务支出的 66%。直到 1960 年，联邦政府花的教育费用和三个地方政府一样多。以往，每个非非洲人花费 13 镑 13 先令，非洲人是 8 先令。1963 年，每个非非洲人花费 22 镑 10 先令，而非洲人花费 19 先令。当然，花费的鸿沟从 34 比 1 缩小到不足 24 比 1。在农业问题上，也是相似的，1955—1963 年，联邦政府花了 3700 万英镑给罗得西亚的非非洲人农业。所有三个地区（包括尼亚萨兰的非非洲人农业）在非洲人农业上花的不超过 2900 万英镑。这样的花费比例被用白人农场生产效率更高来掩饰。在医疗方面，1961—1962 年，尼亚萨兰每人花费 6 先令，北罗得西亚每人花费 15 先令，南罗得西亚每人花费 24 先令。1958 年，每千位欧洲人医院病床床位数是 67 张，非洲人是每千人 25 张。[①]

从联邦的整个发展过程看，联邦在一定程度上加快了中部非洲三个地区的经济增长速度，这主要归功于流入的巨额外资。但是，这种增长建立在种族歧视影响的地区间不平等的基础上。从联邦的财政收支上看，南罗得西亚可谓好处占尽，北罗得西亚则可谓损失巨大，尼亚萨兰有得有失。从联邦成立前各地区的财政收支状况来看，北罗得西亚多有盈余，尼亚萨兰基本平衡，南罗得西亚由于日用品贸易而出现赤字。这种预算地位由于联邦的财政而得以扭转，总体来说，北罗得西亚的盈余贴补了南罗得西亚的赤字。联邦财政主要投入的工程和服务也都偏向南罗得西亚。尼亚萨兰总督抱怨联邦将北方的钱都花在了南方，而且批评了联邦政府在尼亚萨兰扩张非非洲人农业的做法。因为此一做法引起了非洲人的愤怒。[②] 取消壁垒形成的联邦市场刺激了南罗得西亚的发展。而未能对北罗得西亚和尼亚萨兰当地的产业发展做出多大贡献。当一个政权的政治压迫不再能获得人心时，经济并不能起到多大的作用。何况经济领域同样充满了压迫，保持经济联系而不要政治联系的想法也是不现实的。

---

① 本段数据引自 Arthur Hazlewood, *African Integration and Disintegration: Case Studies in Economic and Political Union*, p. 195, p. 207, pp. 214 – 215.

② G. 科尔比（Colby）致殖民大臣伦诺伊德－博伊德，尼亚萨兰告别中非演说，1956 年 1 月 24 日，in Philip Murphy, ed., *British Documents on the End of Empire: Central Africa*, 第 1 册，第 114 号文件。

对于尼亚萨兰来说,没有财政重分的经济联系将是百害而无一利的,而对于北罗得西亚而言,财政重分又对其不利,所以,任何形式的联合都将不再可行。北罗得西亚和尼亚萨兰的非洲人坚决要求主权独立。

剩下的问题是南罗得西亚的未来。1963年1月,英国政府仍旧希望经过谈判维持3个地区某种形式的联系①,最后不得不接受各地区独立。关于南罗得西亚独立的请求,英国政府采取一贯的政策,表面答应可以独立,实际上没有给予明确的期限。英国中非部长巴特勒(Butler)明确表示,英国没有能力有效控制南罗得西亚未来的发展方向,所以不准备考虑授予南罗得西亚独立。② 因为英国政府认识到在当时的世界潮流下,承认南罗得西亚的白人少数统治,将带来外交上的困境。而南罗得西亚的未来,按照麦克米伦的建议尽可能长地拖延,因为接受白人立即独立的要求,会引起英联邦内亚非成员的抗议,可能引起英联邦的组织分裂。

中非联邦的瓦解是相信经济"互利"能够化解政治压迫想法的失败。政治不平等基础上的经济整合,仅仅能带来经济的不平等,终究不能实现真正的融合。英国政府利用保护非洲人利益的口号抵制白人移民独立的要求,同时白人移民利用抵制或倒向南非来制衡英国政府的控制,两者之间的斗争是对奴役非洲人权力的争夺。这一企图在民族解放大潮面前无济于事。从长远来看,解散中非联邦,将能减少英国政府的花费和减弱国际的批评。实际上,"这儿没有真正的选择"③。

三 "白人优先"原则和东非联邦构想

组建东非联邦是英国政府的一贯政策,预想中的东非联邦由肯尼亚、坦噶尼喀和乌干达组成。早在第二次世界大战期间,英国政府就在前三个殖民地先后建立了一系列的联合机构,政治组织方面设立了东非总督会议来协调和监督各项合作事业。1947年用东非高级委员会取代了东非总督会议。这个东非高级委员会下设一个执行机构和一些咨询机构,其职能是对三地的共同事务进行管理。所有这些机构的费用由三地分摊。从1946年到1953年,英国先后有三位大臣和其他一些殖民部官员访问东

---

① 英国内阁档案:CAB 128/37, CC4(63)5, 1963年1月17日, in Philip Murphy, ed., *British Documents on the End of Empire:Central Africa*, 第1册, p. xcviii.

② 巴特勒关于南罗得西亚独立的问题的记录, in Philip Murphy, ed., *British Documents on the End of Empire:Central Africa*, 第2册, 第354号文件。

③ 英国内阁档案:CAB 130/189, GEN775, no.1, 会议备忘录, 1962年10月24日。

非，一个重要目的就是促成东非联邦的成立。

英国官员之所以对建立东非联邦念念不忘有几个原因。一是英国官员认为建立东非联邦能够更有效地处理经济发展问题，如在统一税制和经济协调发展方面。二是英国官员认为通过组建东非联邦，在东非的欧洲移民能够使他们自己和后代获得安全。① 三是延缓东非人民的政治觉醒，英国官员担心这种政治觉醒会动摇英国在东非的统治地位。英国官员试图通过建立东非联邦，"以免政权过快地转移到非洲大多数人手中"②。

英国官员认识到组建东非联邦有三大困难，一是欧、非、亚三个主要种族之间的关系，二是三个地区都以各自地区内部需要为绝对的依归，都不愿意移交各自的权力到东非政治体中，三是坦噶尼喀托管地位的复杂性。其中，欧、非、亚三个主要种族之间的关系是最大的困难。由于英国政府一贯实行扶持欧洲移民的政策，乌干达和坦噶尼喀非洲人，也包括亚洲人害怕紧密的联合将加强欧洲人的主导地位。东非问题是平衡种族利益和解决种族冲突的问题。③ 在三个地区中，肯尼亚的白人人数最多，肯尼亚种族紧张局面注定影响乌干达和坦噶尼喀对联邦的看法。在某种程度上，肯尼亚是东非的政治关键。以肯尼亚为中心组建东非联邦，使其他东非的种族明白东非联邦是为了让欧洲人获得更大的安全和更大的自由。影响种族关系最重要的因素是在肯尼亚和坦噶尼喀部分地区存在的非洲人和欧洲人的土地之争。当时肯尼亚的土地面积为22.5万平方英里，其中15万平方英里以上是缺水地和沙漠地，0.5万平方英里以上的"皇家土地"把持在政府手中，1.67万平方英里保留给"白人高地"上的2800名欧洲人，5.2万平方英里较贫瘠的土地则留给非洲人。700万非洲人，每134人才拥有一平方英里的土地，每名欧洲人大约分得3.5平

---

① 英国殖民部档案：CO 822/338, no.4, 1951年12月3日，"东非地区紧密的联合"：P 罗杰斯致 A B 科恩备忘录关于肯尼亚、乌干达和坦噶尼喀紧密联合案例的大纲，in David Goldsworthy ed., *British Documents on the End of Empire: The Conservative Government and the End of Empire*, 1951 – 1957, 第2册, 第281号文件。

② ［英］罗兰·奥利弗、安东尼·阿特莫尔：《1800年以后的非洲》，李广一等译，商务印书馆1992年版，第235页。

③ 英国殖民部档案：CO 822/338, no.4, 1951年12月3日, in David Goldsworthy ed., *British Documents on the End of Empire: The Conservative Government and the End of Empire*, 1951 – 1957, 第2册, 第281号文件。

方英里,平均为每个非洲人的所有土地的 470 倍。在坦噶尼喀,14000 名欧洲人占据了 1/3 的耕地。这在当时是无法化解的矛盾,故而便不难理解东非联邦难产。即便在白人移民很少的乌干达,非洲人了解到白人移民在肯尼亚和坦噶尼喀的所作所为,从王公贵族到普通群众上上下下均反对建立东非联邦的计划。乌干达巴塔卡党主席塞马库拉·穆卢姆巴对路透社记者说:该党和乌干达人民要求自治,废除各种片面的英国——非洲协定,"这些协定把非洲的经济资源都吸收到英国的金库去了"①。

1953 年 6 月末,英国殖民大臣李特尔顿在东非发表演说,希望东非三地尽快组成联邦。遭到东非各地非洲人的激烈反对,乌干达就发生了上下层广泛参与的群众性抗议示威活动。1953 年 7 月 6 日,乌干达殖民地中的布干达王国政府的官员写信给乌干达总督,声明他们反对建立联邦。他们担心乌干达加入东非联邦后,独立的前景更为黯淡。7 月 9 日,乌干达总督致信殖民大臣声称,乌干达人强烈地反对东非联邦,更强烈地反对任何同中非的联合。之所以如此,他们害怕南非和南非人在中非的影响。东非联邦在很近的未来不具有实践的可能性,因为它目前在东非地区没有普遍的公众支持。当然,也不应放弃组建东非联邦的想法。② 8 月 6 日赴伦敦参加英国女王伊丽莎白二世加冕典礼的布干达国王穆特萨二世反对成立联邦,而且要求承认布干达的独立地位。英国政府把他逐出乌干达,以此向乌干达人民施加压力。只是这一举措激发了更广泛的抗议和抵制活动,持续了几个月。到 1954 年 4 月再次出现了群众性的抵制活动,民众不仅抵制非非洲人商店,还抵制娱乐场所和政府举办的节庆活动,甚至连英国女王到乌干达主持欧文瀑布水电站的建成典礼,也受到冷遇。

建立东非联邦也遭到坦噶尼喀人民的反对。早在 1946 年,坦噶尼喀非洲人协会便通过了一项反对建立东非联邦的决议。坦噶尼喀民族联盟领导人尼雷尔指出东非联邦的实质是牺牲占人口绝大多数的非洲人的利益和诉求,并非什么"多种族合作"。1955 年 3 月,尼雷尔作为坦噶尼喀

---

① [英]肯尼斯·英厄姆:《现代乌干达的形成》,钟丘译,上海商务印书馆 1973 年版,第 339 页。
② 英国殖民部档案:CO822/341, no. 4, 1953 年 7 月 9 日,"东非联邦",(乌干达)A 科恩爵士致 T 劳埃德爵士关于乌干达对联邦理念的敌视, in David Goldsworthy ed., *British Documents on the End of Empire*: *The Conservative Government and the End of Empire*, 1951 – 1957, 第 2 册,第 290 号文件。

非洲人的代表，就独立问题向联合国托管理事会陈述意见，他毫不迟疑地要求"托管理事会和坦噶尼喀殖民当局宣布，尽管坦噶尼喀是一个多民族的国家，但它未来的政府应当是以非洲人为主的政府"①。1956年尼雷尔再度去联合国陈述了给予坦噶尼喀自治和独立的要求。

作为东非联邦的关键地区，肯尼亚广大的非洲人民也反对建立联邦。肯尼亚非洲人联盟是肯尼亚第一个非洲人全国性政治团体，在肯尼亚拥有巨大的影响力。1947年6月，肯雅塔当选为肯尼亚非洲人联盟主席，要求建立非洲人自治政府和独立国家。在广大的乡村，那些因土地不足基本生活无保障的农民和白人农场中的佃农更不会支持一个会扩大白人权力的联邦计划。在一份于1951年11月27日内部安全工作委员会（the Internal Security Working Committee）提交给总督的报告中提道："非洲人中间充满着一股对欧洲人的敌对情绪，主要原因在于非洲人在财产、土地、温饱以及处理自身事务等方面遭到的歧视……这是一种种族歧视……并且肯尼亚迈向自治的步伐表现得要比其他殖民地缓慢。"茅茅运动的参加者是这样解释自己的目标的："我们是为夺回所有被英王窃走的土地而战，在1915年土地委员会法令的驱使下，非洲人被赶出肯尼亚高地……英国政府必须给予一个由非洲人领导的完全独立的肯尼亚，并交出所有土地，分配给所有没有土地的非洲人。我们会一直斗争到自己获得自由或者战斗至最后一滴血。"② 1952年10月，总督宣布肯尼亚处于"紧急状态"一手镇压乡村的茅茅运动的参加者，一手镇压非洲人政治团体，逮捕了肯雅塔等183名肯尼亚非洲人联盟的各级领导人，并判处长期监禁。在如此紧张的氛围中，建立东非联邦的计划只能暂时搁置。

到1959年面对东非民族解放运动高潮，麦克米伦政府准备实施非殖民化之时，仍旧不忘组织东非联邦。在英国政府看来：首先，东非有一些共同的机构作为基础，如政治上有东非高级委员会，军事上有东非防御委员会，经济上有东非共同市场。还有一些非洲领导人（如尼雷尔）具有很真诚的联邦思想。其次，东非联邦是最有利于实现自己利益诉求的政治组织框架。英国政府认为，英国在东非主要有三大类利益：第一，

---

① ［坦桑尼亚］伊·基曼博、阿·特穆主编：《坦桑尼亚史》，钟丘译，商务印书馆1976年版，第297页。

② Sorobea Nyachieo, *Kenya 1945 – 1963: A Study in African National Movemens*, Nairobi: Kenya Literature Bureau, 1980, pp. 70 – 71.

确保英国军事利益，包括空中过境权、驻扎权和港口使用权；第二，英国利益被当地政党承认，确保独立后的政权亲西方，或至少中立；第三，促进东非地区的普遍繁荣，最大化保护白人移民和他们的财产。[1] 英国外交部认为，成立东非联邦，可以避免同猜疑英国驻军的肯尼亚人打交道，使英国军队在肯尼亚的驻扎更加合理。外交部更明确提出英国的政策目标是建立联邦，只有联邦不会持极端立场，才能保持继任政权亲西方。[2] 英国官员始终担心东非特别是肯尼亚的欧洲移民未来地位会趋于恶化，因为独立时的宪法条款并不能永远抵制非洲人多数的愿望。只有通过联邦，才能给"欧洲人"人权和基本自由（包括财产权）以真正的宪法保护。因为联邦宪法规定着各地方政府的权力和个人的权利，为了维护自己的权力不受动摇，他们便会坚持联邦宪法不可更改。作为宪法一部分的人权和财产条款将受到强有力的联邦法庭捍卫，会对欧洲人的财产形成真正有效的保护。[3] 欧洲移民最多的肯尼亚加入东非联邦也能增强其经济自立能力，并促进良好的内部治安环境。[4] 由于认为东非联邦是肯尼亚众多问题理想的解决方案，英国甚至考虑肯尼亚可以比原计划更早一些

---

[1] 英国内阁档案：CAB134/1558，CPC（59）2，1959年4月10日，"伦诺伊德-博伊德提交'东非的未来政策'"，内阁殖民地委员会备忘录，in Ronald Hyam and Wm Roger Louis, eds., *British Documents on the End of Empire*：*The Conservative Government and the End of Empire*, 1957－1964，第1册，第116号文件；英国首相办公厅档案：PREM11/403，"东非问题的焦点——肯尼亚"，基尔穆尔（Kilmuir）勋爵致麦克米伦，1961年1月11日，in Ronald Hyam and Wm Roger Louis, eds., *British Documents on the End of Empire*：*The Conservative Government and the End of Empire*, 1957－1964，第1册，第163号文件。

[2] 英国外交部档案：FO371/146498，no. 20，"东非防卫和联邦"，麦克劳德致沃特金斯（Watkinson）备忘录，1960年12月16日—1961年1月12日，in Ronald Hyam and Wm Roger Louis, eds., *British Documents on the End of Empire*：*The Conservative Government and the End of Empire*, 1957－1964，第1册，第123号文件。

[3] 英国首相办公厅档案：英国首相办公厅档案：PREM11/403，"东非问题的焦点——肯尼亚"：基尔穆尔（Kilmuir）勋爵致麦克米伦，1961年1月11日，in Ronald Hyam and Wm Roger Louis, eds., *British Documents on the End of Empire*：*The Conservative Government and the End of Empire*, 1957－1964，第1册，第163号文件。

[4] 英国内阁档案：CAB134/1560，CPC12（61），1961年11月15日，"肯尼亚的未来"，内阁殖民政策委员会会议备忘录，in Ronald Hyam and Wm Roger Louis, eds., *British Documents on the End of Empire*：*The Conservative Government and the End of Empire*, 1957－1964，第1册，第169号文件。

独立。① 再次，除了满足英国的现实利益需求，成立联邦还有一些技术层面上的便利，如英国政府认为解决蒙巴萨和沿海地带主权归属问题的最好方法是让蒙巴萨成为一个联邦港（即使不必成为联邦首都）。② 再如，英国政府认为桑给巴尔地区阿拉伯人和非洲人之间的矛盾在东非联邦中更容易获得解决。此种观点还获得了东非高级委员会的赞同。③ 最后，英国政府认为建立联邦也可以延长英国的殖民统治。所有地区在结成联邦之前都需要经历内部自治政府时期，能给英国带来更大的回旋余地。1959 年，英国人还认为确保自己利益最可靠的方法是"保持最终控制权"，即他们或他们的代理人不仅直接控制防卫和外部关系，而且也控制法律和秩序——司法体制、警察和内部安全。④ 经过一年多的发展，非洲的民族解放运动逼迫英国殖民者不得不转化控制方法，将希望寄托在组建东非联邦之上。因此，联邦将是英国的主要目标，"分别独立"是英国不能实现这个目标时的权宜之计。⑤

英国政府设想中的东非联邦将有一个较为强大的联邦政府，实行议会责任制，军队将由联邦控制（甚至将地面武装力量回归到英国陆军部的指挥下）。较为强大的联邦政府基础在于中央政府的立法机构将实行直接选举，而非如尼日利亚那样，由地方间接选举而来。这样的中央政府

---

① 英国首相办公厅档案：PREM11/4083，"东非联邦和肯尼亚独立"，电话（336 号）从麦克唐纳（M. MacDonald）（肯尼亚）到桑迪斯（Sandys）1963 年 6 月 7 日，in Ronald Hyam and Wm Roger Louis, eds., *British Documents on the End of Empire：The Conservative Government and the End of Empire*，1957-1964，第 1 册，第 177 号文件。

② 桑给巴尔苏丹名义上拥有此片地域的主权。

③ 英国殖民部档案：CO822/2327, no. 15，"桑给巴尔宪制发展"，麦克劳德致内阁殖民地政策委员会（CPC（61）27），1961 年 6 月 25 日，in Ronald Hyam and Wm Roger Louis, eds., *British Documents on the End of Empire：The Conservative Government and the End of Empire*，1957-1964，第 1 册，第 129 号文件。

④ 英国内阁档案：CAB134/1558, CPC（59）2，1959 年 4 月 10 日，in Ronald Hyam and Wm Roger Louis, eds., *British Documents on the End of Empire：The Conservative Government and the End of Empire*，1957-1964，第 1 册，第 116 号文件。

⑤ 英国首相办公厅档案：PREM11/4083, EAC（61）1，"东非总督会议"，东非地区政治发展状况和目标评论，1961 年 1 月 5 日，in Ronald Hyam and Wm Roger Louis, eds., *British Documents on the End of Empire：The Conservative Government and the End of Empire*，1957-1964，第 1 册，第 124 号文件。

将把非洲政治家的注意力吸引过来,从而联邦会得以长久存在。① 1961 年 1 月,英国政府甚至打算在 4 月建立(东非)中央立法大会,这个立法大会将是东非联邦实行议会责任制的重要步骤,立法大会中将保持 7 个非官方成员。此外,英国政府打算将原本归自治政府日常管理的军队保持在东非防御委员会的建制之下,并且让委员会维持各地区的内部治安。② 在英国政府的预想中,东非高级委员会将成为(东非)联邦理想的敲门砖。③

但是,随着事态的发展,英国的上述企图失算了。尼雷尔提出如果肯尼亚的首席部长能和他在一起解决联邦问题,那也仅仅是他们自己的事情,(独立前)他不会考虑任何发展联邦的计划。④ 换句话说,被英国人认为怀有"真诚"联邦愿望的尼雷尔坚持成立东非联邦是非洲人自己谈判协商的结果。再加上中非联邦遭受非洲人强烈反对的前车之鉴⑤,英国人只好寄希望于寻求非洲领导人之间的对话。尼雷尔也担心联邦问题会分裂自己的党,感觉到必须将自己追求坦噶尼喀独立的愿望昭显于世,而非将英国鼓吹的东非地区联合作为自己的目标。⑥ 在肯尼亚,欧洲人政

---

① 英国首相办公厅档案:PREM11/4083, EAC(61)1, in Ronald Hyam and Wm Roger Louis, eds., *British Documents on the End of Empire: The Conservative Government and the End of Empire*, 1957 – 1964,第 1 册,第 124 号文件。

② 英国首相办公厅档案:PREM11/4083, PM(61)7,"东非总督会议",麦克劳德致麦克米伦,1961 年 1 月 10 日,附件:"原则性结论概要"(EAC(61)18), in Ronald Hyam and Wm Roger Louis, eds., *British Documents on the End of Empire: The Conservative Government and the End of Empire*, 1957 – 1964,第 1 册,第 126 号文件。

③ 英国首相办公厅档案:PREM11/4083, PM(61)60,"东非政策",麦克劳德致麦克米伦备忘录,1961 年 6 月 28 日, in Ronald Hyam and Wm Roger Louis, eds., *British Documents on the End of Empire: The Conservative Government and the End of Empire*, 1957 – 1964,第 1 册,第 128 号文件。

④ 英国首相办公厅档案:PREM 11/4083, EAC(61)1,1961 年 1 月 5 日, in Ronald Hyam and Wm Roger Louis, eds., *British Documents on the End of Empire: The Conservative Government and the End of Empire*, 1957 – 1964,第 1 册,第 124 号文件。

⑤ 英国首相办公厅档案:PREM 11/4083, PM(61)7,1961 年 1 月 10 日, in Ronald Hyam and Wm Roger Louis, eds., *British Documents on the End of Empire: The Conservative Government and the End of Empire*, 1957 – 1964,第 1 册,第 126 号文件。

⑥ 英国内阁防卫委员会档案:DO168/75, no. 240,"东非联邦的前景",亨特(Mr D. W. S. Hunt,(乌干达总督)致联邦关系部的 J. 查德威克(Chadwick),1963 年 12 月 4 日, in Ronald Hyam and Wm Roger Louis, eds., *British Documents on the End of Empire: The Conservative Government and the End of Empire*, 1957 – 1964,第 1 册,第 138 号文件。

第三章 英国政府在英属撒哈拉以南非洲的政治改革政策 | 147

党支持联邦，联邦也受到商业团体的欢迎①；但在卡努和卡杜之中都有反对联邦的政治家。② 乌干达担心东非联邦会放任无地和失业的肯尼亚人进入乌干达。除非联邦能给予比现在更多、更好的工业机会，乌干达将不欢迎联邦。更重要的是，乌干达不愿意让联邦控制自己的军队。③ 所以，乌干达并不支持建立联邦。只有桑给巴尔对组建联邦显得积极一点，桑给巴尔的政党要么喜爱联邦，要么可以被说服接受它。④

如前所述，组建东非联邦仅仅是英国政府设想的最佳方案，次优的方案是各殖民地分别独立。所以英国政府强调，不应为寻求建立东非联邦而损害对各殖民地的现有安排。这些安排包括对非洲领导人的挑选和抵制非洲多数人政府。

对非洲领导人的挑选在东非各地都有不同的具体考虑。在肯尼亚，应肯尼亚两党要求，麦克米伦政府决定释放肯雅塔。欧洲人对于释放肯雅塔的担心在英国比在肯尼亚更强烈。反映极端派移民观点的《星期日邮报》(Sunday Post) 是第一份要求释放肯亚塔的报纸。虽然坦噶尼喀领导人尼雷尔被认为是温和的，但英国政府仍旧不满于坦噶尼喀缺乏反对党的局面。桑给巴尔则有非洲人和阿拉伯人的矛盾，政治上分为非洲—设拉子党和阿拉伯民族主义者两党。英国人倾向于支持阿拉伯人掌握政权，因为阿拉伯人拥有更多的管理经验，而且不敢对非洲人进行歧视性统治。⑤ 在乌干达，存在以布干达国王卡巴卡为首的传统统治者和新兴受

---

① 英国首相办公厅档案：PREM 11/4083, PM (61) 7, 1961年1月10日, in Ronald Hyam and Wm Roger Louis, eds., *British Documents on the End of Empire: The Conservative Government and the End of Empire*, 1957–1964, 第1册, 第126号文件。

② 英国内阁防卫委员会档案：DO168/75, no. 240, in Ronald Hyam and Wm Roger Louis, eds., *British Documents on the End of Empire: The Conservative Government and the End of Empire*, 1957–1964, 第1册, 第138号文件。

③ 英国内阁防卫委员会档案：DO168/75, no. 240, in Ronald Hyam and Wm Roger Louis, eds., *British Documents on the End of Empire: The Conservative Government and the End of Empire*, 1957–1964, 第1册, 第138号文件。

④ 英国首相办公厅档案：PREM 11/4083, EAC (61) 1, in Ronald Hyam and Wm Roger Louis, eds., *British Documents on the End of Empire: The Conservative Government and the End of Empire*, 1957–1964, 第1册, 第124号文件。

⑤ 英国内阁档案：CAB 134/1560, CPC (61) 7, "东非、亚丁访问以后的个人印象", 麦克劳德致内阁殖民政策委员会备忘录, in Ronald Hyam and Wm Roger Louis, eds., *British Documents on the End of Empire: The Conservative Government and the End of Empire*, 1957–1964, 第1册, 第127号文件。

过西方教育的现代统治者之间的斗争,英国政府认为传统统治者的目的仅仅是保证自己的权位,在给予他们地位以宪法保证的同时支持新型统治者执政。①

虽然英国政府百般维护白人移民的利益,但是在东非地区民族解放运动的推动下,不得不步步后退,非洲人多数政府逐步建立。斗争的过程是艰难的,东非非洲人多数政府几乎都是在独立前两三年建立的。在1957年3月,肯尼亚举行了第一次非洲人选举。但是8个经选举进入立法会议的成员没有1个入选行政会议。1958年4月,尽管立法会议中的非洲人选举成员的数目从8个增加到14个,但是由于"特别选举席位"的引入,非洲人仍旧不能控制立法会议。② 到了1959年,多种族社会的未来遭到普遍质疑。肯尼亚的亚裔人口(除了穆斯林)也要求全面修改当时袒护欧洲人移民的宪法。一些欧洲人移民反过来要求他们的宗主国政府发表继续长时间保持殖民统治的声明。英国政府明白非洲民族解放运动的目的是早日建立起非洲人主导的国家,为此会爆发大范围有组织的反抗运动。面对此种情况,英国政府采取拖延战术,准备在十年之内让东非逐步过渡到非洲人多数政府。③ 但是,民族解放运动发展的速度远远超出了英国政府的估计。"伙伴关系原则"遭到坦噶尼喀非洲人国民联盟的攻击,尼雷尔因为同欧洲人、亚洲人合作而受到批评。④ 于是,英国政府觉得自己应该向前一步,以保持某种"主动性"。

---

① 英国内阁档案:CAB134/1559,CPC (60) 1,"乌干达政治改革建议",麦克劳德致内阁殖民地政策文员会备忘录,1960年2月4日,in Ronald Hyam and Wm Roger Louis, eds., *British Documents on the End of Empire*:*The Conservative Government and the End of Empire*,1957 - 1964,第1册,第120号文件。

② 英国内阁档案:CAB 134/1555,CPC15 (57),"殖民地政策委员会会议记录",关于肯尼亚宪制变化,1957年12月6日,in Ronald Hyam and Wm Roger Louis, eds., *British Documents on the End of Empire*:*The Conservative Government and the End of Empire*,1957 - 1964,第1册,第157号文件。

③ 英国内阁档案:CAB 134/1558,CPC (59) 2,"东非未来政策",伦诺伊德-博伊德致内阁殖民地官方委员会,1959年4月10日,in Ronald Hyam and Wm Roger Louis, eds., *British Documents on the End of Empire*:*The Conservative Government and the End of Empire*,1957 - 1964,第1册,第116号文件。

④ 英国殖民部档案:CO 822/1450,no. 246,"特恩布尔(R. Turnbull,坦噶尼喀总督)致巴恩斯(W. L. Gorell Barnes)有关宪制发展的信件",1959年7月13日,in Ronald Hyam and Wm Roger Louis, eds., *British Documents on the End of Empire*:*The Conservative Government and the End of Empire*,1957 - 1964,第1册,第143号文件。

第三章 英国政府在英属撒哈拉以南非洲的政治改革政策

于是，1960年英国政府将保护白人移民的范围进一步缩小。接受了乌干达作为非洲人国家的地位，在这里为数极少的非非洲裔没有要求专门的选举保障措施。即便如此，在乌干达是否实行普遍选举权的问题上，英国政府也顾虑到对肯尼亚和中非联邦白人政权的影响。同样，非非洲裔人口极少的坦噶尼喀也准备马上在立法大会和行政会议中形成非官方多数。但是，在肯尼亚步伐就要缓慢得多，仅仅在行政会议中增加3—4名选举而来的非洲人部长；在立法大会构成上，非洲人获得的席位数等于其他种族联合的席位数；非洲人获得的选举权被给各种族充分代表数的口号架空。① 显然，1960年英国仍然念念不忘在东非建立"伙伴关系"政府，抵制纯粹非洲人政府的建立。

到了1961年，东非民族解放运动获得了进一步发展。殖民大臣麦克劳德面对新的形势，认为肯尼亚的政治改革相比其他地方确实应该慢一些，事实上应该尽可能的慢，但也不可能需要8年，1%的白人人口已不足成其理由，只会激起占人口绝大多数的非洲人对西方的仇恨，产生亲近苏联的情感。② 尽管向非洲人多数政府过渡会引发白人移民担心，从而失去外部投资，但是推迟独立日期只会导致反叛和流血，恶化同英国和西方既有的友谊。③ 这就损害了英国的根本利益。在这种形势下，英国政府才不得不准予建立了非洲人多数政府。

一般而言，联邦得以出现或维持往往出于以下原因：（1）对外政治、军事的需要，保卫自己免受外部侵略或联合起来对外侵略；（2）扩大经济规模，或者某些内部社会阶层希望能通过联邦获得好处；（3）维护统一的唯一办法。④ 英国一贯认为结成联邦后，能够不易受到外部势力的影

---

① 英国内阁档案：CAB134/1559, CPC（60）1, in Ronald Hyam and Wm Roger Louis, eds., *British Documents on the End of Empire*: *The Conservative Government and the End of Empire*, 1957–1964, 第1册, 第120号文件。

② 英国首相办公厅档案：PREM 11/4083, M15/61, "内阁有关东非政策的分歧", 麦克米伦致基尔穆尔（Kilmuir）勋爵, 附件: 麦克劳德（1月6日）的信, 1961年1月8日, in Ronald Hyam and Wm Roger Louis, eds., *British Documents on the End of Empire*: *The Conservative Government and the End of Empire*, 1957–1964, 第1册, 第125号文件。

③ 英国内阁档案：CAB134/1558, CPC（59）2, 1959年4月10日, in Ronald Hyam and Wm Roger Louis, eds., *British Documents on the End of Empire*: *The Conservative Government and the End of Empire*, 1957–1964, 第1册, 第163号文件。

④ ［美］迈克尔·罗斯金等：《政治科学》第6版, 林震等译, 华夏出版社2001年版, 第268页。

响，而且便于维持自己的影响，所以支持联邦。在独立后的几年中，原英国撒哈拉以南非洲殖民地在独立前夕渗入的联邦因素都遭到清除，说明英国政府一意实行的联邦制不具有可行性。中非联邦本就缺乏广大非洲人的认同，合法性先天不足，在联邦存在的10年间，非洲人的政治权利和经济权利遭到不平等的对待，进一步弱化了中非联邦的合法性，导致其瓦解。正是有了中非联邦的前车之鉴，英国政府一直热切推销的东非联邦受到非洲政治家的反对。虽然东非的政治家们对经济联合抱有热切的希望，对于联邦也有一定的热情，但是他们并不愿意在英国人的安排下实现这一目标。联邦对于独立时的尼日利亚是不是维持统一的唯一办法呢？从尼日利亚独立时三区领导人一致要求在尼日利亚框架下独立而非分别独立来看，三区领导人显然对尼日利亚的统一具有一定共识。但是，英国在1953年前后才改变了对北方穆斯林地区实行间接统治的一贯做法，而没有早先消除隔阂，导致各个地区之间当时不可能有时间磨合，所以各地区也就接受了联邦制度。在独立后的数十年中，尼日利亚逐渐走向单一制，这一点说明联邦的安排对尼日利亚的长远发展并无多大益处。此外，独立后南方和北方的矛盾没有成为主要矛盾，而是发现了石油财富的东部和其他地区的矛盾成为主要矛盾，说明文化甚至种族间的差异并不具有决定性价值。结合中非联邦的历史来看，平等分配各地区的政治和经济资源才是一个国家维持团结的根本。

第四节　海外公职人员政策与英属撒哈拉以南非洲地区的非殖民化

一　英属撒哈拉以南非洲外籍公职人员[①]的扩充

从英国建立殖民统治直到第一次世界大战，撒哈拉以南非洲都没有多少公职人员（包括外籍行政管理人员和专业技术人员）。所谓的"间接

---

① 所谓"外籍公职人员"（expatriate officers）是指非该殖民地而在该殖民地担任公职的人员，绝大多数是英国人。在殖民地的公职机构中，有不少本地人，他们大多是中下层人员，不属于英国的"殖民地公职人员"。随着本土化的进展，外籍公职人员逐渐减少，而本地担任高级职务者相应增多。该解释见张顺洪《战后英国关于殖民地公职人员的政策（1945—1965）》，《历史研究》2003年第6期，第135页。

第三章 英国政府在英属撒哈拉以南非洲的政治改革政策

统治"原则,在撒哈拉以南非洲更多是对现实的反映,而非创造性发明。第一次世界大战后,伴随着殖民地经济开发,撒哈拉以南非洲才逐步从上至下开始建立文官政府。1926年,在牛津大学和剑桥大学,英国政府为热带非洲公职机构(Tropical African Services)[①] 开设了训练课程。这成为英国撒哈拉以南非洲殖民地公职人员职业化进程的里程碑。两次世界大战之间的经济危机减少了公职人员招募的数量。第二次世界大战期间,不仅不再招募人员,人员数量反而大大缩水。据估计,1939—1945年,大约有1/4的管理骨干参加了军队。因而,1945—1951年,新任命的1500名殖民地管理者中有70%部署到了非洲。[②] 特别是1948年之后,伴随大量开发计划而来的殖民地技术机构的增加,使殖民地公职人员的招募进入一个高峰时期。专业技术领域增加的员额最为显著,例如农业技术人员和兽医。同时,为了抵制民族解放运动而开始的政治改革和地方自治政府改革,也为殖民地行政管理人员的增长提供了机会。

西非政治改革相对早一些,步伐也相对迈得大一些。在1945年之时,无论是殖民者还是民族主义者都认为尼日利亚需要政治改革。1945年3月,随着新宪法的颁布,尼日利亚实行了地方政府改革,进一步废除间接统治,推行政府机构的尼日利亚化政策;一项十年期的大众教育计划也出炉了,包括建立伊巴丹大学学院。这就是所谓的"管理改革",目的是保存帝国。在殖民部的文件中,尼日利亚殖民统治的结束还是下一代人甚至下下一代人的事情。自治政府还没有成为一个问题。这些改革都是为了对激进变革的要求先发制人。殖民部并不将之视为朝向非殖民化的一步。这些政策的后果之一是大大增加了尼日利亚公职人员的数量。根据尼科尔森的计算,尼日利亚在1945年有1300个外国高级官员。1948年,高等职位数目上升到3786个,大约2000个被外国人所占据,剩下的处于空缺状态或由非洲人所占据(1945年非洲籍高级官员的数目是75个,1948年是245个)。[③] 一个非洲籍成员占多数的委员会提出了一份经委员会一致同意的报告,建议政府应接受如下原则:除非没有适当的和

[①] 1932年统一更名为殖民地管理机构(Colonial Administrative Service)。

[②] J. M. Lee, *Colonial Government and Good Government*, Oxford: Oxford University Press, 1967, p. 86.

[③] I. F. Nicolson, *The Administration of Nigeria*, 1900 - 1960: *Men*, *Methods*, *and Myths*, Oxford: Oxford University Press, 1969, pp. 258 - 260.

合格的尼日利亚人选，政府的任何职务都不应聘用非尼日利亚人。这个委员会还建议，应从非官方人员占多数的公用事业局为政府文职机关选拔高级职务候选人；应设置大量奖学金名额以培养能胜任重要职位的尼日利亚人。因而，尼日利亚政府拨出款项在伊巴丹大学、联合王国和美国各大学设置奖学金。① 即便如此，在独立前夕的1960年，尼日利亚联邦政府仍旧雇用了1749名外国官员，这比1945年雇用外国人的数量更多。② 可以说，在走向独立的过程中，尼日利亚的政府管理比以往更依赖于外国人。

当然，不可否认尼日利亚公职人员职位的增多使尼日利亚籍的人员有所增加。这种增加无关于政治目的，仅仅是因为机构的扩展，即便如此也引起了外籍官员的不安。1947年1月，为了让外籍人员安心工作，尼日利亚政府向所有官员发出一份通知，直接表达了本地人员只能晋升到一定级别的态度，以示不会对占据高级职位的外籍人员构成威胁。③ 该通知宣布：非洲化程度的加深将导致腐败的增加，弱化对英王的忠诚，是对颠覆分子暗中的支持。无疑，这份通知的精神是要限制行政管理人员的非洲化。这反映出英国政府将权力保持在英国人手中的政策取向。正是在这种精神的指引下，1951年《麦克弗逊宪法》引入了代议制，目标是将受过教育的尼日利亚精英纳入政治体制，同时保持将关键性的政治权利掌握在英国人手中。这种安排并不能平息尼日利亚民族解放运动。所以英国政府又出台了意在分裂尼日利亚民族解放运动的1953年宪法。

尽管尼日利亚官员非洲化推行较慢，但是伴随1953年地区化宪法而来的是在尼日利亚三个地区中公务人员地区化程度的大大加强。这种分区的现象在1951年宪法中就有了苗头。英国一个调查委员会成员富特（Foot）是最早认识到1951年宪法对尼日利亚官员影响的。他强调，尽管所有的尼日利亚政治家都不赞同，但是高级管理职位不应该按地区划分。他呼吁创建一个公职机构委员会（Public Service Commission）以保护现在

---

① ［英］艾伦·伯恩斯：《尼日利亚史》，上海师大翻译组译，上海人民出版社1974年版，第433页。
② John Smith, *Administering Empire: The British Colonial Service in Retrospect*, London: London University Press, 1999, p. 196.
③ John Smith, *Administering Empire: The British Colonial Service in Retrospect*, p. 197.

不得不服务于政党政治领导人之下的官员中立。① 但他更关心外籍官员的状况，强调不应该对外国雇员实行"歧视"。1951—1953年，在尼日利亚的东部和中部地区，对外国官员尖锐的攻击日益增加。这导致外国官员大批离去，英国官方担心如此一来可能导致行政管理机构的崩溃，更重要的是将会使殖民部丧失对局势的控制。一方面，英国官方承认需要加速推动非洲化以便抚慰非洲人的不满；同时也强调为了避免低效，某种对非洲化的限制不得不被接受。事实上，英国政策一直以稳定外籍公职人员为重心。

伦敦（1953）和拉各斯（1954）大会对尼日利亚公职机构产生了重大的影响。因为两次大会确定了1956年尼日利亚将实行地区自治政府的前景，这将使尼日利亚的公职机构地区化。在地区自治政府体制下，除了行政会议（Executive Councils）中将全是尼日利亚人，尼日利亚部长将维持部的运转，也将有权任免部里的文职人员。英国政府增加了对外籍雇员保持职位的担忧。在1954年1月，殖民大臣麦克弗逊敦促拉各斯大会应该达成一项协议使外籍雇员安心，即一旦因地区获得自治政府权而导致外籍人员离职，外籍人员将会获得补偿。他强调需要在独立后保留外籍官员，"我们不能退席和离开这个国家，因为那会导致流血的部族战争……外籍官员大量离开将会导致派遣军队重整秩序的花费，相比此，补偿计划的花费近乎'无穷少'"②。

表3-1　　　　　殖民地公职人员年度招募量　　　　　单位：人

机构＼年份	1937	1947	1957
行政管理机构	91	226	109
教育机构	14	139	329
关税和财政机构	10	23	41
司法机构	33	35	26
警察机构	19	22	58
医疗机构	47	128	266

---

① John Smith, *Administering Empire: The British Colonial Service in Retrospect*, p. 200.
② John Smith, *Administering Empire: The British Colonial Service in Retrospect*, p. 202.

续表

机构 \ 年份	1937	1947	1957
农业机构	28	51	65
兽医机构	7	16	28
林学机构	12	12	19
调查和地质机构	8	28	42
总计	269	680	983

资料来源：Sir Charles Jefries, *Whitehall and the Colonial Service：An Administrative Memoir*, London：London University Press, 1972, p. 102.

表 3-2　　　战后撒哈拉以南非洲殖民地行政管理人员　　　单位：人

地区 \ 年份	1947	1957
尼日利亚	468	521
黄金海岸	149	122
塞拉利昂	55	60
冈比亚	18	25
西非（总计）	690	728
肯尼亚	193	350
乌干达	84	130
坦噶尼喀	194	252
桑给巴尔	17	10
东非（总计）	488	742
北罗得西亚	160	210
尼亚萨兰	52	102
中非（总计）	212	312

资料来源：Sir Charles Jefries, *Whitehall and the Colonial Service：An Administrative Memoir*, p. 108.

表3-3 "二战"后英帝国各地区殖民地行政管理人员数目比较   单位：人

年份 地区	1947	1957
撒哈拉以南非洲	1390	1782
东南亚	264	350
其他地区	140	230
合计	1794	2362

资料来源：Sir Charles Jefries, *Whitehall and the Colonial Service: An Administrative Memoir*, p. 48.

表3-4   殖民部为非洲招募的行政管理人数   单位：人

年份 机构	1957	1958	1959
尼日利亚	7	3	—
塞拉利昂	3	5	—
冈比亚	—	—	—
肯尼亚	17	8	7
乌干达	7	—	—
坦噶尼喀	19	14	15
桑给巴尔	—	—	—
索马里兰	—	—	—
北罗得西亚	21	16	13
尼亚萨兰	7	6	—
莱索托	—	—	—
贝专纳	—	—	—
斯威士兰	—	—	—

资料来源：A. H. M. Kirk-Greene, *The Thin Line: The Size of the British Colonial Service in Africa*, p. 30.

二 麦克米伦政府稳定外籍殖民地公职人员的措施

1957年后的麦克米伦政府时期，整个非洲的公职人员特别是行政人员的招募又进入停滞期，而且由于在职人员纷纷离职，行政管理人员的数量大为减少。出现这一现象的原因在于随着民族解放运动的发展，英国政府停止招募永久性的可领退休金的人员。同时，在职人员也担心生活水平下降和职业生涯前景不佳而纷纷离职。这种状况造成行政管理岗位的大量空缺。例如，在1960年4月的尼日利亚北区，91个人承担了

330 个职位的任务；在东区，1957 年 8 月和自治政府达成一次性补偿协议（Lump sum agreement），220 名可领退休金的人员中有 35% 选择立即离开；在西区，超过服务人数一半的 90 名行政官员选择在两年内永久退休。[1]

面对此一情况，英国政府采取了一些稳定殖民地公职人员队伍的措施。1954 年英国殖民部颁布了新文件《殖民地公职机构的改组》。1956 年 5 月颁布了《女王陛下的海外文职机构：关于组织的政策声明》。该声明指出，英国政府必须在十分缺乏公职人员的地方如尼日利亚做出特殊安排，以鼓励公职人员留任。麦克米伦政府充分认识到了外籍殖民地官员留任对英国利益的重要性。殖民大臣伦诺克斯·博伊德强调道："我们供应尼日利亚每年进口货物的 45%，大约每年值 5000 万—6000 万英镑。如果英国官员离开，尼日利亚政府将会邀请德国人、意大利人和其他愿意来这里贸易的人。所以在现金方面，如果我们不能达成公职人员补偿协议，我们失去的资金将比我们为保留这些人员而付出的资金更多。……阻止大批公职人员继续离开尼日利亚，也关系到尼日利亚作为英联邦成员的未来。……从巴基斯坦的先例来看，只有 8—10 名英籍人员留任的后果是巴基斯坦的行政管理败坏，反复发生危机，直接降低了巴基斯坦作为英联邦成员的价值。"[2] 英联邦事务大臣霍姆勋爵也认为："尼日利亚现在的形势依赖于成功地引入特殊名单。留下有效的英国官员管理非洲政府，将能更好地说服包括南非在内的老英联邦国家接受新独立的非洲国家作为英联邦成员。……以我们在巴基斯坦和锡兰的先例来看，如今的贸易由技术顾问和行政管理者带来，就如过去由旗帜带来一般。"[3]

---

[1] A. H. M. Kirk‐Greene, "The Thin Line: The Size of the British Colonial Service in Africa", *African Affairs*, Vol. 79, No. 314, January 1980, pp. 29 – 30.

[2] 英国英联邦关系部档案：DO35/7973, no. 26, "海外公职机构"，伦诺伊德-博伊德致桑尼克罗夫特（Thorneycroft, 英国财政大臣）关于尼日利亚政府被提议协议的信，1957 年 4 月 9 日, in Ronald Hyam and Wm Roger Louis, eds., *British Documents on the End of Empire: The Conservative Government and the End of Empire*, 1957 – 1964, 第 1 册，第 82 号文件。

[3] 英国英联邦关系部档案：DO35/7973, no. 27, "宗主国海外公职机构"，霍姆勋爵致桑尼克罗夫特关于尼日利亚政府被提议协议的信，1957 年 4 月 16 日, in Ronald Hyam and Wm Roger Louis, eds., *British Documents on the End of Empire: The Conservative Government and the End of Empire*, 1957 – 1964, 第 1 册，第 83 号文件。

表 3-5　在尼日利亚西区可领取退休金的公职人员取得
一次性补偿金后永久性退休人数　　　　　单位：人

行政管理机构	可领取退休金人数 （1957年8月）	1957年至1959年 7月离开的人数	在职人数 （1959年7月）
行政管理人员	90	48	42
秘书	1	-	1
会计	7	3	4
农业和自然资源部			
农业	24	16	8
林业	17	6	11
兽医	2	1	1
教育部			
教育	54	32	22
工贸部			
合作社	3	3	-
农产品	5	4	1
工业	2	2	-
土地和劳动力部			
土地	1	11	-
调查	4	1	3
工程和运输部			
公共工程	34	16	18
健康和社会福利部			
医疗	31	18	13
社会福利	1	2	-
司法部			
司法	3	2	1
内务和中西部事务部			
印刷发布	2	1	1
非部长级部门			
审计	5	4	1
法院	2	-	-
其他	1	1	2
总计	289	171	129

资料来源：Kenneth Younger, *The Public Service in New States*, Oxford: Oxford University Press, 1960, p.106.

总的来说，麦克米伦政府继承了往届政府的政策。一方面，继续将殖民地公职人员的就业保障同英国政府而非殖民地政府相连，试图建立一个宗主国海外公职人员中央控制库，海外公职人员将受雇于英国政府，而服务于就职政府，当就职政府脱离殖民地地位时，英国政府将保证为他们找到新的工作，如果无法安置合适的工作岗位，将支付他们最多达5年或者到50岁的全额薪酬。另一方面，继续以应对特殊地区情况的"特殊名单"为补充。例如，在尼日利亚设立了一份新的特殊名单，称作"特殊名单 B"，而将原来的特殊名单称作"特殊名单 A"。新规定要求，只要需要某人，该公职人员就得继续在尼日利亚供职。同时给予这批人员以较好的物质待遇。新政策起到了较好的作用，许多外籍人员在1960年尼日利亚独立时转入尼日利亚公职机构。① 麦克米伦政府中纠缠最多的问题是维持公职人员计划所需要的资金来源问题。为了鼓励外籍人员在殖民地独立后继续供职，英国政府要求外籍公职人员所在地区支付给公职人员当地工资，而由英国政府支付给外籍公职人员额外的补助，英国财政部认为补助水平过高，而不肯轻易答应。经过数月的讨价还价，英国政府出台了《海外机构法案》（Overseas Service Bill），该法案正式确认了中央控制库和特殊名单政策，而且明确了官员任职资金来源，即完全由英国政府资助的援助计划（例如科伦坡计划中的技术援助计划）解决。② 即便如此，英国政府内部对英国所负担的比例仍旧不满。最终，英国政府决定只承担每年1400万英镑的补助金额，剩余的1000万英镑花费由各地政府承担，而且这些补助的发放将优先于对独立后国家的发展贷款。③ 这一新的政策影响了东非殖民地外籍人员的去留。

三　麦克米伦政府的外籍公职人员留任措施

　　随着民族解放运动从西非向东非发展，东非外籍官员去留问题也急

---

① 详见张顺洪《战后英国关于殖民地公职人员的政策（1945—1965）》，第139页。
② 英国英联邦关系部档案：DO35/7973, no. 52, "海外机构法案"，英国联邦关系部为解释宗主国海外公职机构而召开的高级专员圆桌电话会议（550号），1957年12月30日，in Ronald Hyam and Wm Roger Louis, eds., British Documents on the End of Empire: The Conservative Government and the End of Empire, 1957–1964, 第1册，第84号文件。
③ 英国内阁档案：CAB128/34, CC44（60）7, "缩减海外公职机构计划花费的建议"，内阁结论，1960年7月21日，见《保守党政府与帝国的终结（1957—1964）》，第1册，第85号文件；英国内阁档案：CAB128/34, CC46（60）1, "海外公职机构"，内阁结论，满意的计划，1960年7月26日，in Ronald Hyam and Wm Roger Louis, eds., British Documents on the End of Empire: The Conservative Government and the End of Empire, 1957–1964, 第1册，第86号文件。

第三章 英国政府在英属撒哈拉以南非洲的政治改革政策

迫起来。在尼日利亚实行的制定特殊名单的做法并未应用于东非。在 1960 年春季，英国政府收到各种东非行政管理有崩溃危险的报告。原有的外籍官员开始辞职，却没有本地行政管理人员可以立即接手。即便是愿意留下来的外籍公职人员也担心现有的生活和服务环境会逐渐恶化，他们担心不能获得足够的补偿，将不得不忍受当地逐渐恶化到难以接受的生活条件。因为有当地政党如坦努已经公开讲不准备给予补偿。① 殖民大臣麦克劳德很关注此事。麦克米伦首相对此感到忧虑。麦克米伦政府想方设法给予外籍官员以更大的保证。英国政府向殖民地政府提出需要对旧有形式下招募的公务人员给予补偿，但是东非各地的财政状况不可能允许东非各地政府充分完成补偿计划，英国政府的资金支持就显得必要起来。② 于是，在让坦噶尼喀政府接受补偿原则后，英国政府鼓励现有外籍人员继续在自治政府内服务。留下来的公职人员在享受当地政府薪资的同时会享受到英国政府给予的生活补助。丧失职业生涯的殖民地公职人员将获得补偿。③ 如前所述，这种针对东非地区情况而来的政策成为普遍性的政策。

英国政府认识到独立会立即带来非洲化和补充问题。除了警察和教育人员，非洲人政府还想获得技术人员。④ 所以英国政府也希望采取各种努力，让公共服务人员以较高比例待下来，特别是在坦噶尼喀。美国国务卿戴维·迪安·鲁斯克⑤也表示美国政府可以提供援助，以努力减缓英

---

① 英国殖民部档案：CO822/1449, no. 229, "坦噶尼喀：宪制进步提议"，R. 特恩布尔（Turnbull）致 W. L. G. 巴恩斯（Barnes）的信, 1959 年 5 月 12 日, in Ronald Hyam and Wm Roger Louis, eds., *British Documents on the End of Empire*: *The Conservative Government and the End of Empire*, 1957–1964, 第 1 册, 第 141 号文件。

② 英国首相办公厅档案：PREM 11/4083, PM (61) 7, in Ronald Hyam and Wm Roger Louis, eds., *British Documents on the End of Empire*: *The Conservative Government and the End of Empire*, 1957–1964, 第 1 册, 第 126 号文件。

③ 英国殖民部档案：CO 822/1450, no. 242, "坦噶尼喀：宪法政策经济和财政难题"，特恩布尔致巴恩斯的信, 1959 年 7 月 4 日, in Ronald Hyam and Wm Roger Louis, eds., *British Documents on the End of Empire*: *The Conservative Government and the End of Empire*, 1957–1964, 第 1 册, 第 142 号文件。

④ 英国首相办公厅档案：PREM 11/4083, EAC (61) 1, in Ronald Hyam and Wm Roger Louis, eds., *British Documents on the End of Empire*: *The Conservative Government and the End of Empire*, 1957–1964, 第 1 册, 第 124 号文件。

⑤ 戴维·迪安·鲁斯克（D. Dean Rusk），1961—1969 年任美国国务卿，主张美国侵略越南。

国前殖民官员离开的速度。① 从下面的情况中，我们可以认识到外籍公职人员的留任也是当地政府不得不接受的现实。所以，当地政府不得不接受英国政府所要求分担的公职人员薪金和补助数额。

肯尼亚属于东非地区中情况较好的，但在 1964 年独立时仍旧面临严重的人才缺乏问题。如在尼日利亚有 700 个非洲人高级律师，而在肯尼亚的 300 个合格律师中只有 10 个是非洲人。② 肯尼亚的一名本土官员对肯尼亚公职人员的非洲化进程进行了生动的说明。1960 年 10 月，肯尼亚任命了次长层次上的非洲官员，这名官员就位列其中。在 1959 年，他被选举为肯尼亚高级公职人员协会（Senior Civil Servants Association of Kenya）的主席，该组织是第一个按非种族原则组织的协会。在当时，肯尼亚大约有 6 万名文职人员，其中的 1.7 万名属于高级职位序列，参加了协会。在这些人的前 1 万名中只有不到 200 名是非洲人，剩下的 7000 个岗位中大约 5000 个由"土著"亚洲裔人占据，剩余的才是非洲人。从 1960 年开始，他和其他人一起草拟了为期 5 年的本土化和训练计划，起草了上百页的细则。后来，确定了在 1963 年 11 月独立时，在前 1 万个高级职位中实现 1/3 非洲化的目标。③

坦噶尼喀领导人尼雷尔完全承认他依赖于外国专家作为管理和技术人员。④ 因为外籍人员离职速度快，接替工作跟不上。从各县抽调来的为数不多的非洲人在政府机关担任了各部的高级领导职位。坦噶尼喀非洲民族联盟和教育界的合格人员也调到政府部门工作。许多领域的工作空缺严重。事实上，1962 年有 1/4 的文官职位没人担任。非洲中等学校教师人数降到 30 人以下。因此，教育领域的许多工作岗位聘任了外国人。

---

① 英国外交部档案：FO371/166817, no. 7, 1961 年 12 月 11 日，"殖民主义"，英国、法国和美国代表在巴黎三方会谈外交部讨论记录草案, in Ronald Hyam and Wm Roger Louis, eds., *British Documents on the End of Empire：The Conservative Government and the End of Empire, 1957 – 1964*, 第 2 册，第 408 号文件。

② 英国首相办公厅档案：PREM11/403, in Ronald Hyam and Wm Roger Louis, eds., *British Documents on the End of Empire：The Conservative Government and the End of Empire, 1957 – 1964*, 第 1 册，第 163 号文件。

③ John Smith, *Administering Empire：The British Colonial Service in Retrospect*, p. 106.

④ 英国殖民部档案：CO 822/1448, no. 166, 1959 年 1 月 13 日，"坦噶尼喀宪制进步时间表"，（坦噶尼喀总督）特恩布尔致（殖民部）巴恩斯的信, in Ronald Hyam and Wm Roger Louis, eds., *British Documents on the End of Empire：The Conservative Government and the End of Empire, 1957 – 1964*, 第 1 册，第 140 号文件。

在省级和县级层面，政治家成为部长，下面各由一名行政官员来协助管理。以前专员所拥有的司法权由兼职的法官接管。原来农村地区政府部门中人数不多的非洲干部被提升后，农村就变得极其缺乏干部了。①

乌干达对外籍公职人员的需要如同肯尼亚和坦噶尼喀一样，在管理和技术的高端领域严重依赖于外国人员。1961年8月，为了提升非洲人到更高的职位，而免除了一部分外籍人员，这部分人员享受了专项补偿计划。此时，在乌干达服务的外国人员中，有1260名属于永久雇用性质，其中的110名处于专项补偿计划之下。到1963年3月，又有490余名离职人员享受到普遍补偿计划。技术合作部和皇家代理机构（Crown Agents）派遣了大量外籍人员参与乌干达的管理。总体来说，原有享受终身雇用并领取退休金的外籍人员在1963年离开的很少。按照合同制招募的外籍人员在乌干达存在了很长时间。②

麦克米伦政府如同以往的英国政府一样，致力于通过稳定殖民地独立前后的外籍公职人员队伍，保持英国对殖民地的控制，以及维系英国同新生国家的联系和对其施加影响。在这一过程中，公职人员的去留问题服从于英国对殖民地的总体政策，也反过来影响了非殖民化政策的实施。该政府的政策并没有解决独立前后殖民地公职人员缺乏的状况。曾在尼日利亚东区工作过的一名英国官员说，资历老的公职人员直接选择了离开。真正的问题是那些刚参加工作两到三年的年轻人，为了在不算太晚的时间获得新的雇用机会，他们想返回英国。如这名英国官员一样的中年中层管理者获得了快速的提升，但是这些人没有足够的下属来开展工作。1957年，当他自己单独当区长（District Officer）时，没有助理区长，然而多年前这里曾有一名高级区长，一名区长，两名助理区长和一名实习人员。③ 就直接原因而言，如坦噶尼喀的迈克尔·朗福德（Michael Longford）所认为的那样，非殖民化有些快了，没有训练好行政管理

---

① ［坦桑尼亚］伊·基曼博等编：《坦桑尼亚史》，钟丘译，商务印书馆1973年版，第464—465页。

② 英国殖民部档案：CO822/2266, no.378, "乌干达：作为独立国家的未来"，库茨（Coutts）致桑迪斯的信，1962年10月8日，in Ronald Hyam and Wm Roger Louis, eds., *British Documents on the End of Empire: The Conservative Government and the End of Empire*, 1957–1964, 第1册，第136号文件。

③ John Smith, *Administering Empire: The British Colonial Service in Retrospect*, p.206.

人员。① 可以说，在独立时，大多数省级管理机构中非洲人和外国官员的比例约1∶1，许多地方在独立时，部常务次官、省专员和其他关键性岗位都由外籍人员担任。这种状况持续到60年代中期，直到从非洲大学毕业的学生充分满足职位需求时才告结束。究其深层原因则如尼日利亚的克斯莱克（R. T. Kerslake）所说的，英国人一贯让殖民地自给自足，即便1945年以后也是如此。此外，英国政府也没有用尼日利亚所付出的税提供相应的服务。这就导致本地人教育不足，医生、教师、农学家和林学家通通缺乏。②

第五节　南罗得西亚的两次非殖民化

南罗得西亚在1965年11月11日单方面宣布独立后，自称罗得西亚，白人移民实现了"非殖民化"。这种非殖民化建立在白人对非洲人压迫的基础上，在它变为现实之时便已蕴藏着这块土地再一次实现非殖民化的内在动因。这是英属撒哈拉以南非洲帝国解体过程中甚至是英帝国解体过程中一件引人注目的事件。如前所述，罗得西亚是一个白人移民掌握政权的地方。英国政府一心想避免"波士顿倾茶党人"③再次出现在帝国之内。为此，英国政府曾组织中非联邦，试图以给予白人移民经济好处为诱饵，借助白人移民的力量维持在英属中非地区的殖民统治。在非洲人的反抗之下，英国的上述企图以失败告终，表现在英属中非联邦解体上。

中非联邦解体后，罗得西亚白人企图立即独立。慑于英联邦内新独立亚、非国家的反对，以及国际反殖潮流，英国威尔逊工党政府要求罗得西亚只能在实现多数人统治的前提下才能获准独立。同时威尔逊声称英国公众不会容忍对罗得西亚动用武力。威尔逊对非洲领袖们说可以不通过战争的手段而是通过经济制裁的方式让罗得西亚政府就范。1966年在尼日利亚拉各斯召开的英联邦会议上，威尔逊宣称经济制裁很快会见

---

① John Smith, *Administering Empire: The British Colonial Service in Retrospect*, p. 322.
② John Smith, *Administering Empire: The British Colonial Service in Retrospect*, pp. 207–208.
③ 该群体曾引导北美十三个殖民地单方面宣布独立，并同英军发生战争，英国后来以条约的形式承认北美十三个殖民地独立。

效,暂时平息了非洲领袖们的抗议。

威尔逊对罗得西亚政权仅实行经济制裁的手段的原因有两方面。一方面英国国内特别是保守党内对罗得西亚白人存在着普遍的"姑表兄弟"之情(详见本书第一章第三节相关内容);另一方面是由于威尔逊政府继承了以往历届政府依据"所得所失"分析的务实精神。威尔逊执政时期英国外汇收支失衡,尤其是在1965年10月至1966年7月,英国政府所能采用的手段受到很大的局限。对威尔逊来说,减少花费缓解英国的经济窘境远比容忍罗得西亚单方面独立对英国国际地位造成的影响更重要。威尔逊担心动用武力会引发更严重的货币危机,就如1956年苏伊士运河危机所引发的那样。

威尔逊对罗得西亚政权实行经济制裁的效果受到它周边国家南非、莫桑比克和赞比亚态度的影响。前两个国家是罗得西亚对外贸易的通道,后一个国家则依赖罗得西亚作为对外贸易通道。当时实行种族隔离制度的南非是罗得西亚政权最大的支持者,莫桑比克则珍视罗得西亚商品的转口收益,赞比亚严重依赖途经罗得西亚的铁路进行对外贸易。1965年,许多国家要求将对罗得西亚的制裁扩展到南非,英国政府予以拒绝,因为当时英国对南非的出口和投资要超出所有撒哈拉以南非洲的总和,南非还是英国前四大贸易伙伴之一。莫桑比克当时还处于葡萄牙的统治之下,英国很难迫使葡萄牙加入制裁的行列。在很长时间内,罗得西亚都利用南非和莫桑比克的转口贸易从事外贸活动。赞比亚的地理位置造成它事实上被罗得西亚绑架以抗衡经济制裁,让英国人的制裁投鼠忌器。上述三个邻近地区的情况使英国的经济制裁几乎成为一种姿态。

1966年12月在罗得西亚单方面宣布独立的一年后,为了让制裁不至于成为笑柄,威尔逊安排和罗得西亚领导人史密斯在直布罗陀海面的海军舰艇"虎"号上进行了会谈。威尔逊实质上向史密斯投降,提出在满足如下三个条件的前提下,可以在罗得西亚未实现非洲人多数统治时被授予独立:第一,修改宪法确保未来转向非洲人多数统治;第二,英国皇家委员会要确认独立受到多数人的支持;第三,改组政府,建立拥有广泛基础的新政府。所有这些条文没有一条从根本上剥夺史密斯集团的统治地位,却被他们拒绝了。

1968年威尔逊在英舰"无畏"号上同史密斯的会谈中又撤销了第三条。这等于史密斯政府可以决定过渡时期的长短,白人掌控政权,非洲人仅仅处于不被完全排除出公共生活的地位而已，史密斯政府又一次加以拒绝。1969年罗得西亚宣布为共和国，斩断了罗得西亚与英王的关系，以博取国际社会对它的承认，并将4500万英亩的土地分配给25万欧洲人，同样面积的土地被留给480万非洲人。英国政府到此时威信丧尽。解决问题的钥匙已经清楚地表明不掌握在其手中。

未来属于罗得西亚武装起来的非洲民族主义者，南部非洲非洲人民族主义的发展为其提供了外部支持。1974年葡萄牙的殖民地安哥拉和莫桑比克独立，整个莫桑比克都成为罗得西亚的民族主义武装的友好地区，连南非政府都不得不开始担忧其北部边界的安全。南非政府变得不再愿意全力支持史密斯政权。史密斯政权空前孤立，抗衡非洲民族主义武装者的能力急剧下降。

在1979年8月卢萨卡举行的英联邦会议上，英国首相撒切尔夫人提议召开制宪会议让罗得西亚合法独立。将要召开的会议事实上是英国主持下的多边会议，当事的双方中罗得西亚非洲人背后站着赞比亚、莫桑比克和其他非洲国家，史密斯政权背后站着南非。会议的实质问题有两个：一是让游击队放下武器，并信赖选举可以解决问题；二是解决白人和非洲人土地不平衡问题。第一个问题以英联邦观察团作担保获得解决，第二个问题以继任政府承诺向白人地主在愿买愿卖的前提下赎买土地，英国政府提供一笔补助基金，获得暂时解决（详见本书第五章第三节）。

1980年，英国在撒哈拉以南非洲最后一块殖民地罗得西亚获得独立，国名为津巴布韦，这块土地上非洲人再一次实现了反对白人移民压迫的非殖民化，即非洲人的第二次非殖民化。九年之前英国已撤出了苏伊士运河以东的军事存在，八年之前英镑区解体，七年之前英国加入欧共体，英帝国已在罗得西亚独立前不复存在。

本章小结

政治改革涉及的范围很广泛。表面上看，英国政府在推行政治改革，实质上是其对殖民地民族主义运动的一种反应。可以说，改革并无事先规划好的完整路线图，是在殖民地人民不断斗争下，英国被迫层层退让的结果。一方面，殖民地民族主义运动发展的程度决定了走向独立进程的节奏,加纳、尼日利亚较早独立便是其表现。南罗得西亚的两次非殖民化显示了该地民族主义运动的复杂性。另一方面,英国政府仍旧能够发挥一定的主动性,能够干扰走向独立进程的节奏。英国政治改革的出发点是通过让步来延缓独立进程,客观上却为民族主义者提供了一条通过和平方式争取独立的道路。从而使得独立进程显得较为平缓。

在战后政治改革过程中,英国政府实际掌握的控制力是不同的。加纳、肯尼亚和罗得西亚便是典型的三例。加纳独立进程是撒哈拉以南非洲以平缓方式走向独立的代表。即便如此,加纳独立过程并非如表面上那般线性地依据宪制改革路线图进行,而是在加纳人民反复斗争的状况下获得的。撒哈拉以南非洲的民族独立运动早已有之,并非受 1956 年苏伊士运河战争的直接影响。肯尼亚则由于英国政府扶持欧洲移民,造成土地问题,引发政治不稳定,军事价值下降。茅茅运动冲击了白人土地占有扩大,非洲人就业岗位丧失、参政道路阻塞的局面。虽然非洲人获得重分土地的机会并且扩大了参政权,却离化解矛盾所需的条件相距甚远。经过政治改革,肯尼亚奠定了独立后新政治经济联盟的基础。在罗得西亚问题上,英国政府显示出力量不足,一直在尝试发挥作用;白人移民利用了暂时的力量相对优势,最终的结果显示出民族独立的动力一直掌握在非洲人自己手中。

英国政府在政治改革中控制力的重要表现之一便是筹组联邦。不可否认建立联邦存在着一些客观因素,但英国热衷于此的根本动机在于维护自身利益。英国政府积极筹划建立联邦,在各个地区有其特殊动机,如建立中非联邦和筹划东非联邦便是要扶持少数白人集团在联邦里起主导作用。这样的联邦可以抵御南非极端种族势力的渗透,又可以抵御民族主义运动。建立尼日利亚联邦可以通过北方制衡南方。英国积极建立联邦的共同目的是抑制民族主义运动的发展,以更好地维护英国的利益。英国倡导的联邦制体制中央权力较小,地方权力较大,便于英国利用联邦内的各种矛盾扮演"调停人"的角色。联邦内部矛盾重重容易产生离心力,有利于培育出对英国有某种向心力的势力。这正是英国官员心目中合适的移交权力对象。

英国政府控制力还表现为三次调整殖民地的公职人员政策,分别以扩招、稳定和留任为重点,很好地配合了英国的整体殖民政策。扩招是为了落实殖民地开发计划和地方政府改革计划,稳定和留任都是为了在民族解放运动的大潮中尽力保持自己的殖民利益。其中英国对尼日利亚的公职人员政策较具典型性。英国的政策没有解决独立前后殖民地公职人员缺乏的问题，直接原因在于英国撤退得过快，深层原因则在于其长期以来对殖民地社会发展的忽视。

英国政府进行的一系列政治改革捍卫了英国自身的利益，构成新旧关系转化的中间环节。由于面对的民族解放运动强弱和国际环境的不同，英国谋求了程度不等的利益。这种利益关系部分维持了旧有秩序，为新关系的确立提供了缓冲，从而使英属撒哈拉以南非洲的非殖民化进程呈现出平缓的特点。"平缓"不代表英属撒哈拉以南非洲的非殖民化进程风平浪静，英国政府并不吝啬使用暴力手段，甚至较之以往更加倚重暴力机制，并使暴力机制的构建与维持成为非殖民化政策的一部分。

第四章　非殖民化时期英帝国暴力机制

1945年至1980年的非殖民化时期，英国政府建立起中央化的暴力控制体制以便应对殖民地民族主义的发展，并且尽可能多地将保有暴力控制权纳入自己非殖民化的整体政策考量之中。对英国政府而言，前一措施的目的是维持殖民统治，后一措施的目标是尽可能多地保留殖民时期使用暴力的权力。

战后为维持殖民统治，英国政府在各殖民地新组建了准军事化的警察部队和殖民地警察情报系统，实行"紧急状态"打击激进分子，争取时间培养亲英势力。然而，英国政府用武力解决长期积累的社会矛盾反而弱化了殖民统治的合法性，庞大的军警力量成为它难以承受的负担，这一切都迫使英国政府不得不走向谈判桌。非殖民化时期充满了暴力强制带来的混乱，英帝国的非殖民化道路并非多么"和平"。

为尽可能多地保留殖民时期使用暴力的权力，英国政府既利用军事协议、变更政府和军事机构组织形式、选择移交政权党派和垄断军官职位等手段，也选择性地利用军事干预手段。

第一节　以英属撒哈拉以南非洲为中心的暴力维持机制

国内外学界虽有多种关于非殖民化的定义，但究其本质都可归为英国丧失对殖民地某种程度或某些方面的控制。众所周知，暴力的使用和控制对政权具有关键性意义，因而，研究殖民者在非殖民化过程中暴力的使用方式和最终让渡途径是研究该进程的有益切入点。以非殖民化过程相对显得"和平"的英属撒哈拉以南非洲为研究背景，更能揭示暴力机制在非殖民化过程中的作用。①

既然暴力机制属于一种控制手段，要理解英帝国控制殖民地的方式首先要理解现代"帝国"的含义。"帝国"不同于"大国"的概念。大国是一个单一实体，对非国土范围内的其他地区或国家的控制比较松散，往往仅控制外交领域，表现为霸权的形式。而"帝国"则包含宗主国和殖民地区两个部分，宗主国对殖民地区实行的是严格的包含内政和外交的帝国控制。在帝国内部，宗主国对殖民地的控制既不像国家对其社会成员的控制那样紧密，也不像强大的国家对较弱的国家的控制那样松散。这在暴力机制方面表现为两个特征：一是殖民地的警察和人口比远低于宗主国的比例，二是宗主国一直保持对殖民地暴力使用的终极控制权。

那么决定这种暴力机制运转和让渡的核心因素是什么呢？西方学界大概从三个角度，即宗主国意愿、国际压力和殖民地政治环境变化加以考虑。最后一种角度以罗纳德·罗宾逊（Ronald Robinson）的"合作者理论"最为著名。尽管有关"合作者"的定义争议不断，但是在如何保持殖民统治的问题上，他的分析基础被广泛接受，即相比被殖民者而言，殖民者的数量很小，不得不借助本土合作者来实行统治，一旦丧失了当地合作者的忠诚，殖民者要么选择离开，要么只能被赶走。② 这只是他整体理论的一个方面，他还和其他学者一起提出英国实行的策略是：有条件时皆为无形帝国，只有受到挑战时，才将无形帝国转化为有形帝国③，

---

① 国内外对非殖民化时期暴力的既有研究主要有两类，一类是具体研究英国镇压活动或殖民地人民武装反抗，揭示英国镇压活动的血腥，如 David M. Anderson and David Killingary, *Policing and Decolonisation*: *Politics*, *Nationalism and the Police*, 1917 – 1965, Manchester: Manchester University Press, 1992; David Anderson, *Histories of the Hanged*: *The Dirty War in Kenya and the End of Empire*, WW. Norton & Company, 2005; 高晋元:《"茅茅"运动的兴起和失败》,《西亚非洲》1984 年第 4 期。另一类是从英国战略考虑出发进行的研究，如张顺洪:《英国非殖民化过程中的军事条约和协定》,《世界历史》1997 年第 4 期; David A. Percox, *Britain*, *Kenya and the Cold War*: *Imperial Defence*, *Colonial Security and Decolonisation*, London: I. B. Tauris, 2004。本书的研究角度有别于上述两种立场，认为英国镇压活动的残暴血腥不仅仅是针对某事某地的应激性个别反应，而是一种体制性的机制，试图从宏观上厘清该机制的运转、调整、失灵和转换。

② R. Robinson, "Non – European Foundations of European Imperialism: A Sketch for a Theory of Collaboration", in R. Owen and B. Sutcliffe, eds., *Studies in the Theory of Imperialism*, London: Longman, 1972, pp. 117 –142.

③ John Gallagher and Ronald Robinson, "The Imperialism of Free Trade", in John Gallagher, *The Decline*, *Revival and Fall of the British Empire*: *The Ford Lectures and Other Essays*, pp. 1 –18.

而这种挑战则来自非西方社会内部所发生的变化。① 尽管罗宾逊承认自己的理论更适用于欧洲扩张的背景，然而是否可以从他的理论得出如下推论：非殖民化时期是"合作者"逐渐大部丧失，"合作"模式自动转变，帝国再一次进入无形化的时期，但其中似乎又有矛盾，即按照罗宾逊的逻辑，当非殖民化时期面临民族主义者挑战时，英国应该选择加强直接的控制，而非放弃有形帝国。本书尝试在分析英帝国暴力机制的同时审视此种理论。

一 战后殖民地暴力镇压组织体系建立

面对殖民地民族主义的崛起，英国直接的对策是加强暴力镇压力量。"二战"之前，英国主要依靠各殖民地自行负担的地方军队作为日常镇压力量，辅之以少量的"土著警察"。在有白人移民的地区，白人男性也充当维持内部治安的后备力量。到了1948年，英国政府在帝国范围内开始大力整合并加强分散的警察力量，试图形成一个单一的命令和控制体制。这是反思在印度和巴勒斯坦②统治失败、在马来亚和黄金海岸统治动摇的举措。1948年2月20日下午3时，黄金海岸的阿克拉城警察向示威人群六次开枪，标志着英属撒哈拉以南非洲非殖民化进程的开端。此后，从该殖民地开始，各殖民地警察事务从地方转移到宗主国直接管理之下。伦敦前所未有地直接控制警察、安全和政治情报收集工作，中央化的警察管理被视作建设有效处理任何事态军政组织的第一步，取得更好的情报是整合警察部门的动力。1948年殖民部成立了殖民地警察总督查委员会（the Inspectorate General of Colonial Police），统一处理各殖民地警察、情报和防卫事务。这个机构也接受英国内政部管理、第五军事情报局咨询、③ 从英国本土警官中选拔高级警官，标志着英国政府制度化管理殖民地警察力量的开端。

---

① Ronald Robinson and John Gallagher, *Africa and the Victorians: The Official Mind of Imperialism*, London: Macmillan, 1961.
② 英国托管巴勒斯坦期间经历了惨烈的武装镇压活动，以至于在安放击败拿破仑的威灵顿和纳尔逊陵寝的圣保罗教堂地下室里，还存放一块纪念英国巴勒斯坦委任统治时期从事镇压活动而死难的英国军警人员的纪念碑。
③ 即英国安全局（或称为MI5）位于伦敦泰晤士河畔。它是英国安全情报局，负责保护英国境内外的公民及其利益，防范针对国家安全的任何威胁。在英国的议会两院体制中由英国内务部（The Home Secretary）负责MI5的事务。MI5的缩写字母实为"第五军事情报局"，尽管1931年就改名为英国安全局，但其体制从未真正脱离过MI5的含义，而且至今还被普遍地称作MI5。

英国政府要求整个警察系统独立于行政和司法系统之外，独立于政治生活之外，警察权力仅仅掌握在总督手中，以免于被民族主义运动控制。总督在地方法令的许可下决定警察力量的构成并任命警官，有权在地方岁入中支付警察花费，有权调动警察从事合法行动，有权调动警察对任何企图控制警察的政府部长采取行动。总督由警察委员会辅助，组织、装备和改进警察队伍。[1] 只有在上述前提下，英国政府才允许将原有的部落或本土权威的警察力量纳入中央警察系统。[2] 在小块殖民地，总督直接通过警察长官管理警察队伍；在大块殖民地，总督的权力被分解给较低级别的权威，如副总督、省或区警察长官。总督虽是对殖民大臣负责，但在警察事务上还要听命于英国内务大臣，理论上内政大臣可以直接命令每一位殖民地警察。至少每隔三年，英国总督查委员会都会派遣巡游督察（inspection）或其副官检查各殖民地的警察情况。英国政府还会经常任命咨询委员会（Commissions of Inquiry）来殖民地从事专门的调查活动，处理警察招募、训练和运转的技术性问题。

在殖民地，形成总督、警察会议、各个警察部门长官三层管理体制。警察会议的成员既包括责任部长或者他们的委托人，也包括独立代表或者没有政治联系的人，主席主要从退休法官中选任，这是为了确保政府部长不具有主要的影响力。[3] 种种保护警察独立性的努力目的在于不让处于权力转移过程中的非洲人政府掌握警察权力，以便使警察力量保持作为殖民政府代理人的功能。

如果说整合现有警察力量，形成中央控制体制仅仅是英国政府加强殖民地暴力机构的第一步，那么增设两个新的警察部门则是从基层着手的第二步。为了直接应对战后相互联系起来的反殖民活动，新设立了殖民地武装警察部队。如一份对英属中东非地区的调研报告所说的"这里

---

[1] 英国殖民部档案：CO537/6960，1952年4月25日，"殖民地警察的定位"：C. 杰弗里斯爵士提交的备忘录, in Ronald Hyam ed., *British Documents on the End of Empire: The Labour Government and the End of Empire*, 1945–1951, 第3册, 第244号文件。

[2] 英国殖民部档案：CO1037/2，1954年7月13日，"殖民地警察的定位"：殖民地警察力量地方长官大会的报告, in David Goldsworthy ed., *British Documents on the End of Empire: The Conservative Government and the End of Empire*, 1951–1957, 第2册, 第248号文件。

[3] 英国殖民部档案：CO 537/6960, no.4, 1953年4月22日, "警察在殖民地宪制发展较后阶段的定位"：殖民部工作组报告, in David Goldsworthy ed., *British Documents on the End of Empire: The Conservative Government and the End of Empire*, 1951–1957, 第2册, 第247号文件。

不再存在孤立的威胁",1945年在乌干达坎帕拉的抵制活动激发了肯尼亚蒙巴萨和坦噶尼喀达累斯萨拉姆的劳工抵制活动。这就使原有军队应接不暇,仅以东非皇家非洲步枪团活动为例,1945—1946年出现在索马里和巴勒斯坦,1947年压制蒙巴萨码头罢工,1949—1950年镇压英属中非铜矿带罢工,1951—1953年活跃于马来亚,1956年又一次镇压铜矿带罢工引发的连锁反抗,1959年抑制尼亚萨兰反殖活动,后又应对1960—1961年乌干达、1961年桑给巴尔的反殖活动。可以说,军队一直是跨地域镇压活动的一大力量,但是新形势要求建立新的机动警察力量加以辅助。例如,为了加强马来亚警察力量,英国政府从英国调来了高级警官,在英帝国范围内招募低级警官,专门增加了警察警种——"热带丛林小队"。一些曾经在巴勒斯坦从事过镇压活动的人员被引入马来亚警察队伍,占据了重要岗位。① 在英国官员的设想中这样的队伍是介于普通处理日常事务的警察和军队之间的第三股力量,这种形式的武装力量既可以用来支持警察,又担负不同于警察的职责,免于警察日常接触普通人群的任务,可以节约经费。此种类型的部队有爱尔兰的黑棕部队(Black and Tans)、尼亚萨兰的机动警察部队(the Police Mobile Force)、肯尼亚的应急支队(the General Service Unit),塞浦路斯的机动警察预备队(the Mobile Police Reserve)。这样的队伍有利于警察更好地承担起镇压反殖活动的职责,如殖民大臣警务助理向殖民大臣建议的那样:"殖民地警察要履行士兵的责任,即便其身着警服。"②

为了履行上述职责,新建立的殖民地警察部队在装备和训练标准方面都向军队靠拢了。1953年9月,肯尼亚应急支队配备了2英寸迫击炮和其他小型火器、装甲运兵车和布伦式轻机枪等军事装备。这些装备并非肯尼亚应急支队独有的装备而是撒哈拉以南非洲武装警察的标准配置。③ 到20世纪50年代后期,准军事训练在警察训练中占据了优先地位。在尼亚萨兰,训练新募警察重在武器掌握而非常规的警察实务,如

---

① 英国内阁档案:CAB 128/17, CM37(50)1,1950年6月19日,"马来亚":内阁结论关于形势的讨论和建议草案陈述, in Ronald Hyam ed., *British Documents on the End of Empire: The Labour Government and the End of Empire*, 1945-1951,第2册,第244号文件。

② 英国殖民部档案:CO537/5440, W. C. 约翰逊制,警察顾问对殖民大臣所作"关于殖民地警察服务的报告",1948年12月28日。

③ Georgina Sinclair, *At the End of the Line: Colonial Policing and the Imperial Endgame*, 1945-1980, Manchester: Manchester University Press, 2006, p. 153.

法律和纪律训练。在北罗得西亚，新募警察训练中有 38% 的时间用于军事演习和武器使用，37% 的时间用于法律和警察守则学习，9% 的时间学习地方语言，4% 的时间学习管理技能。在塞拉利昂，警察的时间主要花费在军演和射击训练上，冈比亚警察训练内容则重在"附带军事职责的警务工作"，如开火和军演。供职于武装警察部队的警官在 20 世纪 60 年代初还被派往长期进行血腥镇压活动的马来亚接受训练。在实践中，警察遵循着军事而非公共服务原则，如肯尼亚的警察仅需喊两声"开火"，便可以向集会人群射击。①

当然，不仅仅武装警察部队执行赤裸裸的暴力镇压活动，军队也日益多地积极支持政府"治安行动"，同警察紧密合作。战后，镇压茅茅运动的两个英国旅大约四到六个营的兵力，是英国在撒哈拉以南非洲大陆投入的最大规模的地面力量。在其余广阔地域，军事力量为西非地区的皇家西非前线部队（Royal West African Frontier Force）和东非地区的皇家非洲步枪团（The King's African Rifles），都属于英军编制，军官、训练和纪律都按照英国军队的标准实行，归伦敦陆军部调遣。这两支军队一支形成于镇压塞拉利昂 1898 年税收起义，另一支可追溯到 1900 年镇压黄金海岸阿散蒂起义。在英属西非，尼日利亚的每个连队都有包干地区，负责镇压从收税到其他一系列暴力活动。一个城镇或村庄可能被军队包围，同时由警察在包围圈内实行挨家挨户的搜查。在选举时期（如 1954 年的黄金海岸，1956 年的尼日利亚）军队被用于守卫战略点和选票箱。当西非独立时四个殖民地军队都分别受过城市和乡村的镇压训练，更不用提保卫或疏散外国人口的训练了。1949 年英属中非铜矿带爆发反殖运动时，每个主要城镇都驻扎一个皇家非洲步枪团连队，一直到 1951 年。英属东非地区也不例外，1952 年皇家非洲步枪团和英军至少抓捕了 5892 人。1957 年 3—6 月军警又抓捕了另外的 11933 人。②

除了新增直接的镇压暴力力量，英国政府还注重建立殖民地警察系统的情报组织。1948 年时任殖民大臣非洲事务助理（Assistant Under-secretary of State with Responsibility for Africa）的安德鲁·科恩（Andrew

---

① Georgina Sinclair, *At the End of the Line: Colonial Policing and the Imperial Endgame*, 1945 - 1980, p. 149.

② Bennett, H., "The Other Side of the COIN: Minimum and Exemplary Force in British Army Counterinsurgency in Kenya", *Small Wars & Insurgencies*, Vol. 18, No. 4, 2007, pp. 468 - 469.

Cohen），要求各地定期报告政治形势。他要求各总督将政治报告从安全报告中分离出来，要求警察系统提供专门的政治情报，内容包括"普遍的政治形势即民族主义者的活动、部族关系、地方协会活动、种族关系、出版界和公民对政府政策的态度和有影响力个人的情况"，还要写入外部共产主义的影响和相邻地区之间的关系。① 因为黄金海岸的情况明显说明"需要竭力进行安全和情报安排"，直接建立起殖民部自己的情报渠道。② 1949年马来亚高级专员亨利·格尼（Henry Gurney）道出了许多殖民官员的心声："警察要扮演更积极的前线角色，包括情报收集，这能使'反对政府'的力量更惧怕警察而非军队，警察是仅有的能够掌握情报、从事地下战争的力量，没有情报，军事力量无法施展。毕竟应用军事力量只是没有办法中的办法。"③ 英国政府希望警察力量和情报机构能够最有效地在民族主义运动早期将其扑灭，从而可以节约沉重的军事镇压花费。英国政府根据在马来亚的经验，认为统一的情报分析系统是建立有效情报机构的基础，可以有效加强殖民地政府实行"紧急状态"的能力，④ 从而收集政治情报成为警察工作的中心任务。自1948年之后，每块殖民地都要按月向殖民部递交政治情报报告，即便是小如福克兰群岛（Falklands）的地区，也要按时呈报，即便只有一句话："政治状况毫无变化。"⑤

警察情报机构在撒哈拉以南非洲发挥了巨大的作用，可以说英国在撒哈拉以南非洲地区以较为"和平"的状态撤离，情报机构功不可没。至少到1955年，黄金海岸责任政府是一个被严格限制的政府。虽然1952年英国内阁给恩格鲁玛"首席部长"头衔，但根据英国殖民大臣李特尔

---

① 英国殖民部档案：CO537/2686 科恩致在非洲的所有总督的秘密急件，1948年3月15日。
② 英国殖民部档案：CO537/2760 1948年殖民地政治情报总结备忘录。
③ 英国国防部档案：DEFE 11/33 格尼致亚瑟·克里奇-琼斯，1949年5月30日。
④ 英国内阁档案：CAB128/13，CM50（48）3，1948年7月13日，"马来亚"：内阁关于英国对失调回应的结论，in Ronald Hyam ed., *British Documents on the End of Empire: The Labour Government and the End of Empire*, 1945–1951，第3册，第265号文件；英国内阁档案：CAB129/71，C（54）329（annex），1954年11月3日，"防卫政策"：斯温顿勋爵给内阁的报告，in David Goldsworthy ed., *British Documents on the End of Empire: The Conservative Government and the End of Empire*, 1951–1957，第1册，第15号文件。
⑤ 英国殖民部档案：CO537/2677 1948年殖民地政治情报总结备忘录。

顿1953年的命令,黄金海岸的部长不能获得敏感信息如政治情报报告①,警察权被小心翼翼地把持在总督手中,以英国的警察委员会模式来管理,表面的理由是担心后殖民地政府会成为"警察国家"而非"有警察的国家",② 需要用时间逐步灌输英国的"警察理念",努力找出可以为本土部长和殖民地警察委员们共同接受的管理机制,当然没有取得多少进展。③ 实际上,恩格鲁玛无法看到的政治情报中充斥着对人民大会党监视的情报,人民大会党从高层到基层都受到警察机构的监视,情报机构先将该党视作异端,后来逐渐判定恩格鲁玛政府掌权后会实行温和的政策。通过这些情报,英国政府认为恩格鲁玛政府不会如英属圭亚那的贾根政府那么激进,这是英国没有武装干涉恩格鲁玛政府的主要原因,人民大会党最终掌权不仅仅因为赢得了票箱,也由于得到英国政府的认可。

在警察面对武装起义的地区,警察情报部门经常同军事情报组织连在一起。如在肯尼亚,1953年2月在伦敦第五军事情报局的指导下,肯尼亚情报委员会整合了警察、行政部门和军队情报组织,至少每两周举行一次例会。会议之外,警察情报部门和军队情报部门在每个层次上都进行日常合作。到了50年代中期,由于冷战的刺激和民族独立运动的兴起,情报机构的活动更加频繁了,收集的焦点是民族主义政治家的活动及其与共产主义的联系。以肯尼亚情报组织发展为例,到1955年,肯尼亚的特别警察部门(Special Police Branch)下辖五个分支部门,分别为负责情报人员监管和运转的 X 部、负责政党监管的政治事务部、反间谍部、"茅茅"部和分部联络部。理论上特别警察部门的长官直接向最高警察长官负责。实际上特别警察长官成为当地情报决策的最高长官,直接向伦

---

① 英国殖民部档案:CO554/254,1953年2月9日,"黄金海岸宪制":C. 杰弗里斯爵士和李特尔顿先生制备备忘录, in David Goldsworthy ed. , *British Documents on the End of Empire*:*The Conservative Government and the End of Empire*, 1951-1957, 第3册, 第267号文件。

② 英国殖民部档案:CO537/6960,1952年4月25日,"殖民地警察的定位",C. 杰弗里斯爵士制备备忘录, in David Goldsworthy ed. , *British Documents on the End of Empire*:*The Conservative Government and the End of Empire*, 1951-1957, 第3册, 第244号文件。

③ 英国殖民部档案:CO537/6960, no. 4, 1953年4月22日, "警察在殖民地宪制发展较后阶段的定位":殖民部工作组报告, in David Goldsworthy ed. , *British Documents on the End of Empire*:*The Conservative Government and the End of Empire*, 1951-1957, 第3册, 第247号文件。也见英国殖民部档案:CO1037/2, no. 19, 1954年11月5日, "殖民地警察的定位":I. B. 瓦特制作殖民部同内务部部际会谈的备忘录, in David Goldsworthy ed. , *British Documents on the End of Empire*:*The Conservative Government and the End of Empire*, 1951-1957, 第3册, 第250号文件。

敦军情五局汇报工作。在非殖民化时期，殖民政权坚持将情报部门的权力掌握到最后一刻。

二 紧急状态剖析

谈到非殖民化时期的暴力机制不能不提到"紧急状态"。自1948年6月在马来亚宣布进入紧急状态以后直到1960年，不考虑在肯尼亚和塞浦路斯的武装冲突，黄金海岸、尼日利亚、乌干达和格林纳达等地都宣布进入紧急状态。紧急状态并非完全不同于其他保持秩序和稳定的方法。在某些情况下，如1947年的所罗门群岛或英属圭亚那，避免了使用紧急状态手段，而是采取了其他具有同等效果的手段。实行了紧急状态的地区也不是完全相同的，乌干达和1949年的尼日利亚遵循了以前的政治管理模式，没有如马来亚和肯尼亚那样全面走向暴力体制，紧急状态在那里表现得更像是提前计划好对付殖民地民族主义者的策略，能够禁止或延缓激进民族主义者的要求，为实现帝国控制提供最完美的结构，为英国当局争取喘息时间。"紧急"这个词可以让英国人在获得广泛权力的同时保持正常的文官秩序。

在这种秩序下，英国政府能够获得一个相对稳定的环境，以便实行一些改革以重新获得合法性。这个环境需要能够保证改革按照英国政府规定的路线和步伐前进，遏制更加激进的要求，提供时间培养出自己需要的亲英分子。因为没有当地内奸的支持就无法维持英国的殖民统治。如一位黄金海岸的殖民官员在评论1948年阿克拉骚乱时说的："对于我而言，1948年骚乱最大的感受是政府在人群中几乎没有有效的支持者……"[1]

到了1948年早期，将紧急状态作为政治管理工具表明，英国政府对殖民地秩序问题已经不敢掉以轻心。虽然经常提到冷战的威胁，但这年2月阿克拉的骚乱和6月马来亚宣布紧急状态更促使英国殖民部担忧帝国的形势。安全问题成为许多殖民地管理者主要的关注点。为了增强处理帝国秩序的能力，殖民部重新调整了部门结构。在殖民部官员看来，主要有两类安全问题，一类是"冷战"，用警察和军队对殖民地民族主义活动加以遏制，大多数殖民地都属于此类；另一类是"热战"，如在肯尼

---

[1] Sir R. Saloway, "The New Gold Coast", *International Affairs*, Vol. 31, Issue 4, October 1955, p. 469.

亚、马来亚等地的镇压活动。然而无论在哪种类型中，英国政府都试图将军事压力作为政治目标的辅助手段，将紧急状态的真正目标指向政治激进分子而非武装游击分子，可以说紧急状态是暴力机制政治化的表现。

不仅如此，紧急状态也蕴含了暴力机制的经济维度。茅茅运动的兴起，让肯尼亚殖民地政府认定非洲人保留地中的村社集体土地所有制已经不能再起到稳定殖民统治的作用，稳定的新基础应该是建立在个人土地所有制基础上的非洲商品农业生产者。1952年10月20日，肯尼亚殖民地政府宣布进入紧急状态，采取了三项主要措施：（1）创建吉库尤乡卫队；（2）在吉库尤乡村实行集中居住，将居民迁入乡卫队守卫的"安全村"居住，除了白天的几个小时，每个人都不允许走出村子；（3）实行土地合并与注册，扭转了战后一直实行的加强村社土地所有权的政策，试图培育出一个私人土地所有者阶层。在殖民地政府看来，管理者和乡卫队成员会在土地向私人转移的过程中获益，从而将加强忠诚于殖民政权者的经济实力。其他获得私人土地者也会将注意力转向土地的经营而疏远茅茅运动的参与者，而且这些人的所有权将和殖民地政府的命运息息相关。英国政府提供了1600万英镑赠款用于土地合并与注册计划。同时，殖民地政府解除了原来禁止或限制非洲人种植咖啡等经济作物的规定。茅茅运动及其后继者给英国殖民统治者带来很大的压力，担心肯尼亚会重蹈马来亚的局面，让英军陷入内战之中，担负起日常保护欧洲人农场主的角色，这将给英国财政带来极大压力。① 英国官员们努力让白人定居者相信，他们唯一的目的就是获得非洲人的认同，而这意味着立即与非洲人分享权力，这种分享的要价便是保证白人的土地所有权。

在英国政府看来，要保证白人的土地所有权，便要拥有足够的威慑力。这种威慑力的一种便是肯尼亚警察和军队有力量能随时镇压激进政治分子如肯尼亚非洲民族联盟（Kenya African National Union）可能发动的武装暴动。② 另一种威慑便是"恐怖"威慑。这种威慑主要由民团完

---

① 英国殖民部档案：CO822/2892，麦克劳德致沃特金森，1961年1月12日，A. D. 佩克致高夫，1961年1月12日。in David A. Percox, *Britain, Kenya and the Cold War: Imperial Defence, Colonial Security and Decolonisation*, London: I. B. Tauris, 2004, p. 201.

② 英国内阁档案：CAB 128/38, CM1 (63) 5, 1963年10月22日，"肯尼亚独立大会安排"：内阁结论，in Ronald Hyam and Wm Roger Louis, eds., *British Documents on the End of Empire: The Conservative Government and the End of Empire*, 1957-1964, 第1册，第179号文件。

成。其中一支是创立于 1948 年的肯尼亚警察预备队（Kenya Police Reserve），由白人移民组成，经常罔顾人命，正规警察不太控制他们。[1] 1952 年 12 月 31 日，肯尼亚警察预备队由 4786 名欧洲人、1144 名亚洲人和 2673 名非洲人组成。[2] 另一支是主要由黑人组成的乡卫队（The Home Guard），滥用私刑更是家常便饭。有人据此而提出，茅茅运动是一场非洲人自己的战争，或者是白人移民同非洲土著的私人战争，英国政府掌控的暴力力量仅仅作为一名旁观者而存在。笔者很难认同这种观点，不管怎么说，英军训练和组织了民团，并且同其保持了紧密的合作关系，很难完全撇清同滥用暴力武装的关系。

如前所述，包括肯尼亚在内的撒哈拉以南非洲紧急状态机制有效地同英国长期目标结合起来，为最大限度保有英国利益提供了可能。但在英属圭亚那却非如此，紧急状态的运行缺乏有效性，没有为政治发展提供足够的空间。无疑英属圭亚那的糖业利益和肯尼亚的白人定居者都限制了政府的行动。在肯尼亚的例子中，白人移民在紧急状态的运行和终止过程中扮演了重要的角色，然而最终为了保卫最有利可图的大农业公司的利益而被牺牲。白人移民的被牺牲软化了民族主义分子中激进者的立场，英国政府也无须再上演如英属圭亚那那样赤裸裸的武装颠覆民选政府的行为。同样的道理，为了保卫马来亚的外国种植园，英国政府只得剿灭了最激进的马共游击队，在此基础上进行"和平"谈判。

为了显示出"和平"谈判的诚意，英国政府一般都会宣布结束紧急状态，但这并不意味着英国就此放弃对暴力手段的依赖，确保能够随时使用"暴力"手段是英国和殖民地进行权力转移谈判的前提条件。紧急状态结束后，总督继续保持了警察控制权和其他权力。当肯尼亚结束紧急状态后，总督却获得了更多的权力，最重要的就是无限期拘留权。[3] 总督还可以随时宣布限制殖民地居民的某些权力，例如公众集会、结社、

---

[1] D. Anderson, *Histories of the Hanged: Britain's Dirty War in Kenya and the End of Empire*, p. 85.

[2] William Robert Foran, *The Kenya Police 1887 - 1960*, London: Tobert Hale, 1962, p. 136.

[3] 英国内阁档案：CAB 134/1558, CPC (59) 6, 1959 年 6 月 29 日, "殖民地政府的安全权力"：伦诺伊德 - 博伊德先生制内阁政策委员会备忘录, in Ronald Hyam and Wm Roger Louis, eds., *British Documents on the End of Empire: The Conservative Government and the End of Empire*, 1957 - 1964, 第 1 册, 第 23 号文件。

出版和游行。这些权力使紧急状态显得不再重要。① 类似的权力也被给予了尼日利亚总督。通过宪法中的"公共安全和公共秩序（Public safety and public order）"条款，总督拥有了终极治安权，② 获得了有利的谈判地位。

三 暴力体制难以长期维系

暴力体制使英国获得谈判优势的同时也成为其难以长期承受的负担。在每个地方，当帝国临近结束时，警察队伍都大大扩展了。在印度，1938—1943 年，警察人数从大约 19 万人增长到 30 万人。在黄金海岸，1945—1956 年警察的数量从 2500 人增长到 5360 人。同一时期，尼日利亚中央警察力量的规模翻了一番，达 10500 人。警察的最终控制权保留在总督手中。

对大多数殖民地而言，20 世纪 50 年代维持暴力机制的花费急剧增加，对伦敦财政援助的需求急剧增长。这里仅以英属中非地区尼亚萨兰为例。1953—1959 年，警察数量增长超过 300%，花费从 20 年前的 22 万英镑增长到 54 万英镑。然而，这仍旧不能应付局势的发展。到 1960 年，中非联邦政府首席部长韦伦斯基和英国首相麦克米伦都认为需要 3 个常备欧洲人营，以应对可能的非洲人军队哗变，此外还新增派了 200 名英国警察，以进一步加大欧洲籍警察所占的比例。为了在一年半的时间内将警察数量翻一番，英国允诺提供 152.3 万英镑援助。③ 1962 年，尼亚萨兰维持治安所需的军队数量从以前的 5 个营，上升到 7 个营，仅靠警察已经无法维持治安。④ 连英国政府调查团的报告也称英属中非联邦（包括今马

---

① 英国内阁档案：CAB134/1558，CPC5（59）1，1959 年 11 月 5 日，"肯尼亚安全权力"：内阁殖民政策委员会的备忘录，in Ronald Hyam and Wm Roger Louis, eds., *British Documents on the End of Empire: The Conservative Government and the End of Empire*, 1957 – 1964，第 1 册，第 24 号文件。

② 英国内阁档案：CAB134/1555，CPC（57）12，7 May 1957，"尼日利亚"：伦诺伊德-博伊德先生制内阁政策委员会备忘录关于即将来临的宪制大会，in Ronald Hyam and Wm Roger Louis, eds., *British Documents on the End of Empire: The Conservative Government and the End of Empire*, 1957 – 1964，第 1 册，第 100 号文件。

③ David M. Anderson and David Killingary, *Policing and Decolonisation: Politics, Nationalism and the Police*, 1917 – 1965, pp. 176 – 178.

④ 英国首相办公厅档案：PREM11/3343，1962 年 2 月 22 日，"尼亚萨兰和联邦的未来"：部长会谈记录，in Ronald Hyam and Wm Roger Louis, eds., *British Documents on the End of Empire: The Conservative Government and the End of Empire*, 1957 – 1964，第 2 册，第 505 号文件。

拉维、赞比亚、津巴布韦)已变为"警察国家",只有依靠暴力才能维持统治。

英国政府一方面希望加大军警队伍建设力度,另一方面又苦于资金短缺。英国面临金融危机和军事人力资源短缺,同时殖民地政府又不得不将自己有限的岁入投入经济发展和社会福利计划,以增强帝国的道德权威,难以再抽取额外的资源用于增加军事和警察花费。警察长官经常抱怨缺乏装备和资金,无法和宗主国警察相比。英属东非警察装备升级引来种族争议,欧洲人要求更新装备,但其他种族不同意。[1] 此外,为了保证警察队伍的忠诚,还需要提供让其满意的服务条件和社会地位,保障警察退休、提升和服役期稳定,[2] 这些都需要额外的花销,进而增加了殖民地政府的财政和政治压力,各殖民地政府纷纷向伦敦求援,却违背了伦敦一贯的原则即各殖民地自己负担安全花费。

暴力活动不仅耗费了英国的财政资源,而且燃烧了英国统治赖以存在的"道德"资源。按照罗宾逊的"合作者理论",帝国主义的代理人不得不通过本土合作者来实行统治,一旦殖民统治者耗尽了当地合作者的忠诚,他们就无法再进行统治。尽管殖民地军警力量获得了扩充,改善了装备和训练水平,花费了大量金钱,但是合作者的丧失来自长久矛盾形成的公众不满。许多殖民地暴力冲突都是长久以来部落、宗教信仰、乡村和城市矛盾的具体表现,另有许多冲突是殖民政府不善统治的结果,而警察的镇压活动仅仅是饮鸩止渴。

在乡村地区,治安本就依靠本土权威配属的本土警察配合。当地酋长通过提供劳动力换取了殖民政权的承认,成为殖民政权的合作者。酋长法庭也被殖民政权用来承担分配土地所有权和使用权的工作。然而,20世纪30年代的经济危机破坏了这种同盟的信心,欧洲人农业监督和全职土壤保护官员(soil erosion officer)削弱了本土权威。本土权威要么拒绝同这些官员合作,要么消极配合,殖民统治的一类重要合作者逐步脱

---

[1] 英国殖民部档案:CO822/1449, no. 229, 1959 年 5 月 12 日, 坦噶尼喀: 宪制进步的建议, in Ronald Hyam and Wm Roger Louis, eds., *British Documents on the End of Empire*:*The Conservative Government and the End of Empire*, 1957–1964, 第 1 册, 第 141 号文件。

[2] 英国殖民部档案:CO 537/6960, no. 4, 1953 年 4 月 22 日, "警察在殖民地宪制发展较后阶段的定位": 殖民部工作组报告, in Ronald Hyam and Wm Roger Louis, eds., *British Documents on the End of Empire*:*The Conservative Government and the End of Empire*, 1957–1964, 第 1 册, 第 247 号文件。

离了其阵营。此外,战后经济开发计划加剧了对非洲人土地的剥夺,在人多地少的尼亚萨兰(今马拉维)1948—1956 年就有 46 万英亩土地转移到欧洲人大地主手中。结果警察无论从数量还是组织上都无法应对农村地区的需要。

城市警察力量也面临新的压力,经济开发导致大量人口涌向城市,但城市不能提供足够的经济机会,结果城市犯罪率直线上升。以肯尼亚的奈落比为例,夜晚警察集中保护欧洲人居住区和中心商业区,甚至都无力保护工业区。仅在 1950 年,奈落比以占全国 5% 的人口数量,承担了大约 40% 的犯罪率。如果再加上蒙巴萨,城市罪案的发生数量就超过整个肯尼亚犯罪数量的一半。

在矿业经济占主导地位的北罗得西亚,警察队伍受工会运动的刺激大为扩张,并且获得了更为先进的通信系统,特工部门的规模和权力范围大大增强以便监视工会及其领导人的活动。[①] 这种情况并非孤例,各地的工会运动都融合到民族独立运动中,使更多的警察资源被投入保护铁路、矿山和其他经济飞地的秩序中。某些地方如塞拉利昂的钻石矿甚至建立起私人安保力量,大大加重了英国资助该地保持军事力量、购买军事装备和聘请外国人员的负担。[②] 英国面临仅靠雇佣军维持统治的局面。

长期的殖民统治积累了大量深层次的矛盾,往往很小的社会问题便会引发关乎全局的大规模抗议运动。1951 年 7 月的桑给巴尔抗议活动,最早仅仅是从一些群众抗议修建空港圈占自家土地开始,然而引发了更广泛的反对给牛接种疫苗的抗议,警察向示威群众开火后也不能控制局势,坦噶尼喀的警察不得不赶去增援。镇压行为反而更加剧了当地人反对殖民统治的情绪。[③] 1957 年尼日利亚奥绍博(Oshogbo)爆发了反增税抗议活动。这场抗议活动从市场妇女抗议增加水费开始,不断扩大,导致了地方警局的部分毁损,最终依靠大队警察使用催泪瓦斯才驱散人群。据当时的警官回忆道:这是经常发生的情况,一起小小的混乱就有可能

---

① Anthony Clayton and David Killingray, *Khaki and Blue*, Athens: Ohio University Press, 1989, p. 54.

② 英国英联邦关系部档案:DO35/8071, no. 3, 1960 年 2 月 25 日,"对塞拉利昂独立后的财政援助", in Ronald Hyam and Wm Roger Louis, eds., *British Documents on the End of Empire: The Conservative Government and the End of Empire*, 1957 – 1964, 第 2 册, 第 334 号文件。

③ Clayton, Anthony, *The Thin Blue Line: Studies in Law Enforcement in Late Colonial Africa*, Oxford: Oxford Development Project, 1985, pp. 56 – 57.

第四章　非殖民化时期英帝国暴力机制

引发大规模骚乱。有时候非洲人会使用土枪、毒箭、梭镖和大砍刀。在此时期的许多镇压中，警察都使用了足以致死的武器。① 随着死难人数的增长，殖民地群众对殖民统治者的不满更加高涨，形成了情绪上的多米诺骨牌效应。

因而，一旦通过暴力活动获得了某种优势，英国政府便迫不及待地寻求谈判对象达成权力转移协议，以图尽可能多地保留自己的利益。然而，谈判的开始并不意味着英国政府完全放弃应用暴力手段来捍卫自己的利益。英国政府坚持防务、外交、司法、警察和内部安全权限一定要由宗主国直接掌控。② 即便是当地驻扎的英国军队不得不撤走，也要以训练成功一支能代表自己利益的本土军队为前提。③ 训练这种部队的目的是"恢复我们（英国）需要的政治反对方"，给快速的政治进步添一道"闸"。以此来避免"我们（英国）权威的永久撤退"，希望能借此留下一个"保障我们（英国）关键利益"的政治结构。④

这便构成了非殖民化末期英国暴力体制的最后一道程序，即设法尽量保留暴力权。正是英国政府的这种企图造成了1964年1月的东非兵变。由于东非地区白人移民的存在，东非地区军队高级职位的非洲化程度远远落后于当地警察队伍非洲化的步伐，高级职位的开放程度造就了警察和军队在1964年兵变时的不同表现。警察抵制了1964年1月的兵变。职位本土化程度的差异也是西非军队没有在此时发生兵变的原因所在。

受兵变影响，英国政府加紧明确了干预原则，即在紧急状态下，英国力量可以应地方政府要求而实施干预，决定是否干预的关键在于地方政府能否利用英军干预的短暂时间重新控制住局势。军事支持仅仅是一方面，还要施以财政和技术援助，以便增强他们的政治权威，加大援助

---

① Clayton, Anthony, *The Thin Blue Line*: *Studies in Law Enforcement in Late Colonial Africa*, pp. 214 – 215.

② 英国内阁档案：CAB134/1558, CPC (59) 2, 10 Apr 1959, "在东非的未来政策"：伦诺伊德 – 博伊德先生制内阁殖民政策委员会备忘录, in Ronald Hyam and Wm Roger Louis, eds., *British Documents on the End of Empire*: *The Conservative Government and the End of Empire*, 1957 – 1964, 第1册, 第116号文件。

③ 英国内阁档案：CAB 128/35/1, CC36 (61) 6, 1961年6月29日, "南部喀麦隆的未来"：内阁结论, in Ronald Hyam and Wm Roger Louis, eds., *British Documents on the End of Empire*: *The Conservative Government and the End of Empire*, 1957 – 1964, 第1册, 第115号文件。

④ 英国内阁档案：CAB 134/1358/3, AF (61) 3 (Final), "东非和中非政治发展的经济后果", 非洲（官方）委员会报告, 1961年7月12日。

警察、武装警察和情报系统的力度，以增强他们的暴力权威。此外，英国政府再次强调了英军对过境权、驻扎权和移民保护权的要求，强调即使在联合国遇到麻烦，也要干预危及英国公民的行为。① 这次兵变给英国提供了未来实行军事干预的合法理由，英国不受限制保护本国公民的权力获得了事实上的承认。在此前提下，三国军警力量也加速了非洲化进程。

四 理论思考

以暴力控制为切入点，我们可以对英帝国的属性加以界定。英帝国既非一个国家，也非一个松散的国际霸权体系，而是介于两者之间的一种独特模式。英帝国试图构建一个统一的中央控制体制，但是这个体制被有意识地按照两个原则进行设计，即宗主国和殖民地两个部分。殖民地人只被视为英国的臣民，没有政治权利，英国通过贬低其社会的发展水平来获得合法性。如此看来，英帝国绝非一个单一实体，并非一个国家，而是一种控制体系，宗主国对殖民地的控制既不像国家对其社会成员的控制那样紧密，也不像强大的国家对较弱的国家的控制那样松散。这种体制又由于英国能控制殖民地的暴力机构而不同于现代国际关系中霸权国家与依附国家的关系。英国更多地通过暴力而非相互给予的方式维持统治，暴力强制并不仅仅出现在资本主义原始积累阶段，暴力手段是资本主义保持剥夺性积累的常备手段之一，是同经济的、文化的手段一样的备选项，甚至是必不可少的一项。② 从根本上讲宗主国和殖民地并非合作关系。

这种非合作关系决定了殖民地军警力量在整个殖民时期特别是非殖民化时期会扮演重要角色。当各个殖民地民族主义兴起，殖民者为自己长期或暂时的利益而挣扎的时候，确保帝国有秩序地撤离成为一项至关重要的任务。在几乎每个案例中，英属殖民地警察在英国所要实行的政

---

① 英国内阁档案：CAB 148/1, ff 194–197, 1964年2月4日，"东非'安全形势'发展的政策价值"：内阁国防和海外政策（官方）委员会主席（B特伦德爵士）作记录，in Ronald Hyam and Wm Roger Louis, eds., *British Documents on the End of Empire: The Conservative Government and the End of Empire*, 1957–1964, 第1册，第139号文件。

② 英国内阁档案：CAB134/1315, PR (56) 3, 1956年6月1日，"联合王国在世界事务中的未来"：财政部、外交部和国防部官员为内阁政策评估委员会所制的备忘录，附件A，in Ronald Hyam and Wm Roger Louis, eds., *British Documents on the End of Empire: The Conservative Government and the End of Empire*, 1957–1964, 第1册，第21号文件。

治策略中都扮演了不可或缺的角色，警察部队一直处于镇压民族独立运动的最前线。到了权力转移的最后阶段，警察如何从殖民统治代理人的身份转化为服务于新独立政府的力量，是宪制谈判中敏感和重要的问题。

英国学者中存在一种倾向，即美化殖民地暴力力量如警察的职能。有的英国学者认为殖民地警察力量的发展有过三个阶段，在殖民征服时期和非殖民化时期警察突出暴力镇压职能，中间时期关注维持公共秩序。① 另有学者不同意三期分法，认为殖民晚期的警察仅仅是保证非殖民化进程平稳有序，非殖民化期间警察仍旧担负一直以来的公共职能，需要重新考虑关于警察是压迫工具的定义。② 他们的这些观点值得商榷。英属殖民地警察力量实行不同于英国本土警察的原则。殖民地警察不仅仅是资产阶级统治的暴力工具，而且承担了民族压迫的职能，英国政府执行内外有别的警察原则，殖民地警察力量被过度武装，作为最前沿的镇压力量，殖民地警察被赋予的首要职能是维持殖民统治，用暴力收税、处理拆迁问题成为自然的选择，因为从短期来看这是最为经济的方法，符合殖民统治的行为方式。殖民统治确立后许多所谓的犯罪行为实质是反对殖民统治的强化与深入。长期以来，殖民地警察都致力于保护欧洲人财产和外贸交通线，土著"警察"依照传统处理大多数犯罪活动，仅有很少的警察力量投入反犯罪活动。到了1948年后，警察力量更是突出加强了军事属性，固然会处理一些犯罪活动，但其属性只能通过主要的功能加以界定。殖民地警察一直都是军事化的组织力量，也一直都是英国实行殖民压迫的得力工具。

殖民统治末期的暴力活动为英国宪制谈判争取了最佳的时机。通过暴力活动，英国政府重塑了反殖民政治活动，消灭、软化或孤立了激进力量，争取了培植亲英势力的时间。即便到了最后时刻，英国政府仍旧在设法为自己保留应用暴力的权力。但同时，过多地采取暴力活动也孤立了亲英势力。适时地结束暴力应用，走向谈判桌或许是英国殖民统治暴力体制中最为明智的一点。

从暴力到谈判的非殖民化过程并非英帝国的有序撤退过程。尽管英

---

① David M. Anderson and David Killingary, *Policing and Decolonisation: Politics, Nationalism and the Police*, 1917–1965.

② Georgina Sinclair, *At the End of the Line: Colonial Policing and the Imperial Endgame*, 1945–1980, p. 224.

国政府采取了种种措施，但历史轨迹并没有按照其设想的那样发展。相反，正是由于英国殖民统治长期积累下的矛盾，才使殖民统治末期英国暴力压制成为不断动员殖民地民族主义的历史工具。如果按照罗宾逊"合作者理论"说法，撒哈拉以南非洲大地的政治环境又一次发生了变化，这种新的变化让"合作者"不能支配撒哈拉以南非洲大地，英国政府只能选择非殖民化。这种选择是形势迫使下的选择，英国政策的每次调整都落后于殖民地发展潮流，政策调整总是"太小、太晚"。本节所述的英国暴力体制建设，特别是1948年以后的活动，表明英国政府并没有什么长期的结束殖民统治的计划，并非自愿选择放弃统治，也并非主动选择实行"自由贸易的帝国主义"策略。无论是对于宗主国的执政者还是商业人士来说，是不愿意丧失这种地位的，殖民地人民的反抗迫使他们不得不作出让步。不管有没有"热战"，非殖民化时期撒哈拉以南非洲都充满了暴力强制带来的混乱。

凭借自身积累的历史性优势，英国一类的原宗主国可以在不直接控制领土的前提下继续实施自身对原殖民地某种程度的控制，继续维持某种程度的旧有体制，如英国设法保留了暴力干预权。在下一节，我们将考察英国如何设法保留暴力干预权，从而，这些国家在丧失殖民地后，继续作为帝国主义国家而存在，能够使用暴力干预第三世界国家成为当今帝国主义国家的标志。这一点从当今西方国家对第三世界赤裸裸地使用暴力可以再次得到确认。

第二节　海外军事战略与英属撒哈拉以南非洲地区的非殖民化

一　战后英国对撒哈拉以南非洲地区军事战略的变动

战后，英国政府积极肯定了殖民地对于英国全球防卫需要的重要性，也肯定了撒哈拉以南非洲的作用。英国政府将撒哈拉以南非洲定位为后方基地，而将东非附属于中东的防卫体系。在某种意义上，英国对撒哈拉以南非洲军事权力的需求服从于苏伊士运河以东防务的战略计划。英国认为自己的主要军事利益在于保证原有殖民地不受苏联的军事渗透，保证东非海岸直至好望角在英国的军事控制之下，保证经过途经非洲的海、空战略航线畅通。1946年，工党政府规划出与苏联爆发全球战争时的四个"主要支持地区"。所谓"主要支持地区"是指在人力资源、工业潜力、食品或原材料方面对战争的支持起到关键性作用的地区。这四个地区分别为英国、美洲大陆（包括南美）、撒哈拉以南非洲（包括东非）、澳大利亚—新西兰。东非作为中东的侧翼也被英国政府列入全球战争的主要地域。①

英国政府在西非和东非都组织起区域性指挥体系，并鼓励殖民地组织自身的武装力量。英国政府在西非组织了西非司令部（West African Command），后来又成立了匹配的西非军事咨询委员会（West Africa Army Advisory Council）；在东非组织了东非司令部（East African Command）。英国政府为非洲殖民地军队提供训练、装备和指挥人员。殖民地军队的责任是维持内部治安，抵御第一波外来入侵，并在适当的时候听从英国指挥服务于地区之外的防卫任务。② 东非的皇家非洲步枪团和中非联邦的军队就被英国用于马来亚。在20世纪50年代中期以前，这些殖民地军队由陆军部统一指挥，之后转移给地方政府。原因一方面在于非洲各地特别是西非的独立破坏了区域统一指挥体系，另一方面也是为了"使供养殖民地军队成为殖民地政府的基本责任"③。

自从50年代中期英国苏伊士基地丧失的可能性增大之后，东非的战略地位有所上升，英国政府试图以之来弥补丧失苏伊士基地的防卫空当。英国政府认为从苏伊士撤军，必定加剧东非三地的局势动荡。即便茅茅运动被镇压，内部安全形势也不允许短时间内撤走所有欧洲军队，所以需要在肯尼亚或者坦噶尼喀驻军一个旅来平息这种动荡，而且驻军能更好地发挥东非作为中东海空侧翼的作用，抵消南非的影响；驻军和家属

---

① 英国内阁档案：CAB131/2，DO（46）47，"英联邦的战略地位"，（海陆空）参谋长呈递内阁防卫委员会报告，1946年4月2日，in Ronald Hyam ed., *British Documents on the End of Empire: The Labour Government and the End of Empire*, 1945-1951, 第3册，第321号文件。
② 英国内阁档案：CAB 131/5，DO9（47）4，"非洲开发"，内阁防卫委员会关于东非基地和跨非通信的备忘录，1947年3月26日，in Ronald Hyam ed., *British Documents on the End of Empire: The Labour Government and the End of Empire*, 1945-1951, 第3册，第324号文件。
③ 英国内阁档案：CAB130/11，GEN501/3（final），"坦普尔（Templer）将军的就军事意义对官方委员会的所作的临时报告"，帕克（H. Parker）任主席作的关于东、西非军事计划的记录，1955年8月15日，in David Goldsworthy ed., *British Documents on the End of Empire: The Conservative Government and the End of Empire*, 1951-1957, 第1册，第82号文件。

的消费能够繁荣地方经济，军队退伍人员也能为欧洲人社区提供新鲜血液。① 东非成为英国全球防卫战略潜在的"第四中心"，其余三个分别为英国、中东和马来亚。在英国政府看来，以肯尼亚为中心的东非防卫从属于中东防卫体系，同时作为非洲军队的集结地，在世界大战之时支援苏伊士运河地区。肯尼亚被英国定位为可以永久驻军的战略基地，以弥补失去苏伊士运河后的防卫空当。在作出这一决定时，英国政府几乎没有考虑非洲人的政治情感。非洲人由此产生的屈辱感成为在茅茅运动之后肯尼亚人民继续反殖斗争的一个原因。在政治体制外有继承了茅茅精神的肯尼亚土地自由军（Kenya Land Freedom Army）继续奋斗，在政治体制内有抵制1958年11月立法大会的运动。

英国政府在肯尼亚的举措和其整体战略息息相关。麦克米伦政府时期，英国政府仍旧将英国定义为世界强国。在政府决策者看来，英国在世界范围内的军事存在是维护英国世界地位的必要条件，而且海外军事存在是保障英国经济利益的法门。如1964年的一份对英国海外长期形势的研究报告称，在世界范围内的军事存在有助于维持那些地区和英国的军事甚至经济联系，也使英国能够有效地扮演美国全球伙伴的角色。此外，报告认为英国承担的全球军事存在是由英国国内经济的需要所决定的。英国经济的发展有赖于进口原材料和能源，还需要保证全球维持最低限度的贸易壁垒，这就要求英国在世界各地保持军事存在。最后，报告得出结论："英国的政治和军事权利和它的经济需求紧密相连。"② 麦克米伦政府沿袭了以前英国政府对自治领防务的一贯做法，认为自己应该将外部军事势力阻挡在所有的英联邦国家之外；麦克米伦也强调没有充足的理由在英联邦国家内部动荡时驻扎军队，"我们应该鼓励依附地区对

---

① 英国首相办公厅档案：PREM11/581，"东非防卫"，奥尔波特（C. J. M. Alport）致丘吉尔的信，1954年7月29日，in David Goldsworthy ed., *British Documents on the End of Empire: The Conservative Government and the End of Empire*, 1951–1957，第1册，第70号文件。

② 英国内阁档案：CAB 148/7, ff 270–284，"长期趋势研究组报告"（P. Rogers任主席），内阁防卫和海外政策委员会［DO (O) (64) 72］，1964年10月12日，in Ronald Hyam and Wm Roger Louis, eds., *British Documents on the End of Empire: The Conservative Government and the End of Empire*, 1957–1964，第1册，第80号文件。

自己的内部治安承担起更大的责任"①。正是在上述思想的指导下，麦克米伦政府在实行非殖民化政策的同时，积极保留英国在世界各地的军事权利，在撒哈拉以南非洲也不例外。

然而，英国的这种野心受到自身实力的极大制约。20 世纪 50 年代末到 60 年代初，防务花费占到所有政府花费的 1/3，国民生产总值的 7%。军事目的征用了大量人力和设备；现代军事设备的生产占用了大量科学和技术人力资源（据估计军事目的在科学技术发展费用中占到 40%，1/5 的科技人员服务于防务），直接引发了支付不平衡。② 因而，麦克米伦政府认为，英国常备军保有量应该不超过 39 万－40 万员额，而且主要应该集中到德国。③ 如此一来，势必限制了英国对殖民地进行武装干预的能力。再加上随着殖民地独立，英国海外军事基地和设施的减少，英国的总体战略转变为依托政治上稳定的殖民地，利用快速机动力量履行防务战略。具体到非洲地区的防务，英国政府认为，非洲的防务应开始于中东，组建《非洲防御公约》是不可能的事情，北非各国的阿拉伯认同使它们不可能反对埃及，各国更不可能与南非合作。采取的措施应该是加强对北非和非洲之角国家的军事援助。在这一思想的指导下，英国训练和装备了利比亚军队，给予了它很多预算补助；帮助训练和管理苏丹的军队；同美国一起对埃塞俄比亚进行军事援助；和美国人、意大利人商谈对索马里的援助，以便能够增强那里温和派的地位。英国的情报部门也采取行动确保能够获得每个政府的充足信息，以便在未来发生威胁的

---

① 英国内阁档案：CAB 131/26，D（61）65，"防卫政策"，内阁秘书诺曼·布鲁克（Norman Brook）记录，1961 年 10 月 23 日，in Ronald Hyam and Wm Roger Louis, eds., *British Documents on the End of Empire: The Conservative Government and the End of Empire*, 1957 – 1964，第 1 册，第 66 号文件。

② 英国内阁档案：CAB 148/7，ff 270 – 284，in Ronald Hyam and Wm Roger Louis, eds., *British Documents on the End of Empire: The Conservative Government and the End of Empire*, 1957 – 1964，第 1 册，第 80 号文件。

③ 英国内阁档案：CAB 131/26，D（61）65，"防卫政策"，麦克米伦再评估内阁防卫委员会备忘录，1961 年 10 月 23 日，in Ronald Hyam and Wm Roger Louis, eds., *British Documents on the End of Empire: The Conservative Government and the End of Empire*, 1957 – 1964，第 1 册，第 80 号文件。

时候，明确应对正确目标。① 可见，麦克米伦政府在非洲准备采取间接军事干预的手法，主要通过各种援助来实现自己的目的。这就不难理解为何英国以"和平"的方式撤出殖民地。

虽然英国主要以渐进改革的"和平"方式撤出了非洲殖民地，但是并非可以说英国在撒哈拉以南非洲军事存在和非殖民化政策毫无联系。从肯尼亚历史进程来看，非殖民化和英国的防务战略以及内部治安政策之间的联系非常紧密，并且此种联系不仅仅在紧急状态时期（1952—1960）存在。虽然英国政府也作出了一些政治妥协（如1956—1959年，英国政府在肯尼亚实行了政治、经济改革），但是英国政府将在肯尼亚的驻军视为保护英国利益的最可靠保障，并宣扬其为稳定肯尼亚政局的力量。这都说明了英国打算在肯尼亚长期待下去的决心。可以说，英国实行改革的动力是为了回应茅茅运动带来的压力，目的是为继续实行殖民统治铺平道路，是拖延而非加速转移权力。在具体做法上，英国政府避免对肯尼亚的未来作出任何承诺。在妥协的同时，英国一方面加紧对肯尼亚治安部队的控制，另一方面进行了大量的安全立法，以维护英国的关键利益。1960年1月，虽然取消了紧急状态，但是肯尼亚政府通过安全立法保留了所有紧急状态下的权力。紧急状态的取消是为召开第一次兰开斯特大会创造一种表面宽松的氛围，但这并不意味着英国想及早撤退，或者有意采取了什么有利于独立后肯尼亚发展的政策。反而，英国政府加紧了谋划永久驻军权的步伐。

二 英国获取军事权利的政治手段

英国主要使用政治手段来获取殖民地独立后的军事权利，其原因如麦克米伦政府所说的那样，"在我们军事规模减少的今天，我们不可能在任何反对我们驻扎的地区驻军"②。新独立的政府大多本不愿意英国继续保留军事力量，但是英国施展威逼利诱手段达到了自己的目的，将签订

---

① 英国首相办公厅档案：PREM 11/3239, T467/58, "组建非洲防卫公约应对苏联威胁的构想"，麦克米伦给韦伦斯基（R. Welensky）的回复，1958年8月31日，in Ronald Hyam and Wm Roger Louis, eds., *British Documents on the End of Empire: The Conservative Government and the End of Empire*, 1957–1964, 第1册，第56号文件。

② 英国内阁防卫委员会档案：DEFE 7/2033, COS2（61）1A, "东非的战略重要性"，参谋长联席会议备忘录，1961年1月6日，in Ronald Hyam and Wm Roger Louis, eds., *British Documents on the End of Empire: The Conservative Government and the End of Empire*, 1957–1964, 第1册，第65号文件。

军事协定纳入独立的条件加以威逼,再以帮助训练新独立国家军队、协助维持内部安全、帮助抵御外敌等条件加以利诱。

在西非,即便是尼日利亚这样的地区大国,也在英国威逼利诱之下签署了防卫协议。英国政府将满足自身的军事要求作为尼日利亚获得充分自治权力的必要条件,英国国防大臣建议防卫协议应成为自治政府体制的一部分,而非等独立后再提出要求。签订防卫协议的目的是使其作为增援中东和远东威胁的通道,保障英国海空军的驻扎权、过境权。[①] 根据《尼日利亚防卫协定》,英国负有帮助招收人员、管理、训练和装备尼日利亚武装力量的义务;享有不受限制的空中过境权和空军设施享用权。同时还享有如下权利:(1) 在卡诺征用 150 英亩土地修建英国所需驻扎设施;(2) 如果不论任何原因,英国不能再利用卡诺基地,还可以另外申请 1000 英亩土地建立航空设施;(3) 紧急状态时,可以使用拉各斯(Lagos)和哈考特港(Port Harcourt)。虽然,从 1958 年起,尼日利亚人已经对外国拥有军事基地怀有强烈的抵触情绪,但是尼日利亚政府仍旧被迫同意给予英国不受限制的空中过境权和驻扎权,只是要求在对"英国政府和联邦政府都有影响的紧急状况下"才能使用其他设施。[②] 在评价换取尼日利亚军事存在权利的花费时,英国政府认为,英国负担在尼日利亚服务外籍军事人员的部分花费是值得的,英国支付训练尼日利亚军人的花费也是值得的。按照英国政府估计,在 1960/1961 年度,尼日利亚政府要求的训练设施的整体花费是 7.1 万英镑,这种花费也是值得的。因为派驻刚果的尼日利亚军队已经显示了英国训练的尼日利亚非洲人军队的价值。如果英国不给尼日利亚以援助,尼日利亚就会向别的国家寻求援助,如苏联。即使英国在今后可能面对加纳、巴基斯坦和马来亚类似

---

① 英国内阁文件:CAB128/32/2,CC71(58)5,"尼日利亚",宪制大会再度召开的内阁结论,1958 年 9 月 11 日,in Ronald Hyam and Wm Roger Louis, eds., *British Documents on the End of Empire: The Conservative Government and the End of Empire*, 1957-1964,第 1 册,第 104 号文件。

② 英国首相办公厅档案:PREM11/3047,PM(60)27,"尼日利亚防卫协议",麦克劳德致麦克米伦备忘录,1960 年 5 月 9 日,in Ronald Hyam and Wm Roger Louis, eds., *British Documents on the End of Empire: The Conservative Government and the End of Empire*, 1957-1964,第 1 册,第 109 号文件。

的要求，英国也不会比现在多花费多少。①

　　相比西非地区，东非地区的非殖民化进程受到英国海外军事战略的影响更大。可以说，军事考虑直接影响了东非地区（特别是肯尼亚）的非殖民化进程。害怕殖民地爆发武装反抗成为向非洲人转移权力的诱因之一。茅茅运动及其后继者给英国殖民统治者带来很大的压力。英国财政部官员认为肯尼亚存在陷入马来亚式局面的危险，在那儿军队不是被用于原本的目的，而是部分地发挥内部治安角色并维护地区经济。② 他们担心英军陷入肯尼亚的内战之中，担负起日常保护欧洲人农场主的角色，这将给英国的财政带来极大的压力。英国官员们努力让白人定居者相信，他们能得到的唯一保护措施就是肯尼亚非洲人的赞同，而这意味着立即与非洲人分享权力。英国也将保有军事权利的考虑纳入对殖民地政党的选择标准中。英国政府认为，在肯尼亚两党中，卡努较可能同意继续保留军事基地，但是在军事援助等的利诱下，卡杜也可能同意。③

　　英国政府对于保有东非既有军事权利并不乐观。因为东非各地区没有感受到外来威胁，所以各地区都反对英国保留兵力。如果东非独立，英国将难以利用东非的军事设施和空中过境权支援北罗得西亚、尼亚萨兰和三个高级委员会属地④；皇家空军和南罗得西亚的合作也将难以继续。肯尼亚的奈洛比是英国重要的战略空中线路和通信网络的重要枢纽。如果不能获得军事权利，将迫使英国的整体战略做出大幅度修改。从肯尼亚的政治发展来看，自由使用肯尼亚军事设施的权利将受到限制，应

---

　　① 英国殖民部档案：CO 968/715, no.13, "尼日利亚防卫"，桑迪斯致麦克米伦关于协议变动的备忘录, 1960 年 8 月 28 日, in Ronald Hyam and Wm Roger Louis, eds., *British Documents on the End of Empire: The Conservative Government and the End of Empire*, 1957 – 1964, 第 1 册，第 110 号文件。
　　② 英国殖民部档案：CO822/2892, 麦克劳德致瓦克森（Watkinson）, 1961 年 1 月 12 日, in David A. Percox, *Britain, Kenya and the Cold War: Imperial Defence, Colonial Security and Decolonisation*, London: I. B. Tauris, 2004, p.201.
　　③ 英国外交部档案：FO371/146498, no.20, "东非防卫和联邦"，麦克劳德致瓦克森备忘录, 1960 年 12 月 16 日—1961 年 1 月 12 日, in Ronald Hyam and Wm Roger Louis, eds., *British Documents on the End of Empire: The Conservative Government and the End of Empire*, 1957 – 1964, 第 1 册，第 123 号文件。
　　④ 巴苏陀兰（今莱索托）、贝吉纳（今博茨瓦纳）和斯威士兰。

第四章　非殖民化时期英帝国暴力机制 | 191

该在尽可能保持肯尼亚空军设施的同时，做好 1963 年之后不可使用的准备。①

英国将保留自己军事权利的更大希望寄托在组成东非联邦之上，积极促成东非联邦的建立。时任殖民大臣的麦克劳德认为，成立东非联邦，可以使英国军队的驻扎更具合理性。其他政府官员也认为，如果东非地区最终形成联邦，关于军事方面的谈判将更可能成功。② 英国希望最终能够"形成东非整体而非分地区防务的概念"，③ 组成东非联邦不仅利于达成上述目的，而且也有助于地区的稳定。④ 虽然，东非联邦最终并未组建，但是英国还是想方设法保留自己在东非的军事权利。

1959—1965 年，英国主要复制了在西非的做法，试图用帮助训练军队和提供海军设施来换取空中过境权和驻扎权。此一阶段有两个主要问题，一是命令和管理控制问题；二是经费问题。英国东非殖民地的军事命令结构是一个整体，因而英国一直设想东非各地区能够组成一个大的东非联邦。到了 1959 年早期，肯尼亚的形势已经紧张到极点。英国政府不再满足于仅仅依赖合法机制和政治妥协来保持控制。于是英国政府将东非地面力量的控制权从"地方（非洲人政府）的政治控制中"移出，以便"恢复我们需要的政治反对方"，给快速的政治进步添一道"闸"。以此来避免"我们权威的永久撤退"，英国希望能留下一个"保障我们关

---

① 英国内阁档案：CAB131/26，D（61）65，"防卫政策"，麦克米伦再评估内阁防卫委员会备忘录，1961 年 10 月 23 日，in Ronald Hyam and Wm Roger Louis，eds.，*British Documents on the End of Empire：The Conservative Government and the End of Empire*，1957–1964，第 1 册，第 80 号文件。

② 英国内阁防卫委员会档案：DEFE 7/2033，COS2（61）1A，"东非的战略重要性"，参谋长联席会议备忘录，1961 年 1 月 6 日，in Ronald Hyam and Wm Roger Louis，eds.，*British Documents on the End of Empire：The Conservative Government and the End of Empire*，1957–1964，第 1 册，第 65 号文件。

③ 英国殖民部档案：CO822/1813，EAC（57）6（Final），"防卫、警察和内部安全"，东非总督会议文件，1957 年 9—10 月，in David A. Percox，*Britain，Kenya and the Cold War：Imperial Defence，Colonial Security and Decolonisation*，p. 101.

④ 英国殖民部档案：CAB 134/1560，CPC（61）第一次会议，"1961 年殖民地问题"，1961 年 1 月 5 日，in David A. Percox，*Britain，Kenya and the Cold War：Imperial Defence，Colonial Security and Decolonisation*，p. 165.

键利益"的政治结构。① 英国还希望各地区能够维持一支较大规模的军事力量。由于财政能力所限,各地区政府原本并不想维持英国所希望数量的军队,如坦噶尼喀的尼雷尔仅仅想保留武装警察力量,而放弃保有军队,英国认为出于治安、周边环境和国际义务等目的该想法是不适当的,甚至愿意提供部分补助以维持坦噶尼喀的军队数目。② 此外,英国政府还一再劝说肯尼亚和坦桑尼亚建立并维持一支较为有力的海军力量,以便在英海军力量撤出后能够抵制共产主义力量的进入。英国的这些做法是希望独立后的东非国家能够分担自己抵御外国势力的防务努力。然而,当坦噶尼喀、乌干达独立在即,希望加速自己的皇家非洲步枪团军官的非洲化程度之时,白厅却认为需要两个地区的政府从其他地方节省出经费支付此项费用。这就导致非洲化速度非常缓慢。虽然英国人已经在20世纪50年代为士兵们引入了小学教育,但是到了1964年1月也很少有士兵受到初中教育。因此,英国人借口缺乏合适的非洲人担任军官,而把持着军官职位。到1963年12月,英国军官仍旧占据了超过皇家非洲步枪团50%的军官职位。③ 如果没有英国援助军官,东非政府将没有足够的人选去发挥现代军队的功能,所以东非政府不得不容忍了此一事实。然而,非洲士兵对于拖延的非洲化过程感到难以忍受。同时,一旦政府领导人任命他们自己部族受过教育的人担任军官就又会加剧原有非洲人士兵的反感。这是酿成1964年东非兵变的直接原因。

三 东非兵变与英国军事干预原则

1964年1月发生的东非地区兵变,发端于桑给巴尔非洲人要求政治权利的武装起义,随即,坦噶尼喀、乌干达和肯尼亚也爆发了要求军官非洲化和改善军队待遇的兵变。这次兵变给英国提供了未来实行军事干预的合法理由,英国不受限制保护本国公民的权力获得了事实上的承认。

---

① 英国内阁档案:CAB134/1358,AF (61) 3 (Final),非洲(官方)委员会"东非和中非政治发展的经济结果",1961年7月12日,in David A. Percox, *Britain, Kenya and the Cold War: Imperial Defence, Colonial Security and Decolonisation*, p. 194.

② 英国殖民部档案:CO968/724,"独立后皇家非洲步枪军的坦噶尼喀团队的未来",W. B. L. 蒙森(Monson,殖民部)致R. 特恩布尔(Turnbull),1961年5月3日,in Ronald Hyam and Wm Roger Louis, eds., *British Documents on the End of Empire: The Conservative Government and the End of Empire*, 1957–1964,第1册,第155号文件。

③ J. M. Lee, *African Armies and Civil Order*, London: Chatto and Windus for the Institute for Strategic Studies, 1969, p. 44.

而究其原委，英国仍需要对这次兵变负有历史责任。

这次兵变影响广泛的原因在于，公职人员本土化在东非各地都进展缓慢。一般而言，都是英国人占据了中高级公职岗位，这在非洲社会中孕育了不满情绪。桑给巴尔则稍微特殊一些，少数的阿拉伯裔占据了公职岗位。早在1960年，桑给巴尔就已经成立了某种程度上的责任制政府，选举产生的部长构成了行政会议多数，立法会议也有选举产生的多数。1962年，普遍的成人选举权被引入。内部自治政府在1963年6月成立。但是，非洲人仍旧受到了不平等的待遇。桑给巴尔有两个主要族群，一个是由桑给巴尔民族主义者党（Zanzibar Nationalist Party）代表的阿拉伯裔，一个是由非洲—设拉子党（Afro-Shirazi）代表的非洲人。在1957年7月大选之后，在桑给巴尔很难把政党之间的分歧同种族之间的分歧加以区别对待。在1961年大选中，非洲—设拉子党获得了总票数的40.2%，在同年6月大选中获得了49.9%的选票，在1963年7月大选中则获得了54.3%的选票。由于英国主持的选区划分明目张胆地采用不公平的做法，再加上不合理的选举制度使一直获得多数票的非洲—设拉子党无法掌握议会多数，经过多次选举，议会始终难以组成多数。结果，对于非洲人来说，12月10日是阿拉伯人的独立节。[①] 1961年，双方的对立已经发展到只有依靠坦噶尼喀来的皇家非洲步枪团来加以隔离的程度。在英国政府看来，虽然非洲人政府可能更便于桑给巴尔参加东非联邦，但是非洲人缺乏政治经验也不能提供称职的公共管理人员，执政会受到阿拉伯公务员系统的抵制；进一步地，极端的非洲人可能会反对苏丹，最终会使英国根据条约义务卷入冲突，更重要的是，英国定居者也反对非洲人政府。因此，最好的情况是成立依赖于相对温和的设拉子人的阿拉伯人政府。英国再一次将桑给巴尔问题的解决寄托到东非联邦，而且认为那是完全可行的。因为许多阿拉伯领导人肯定认识到完全独立的桑给巴尔几乎不可能在经济上自给自足；非洲人也可以因大陆上同胞的支持和保护而接受地方阿拉伯人的主导地位。此种观点获得了东非高级委

---

① ［坦桑尼亚］伊·基曼博和阿·特穆主编：《坦桑尼亚史》，钟丘译，商务印书馆1976年版，第448—452页。

员会的赞同。① 桑给巴尔政府的部长们也准备加入东非联邦。苏丹王朝的命运要等待桑给巴尔未来的政治前途确定。因为桑给巴尔显然要加入联邦，这个30万人口的国家就获得了英国允诺的完全英联邦成员资格。一旦桑给巴尔加入东非地区组织和东非联邦出现困难，桑给巴尔和泛阿拉伯民族主义的联系可能得到加强。所以，英国政府希望东非大陆国家作出允许桑给巴尔加入东非联邦的某种允诺。② 可见英国一贯支持阿拉伯裔人，漠视多数非洲人的政治要求，仅仅将解决矛盾的希望寄托在组建东非联邦之上，这是1964年桑给巴尔武装起义的近因。

在桑给巴尔爆发革命后的1964年1月20日，坦噶尼喀陆军士兵发动兵变，接管了所有主要的政府建筑物，并逮捕了军官和一些平民。士兵们认为政府军队非洲化速度不快和军队待遇太低是一项主要原因。这些士兵很快就返回兵营，在一个星期内就被解除了武装，最后被开除出军队，主谋者则被监禁起来。坦噶尼喀政府不得不让英国军队进来解除兵变部队的武装。在英国军队离开坦噶尼喀后，由尼日利亚军队接替维持社会稳定。

肯尼亚也随即发生兵变。在1964年1月23日，肯亚塔要求英国军队帮助恢复法律和秩序。英国军队在肯尼亚帮助警察保护"关键点"，包括肯尼亚广播站和奈落比空港。到1月26日，英国军队已经控制了兵变地区，兵变部队也处于控制中。

参与1964年东非兵变的部队都属于皇家非洲步枪团，该武装力量是基于东非地区单一政权的地区武装力量，包括肯尼亚、乌干达、坦噶尼喀、桑给巴尔和尼亚萨兰（今马拉维）。如前所述，英国政府一直将之作为脱离政府控制的"政治反对方"来加以培植。在皇家非洲步枪团中，维持军纪主要依靠种族认同、社会关系和较好的生活待遇。由于英国担心土著士兵参与到民族解放斗争之中，因而培养殖民地军队孤立于广大

---

① 英国殖民部档案：CO822/2327，no. 15，"桑给巴尔宪制发展"，麦克劳德致内阁殖民政策委员会备忘录（CPC（61）27），1961年6月25日，in Ronald Hyam and Wm Roger Louis, eds., *British Documents on the End of Empire: The Conservative Government and the End of Empire*, 1957 – 1964，第1册，第129号文件。

② 英国殖民部档案：CO822/2327，nos. 159&164，"桑给巴尔独立要求"，殖民部备忘录，1961年8月22日至9月13日，in Ronald Hyam and Wm Roger Louis, eds., *British Documents on the End of Empire: The Conservative Government and the End of Empire*, 1957 – 1964，第1册，第130号文件。

人民的意识，鼓励士兵们将自己视为比普通非洲百姓更为优越的人，创造了一种排外的团队精神。① 这些士兵形成了一个独特的社会群体。在东非，士兵们守纪律不是为了忠诚于政府，而是因为他们不想被同一社会群体的人指责。非洲士兵将自己视为社会中最具纪律的人员，也将军事组织视为相对未受过教育的农村社区的代言人。实际上，军队代表了非洲社会中贫苦阶层被独立所激起的改善生活的愿望。唯一不同的是他们和以前的茅茅战斗者一样有武力支撑。所以，当英国军官的威信丧失，出于对自己生活状况的不满，以及对军队特权地位难保的担心，还有希望通过"非洲化"来为自己晋升提供机会等原因，没有外在约束的非洲士兵，被独立激起了改善生活的愿望而参与了兵变。

这场兵变的结果之一是加速了东非公职人员的非洲化。1964年4月，肯尼亚提高了军队、警察和监狱管理人员的待遇，也加速了军队的非洲化。尽管肯尼亚在长达两年多的时间内，保留了一名英国将军作为军队司令，但是在1964年结束时，非洲人已经占据所有一线单位的管理职位。作为保障措施，在以后多年一直有160名英国军官待在肯尼亚军队中作为顾问和培训人员。而坦噶尼喀则不得不用尼日利亚公职人员取代英国人担任的职位，坦桑尼亚和乌干达都提升了军队报酬，在低级指挥人员中实现了非洲化。

三国政府对兵变人员实行了不同的处理办法。肯尼亚对兵变参与者进行了审判，将他们驱逐出了军队。坦噶尼喀领导人尼雷尔完全废除了旧有军队中的全体士官，从坦桑尼亚非洲民族联盟青年团团员（Tanzanian African National Union's Youth Wing）中招募新成员。乌干达独自允许反叛者继续待在军队中，结果合法化了军队干预政治的行为，要对日后阿明上台负部分历史责任。

受兵变影响，麦克米伦政府加紧明确了干预原则，即在紧急状态下，英国力量可以应地方政府要求而实施干预。决定是否干预的关键在于地方政府是否能利用英军干预的短暂时间，在英军撤走后重新保持对局势的控制。英国政府还进一步阐释了干预"原则"。从理论上讲，英国干预

---

① 更多有关皇家非洲步枪团的情况，见 Hubert Moyse‑Bartlett, *The King's African Rifles*, Aldershot: Gale & Polden, 1956; Anthony Clayton and David Killingray, *Khaki and Blue*, Athens: Ohio University Press, 1989; Timothy Parsons, *The African Rank‑and‑File*, Portsmouth: Heinemann, 1999.

会出于两种选择：一种是在假设当地政府不再为理性政府时，为了减少英国损失而采取颠覆性的行动；另一种是为促进当地政府稳定而采取的行动。前一种选择将是昂贵的和政治上难以实行的，主要会为了白人移民的利益而在东非地区展开。从实际代价出发，英国仅仅考虑第二种选择。对于当地政府的帮助主要围绕两个方面考虑，即军事和政治。在军事方面，最好的方法是结成集体安全体制，如防御力量的联邦化。英国希望在获得东非三地政府同意后，快速建立起一个统一的训练体制。而英国在肯尼亚的军事力量也可以以营为单位作为联邦防御体制的核心。从而能够使英国在东非的军事存在更可接受，持续的时间更长久一些。同时加大援助警察力量、特勤机构和情报系统的力度。在政治方面，英国政府认为自己资助的政府应该是那些有意志和手段维持自己的权威，并能保持自己地区的法律和秩序的政府。军事支持仅仅是一方面，还要施以财政和技术援助，以便增强他们的政治权威。干预行动最好能得到本地政府的邀请，以免被指责为新殖民主义。此外，英国政府再一次强调了英军对过境权、驻扎权和移民保护权的要求，强调即使在联合国遇到麻烦，也要干预危及英国公民的行为。[①]

综上所述，英国的军事战略和非殖民化进程是相互影响的。从军事战略出发，英国并不想放弃任何一块殖民地，英国的每一步妥协都只能是殖民地人民斗争的结果。英国日益衰竭的国力不能再支持炮舰政策是非洲殖民地"和平"独立的一个重要原因。同时，英国仍旧拥有一定的军事实力，这就使英国政府能够以军事援助为诱饵，以选择性干预为威慑，保持自己在撒哈拉以南非洲的军事影响力。

本章小结

面对殖民地民族主义运动，英国政府不仅采用政治改革一类的退让手法，还交替采用暴力镇压一类的手法。当殖民地人民不满现状时，英

---

① 英国内阁档案：CAB 148/1, ff. 194 – 197, 1964 年 2 月 4 日, "东非（安全形势）发展的政策含义"：特雷得（Sir B. Trend）主席作内阁防御和海外政策（官方）委员会记录, in Ronald Hyam and Wm Roger Louis, eds., *British Documents on the End of Empire: The Conservative Government and the End of Empire*, 1957 – 1964, 第 1 册, 第 139 号文件。

国政府往往先采取镇压的措施，难以阻止时才会采取让步措施，进行政治改革。一旦通过镇压活动获得了某种优势，英国政府便迫不及待地寻求谈判对象达成权力转移协议，以图尽可能多地保留自己的利益。但谈判的开始并不意味着英国政府完全放弃应用暴力手段来捍卫自己的利益。

镇压民族主义运动意图在于延长殖民统治，延缓殖民地独立进程，保障独立后的英国利益。通过镇压防止了激进的民族主义要求，延缓了殖民地独立进程，英国政府有更多时间安排殖民撤退，又能引起民族主义者内部之间的冲突，为英国政府扮演调停人提供了可能。镇压迫使激进的民族主义者采取比较温和的政策，成为软化民族主义领导人的一种手段，使民族主义者接受英国提出的撤退条件，让英国在殖民地独立后仍旧能在一定程度上保持原有的利益并维持旧有联系。

此外，英国政府还以推迟独立日期和选择性军事干预相威胁，以经济和军事援助为诱饵，努力保留英国在各殖民地原有的军事基地和享有的军事特权，力图保有实施暴力干预的能力，构成非殖民化时期暴力机制的一部分。

除了使用前述的政治和军事的手段，英国政府也多应用经济手段维持自身利益，间接控制独立后的新国家。相较政治和军事的手段，经济手段更为隐蔽、造成的影响更为长远。这一点将在下一章中详细阐述。

第五章　英国政府的英属撒哈拉以南非洲经济政策

西方学界对于国家政治行为和经济利益之间的关系大体有三种看法。第一种,自由主义学派,认为不存在经济支配政治还是政治支配经济的问题,两者是相对独立的。第二种,现实主义学派,认为民族国家是主要的国际行为体,经济从属于国家的政治目标。第三种,马克思主义学派以及受其影响的理论(如依附论和新殖民主义论等),认为国家的政治行为和经济利益有紧密的关系,并且经济利益的得失决定了国家政治行为。[①]

对于经济因素在帝国解体过程中扮演的角色,学界有不同的看法。英国历史学者多认为,英帝国的解体主要是受到政治及其附属的军事因素的影响,特别是国际政治的影响。有一些英国学者秉承霍布森的立场,从经济角度解释英帝国的解体原因。霍布森认为,如果资本家把投向海外的剩余资本撤回国内用于社会再分配,资本主义社会面临的生产过剩和消费不足的两难困境可以自行解决。所以,英国学者们认为英帝国的解体过程就是英国撤回海外投资建设"福利国家"的过程,是英国资本主义发展到新阶段的产物。这些看法同马克思主义经典作家的观点有所不同。

本章试图从四个方面入手,分析20世纪非殖民化时期英国政治行为和经济利益之间的关系。第一,探讨英国政府是否主动放弃了英镑区和英联邦特惠制,即放弃了帝国统一的经济体系,并分析撒哈拉以南非洲殖民地对于维持英镑区的价值。矿业和农业是英国维持殖民统治的两大经济支柱。第二,聚焦殖民地矿业开发领域,考察英国殖民地向外资开

---

① 有关此一分类方式请参阅[美]詹姆斯·多尔蒂、小罗伯特·普法尔茨格拉夫《争论中的国际关系理论》,阎学通等译,世界知识出版社2003年版,第447—522页。

放后，英国政府保持殖民地政治控制的力度，以及跨国公司在其中发挥的作用。第三，从非殖民化过程中对土地所有权的争论为切入点，考察白人移民经济在非殖民化过程中发挥的作用。第四，考察英国政府如何通过直接的经济手段——援助来开发殖民地资源和保证自身的影响力。

第一节 英帝国经济体系的衰落

战后英帝国的经济联系同帝国解体之间的关系大致有三种解释路径。第一种路径是英国经济力量相对衰落，难以再扮演消费市场、供应者、投资者和银行家等种种帝国经济体系中的角色，导致帝国经济联系衰落，进而导致帝国瓦解。第二种路径是帝国经济中各方经济诉求分化，导致帝国经济难以再形成一个聚合体。英联邦国家和殖民地不再将英国视为单一经济诉求中心。它们在其他地方搜寻市场和资本。它们决心实现工业化并取得更大的经济自立。即便就英国本身而言，西欧共同市场代替英联邦作为英国经济力量的自然载体，帝国的经济价值也在下降。因而，英国没有理由抵制殖民地独立的要求，或者做出任何费力保存独立后紧密联系的努力。第三种路径是新殖民主义论。将帝国解体的过程视为资本主义的西方同第三世界边缘地区关系的一种转化。西方资本主义更国际化，西方企业更跨国化，老式的殖民帝国不再迎合它们的需要，同时，西方资本家害怕抵制温和民族主义者将导致后者被激进者取代，激进者会危害外国资本。如此一来，英帝国的解体不是一个时代的结束而仅仅是西方同第三世界联系方式的改变。本节尝试分别对上述解释路径进行初步辨析。

一 英国经济力量的相对衰落

进入 20 世纪之时，英国是世界的银行家，英镑是国际交易的基本支付手段。在 20 世纪早期，英国逐渐将非洲融入自己的外部经济体系之中。在《1900 年殖民地证券法案》（Colonial Stock Act of 1900）的作用下，殖民地的金融业务也中心化了，英国的投资者获得了一条制度化的出口和金融途径。甚至直到 20 世纪 50 年代，权力都集中在伦敦，各殖民地的总督都无权涉足金融事务。可以说从 1900 年起，各殖民地逐渐统一了货币，为英国的投资者提供了便利的出口环境。最主要的机构革新是各殖民地普遍设立了货币理事会（Currency Board），设立该机构的目的是规范货币市场和保持地方货币价值。英国借助此机构之力用英镑取代了各殖民地不同的货币（布料、贝壳和金粒等）①，而且可以自动地将殖民地出口所得兑换为英镑。各殖民地在伦敦的皇家代理机构（一种半官方机构）管理所有货币资金的投资事务。英国掠夺殖民地的另一个体制是殖民地经销体制（colonial marketing institution），它在两次世界大战之间以各种形式出现在小商品生产者而非大种植园生产流行的地区。② 他们的角色进一步使殖民地的出口贸易集中到少数大公司手中。结果，西非的小生产者不得不以低于世界市场的价格出售可可。贸易管制和统一的货币管理成为英国剥削殖民地的有力工具，以此为基础构建起英帝国统一的经济体系，成为帝国关系的基石。

　　从1931年开始，英国对殖民帝国的经济控制有形化了，英镑区和英联邦特惠制逐渐形成。这一年，英国、英联邦国家和一些与英国经济联系紧密的国家，正式组成了以英国为中心的英镑集团。因为历史的原因，保持英镑作为一种国际货币的稳定，不仅符合英国的经济和财政金融利益，也有利于相关国家和地区维持自己货币的稳定。参加国将自己的货币同英镑挂钩，同英镑保持固定的汇率，彼此间的贸易用英镑结算，并把自己全部或几乎全部的外汇储备放在伦敦。第二次世界大战爆发后，大部分非英联邦国家离开了英镑集团，在此基础上形成了英镑区。当时以英国为首的英镑区各政府实行严格的外汇管制，废除了英镑对美元和其他非英镑区国家货币的自由兑换，将所有的黄金和外汇收入以英镑存款的形式由英格兰银行统一管理，形成了黄金美元总库。战后，英国无力偿还英镑区成员债务，于是英国冻结了自己欠英镑区成员的债务，而将之称为"英镑结余"（sterling balances），在接下来的十年中一些国家被允许用光它们的结余，用来购买英镑区生产的货物。

　　意想不到的是，战后英国经济的弱化加强了英联邦在贸易和金融方面的团结。除加拿大之外的英联邦国家和一些英联邦之外的独立国家像伊拉克都用英镑作为它们的基础货币，将其外汇收入存于伦敦。1947年

---

① 货币理事会按地区原则建立：西非、东非、南罗得西亚、马来亚和西印度群岛。
② 在西非，可可生产在小的本土农场中增长迅速；在马来亚，尽管大橡胶种植园居于主导地位，但是20世纪30年代小所有者的生产额度已经达到40%。

英镑的崩溃威胁了它们，它们不得不同英国共进退。结果它们只得接受了管制，包括同英镑区外贸易和接受伦敦美元池的用汇管制。英国经济困难收获了相反的结果，独立的英联邦国家如澳大利亚、印度和南非接受了对其经济主权前所未有的限制，英镑区成为一个紧密的经济集团。在某种程度上，帝国前所未有地在英国经济中占据重要位置。尽管相较1931年，1947年后英镑区成员数量大为减少。不属于新英镑区成员（如阿根廷）的英镑结余快速下降，"白人自治领"相比慢了很多，新独立国家（如印度、巴基斯坦和斯里兰卡）的结余下降最慢。战后殖民地英镑结余持续增加，成为支撑英镑区的支柱。到1956年殖民地英镑结余超过结余总数的一半，而不再是1946年时的10%。此种增长不仅仅是比例的增加而且是绝对数量的增长。多种原因造成了此一现象：资产的自然增值；战后原材料价格高涨换来的更多外汇；经销理事会基金①的不断增长；英国银行在殖民地的分支机构也将各殖民地的大多数英镑结余都购买了英国政府债券。英国建立的以伦敦为中心的殖民货币体制自动地将每个殖民地的出口盈余转化为英镑结余，同时伦敦也能决定英镑结余的用途。随着英镑一次次贬值，英国实质上将损失转嫁给殖民地。在殖民地被迫借贷给英国巨资的同时，自己却遭遇到资本不足引发的开发计划难以快速进行的难题，自身结余的用途要由英国财政部和英格兰银行决定，还要承受向英国乞求贷款的难堪。进口限制和外汇管制对许多殖民地形成了双重负担：第一，它们不能用自己挣得的美元购买美元商品；第二，它们的贸易盈余成为伦敦掌控的英镑结余和投资，不能自由用于从英镑区购买货物。这对殖民地20世纪四五十年代的经济开发构成了主要的限制。甚至到1957年，英国最缺乏美元的时期已经过去，花费美元的进口仍然受到限制。正是借助于对殖民地的剥削，英镑区才得以持续存在。如当时一位学者贾德·波尔克所描述的那样，殖民地是可同美国、加拿大的对英援助相比的"（英镑区）美元支柱"之一。②

  战后英国面临严重的经济困难，不仅本土面临食物和原材料短缺，而且还面临美元荒。英国将希望放在帝国开发上，以获取食物、原材料

---

  ① 西非殖民地加上东非乌干达的经销理事会也从农产品出口中提取了大量资金以应付农产品价格下降，由于经济繁荣，此项资金一直在积累。
  ② Judd Polk, *Sterling: Its Meaning in World Finance*, New York: Harper & Brothers, 1956, p. 137.

和美元。出口食物和原材料获取的美元将被放置在由伦敦管理的英镑区美元池中。由此，殖民地开发计划的规模扩大了。在一个接一个的殖民地，管理机构被重新组建以便迎合伦敦的经济要求。官员和专家带着农业改进方案深入殖民地乡村。产出经由市场委员会掌握的销售渠道经销，利润被大量收集到政府。在非洲，持续的来自英国的经济压力被称作"第二次殖民占领"，因为空前多的派遣人员干预空前多的殖民地的社会经济生活的方方面面。在东南亚，英国不惜以战争来维持对美元殖民地马来亚的统治。

既然英国给自己的殖民地施加了前所未有的经济压力，英国人认识到要在政治方面进行一定妥协，不仅是地方自治政府改革，甚至可以在不得已之时授予独立，因为英国人假设即便殖民地独立也不会对紧密的经济联系损害多少。在某种程度上，加纳、尼日利亚和马来亚在20世纪50年代中期独立可以被认为属于英国经济弱化的不得已妥协。

20世纪五六十年代，帝国仍是英国海外投资和贸易的重要目的地。英镑区的存在便利了英国的海外投资，英联邦特惠制则便利了英国的海外贸易。1932年，正是出于保证英国对外贸易的考虑，确立了英联邦特惠制度。英联邦特惠制将自由贸易的范围限制到了英镑集团，之后又限制在英镑区。这就为英国提供了管理非殖民地外贸的基础，通过英镑池制度（pooling system），英国得以抵制美元区，形成了英镑区成员一体实现进出口平衡的机制。这一机制帮助英国支持了自己的支付平衡，扩大了英国同自治领组成的英联邦之间的贸易量。英联邦加上其余的英国殖民地在英国出口中的比重从20年代末的43%增长到30年代末的50%。在同一时期，它们在英国进口中的比例则从30%增长到40%。[1] 第二次世界大战期间和战后初期的国际环境使英联邦关税特惠制得以持续。据统计，1951年英国是帝国和联邦内除加拿大之外所有成员国中最大的买方和卖方。1950—1954年，整个英联邦在英国进口贸易总额中所占的比重为49%，在出口贸易中则高达54%。[2] 1955—1959年英国进口的45%和出口的51%仍旧来自英联邦。相比20年之前39.5%和49%的数额，

---

[1] ［苏］米列伊科夫斯基等：《第二次世界大战后的英国经济与政治》，叶林等译，世界知识出版社1960年版，第423页。

[2] Joseph Frankel, *British Foreign Policy*, 1945–1973, Oxford: Oxford University Press, 1975, p. 222; Paul Kennedy, *The Realities behind Diplomacy*, London: Fontana Press, 1981, p. 335.

英国和英联邦之间的贸易联系并没有松弛的迹象。在第二次世界大战之前五年，大约一半的英国资本输出到英联邦；1950—1954年这个数字飞升到65%，在60年代初仍旧有60%。① 英联邦特惠关税不仅仅为"传统"工业部门所赞赏，新兴的英国电子机械工业也一样支持它。英格兰电气公司（English Electirc）主席乔治·尼尔森（George Nelson）在1957年告诉股份持有者："我们作为一个公司从英联邦秩序中获取了大量利益。"而且，他认为，"在更广泛意义上从英联邦能获得更多的经济资源，英联邦可以很好地成为一个经济贸易实体的基础，这个经贸实体可同……美国、现在和未来的欧洲、苏俄和中国相媲美"②。

随着美元荒的消退，从50年代中期开始，英联邦特惠制呈现衰落的趋势。英国、加拿大转向自由贸易，印度、巴基斯坦视之为殖民主义体制。英国在50年代很少采取避免外国农产品倾销本国市场的措施。同时，英国加紧向英联邦推销自己的产品。在50年代和60年代，澳大利亚和新西兰虽没有减少对英国的优惠，但却和日本建立起了更紧密的贸易联系。殖民地和英国之间的贸易联系趋于弱化，英国同西欧、北美的第二产业和服务业的联系趋于增加。英国在殖民地和前殖民地市场上也遭到其他工业国家更多的竞争。1950—1970年英国同英联邦和南非进出口额的占比一直呈下降之势。

表5-1　　　　英国同英联邦和南非进出口额的占比　　　　单位:%

项目 \ 年份	1950	1960	1970
英国出口到英联邦和南非的额度占总出口额的百分比	47.7	40.2	24.4
英国从英联邦和南非进口的额度占总进口额的百分比	41.9	34.6	25.9

资料来源：John Darwin, *The End of the British Empire: The Historial Debate*, Oxford: Basil Black Well, 1991, p.50.

从20世纪50年代中期以后经济压力不再驱使英国同帝国更紧密的联系，而是转向欧洲。自1961年英国第一次申请加入欧洲经济共同体开始，

---

① M. Barratt Brown, *After Imperialism*, Portsmouth: Heinemann, 1963, table 6, p.111.
② A. Ramamurthy, *Imperial Persuaders: Images of Africa and Asia in British Advertising*, Manchester: Manchester University Press, 2003, pp.203–204.

到 1973 年进入欧洲共同体，代表了一种脱离帝国经济的转向。当然，英国是不甘心接受欧共体的束缚而放弃帝国的好处的。英国的政策传统是将欧洲和帝国利益放在一个大约平衡的地位。加入欧共体也许便是为恢复这一传统。但这仅仅反映出一种趋势。直到 1965 年，英联邦成员在英国贸易份额中享有比 1938 年之时更大的比重。[1] 同时，贸易自由化使英国对殖民地英镑结余的需求更大了。为了保有殖民地的英镑结余，英国政府继续加强帝国经济联系。

表 5-2　　　　英镑区和西欧分享英国进出口百分比　　　　单位:%

地区	项目＼年份	1948	1954	1960	1965
英镑区	英国进口	36.4	44.4	34.0	31.4
英镑区	英国出口	48.4	48.5	38.5	34.3
西欧	英国进口	20.5	24.2	24.4	30.6
西欧	英国出口	24.8	28.0	26.6	32.5

资料来源：J. M. Brown and W. M. Roger Louis：*The Oxford History of the British Empire*：*Twentieth Century*，p. 104.

战后，英国从英镑区获得的暂时好处还有便利制造业产品出口。战后英国工业实力急剧衰落，在世界制造业出口中所占比例从 20 世纪 40 年代的 20.4% 下降到 1959 年的 17.9%。[2] 英国的传统产业如造船业在 1956 年只建造不到世界总产量 14% 的船只，而在 1949—1951 年，英国建造的船只占世界总产量的 38%。[3] 源于英国工业实力的衰落，1953—1961 年英镑区进口自英国的制造业产品从占比 61.4% 下降到 43.4%。英国制造业产品在英镑区市场占比的缩减是其在整个世界市场缩减的缩影。关键性的时期出现在 1953 年之后，在这一年英国分享世界制造业出口额的 21%（在 1938 年时是 22.1%），在 1961 年时是 15.7%。英国制造业产品

---

[1] M. A. Havinden and D. Meredith, *Colonialism and Development*, 1850-1960: *Britain and Its Tropical Colonies*, pp. 240-243.

[2] Keith Robbins, *the Eclipse of Great Power*, 1870-1975, p. 302.

[3] Keith Robbins, *the Eclipse of Great Power*, 1870-1975, p. 216.

出口额的下降不是由于帝国特惠制发生了大的变化，1958年它仍旧被应用到占49%多的英国出口到帝国的货物上，提供了12%的平均优惠，虽然低于1948年的14%。① 1958年后，澳大利亚、新西兰通过协议免除了自己所受1932年渥太华协议的规制。随着1958年英镑自由兑换和取消从非英镑区的进口配额后，英国工业经济所受1932年协议的影响完全显示出来，一旦脱离了保护，英国工业经济的竞争力弱势尽显。这显示出英国从帝国所得的利益。从长远来看，过度保护使英国工业更为衰弱。英镑区的成员一旦获得自由选择不再购买英货便可作为证明。

1945年后，英国从帝国区域获利还在于为商业投资提供了便利，这些地区对英国投资的限制是轻微的，投资者不用担心外汇问题。直接投资的分布仍然是西欧和帝国几乎平分秋色，投资的平均税前利润，1955—1964年最高的是德国，第二是马来亚，第三是意大利，第四是印度。② 但是英国的投资方向在这些年中正在发生转移。到20世纪60年代中期，英国直接投资的重心便从帝国完全转向欧洲了。

二 英国政府克服经济离心倾向的努力

英国政府并不想放弃本国借助金融和贸易垄断形成的英联邦内的经济中心地位。历届政府都在探讨如何应用英国的经济实力确保此一地位，1957年上台后的麦克米伦政府也是如此。1956年英法侵略埃及的战争带来了一次新的英镑危机。1957年2月，英镑区总库有超过40亿英镑债务，所持有的黄金和美元却不超过7亿镑。此时的英镑区不仅包含除加拿大以外所有的英联邦成员，而且包含伊拉克和爱尔兰等英联邦之外的国家。英国是唯一将英镑作为国内货币的国家，以垄断管理黄金美元总库的形式支配整个英镑区的外汇。英镑区成员有一些共同的经济特征：用英镑结算对外贸易，以英镑作为主要的储备外汇，主要从伦敦筹措外部资本，以英镑区为基础实行贸易互惠。由于殖民地的英镑结余占英镑区结余的比重越来越大，为了让殖民地尽可能地支持英镑区，麦克米伦政府认为需要采取两项措施：一是让殖民地感觉到自身和英镑区内的其他非殖民地成员一样被英国平等对待，二是满足殖民地对资本和廉价商

---

① J. M. Brown and W. M. Roger Louis：*The Oxford History of the British Empire：Twentieth Century*，p. 104.

② J. M. Brown and W. M. Roger Louis：*The Oxford History of the British Empire：Twentieth Century*，p. 111.

品日益增长的需要。麦克米伦政府评估了英国的海外投资能力，认为很难满足英联邦成员和英国殖民地对开发资金的需求。按照英国政府的看法，当时英国面临严重的资本不足，不得不依靠高利率政策吸引海外资本，然而这仍难以从根本上解决英国资本不足的难题。在资本总量不足的同时，长期项目的海外投资（估计有2亿英镑）已经超过了经常账户所能承受的数额。所以，英国财政大臣认为英国经济难以承受大规模的援助，应该贷出去更少，借回来更多，将资本集中用于国内。[1] 英国政府认为自己仅仅应该给无法在伦敦市场上取得资金的殖民地提供暂时性资金帮助，最好将海外投资转变为英国货物和服务输出来获取支付结余，并且希望英联邦开发金融公司（Commonwealth Development Finance Company）和殖民地开发公司（Colonial Development Corporation）成为投资活动的主体。为此，英国议会为殖民地开发公司增加了3000万英镑的借款权。上述两家公司未来的资金都将主要取自非政府渠道（如英国公众储蓄和伦敦市场），而且不仅从英国吸收资金，还要从加拿大等国家吸收资金。英国政府希望加拿大、澳大利亚和新西兰如同在科伦坡计划中所作的那样，为新计划提供资本援助。

在不想过多动用本国资本的同时，麦克米伦政府认为英联邦逐渐松弛的政治联系使经济联系更为重要。[2] 因而，为了将殖民地和前殖民地留在英镑区，英国政府不得不放松了对外资尤其是美资的准入和对美国商品的进口限制。英国政府鼓励英联邦国家首先抽取本国的英镑结余而非向英国借贷，也鼓励他们从英国之外的资本市场借贷。后一措施是对英国以往政策的重大修正。麦克米伦政府的新看法是只要能获得美元投资，用美国机器不见得比用英国机器坏，英国的工业能够从无论何方资助的英联邦开发中获得衍生好处，阻止他国投资于英国不能负担的殖民地开发项目，将给英国带来难以承受的政治风险。英国应该采取所有可能的

---

    [1] 英国内阁档案：CAB 134/1674，EA 14（57），1957年5月27日"英镑和英联邦经济开发"内阁经济政策委员会会议记录，in Ronald Hyam and Wm Roger Louis, eds., *British Documents on the End of Empire：The Conservative Government and the End of Empire*，1957 – 1964，第2册，第302号文件。

    [2] 英国内阁档案：CAB 128/31/2，CC44（57）1，1957年6月4日，"英联邦经济开发"——投资来源和联系强化：内阁结论，in Ronald Hyam and Wm Roger Louis, eds., *British Documents on the End of Empire：The Conservative Government and the End of Empire*，1957 – 1964，第2册，第303号文件。

第五章　英国政府的英属撒哈拉以南非洲经济政策 ▎207

方法去鼓励其他国家对英联邦的投资。不仅仅要鼓励美国投资英联邦或殖民地，也应该寻求美国投资于英国本土。同时，鼓励英国公司注册纽约证券交易市场，作为从美国和其他市场获取贷款的手段之一。[①]

然而，英国之外的英镑区成员仍旧有离心倾向。这些成员有三类：第一类是当时新获得独立的成员，第二类是老自治领特别是南非，第三类是产油国。英国针对不同的情况分别采取不同的措施。英国通过给予财政援助和签订协议的方式来留住新独立国家。由于加纳是英国撒哈拉以南非洲殖民地中独立较早的地区，对加纳的具体处理办法形成了以后的处理规范。加纳领导人恩克鲁玛要求获得一定的财政援助，否则将退出英镑区。恩克鲁玛认为英镑区对加纳的不利影响包括：阻碍私人资本自由地从英国流向加纳；强迫加纳接受英国外汇管制；不得不以英镑结算外贸收入，对加纳贸易关系产生了负面影响；损害了加纳的国际信誉。经过研究之后，麦克米伦政府认为加纳退出英镑区很可能仅仅是要挟而已。首先，加纳并没有能力立即将英镑结余转化为其他货币。截至1956年12月31日，加纳的英镑资产接近1.8亿英镑，大致由以下几部分构成：加纳政府（同皇家代理机构共同管理）拥有8630万英镑，可可经销理事会（Cocoa Marketing Board）拥有3680万英镑，商业银行拥有1530万英镑，货币基金（加纳在西非货币理事会中的资产份额）拥有4000万英镑。加纳政府自然不能自由转化商业银行的财产。货币基金的最终控制权掌握在英国殖民大臣手中，加纳政府也无权转化。加纳自己的货币也在既有的加纳银行那里和英镑确定了固定汇率。其次，加纳绝大多数银行的运转都依赖于它们自由地和持续地同伦敦市场以及通过伦敦市场同其他市场联系。加纳自己还缺乏金融人才来替换现有体制。最后，从贸易流向看，1955年加纳（当时称黄金海岸）出口的46%面向英镑区，31%面向欧洲经济共同体，仅仅18%面向美元区。在50年代后半期可可价格下降之时，加纳脱离英镑区会对其贸易造成很大的损害。而且如果加纳不将美元兑换成英镑，将使自己的英镑赤字更为严重。此时加纳建立自己的新外汇体制，不仅难以获得英镑区老成员的信任，而且也难以

[①] 英国内阁档案：CAB 134/1674，EA12（57）1，1957年5月22日，"英镑、海外投资和英联邦开发"，内阁经济政策委员会会议记录，in Ronald Hyam and Wm Roger Louis, eds., *British Documents on the End of Empire: The Conservative Government and the End of Empire, 1957–1964*，第2册，第301号文件。

获得北美市场的信任。所以说，加纳将不可能直接退出英镑区，而是会逐渐建立起自己独立的黄金和美元储备。麦克米伦政府认为可以适当给予加纳一些经济援助，延缓其脱离英镑区的步伐。马来亚、尼日利亚所面临的情况和加纳很类似，新独立的国家还没有能力立即脱离英镑区，所以在独立后的一段时间内还不得不接受英国对本国对外经济活动的控制。英国政府看到了这一点，以财政援助为诱饵，同新独立国家签订协议，限制它们退出英镑区的规模和时间。

麦克米伦政府还研究了南非离开英镑区的可能性，以及离开对英镑区的影响。如此考虑的原因在于南非政府实行的种族主义政策激起了亚非国家的强烈不满，英国不得不考虑疏远同南非的关系。英格兰银行认为南非作为黄金生产大国离开英镑区并不能带来一场灾难。此外，南非也不被认为是一个很有益和忠诚的英联邦成员。虽然南非持有2500万英镑结余，但是它对持有英镑并没有多少偏爱，它同样随时准备增持黄金和美元，并不承认自己所承担的英镑区责任。就如同在政治上的表现一样，南非很少接受其他成员的经济建议。可以说，英国同南非保持联系既有有利的一面，也有不利的一面，但是最好能同南非保持联系。从纯技术上讲，南非是否离开英镑区并不会产生多大实践上的不同。南非仍旧需要向英国和英镑区其他成员售卖黄金，而这正是它在英镑区所发挥的作用。但是，南非离开英镑区可能使伦敦丧失世界最大黄金市场的地位，也会让英国不得不到其他地方寻求外贸盈余来获取南非的黄金。① 所以，英国政府既可以同南非政府拉开一定距离，又不能和南非政府完全断绝关系。

在1958年实现英镑的可自由兑换后，随着英国非洲殖民地的独立，中东产油国的英镑结余成为支撑英镑区的支柱。对于石油生产国（伊拉克、科威特和卡塔尔）英镑区成员国资格带来了便利。因为它们自己的货币不是国际化的。但是石油生产国中也出现了建立自己独立外汇和黄金储备的倾向，如伊拉克。伊拉克坚持只有免除自己的义务，才留在英镑区，这比让伊拉克退出英镑区造成的损害更大。科威特要求可以自由地以官方汇率兑换美元，才待在英镑区。伊朗则要求用美元支付自己的

---

① 英国财政部档案：T236/4873, pp. 11 – 19, 35 – 37, 1960年1月5日—2月12日，"财政部和英格兰银行评论霍姆勋爵对南非政策"，in Ronald Hyam and Wm Roger Louis, eds., *British Documents on the End of Empire: The Conservative Government and the End of Empire*, 1957 – 1964, 第2册，第442号文件。

石油收入，这对英镑区是很大的打击。如果此一要求被所有的石油生产国和石油运输国联合提出，英国将很难抵制。[1] 显然，英国政府难以满足这些产油国的要求，英镑区失去最后一根支柱在所难免。

当英国政府决定于 1958 年实行英镑自由兑换，并不代表着它认为英联邦的联系已经不再重要，并不代表想放弃英国从中获益良多的经济中心地位。英国政府积极地针对不同地区情况确保原有的以英国为中心的经济体制，撤退以不损伤英镑政策为前提。由于英国经济实力的减弱带来的资本不足同英联邦内资本需求的不断增加之间形成了尖锐的矛盾，英国政府不得不允许美资进入殖民地。允许美资等外国资本进入殖民地仅仅是英国加强原有经济联系的手段，而非放弃殖民地的动因，如比属刚果和葡萄牙的非洲殖民地早就是多国投资的场所，比利时和葡萄牙却一直保持着自己的宗主国地位。面对经济离心倾向，英国政府实施了多种措施力图弥合矛盾，然而终究难以挽回。

三　新殖民主义式的关系转化

在 20 世纪五六十年代的英属撒哈拉以南非洲殖民地，伦敦掌握着金融管理权，所有的金融业务也被货币理事会和英国银行垄断。这些地区都使用一种可以按固定兑换率自由兑换成英镑的货币，从而丧失了自己控制货币供给的能力，通货供应受到进出口额度和外资流入量的左右，更受到伦敦各银行贷款政策的左右。在西非地区，英国通过西非货币理事会和英国银行垄断加纳、尼日利亚等地的金融部门，早已激起了当地人民的反抗。

如他们的在殖民世界其他地区的伙伴一样，尼日利亚人很早就知晓外国银行是帝国经济体系的基石。他们认为不挑战殖民银行不足以挑战殖民者。从 20 世纪 30 年代开始，尼日利亚民族主义者和商人就致力于削减英国的金融垄断地位。1933 年，一群约鲁巴商人已经创造了第一家本土人银行尼日利亚国民银行（National Bank of Nigeria），之后陆续成立了二十余家本土人银行。这些银行贷款给不能从英国银行获取资助者，从而让货币经济更深入尼日利亚边远的地方。本土人银行的建立对削减英国银行

---

[1] 英国财政部档案：T236/5362, pp. 10 – 19, 1957 年 9 月 27 日，"离开英联邦的影响：加纳、马来亚或尼日利亚"，泰勒（A. W. Taylor）致里克特（Sir D. Rickett）草案，in Ronald Hyam and Wm Roger Louis, eds., *British Documents on the End of Empire*: *The Conservative Government and the End of Empire*, 1957 – 1964, 第 2 册，第 304 号文件。

的垄断地位和英国政府通过西非货币委员会的垄断地位,并间接对市场委员会的垄断权力形成挑战。尼日利亚民族主义者要求市场委员会将结余存到尼日利亚人的银行,而不仅仅是存在英国银行。反过来促使英国人对本土商业银行发放许可证。直到1951年,可可委员会将它所有资金的75%放在英属西非银行(the Bank of British West Africa),巴克莱银行(Barclays)获得25%。英国官员不反对投资2万英镑到尼日利亚国民银行,但对资金的使用做出比英国银行更严格的限制。进入地方自治政府阶段后,尼日利亚人尝试通过注入政府资金来缔造商业银行,如在金融部门中占据了很大份额的尼日利亚国民银行和非洲大陆银行(African Continental Bank),但仍旧没有从根本上削弱巴克莱银行和英属西非银行的权力。

在西非民族主义者眼中,中央银行是"工业化路线的神经中枢",尼日利亚中央银行将弱化英国对尼日利亚经济的控制,通过银行发行独立的货币,可以促进地方商业活动。[①] 英国官员反对尼日利亚建立中央银行的想法。这不仅仅由于英国官员想保住尼日利亚大笔英镑结余,而且也由于他们想保护两家英国商业银行的优势地位。然而,民族主义者的要求还是让他们派遣了一位金融专家去考察建立尼日利亚中央银行的可行性。这个人选是由殖民部和英格兰银行共同选定的理想人物——费希尔(J. L. Fisher)。他没有公开反对过非洲人中央银行,但私下表示支持伦敦的想法。果然,费希尔的报告提出无论从金融机制还是从智力状况,非洲人不能胜任管理和运作如此复杂的机构。费希尔的报告没有阻碍民族主义者建立中央银行和独立货币的热情。受1954年世界银行报告的鼓舞,尼日利亚民族主义者将问题由是否建立一个中央银行转化为该机构应该具有怎样的权限。殖民部和英格兰银行认为建立一个尼日利亚中央银行会危及英镑。英格兰银行派遣了另一个金融专家洛尼斯(J. B. Loynes)去全权调查尼日利亚中央银行的权限。1957年公布的洛尼斯报告成为指导尼日利亚中央银行建立的基础。该报告承认了尼日利亚经济受到西非货币委员会的束缚,承认了尼日利亚人要求拥有自己货币的正当性。洛尼斯认为:(1)由于尼日利亚经济长久以来都属于依附性的殖民地经济,

---

① 尼日利亚众议院辩论档案集,1952年3月21日,第377页, in Robert L. Tignor, *Capitalism and Nationalism at the End of Empire: State and Business in Decolonizing, Egypt, Nigeria, and Kenya*, 1945 – 1963, p. 277.

所以尼日利亚中央银行不能履行所有正常的中央银行职责。特别是无须对在尼日利亚的英国银行分支机构进行监管，这些银行有来自宗主国母公司稳定的资金支持，不会出现流通问题。（2）尼日利亚没有证券和货币市场而且很多年后都不可能有，因而尼日利亚中央银行不需要有监管地方证券和货币市场的权限。（3）同意尼日利亚可以有自己的货币。在早期阶段，英镑和尼日利亚货币将实行标准兑换率而非浮动兑换率。（4）尼日利亚中央银行掌握大量易变卖的英镑结余有一定的危险，所以尼日利亚中央银行应该受到英格兰银行系统的监督。在此前提下，尼日利亚的中央银行将尼日利亚货币和英镑挂钩，监督该地区内所有的银行，培育地方货币市场，检查经济增长计划。虽然新的中央银行代替了老的西非货币理事会，但是新的中央银行和英格兰银行存在着紧密的联系，银行的高层都由英格兰银行提名，亲英的财政政策和同英镑的联系得以继续。非洲人民需要继续为独立的货币和外汇政策而奋斗。

尼日利亚的情况并非孤例，加纳、马来亚的情况同尼日利亚极为类似。在加纳中央银行创立时，英国政府成功地扮演了一个监督者角色，并且争取到加纳独立后继续待在英镑区内，同英镑保持一个固定汇率。[①] 故而在1959年7月底，恩克鲁玛在加纳中央银行的开业式上说："我们如果不利用自己的政治独立以取得经济和财政上的自治和独立，我们的政治独立就毫无意义了。"[②] 有学者发现英国抵制马来亚金融独立，并认为整个过程可视作从正式帝国向非正式帝国转化的分支过程。[③]

新的非洲人政府认识到英国的金融垄断地位是以垄断非洲对外贸易为基础的。加纳政府取消了英国公司的政治特权，如原本英国公司在立法大会中的专门代表席位和在可可经销理事会中的代表席位。在经济领域，为了打破英国公司对加纳外贸的垄断地位，成立了新的可可购买公司（Cocoa Purchasing Company），建设了黑星（the Black Star）造船线。

[①] S. E. Stockwell, "Instilling the 'Sterling Tradition': Decolonization and the Creation of a Central Bank in Ghana", *The Journal of Imperial and Commonwealth History*, Vol. 26, No. 2, May 1998, p. 115.

[②] ［加纳］克瓦米·恩克鲁玛：《新殖民主义——帝国主义的最后阶段》，北京编译社译，世界知识出版社1966年版，第227页。

[③] Catherine R. Schenk, "The Origins of a Central Bank in Malaya and the Transition to Independence, 1954 - 1959", *The Journal of Imperial and Commonwealth History*, Vol. 21, No. 2, May 1993, p. 428.

如同在加纳一样，英国公司在尼日利亚失去了立法会议中的代表席位。无论是东部地区还是西部地区的政府都想削弱外资的控制力，促进本土企业的成长。① 联合非洲公司（The United Africa Company）曾经是进出口领域最大的垄断者。它购买尼日利亚农产品并出售一切尼日利亚市场所需的商品。但是"二战"以后变化的经营环境使它有选择地退出一些商业领域，集中到具有比较优势的某些商业和制造业领域。由于国际市场上原材料和食品价格下跌，联合非洲公司持续撤出可可等的收购。1962年年初联合非洲公司的主席宣布公司不再购买尼日利亚东部、西部出口农产品，仅保留在北部的立足点。这家公司不仅撤出购买领域，而且转化了自己在消费品销售方面的做法，不再销售尼日利亚人想购买的一切商品而是强调某个贸易点主要售卖某种商品，以应付环境变化——制造业进入尼日利亚的潮流。1963年，一位公司巡视员汇报称公司已不再作为综合性的商品售卖者。停止购买出口农产品和从某些商品售卖中撤出是为重新确定投资方向。联合非洲公司代表的是贸易公司的普遍情况。直到20世纪50年代，多家贸易公司开始认识到制造业是一个必要的方向和有利可图的领域。跟上进口替代的浪潮能使它们免于地方竞争者对利润的侵蚀。1960年联合非洲公司投向工业领域的资本从1954—1955年度的21%，上升到1963—1964年度的58%。并且贸易公司开始本土化，以免于民族主义者的攻击。②

虽然英国不能再借用货币理事会维持自己的金融垄断地位，但是还可以借助英国银行实现此一目的。面对非洲人政府加强金融管理的措施，英国银行采取了不同的应对方式。第一种方式是广开分支机构，在非洲本土银行的分支机构开张之前抢占市场。③ 在加纳，从1952年到1962年，英国西非银行的分支机构从15家增长到54家，巴克莱银行的分支机构从12家增长到60家。④ 第二种方式是改变投资对象。英国西非银行直

---

① Robert L. Tignor, *Capitalism and Nationalism at the End of Empire: State and Business in Decolonizing, Egypt, Nigeria, and Kenya, 1945–1963*, pp. 246–262.

② Robert L. Tignor, *Capitalism and Nationalism at the End of Empire: State and Business in Decolonizing, Egypt, Nigeria, and Kenya, 1945–1963*, p. 286.

③ S. E. Stockwell, *Business of Decolonization: British Business strategies in the Gold Coast*, Oxford: Oxford University Press, 2000, p. 162.

④ R. Fry, *Bankers in West Africa: The Story of the the Bank of British West Africa Ltd.*, London: Hutchinson Benham, 1976, p. 197.

接进入中、长期投资领域,向加纳和尼日利亚的大型政府工程提供贷款。第三种方式是将业务向"白人移民地区"集中或集中向非洲的白人企业贷款。巴克莱银行于1946年组成了巴克莱海外开发公司(the Barclays Overseas Development Corporation),专门从事非洲和西印度群岛的贷款业务,贷款数量在50年代有显著的增长。1958年,巴克莱海外开发公司贷款和投资超过1800万英镑,接近52%的贷款给予非洲的"白人移民地区",仍旧不愿意贷款给撒哈拉以南非洲本土的企业。[1]

由于殖民地人民的反抗,作为英联邦经济体制基础的货币理事会和经销体制不能再发挥作用,英联邦统一的经济体系再难以维持。由于非洲殖民地人民的反抗,英国失去了最后一块可以完全凭借超经济手段维系帝国经济体系的"地产"。随着新独立国家大量提取英镑结余、老自治领拒绝增加结余和中东产油国纷纷转用美元结算,维系英镑区的核心制度——成员把所有外汇收入转化为英镑结余集中存入黄金美元总库——已经逐步丧失了实质意义。1967—1968年的英镑危机加速了英镑区成员储备多样化的趋势。到了1972年6月27日,英格兰银行宣布英镑的法定有效区域为英国和爱尔兰。不平等的英镑区体制正式结束。英镑区的丧失使英国失去了控制英联邦国家经济的有利武器,从而也削弱了英国在英联邦内的传统政治影响力。英国不得不撤出超经济强制力量后,仍旧在各殖民地拥有一定的经济优势,这就使原英国殖民地在独立后仍旧需要为经济领域的独立作斗争。

通过考察,我们可以发现前文提到的三个解释途径并不能单一解释经济联系与帝国解体的关系,三个解释路径从不同的角度揭示了历史真相。英国自身实力的相对衰弱使其难以抵御帝国经济体系内的离心力和殖民地人民反抗,但不能说英国实力相对衰弱后已无继续维持自己和原殖民地经济联系的想法,并不能说英国撤出殖民地是因为丧失了垄断经济权益的必要。经济离心力加强了帝国离心力,但不能直接导致帝国解体,英国的实力和新殖民主义式的关系转化方式都缓和了帝国离心力。新殖民主义式的关系转化方式减缓了英国和殖民地人民之间的对抗性冲突,使非殖民化以较为和缓的方式进行。从某种程度上讲,我们可以认

---

[1] F. Bostock, "the British Overseas Banks and Development Finance in Africa after 1945", *Business History*, Vol. 33, No. 3, July 1991, pp. 170–171.

为英国实力和经济离心力之间的力量对比塑造了新殖民主义的关系转化方式。殖民关系的转化加速了英国实力的衰弱和经济离心力。无疑，任何单一路径都难以给出令人信服的解释，有关争论还将继续下去。

第二节　西方矿业公司与英属撒哈拉以南非洲非殖民化

现代非洲国家的发展总是摆脱不了西方特别是西方公司的影响。这种影响既是政府层面的也是社会层面的。针对此一现象，国际学界围绕以下三个问题展开争论。第一，此种影响同资本主义发展阶段的关系，特别是同列宁提出的帝国主义阶段的关系，有人认为已不再存在"帝国主义国家"，另有人认为出现了"帝国主义"的升级版；第二，此种影响同当地社会发展的关系，热衷讨论工人阶级的发展和买办资产阶级的发展，一般认为前者是当地社会现代化的表现，后者在左派看来属于现代化的阻碍力量，右派则持相反意见；第三，西方公司的地位和作用。西方公司究竟是从属于西方或当地政府的政治工具，还是挟持了西方政府或当地政府为自己私利服务，以及西方公司同第三世界民族主义兴起的关系。[①]

[①] 如弗林特就认为殖民宗主国如英国有计划地彻底放弃了自己的宗主国地位，罗格和罗宾逊则认为资本主义已经发展到了无须保有殖民地就能享受经济利益的阶段，参见 John Flint, "Planned Decolonization and its Failure in British Africa", *African Affairs*, Vol. 82, No. 328, July 1983, pp. 389–411; Wm. Roger Louis and Ronald Robinson, "The Imperialism of Decolonization", *Journal of Imperial and Commonwealth History*, Vol. 22, No. 3, 1994, pp. 462–511. 有关非殖民化背景下工人阶级发展与非洲社会变动参见 Frederick Cooper, *Decolonization and African Society: The Labour Question in French and British Africa*. 关于西方公司的地位和作用学界主要有三种观点。第一种观点认为公司拥有相当大的主动权，能够左右自己母国和当地政府的政策，参见 Olakunle A. Lawal, "British Commercial Interests and the Decolonization Process in Nigeria, 1950–1960", *African Economic History*, No. 22, 1994, pp. 93–110; 第二种观点认为西方公司虽然采取了行动，但只是对时局的被动适应，参见 L. J. Butler, "Business and British Decolonisation: Sir Ronald Prain, the Mining Industry and the Central African Federation", *Journal of Imperial and Commonwealth History*, Vol. 35, No. 3, September 2007, pp. 459–484; 第三种观点认为西方公司没有积极的作为，更像一群旁观者，新殖民主义的后果并非公司或宗主国政府主动作为的结果，参见 David K. Fieldhouse, "Decolonization, Development, and Dependence: A Survey of Changing Attitudes", in Gifford, P. and Louis, WM. R., eds., *the Transfer of Power in Africa: Decolonization, 1940–1960*, pp. 483–514。

围绕上述问题，国际理论界形成了强调西方公司主动性的两种典型理论。一种是新殖民主义理论（New Colonialism），其代表人物是恩克鲁玛，一种是后帝国主义理论（Postimperialism），其代表人物是 R. 斯克拉。两种理论代表了两种思想倾向，前者强调跨国公司和非洲国家的对抗性，这种对抗源于资本主义本质和跨民族剥削，认为只有建设强有力的非洲政府才能化解这种对抗性，迫使西方国家支持的跨国公司发挥积极作用。后者强调跨国公司和非洲国家的合作性，将这种合作同样视作资本主义本性的产物，其核心是以跨国公司为中心形成的以跨国公司管理者和非洲管理者为主的新阶级。两者都认识到20世纪五六十年代在非跨国公司发展同资本主义发展之间的联系，尤为关注西方矿业公司在非洲中南部矿业地区的活动，考察了非洲政府和跨国公司之间的关系，以及这种关系对非洲国家发展的影响。故而，以英属中非联邦（包含今赞比亚、马拉维和津巴布韦）为例来判明两种理论的合理性，进而回答前面提到的问题，应该是比较适当的。在此之前，我们先对非殖民化时期矿业公司对撒哈拉以南非洲的影响作一个宏观性的梳理。

一 西方矿业公司在殖民体系中的功能

当非洲国家独立时，现代经济仅仅以"孤岛"的状态存在，大多数分布在沿海地区，刚果的加丹加和赞比亚铜矿带等地区有一些矿业开采点。西方企业涉及种植业、农产品加工业、采矿业、进出口贸易、航运、现代制造业、银行业等行业。但是，在外国投资者看来，除了采矿业和商业贸易外，其他行业并没有多少吸引力。大的贸易公司主导了撒哈拉以南非洲的对外贸易特别是在西非地区，矿业公司则在中部、南部非洲占据主导性地位。

矿业发展可以说是殖民统治下非洲大陆发展的缩影。矿业资源处于西方矿业公司的控制之下，而非处于当地政府更非当地资本家掌控下。从1870年到1936年，私人投资到非洲的11.27亿英镑中有5.8亿英镑投资到矿业领域。在1935年以前，约66%对非投资集中于狭小的矿业产地：南非、西南非洲（今纳米比亚）、南罗得西亚（今津巴布韦）、北罗得西亚（今赞比亚）和比属刚果［今刚果（金）］。在西南非洲和南罗得西亚，私人投资的90%都投向矿业领域。发展到1935年，这5个地区生产了整个撒哈拉以南非洲大陆92%的矿物，其输出的矿产构成了大陆贸易的67%。属于公共投资的5.46亿英镑相似地集中于矿业生产地区，主要投资于矿业需要的管理和交通基础设施。①

那些投资到撒哈拉以南非洲矿业的资本并不严格遵守疆界。官方数据显示资本持续地跨越各种疆界，②例如英国资本广泛投资于葡属和比属殖民地，特别是投资于加丹加的矿业生产。由于矿业生产需要广泛吸引资金，早在20世纪20年代各大矿业集团就向现代跨国公司的资本组织模式发展，如英属北罗得西亚铜矿带中活跃着南非、美国资本。到了20世纪50年代，在撒哈拉以南非洲的各大矿业集团已经很难说仅仅来源于西方某个国家了。这就使矿业公司和非殖民化进程之间的关系更为复杂，要考察这种关系便需要明了矿业公司在殖民体制中所发挥的作用。

第一，矿业公司维系着撒哈拉以南非洲依附性经济体制。在矿业开发的刺激下，撒哈拉以南非洲大陆建立起外向型的贸易通道。矿业公司和其他类型的西方公司相比，规模更大、要求劳动力较少，需求地方经济供应更少。矿业公司采用高度资本密集化的方式生产，产品几乎用于出口，是真真切切的经济"孤岛"，几乎和地方经济没有多大联系。19世纪末矿物就已经代替农产品成为非洲出口到工业世界的主要货物。为此，撒哈拉以南非洲大陆建立起新的贸易路线。新的路线不再服务于主要的人口和经济中心，设计目的是将矿产品和农产品以最快最便宜的方式运到宗主国，所有铁路、公路、水路都是笔直地通向大海，相邻地域之间毫无道路建设。矿业公司还成为资本输出撒哈拉以南非洲的渠道。矿业公司利用非洲的矿藏发了财，却没有将主要利润投资于非洲地区。按照1960年罗得西亚选矿托拉斯总经理罗纳德·普兰（Ronald Prain）的报告，1931—1959年，该集团的毛利润总共有23400万英镑，其中8900万英镑用于付税，7000万英镑作为折旧费和其他杂费，7500万英镑被支付给持股者。③由于北罗得西亚政府不能自己决定本地区的所得税率，所以从1954年到1964年，矿产区流失的矿业股息和矿业特许费总共有约

---

① S. H. Frankel, *Capital Investment in Africa*, p. 158, p. 213, p. 165, p. 374.

② A. J. Latham, *The Depression and the Developing World*, 1914 – 1939, N. J. Totowa: Barnes and Noble, 1981, p. 71.

③ A. D. Roberts, "Notes towards a Financial History of Copper Mining in Northern Rhodesia", *Canadian Journal of African Studies*, Vol. 16, No. 2, 1982, pp. 347 – 359.

2.59 亿英镑。① 第二次世界大战之后的 15 年间，矿业公司在非洲大陆处于如日中天的时期。如果民族主义政府控制了非洲矿业资源，他们可能以更符合当地人需要的布局发展矿业，再利用一些资金发展生产、教育、管理、工业的基础设施。通过议价可能获取外国的技术和资本。但现实情况恰恰相反。殖民政权仅仅提供基本的交通设施、承担管理花费，很少有资金被投入经济、教育和社会保障发展之中。赞比亚在 1963 年独立时的教育设施就如黄金海岸（今加纳）在 1943 年时那样不充分。这一特征无疑促发了非洲人要求政治权利和对矿业实行国有化的诉求。

第二，矿业公司促进了种族主义政治的生成。矿业开采招引来大量白人移民，成为种族主义政治的基础。在南部非洲更是如此，白人移民获得了不成比例的高度政治权利，公司缴纳的税款帮助建立白人农场作为工业经济的基础。在南罗得西亚，当矿物出产未能产生预计收益的时候，英属南非公司鼓励从英格兰和欧洲来的移民开发罗得西亚的农业，以图增加公司土地和铁路投资的价值。英属南非公司帮助创造出一个白人资产阶级，这个阶级由农场主和那些中小矿主或工作在中小矿中的从业人员构成，成为白人少数统治的主要基础。这一特征无疑激化了当地的种族矛盾，进而引发反殖的政治运动。

第三，矿业公司赖以存在的土著劳动力供应制度，不仅致使非洲传统社会衰退，而且使深受剥削的矿工成为反殖运动的前锋。矿业公司和殖民权威抽调农村青壮年充当廉价非熟练劳动力导致乡村地区的再生产受挫。为迫使非洲人奔赴矿山，非洲人被禁止在最适宜耕种的地方购买土地，拥挤在狭小而贫瘠的土地上。任何改进非洲人农业生产力的努力都受到阻挠，因为那将推高矿场劳动力价格，多产的非洲人农场将使非洲人不再需要外出赚取现金以缴纳赋税。由于没有出现工业化和农业革新，又由于白人把持着矿业熟练工作岗位，当宗主国对原材料的需求下降，非洲劳动力将不得不返回乡村，受到削弱的乡村很难支撑这些劳动力的需要，于是会引发社会和道德的危机。经过非资本主义化的整合方式，非洲劳动力和矿业资源进入宗主国主导的资本主义世界体系之中，造成结构性的生产浪费，加重了土著居民的悲惨命运。矿工们所扮演的

---

① Andrew Roberts, *A History of Zambia*, London, Heinemann, 1976, p. 214.

角色使他们的活动更易于点燃全民反殖的烽火。在1949年尼日利亚埃努古（Enugu）煤矿罢工运动中，有21名工人被杀死，51名受伤，使埃努古成为战后整个尼日利亚大众反殖活动的开端，成为尼日利亚跨种族反殖、反英、反资本家剥削的象征。[①] 1956年非洲矿工工会组织了遍及铜矿带的持续罢工，引发了英属中非联邦地区全体非洲人对殖民统治新的集体反抗。

第四，同其他行业相比，非殖民化时期的矿业公司，有更多发挥影响力的主观愿望。其原因一方面在于所受压力大，另一方面在于力量集中。因为大商业公司唯一受到的威胁是外贸国际化，但受既有经济结构的影响，问题不大。银行的投资分散于各企业，且往往作为宗主国银行的分支，所受影响不大。现代制造业部门主要为非洲消费者生产，它们的主张仅仅是建立跨种族的财产捍卫联盟。所受压力唯一堪与矿业公司相比的是农业部门。欧洲人农业部门存在的基础是殖民时期攫取的土地，其发展极其依赖于税收结构、政府服务和受保障的市场，主要包含三种类型即移民农业、大土地所有者农业（主要在肯尼亚）、种植园农业（主要在坦噶尼喀和尼亚萨兰）。其中种植园农业直接服务于世界市场，由外国所有者雇用的职业经理人管理，同伦敦联系紧密。由于力量相对分散，在英属中东非殖民地农业部门各分支往往各自为战，甚至相互牺牲，其抵制非殖民化进程的能力并不能与矿业部门相比。

综上所述，矿业公司是殖民经济体制的有力支柱，其高额利润是在殖民政权的大力支持下取得的，公司毫无疑问对政治体制的变迁具有高度的敏感性，非殖民化的风向必然能触发矿业公司的政治行为，至于这种行为的力度、实施的途径、所包含的具体内容以及最终取得的结果则需要挑选出具有代表性的个案加以详细分析。

二 以英属中非联邦为个案的分析

英属中非联邦的兴衰与北罗得西亚地区的铜矿生产息息相关。中非联邦得以建立的基础之一就是《1950年协议》，该协议是在北罗得西亚白人移民的要求下，由英国政府、北罗得西亚政府和英属南非公司（British

---

[①] Toyin Falola, *Colonialism and Violence in Nigeria*, Bloomington: Indiana University Press. 2009, pp. 165–169.

South Africa Company）① 达成的。按照协议规定，公司可以享受包含采矿权在内的各项矿业特权到 1986 年。这份协议也是英国政府向北罗得西亚白人移民政治妥协的象征。立法大会中的两名非洲人代表被迫投票支持该协议，从而使该协议获得了非洲人赞成的表象。

《1950 年协议》可以被认为是白人移民的胜利，标志着公司融入白人移民政治集团。英属南非公司及其控制的英美公司集团（the Anglo American Corporation Group），成为中非联邦坚定的支持者。后者和罗得西亚选矿托拉斯集团（the Rhodesian Selection Trust Group）垄断了北罗得西亚矿业生产。英属南非公司并不直接从事生产，只是坐享特许费。英美公司的股份由英国人、南非人和美国人持有，受美国资本影响不大，相较而言同英国在殖民地的特权联系更为紧密，在考虑非洲大陆未来前景时，多以南非为背景。罗得西亚选矿托拉斯集团的日常经营由英籍人士罗纳德·普兰爵士（Sir Ronald Prain）负责，此人长期担任罗得西亚选矿托拉斯集团的总经理，出身于矿业经理人世家，早年曾和丘吉尔内阁殖民大臣李特尔顿共事，后同殖民大臣伦诺伊德-博伊德、殖民大臣麦克劳德和英联邦大臣霍姆保持密切联系。该公司的主要资本来自美国，重大决策受到母公司美国金属公司（The American Metal Company Limited of New York）总裁霍克希尔德（Hochschild）的影响。《1950 年协议》保证了两家公司的矿业特权，两家公司便将注意力转移到劳工问题上来。

当时的英属中非地区实行"有色人种禁令"（Colour Bar），将非洲劳工排除于大多数技术性工作之外，1945 年 10 月非洲铁路工人曾因此组织过罢工。铁路罢工意味着非洲劳工已经组织起来，白人无所顾忌地剥削和黑人部族主义的结束。慑于非洲劳工组织性的增强，也为了获取更多的利润，以普兰为代表的资本家强调劳工问题的核心不是非洲工人的报酬付少了，而是白人工人的报酬付多了。这让矿业行业的管理者日益倾向从非洲劳工身上抽取最大价值，用向非洲劳工开放新岗位的办法替换

---

① 这个公司由著名的殖民者塞西尔·罗德斯（Cecil Rhodes）组建，由英国政府在 1889 年授权管理中非地区。在管理权力于 1924 年终止后，公司同英国政府签订协议继续保持住了在罗得西亚矿业领域的经济权利。捍卫这一权力成为公司日后行动的主旨。公司担忧一切会影响自己特权的政治力量。这是公司曾强烈反对南罗得西亚成立责任制政府，甚至更加反对北罗得西亚白人移民控制北罗得西亚的管理机构的原因所在。随着南罗得西亚责任制政府的建立，该地的矿权于 1933 年被以 200 万英镑的价格卖给南罗得西亚政府。公司的矿权仅余北罗得西亚一地。

相对昂贵的白人劳工。[1]

结果英国政府于1949年公布了达格利什报告（Dalgleish Report），站在雇主的立场上要求白人工会向非洲人开放27种非熟练岗位，以期减少自己同非洲劳工的政治冲突[2]，弱化非洲人中反对中非联邦的力量。[3] 白人劳工予以坚决反对，认为中非联邦政府代表了大公司利益，损害了自身的利益。[4] 由于白人劳工拥有选举权，劳工问题危及了建立在种族主义基础上的白人联盟。所以从1953年1月开始，罗得西亚选矿托拉斯集团和英美公司集团、白人移民代表、英国殖民部官员展开持续达两年多的会谈。只是在1955年1月非洲矿工工会（The African Mine Workers Union）威胁要让总共34000名非洲劳工中的29885名罢工之后[5]，公司代表、白人移民代表和英国殖民部官员才达成协议，在白人占据的173种矿业岗位中让出24种。在会谈过程中，英美公司顾忌自己在南非的主要矿业利益，更担心自己受到罗得西亚白人移民的强烈抵制，所以持较为保守的态度不愿向非洲人开放更多的岗位，而罗得西亚选矿托拉斯则在其美国股东的支持下，为了降低成本持较为积极的态度。[6] 按照中非联邦政府和矿业公司的规定，上述新开放岗位上的劳工只能由1953年建立的非洲人矿业职员协会（the Mines African Salaried Staff Association）代表，意图进一步分化非洲劳工群体，创造出一个非洲工人贵族阶层，将拥有较高收入的非洲劳工同为数更多的普通非洲劳工分离开来。1955年协议使公司和白人移民暂时达成一致，公司从资产和劳动力两方面化解了同白人移民的矛盾，在中非联邦结成牢固的白人统一战线。此后数年，矿业

---

[1] W. J. Barber, *The Economy of British Central Africa*, Oxford: Oxford University Press, 1961, p. 233.

[2] Andrew Roberts, *A History of Zambia*, pp. 216 – 217.

[3] 英国殖民部档案：CO 1015/338, 1952年2月6日，"达格利什报告的实施"：D 威廉姆制备忘录, in Philip Murphy ed., *British Documents on the End of Empire: Central Africa*, 第1册，第77号文件。

[4] 英国殖民部档案：CO 1015/399, no. 91, 1953年5月4日，"矿业公司"：126号内部电报, in Philip Murphy ed., *British Documents on the End of Empire: Central Africa*, 第1册，第94号文件。

[5] Philip Murphy ed., *British Documents on the End of Empire: Central Africa*, p. lix.

[6] 英国殖民部档案：CO1015/1129, no. 9, 1955年8月4日，"欧洲裔矿工工会"：A班森爵士致伦诺伊德－博伊德先生的信件，关于处理同英美公司的事务, in Philip Murphy ed., *British Documents on the End of Empire: Central Africa*, 第1册，第110号文件。

公司大力支持中非联邦。①

矿业公司由于劳工问题和民族独立运动连在了一起。白人统一战线的形成，大大激化了非洲劳工的不满。非洲矿工工会于1956年8—9月组织了遍及铜矿带的持续罢工，提出了废除"有色人种禁令"的要求。由于矿业在中非经济生活中的重要地位②，也由于1956—1957年联邦选举权的变化关上了种族平等的大门，1956年矿工们的罢工引发了全体非洲人的反抗。铜矿带的罢工是非洲人国民大会和非洲矿工工会紧密合作的结果。"在非洲人工会总共59个分支工会官员中，有20多个是非洲人民族大会的官员，还有32个是非洲人民族大会的正式成员。"③ 在殖民部官员会议上，英国政府派去调查此次罢工的布兰尼根认为"如同1919—1923年爱尔兰新芬党（Sinn Fein）造就的爱尔兰局势一样，民族主义情绪支配了所有问题"④。1956年罢工显示了非洲人工会组织的高水准，增强了非洲人在政治舞台上抵制白人移民控制的决心，标志着非洲人政党同非洲劳工运动相结合。正是在罢工造成的大氛围下，1958年10月下旬，肯尼思·卡翁达⑤领导的赞比亚非洲人国民大会（Zambia African National Congress）从非洲人国民大会中分离出来，更坚定地反对殖民统治。这些战士还同非洲先行独立地区建立了联系。1958年12月，卡翁达和黑斯廷斯·班达（Hastings Banda）⑥参加了在阿克拉举行的泛非人民大会，卡翁达在会议结束后一个月还待在阿克拉，写作反对《班森宪法》（Benson Constitution）的备忘录。当1959年春该宪法正在讨论时，尼亚萨兰殖民政府逮捕并拘留了班达和120名党的骨干成员，随即赞比亚非洲人国民

---

① 菲利普·墨菲认为，由于劳工和矿业政策权保留给北罗得西亚政府，中非几乎完全和铜矿业不相关。矿业集团很少倾向继续支持中非（Philip Murphy, *Party Politics and Decolonization*, pp. 74 - 75）。事实上，联邦政府在上述两个领域仍保留了主导性的权力。

② 在1955年铜矿业鼎盛之时中非2/3的出口收入来自铜出口。在1960年，大约有35万—40万人的生活直接或间接地依赖于铜矿业。见 L. J. Butler, "Business and British Decolonisation: Sir Ronald Prain, the Mining Industry and the Central African Federation", p. 464。

③ Philip Murphy eds., *British Documents on the End of Empire: Central Africa*, p. lix.

④ 英国殖民部档案：CO 1015/933, no. 16, 1956年12月18日，"铜矿带的不安"：BM 图内尔小姐同 P 布兰尼根爵士在殖民部会谈的记录, in Philip Murphy ed., *British Documents on the End of Empire: Central Africa*, 第1册, 第138号文件。

⑤ 肯尼思·卡翁达（Kenneth Kaunda），1924生，北罗得西亚独立时期政治领袖，反对联邦体制，1964—1991年担任赞比亚总统。

⑥ 黑斯廷斯·班达（Hastings Banda）（1898—1997），尼亚萨兰独立时期政治领袖，到处发表演讲反对中非联邦，1964—1966年担任马拉维首席部长，1966—1994年担任马拉维总统。

大会的领导人也被北罗得西亚政府流放到偏远地区，该组织被宣布为非法组织。赞比亚非洲人国民大会的突然牺牲，反而赋予了该组织超脱于所有北罗得西亚民族解放者的地位。

在 1959 年中非联邦政府宣布处于紧急状态后，矿业公司对中非联邦政府的态度开始具有两面性。矿业公司试图树立自己在非洲人心中的良好形象并且开始和非洲人政党建立起联系。它们对紧急状态提出非议，认为强行驱散工会之后，工会成员和他们的妻子会将"劳工们严重的不满"传递到乡村去，而且会对个人和"矿业财产"形成危害。[1] 罗得西亚选矿托拉斯开始给非洲人公共工程和教育捐款。在援助当地社会的问题上，罗得西亚英美有限公司和罗得西亚选矿托拉斯的态度是不同的，前者强调在政治稳定的基础上提供开发援助，后者则认为援助能够促进和加强政治稳定。罗得西亚选矿托拉斯代表了矿业公司新式的想法，即承认非洲人政党的合法性，以免其政策走向极端，试图通过和非洲政党的讨论与协商，使其接受矿业公司的采矿权。同时，不希望现今和未来的政府干预劳工政策，害怕政府借此干预矿业公司的活动。然而，矿业公司的态度类似于英国政府的态度，以"骑墙"的精神处理中非联邦问题。如普兰不支持"一人一票"的原则，他支持维护白人政治垄断权的选举资格规定，在公开场合支持韦伦斯基领导的联邦政府，暗中则向非洲人政党频送秋波。

此时，由于英属殖民地多地长期存在的反抗活动，促发了英国政府政策的转变。时任首相的麦克米伦任命艾因·麦克劳德（Iain Macleod）担任殖民部长，以解决紧急状态持续太久的问题。麦克米伦承认中非联邦和肯尼亚是"我们（英国）真正小规模的阿尔及利亚"。[2] 他的政策也如法国的一样，即使认识到了困难和危险，也希望继续待下去。他所想的仅仅是如何以尽可能少的代价待下来。而且在他看来，白人移民是英国和非洲各种联系的天然纽带。他要麦克劳德搜寻的政策是避免英国陷入不可能获胜的漫长高消耗的流血冲突中，同时尽可能地捍卫"连襟兄

---

[1] 英国殖民部档案：CO 1015/930, no. 51, 1956 年 9 月 11 日，"铜矿带的不安"：内部电报第 57 号从 A T 威廉姆斯致伦诺伊德-博伊德先生，in Philip Murphy ed., *British Documents on the End of Empire: Central Africa*，第 1 册，第 133 号文件。

[2] A. Horne, *Macmillan*, 1957–1986, p. 209.

弟"在殖民地的权力。① 麦克劳德还需要面对韦伦斯基的联邦政府花巨资在伦敦组织的游说集团。② 在上述背景下,英国蒙克顿委员会(Monckton Commission)于1960年来到中非联邦调查情况。蒙克顿委员会报告仅仅提到需要重塑联邦,加重各地区权威,仍旧主张维持联邦的存在,各地名义上有权退出联邦,但要获得英国政府准许。虽然使团的报告对非洲人大大让步,但离非洲人的要求还很远。卡翁达在《黑人政府》中解释为何他拒绝给使团提供证据:

"使团要求参考证据的目的远离非洲人参与提供证据的立场,因为依照使团看来,我们应该接受联邦的理念,即参考证据关注于如何改进联邦……我们提出的要求是打破联邦,为北罗得西亚提供新宪法。

1960年转眼间就在蹉跎中度过。我们拼死坚持北罗得西亚的保护国地位(Protected Status)。从联邦宪制的角度来看,我们应该在这一年中要求建立以一人一票为基础的自治政府。"③

面对民族独立运动的兴起,两大矿业集团开始寻求同非洲民族主义者建立联系。1959年8月,罗得西亚选矿托拉斯任命了一名非洲人董事,准备和新兴的民族主义者而非传统酋长结成联盟。普兰强调仅仅经济开发不能保证中非联邦的未来,重要的是提升非洲人多数的政治和社会地位。相反,中非联邦首席部长韦伦斯基则称非洲人的政治和社会地位有赖于持续的经济开发,还需经历一个相当漫长的过程才有可能提升。④ 为了应对非洲独立运动的发展,霍克希尔德于1960年4月15日借助美国非洲协会(the African American Institute)的渠道同班达和卡翁达会面。会面之后,霍克希尔德增强了班达和卡翁达会保证自己矿业权的信心。霍克希尔德竭力塑造罗得西亚选矿托拉斯亲非形象的努力,说明罗得西亚选矿托拉斯的态度不仅是普兰个人观点的产物,而且是非洲民族解放运

---

① N. Fisher, *Iain Macleod*, p. 142; David, Goldsworthy, *Colonial Issues in British Politics, 1945 – 1961: From "Colonial Development" to "Wind of Change"*, p. 363.

② Patrick Keatley, *The Politics of Partnership*, London: Penguin Book, 1963, pp. 446 – 451.

③ Kenneth Kaunda and Colin Morris, *Black Government? A Discussion between Kenneth Kaunda and Colin Morris*, Lusaka: United Society for Christian Literature, 1960, p. 83, p. 86.

④ 罗得西亚选矿托拉斯主席年度陈述,G1/15/3,1959年10月15日,伦敦经济学院图书馆;英国殖民部档案:CO1015/1747,中非首相罗伊·韦伦斯基向联邦结党大会作党首报告,1959年9月17日, in L. J. Butler, "Business and British Decolonisation: Sir Ronald Prain, the Mining Industry and the Central African Federation", p. 469.

动兴起的结果。韦伦斯基后来怒火中烧地评价了矿业公司为确保自己特权而采取的新动向:"当我看到我们的朋友 K. 卡翁达被描述为温和的,就日益增加了保持平静局势的困难。"1961 年 5 月,美国金属公司而非美国国务院安排了卡翁达同肯尼迪总统以及世界银行负责人的会面,转化了世界银行对将要成立的北罗得西亚非洲人多数政府的融资态度。① 由于罗得西亚选矿托拉斯母公司在国务院所享有的官方渠道,就不难理解罗得西亚选矿托拉斯实行的策略同帝国或殖民地政府政策之间的差异,说明它为何能够比英属南非公司更早地趋近非洲民族主义者。

两公司面对的相同政治压力并未使它们迈出相同的步伐。由于各自的资本来源、开展其他业务的地域不同,所享特权、管理结构的不同,两大公司集团所采取的具体步骤和方式有所不同。相比罗得西亚选矿托拉斯而言,英属南非公司所享有的经济特权最多且经营重心在南非,持较为保守的态度,直到 1962 年都向联邦团结党基金提供资助。② 韦伦斯基也感恩地允诺:"我将尽我最大努力友善地和英属南非公司一起工作,因为他们的利益现在是我们的利益。"③ 1963 年,他推荐奥本海默为爵士,其理由如下:"据我所知,还没有任何非罗得西亚人对本地区所有人民生活状况的改善做出过更大贡献。"④ 罗得西亚选矿托拉斯的美国背景使公司可以有更大的余地采取实用主义态度,适应快速变化的政治环境。有感于比属刚果独立时对矿业生产的影响,罗得西亚选矿托拉斯支持建立非洲人自治政府。如卡勒(Kahler)所认为的那样:"(有些分公司)作为国际大公司的分支机构,其在某个特定殖民地所拥有的仅仅是(重要性)相对较低的局部利益,这就使其同(业务局限于)地方的公司(对非洲人的要求)有不同的回应方式。"⑤

需要指出的是,矿业公司立场的区别仅仅有相对意义。当解散中非

---

① Andrew Cohen, "Business and Decolonisation in Central Africa Reconsidered", *The Journal of Imperial and Commonwealth History*, Vol. 36, No. 4, December 2008, pp. 649 – 651.

② Richard Hall, *Zambia*, London: Pall Mall Press, 1965, p. 150.

③ Peter Slinn, "Commercial Concessions and Politics during the Colonial Period: The Role of the British South Africa Company in Northern Rhodesia 1890 – 1964", *African Affairs*, Vol. 70, No. 281, October 1971, p. 379.

④ Andrew Cohen, "Business and Decolonisation in Central Africa Reconsidered", p. 653.

⑤ Kahler, *Decolonization in Britain and France*, NJ. Princeton: Princeton University Press, 1984, pp. 268 – 269.

联邦变得不可避免，英属南非公司集团也被迫同非洲民族主义者联络。在 1962 年 12 月晚了普兰三年之后，奥本海默同卡翁达第一次会晤。奥本海默向韦伦斯基解释同卡翁达会面的原因："从商业观点来看，我们必须尽我们最大的努力使我们自己适应可能到来的任何政治变化。"他承认："在罗得西亚适应变化很困难，然而这是一个总是使我们自己感觉、仍旧感觉我们自己属于这个国家的地方——在这里就像我们在南非所能作的一样多……联邦的理念仍旧存在经济和政治上的正确性，种族伙伴关系的理念对我们似乎是合适和正确的。这些事情不应该为黑人或白人民族主义牺牲。"[①]

民族解放运动的发展使非洲人多数政府掌权，这就带给英属南非公司新的问题。非洲人多数政府要求修订《1950 年协议》，直接要求没有补偿地收回矿产权。英属南非公司以国际金融圈投资相要挟，以保障自己的矿权，卡翁达虽有所顾虑，但仍否认有责任清偿殖民时期的"义务"。[②]

英国政府官员在矿业集团的支持下，坚决反对赞比亚政府征收境内南非公司的矿业特权，同时考虑到赞比亚的政治环境和反对共产主义需要，认为可以向赞比亚政府提供用于支付补偿的贷款。负责此事的英国官员在呈送给首相的公函中称：英国政府不能向无偿征收的举措妥协，保障南非公司的权力是保障所有外国矿业公司财产的开端，是英国政府一贯加以保障的原则性问题。同时，无偿征收将会阻碍赞比亚获取外援，弱化其抵制东方集团的能力，该地区的铜矿最终会落在共产主义的控制之下。[③] 普兰也积极要求英国政府给予贷款。他列举了两项理由，一是如果不给予赞比亚政府贷款，该地的激进派将会推翻"温和"的卡翁达政府，实现无偿征收；二是为了将苏联和中国代表的共产主义势力抵挡在赞比亚境外，英国政府应该给予贷款，用以取代很可能到来的苏联和中

[①] Andrew Cohen, "Business and Decolonisation in Central Africa Reconsidered", p. 653.
[②] Peter Slinn, "Commercial Concessions and Politics during the Colonial Period: The Role of the British South Africa Company in Northern Rhodesia 1890 – 1964", pp. 380 – 382.
[③] 英国英联邦关系部档案：DO183/205, no. 236, 1964 年 9 月 29 日，"英属南非公司矿权"；G W 詹姆森制关于对赞比亚的财政援助的备忘录，in Philip Murphy, ed., *British Documents on the End of Empire: Central Africa*, 第 2 册，第 399 号文件。

国贷款。① 最终，为了不让北罗得西亚地区独立后出现普遍的反欧洲裔情绪，捍卫在该区域内的其他外国投资，也由于未能保证《1950 年协议》，英国政府同意提供给公司 200 万英镑的款项。赞比亚政府再动用存于伦敦的英镑结余支付给公司 200 万镑赔偿，且不再提出修改宪法。英属南非公司放弃自己所有的矿业权力。② 在矿业公司和非洲人政府达成协议两个月后，中非联邦宣告解体。

三 启示

从中非联邦的兴衰的历史中，我们可以得出以下三点启示。

第一，中非联邦组建、维持和解体的整个过程都是由英美政府支持的矿业公司同当地政治力量反复角力的结果。世界经济活动中没有纯粹的经济行为，只有政治经济行为。某些学者所称非殖民化时期的政治和经济分离、政治精英独立做出决定的说法是不客观的，也根本不存在作为"第三方"的公司母国政府。在非殖民化时期，矿业公司同殖民政权联系紧密，甚至寻求同新兴非洲人政治力量建立联系。这是由于矿业公司一方面需要当地殖民政府的支持来从制度上确保获得廉价劳动力和矿藏开采的其他便利条件，另一方面需要殖民宗主国政府的支持来确保矿业开采权和销售渠道。故而，公司领导层不但同英国的大臣们保持着密切的联系，而且同殖民地不断变化的政治力量不停地改变相互之间的关系。矿业公司积极行动，采取了经济和政治的两种手段，在经济上促动英、美政府以官方援助为条件、策动国际金融机构以贷款为诱饵来确保自己已经投资于原殖民地的产业，同时通过抽取利润向美国、澳大利亚、南美、南非等地投资来转移资本；在政治上，一方面力求通过独立宪法加以制度保证，同时培植与新非洲领导人的私人关系，另一方面策动英美政府、国际金融力量长期施压。英美资本

---

① 英国首相办公厅档案：PREM11/5028, 1964 年 9 月 4 日，"北罗得西亚和特许状"：博伊-卡本特先生致道格拉斯-霍姆爵士的备忘录，in Philip Murphy, ed., *British Documents on the End of Empire: Central Africa*, 第 2 册, 第 397 号文件。英国首相办公厅档案：PREM11/5028, 1964 年 9 月 15 日，"英属南非公司（特许状）北罗得西亚"：B 特伦德爵士致 A 道格拉斯-霍姆爵士的备忘录，in Philip Murphy, ed., *British Documents on the End of Empire: Central Africa*, 第 2 册, 第 392 号文件。

② 英国首相办公厅档案：PREM13/111, 1964 年 10 月 30 日，"赞比亚：英属南非公司"：W B L 蒙森致博顿利先生的急件，附件，in Philip Murphy, ed., *British Documents on the End of Empire: Central Africa*, 第 2 册, 第 406 号文件。

家在公司层面的资本融合推动了美、英政府间的合作。反过来，西方矿业公司在自己的经营方向上不可能不受到母国市场需求的影响，不会不仰赖母国保障自己的"权益"。虽然公司具有一定的自我调适能力，会主动适应新兴的非洲人多数政治力量，但其自身本就属于资本主义剥削体制的组成部分，同非洲人的经济利益具有根本的对立性。它总是力图凭借历史形成的特权地位维护垄断利润，从而使"民族"基础上的南北矛盾日益突出。

第二，中非联邦的解体也是"民族"矛盾掩盖下"阶级"矛盾激化的结果。矿业公司代表的资本主义世界经济体系催发了非洲民族独立运动，同时也塑造了新的"合作者"。正是在英国政府的帮助下，公司和当地白人通过《1950年协议》和后续关于劳工问题的协议结成了更为稳固的白人殖民统一战线。这是中非联邦得以建立的重要原因，也埋下了导致中非联邦解体的深层祸根。当公司面对非洲人挑战时，虽有策略上的不同，但在总体上固守了殖民者的统一战线。在中非联邦时期，罗得西亚选矿托拉斯集团和英属南非公司集团在矿产权、公司财产和劳工等问题上存在着广泛的合作关系，共同在经济领域反对非洲人的权益，并由此出发在政治上反对非洲人获取权力，在矿业领域具体表现为限制、分化非洲人工会。于是在中非联邦独立运动中，阶级矛盾隐藏于种族矛盾内，而种族矛盾本身就是一种经济矛盾。[①] 结果矿业行业罢工成为整个民族反抗运动的导火索，矿业工人成为民族独立运动的先锋。1956年的大罢工标志着现代民族政党和群众运动相结合的一年，是英属中非地区非洲人民族主义运动发展的重要一年，也是从这一年起公司的种族立场开始动摇。这场运动发展得很快，在四年之后的1960年，就由单纯的反抗殖民政策发展到直接提出自治要求的民族主义运动，也正是从这时起公司主动同非洲人政治运动建立联系。民族独立运动实际上是在当地经济生活中占据重要地位的新兴社会成分的经济要求遭到忽视、社会地位不被承认的条件下引发的，是一场当地人民为争取生活福利而进行的政治斗争。同时，由于新独立国家的社会既是自身历史发展的产物，也受到

[①] 恩格斯写道："我们认为，经济条件归根到底制约着历史的发展。种族本身就是一种经济因素"，见《恩格斯致瓦·博尔吉乌斯》，《马克思恩格斯全集》第三十九卷，人民出版社1974年版，第223页。

了殖民统治的影响，第一代民族独立领导人也就具有了双重社会属性，即既是社会大众的代言人又继承了部分原殖民关系。因而，塑造了某种意义上旧秩序"合作者"的身份。这种"合作者"身份体现在矿业领域即为被迫逐步收回原本属于本地人民的矿业权益。这就使"阶级"矛盾在独立后仍旧尖锐。

第三，在英属中非联邦解体的过程中，由于殖民当局长期的种族主义政策，阶级斗争服从了民族独立斗争。中非联邦的解体是阶级矛盾和民族矛盾共同作用的结果。正是这股力量迫使受矿业公司利益驱动的英国政府不得不准许独立。矿业公司积极寻求英国政府的保护，毫无脱离保护之意，英国政府也无主动结束殖民统治之意，资本主义发展并没有达到主动放弃殖民地的地步。虽然殖民当局一贯限制矿业工人阶级的发展，但资本主义剥削间接刺激了矿业劳工的阶级意识，殖民当局对工人运动的分化、瓦解反而锤炼了工会组织。矿业公司一贯注意培养非洲当地合作伙伴，便利了其在殖民地独立后继续保有已有权力。反过来，无论是英国政府还是殖民地政府都能对公司的运转形成有力影响。显然，新殖民主义理论的视野中缺乏"阶级"的动力，而后帝国主义理论则低估了"国家"力量以及资本主义的剥削性。列宁的帝国主义理论将阶级、国家、资本主义发展阶段有机统一在一起，有助于更好地分析、理解历史和当今现实。

四 横向和纵向的比较分析

从更宏观层面上看，英属中非主要矿业公司采取的措施和西非主要商业公司极为类似，诸如培植同当地政治力量和政治领导人的关系、实行公司内部非洲化、对当地经济要求让步；寻求宗主国采用援助利诱、宪法条款限制的手段确保独立后继续维持自己的特权，或者对自己的特权实行赎买。毕竟无论是商业公司还是矿业公司都依赖于殖民经济体系，共同享受殖民政治体系的支持。

在殖民地，政府从未按照亚当·斯密最小政府的原则行动，政治决策和经济需求紧密相连。殖民地公司对殖民地政府的依赖不仅在于创造市场，更重要的是在一个敌视的环境中获取利润，具体的政策帮助包括税则、税率、补助金、生产资料供给和其他所需条件。资本在非洲的跨界活动，不意味着资本不和特定的政府结合。无论是在殖民时期还是之后，英国对撒哈拉以南非洲不多的投资集中于矿业和石油领域，再加上英国政府为保证矿业公司权力的种种努力，很难说撒哈拉以南非洲矿业丧失了促进资本主义发展的重要性。可以说非殖民化是英国资本主义发展到新阶段产物的观点有倒因为果之嫌，应该说，非殖民化促成了资本主义新阶段的到来。对帝国荣耀的渴望，不能抵消英国国力衰微带来的影响。面对非殖民化潮流，英国只能寄希望于创造一个温和或弱的继任政府。这成为所有政治安排的出发点。这种安排加上宪法条款和援助协议，以及矿业在当地经济中的重要性，矿业公司得以在一定程度上确保自己的地位。另外，不管是英国政府、殖民地政府还是新生的非洲人政府都要平衡多种利益，因而获得一定的自主性，矿业公司无法完全实现自己的目的。

矿业公司权势如日中天的英属中非地区并没有引发类似法国在阿尔及利亚进行的战争，原因有二。一是英属中非地区投资的主体是私人资本，阿尔及利亚油气资源开发的主体是法国政府资金。在英属中非事务上，英国政府在私人资本的压力下行动；在阿尔及利亚事务上，法国政府直接发力捍卫自己的投资，而且法国私人资本只顾追随国家资本降低了自己适应新形势的能力。法国政府无法冒失去同阿尔及利亚经济联系的风险。战后新发现的天然气和石油储存，成为该地独立最后谈判中最大的障碍之一。二是英国政府吸取了法国在阿尔及利亚的教训。如英国殖民大臣麦克劳德后来所述："我们无法用武力保住我们在非洲的属地。甚至在动用大批部队的情况下，我们连塞浦路斯这个小岛都保不住。戴高乐将军都无法制服阿尔及利亚。"[①]

主要凭借间接的金融控制，英国政府和矿业公司延缓了民族主义者改变经济体制的努力。这种方式是列宁揭示过的两种帝国主义殖民方式之一，此时亚非拉民族解放运动已经使直接的殖民统治变得不再可行。在赞比亚，政府以渐进而温和的方式实现了铜矿业的国有化。1964年，赞比亚政府大幅度提高矿业公司所得税和铜矿出口税。1969年，赞比亚政府获得了铜矿业51%的股份。1974—1975年，赞比亚政府开始全面管理铜矿物的买卖。1981年，赞比亚政府整合全部铜矿业成立国有赞比亚联合铜矿有限公司。由于种种原因，赞比亚联合铜矿有限公司遇到了许

---

① David, Goldsworthy, *Colonial Issues in British Politics*, 1945–1961: *From "Colonial Development" to "Wind of Change"*, p. 363.

多问题，导致铜产量的滑坡和税收收入的减少。政府不得不在1989年作出决定，将铜矿经营恢复到以前的私营模式，以此来振兴经济。在私营化进程中，284家公司中的260家通过赞比亚私有化委员会售卖出去，到2000年3月全部完成了对矿山企业的私有化。私有化后，英国对赞比亚的投资再次集中于铜矿业，在赞比亚的铜矿生产中占据了较为重要的地位。曾经在北罗得西亚土地上活跃的英美公司、英美金矿公司和兰德金矿公司又一次进入赞比亚。

这种间接金融控制的表现形式之一便是矿业公司通过金融手段建立起来的庞大的跨国集团，此类集团不仅在业务范围而且从资本来源上都呈现出多国的形态。但这种多国性特征并不能抹杀母国国家资本同公司私人资本的联合。这一点从矿业权力博弈的历史过程中可以反映出来。由于历史原因，非洲民族主义者还在资本和技术上有求于西方跨国公司，这就导致了现实中非洲民族主义者和跨国公司既对立又协作的关系，关系的核心是对矿业资源收益权的争夺。如恩克鲁玛在其名著《新殖民主义》一书中所呼吁的那样，需要非洲人政府联合起来以制衡这些矿业公司的影响，力争取得经济独立。但是他忽视了列宁理论中阶级的维度，毕竟非洲的发展不仅仅受困于西方的金融控制。

第三节　移民殖民主义与英属撒哈拉以南非洲非殖民化

移民殖民主义作为殖民主义的一种类型，伴随着殖民帝国的扩张而生却没有随着帝国瓦解而终结，由于其独特的生产模式成为非殖民化最顽固的抵抗者，至今影响着英属非洲特别是肯尼亚、津巴布韦和南非的土地分配，进而关系到当地多数人口的福利。通过历史考察非洲移民殖民主义的特性，梳理其在非殖民化进程中的发展脉络，发掘其在英帝国和非洲历史发展中的作用，是本节的目的所在。①

一　移民殖民主义在撒哈拉以南非洲的界定

自 15 世纪末，西方各殖民国家纷纷从事殖民活动，本国人口持续外迁形成了一种被学界称为移民殖民主义的现象。有西方学者提出移民殖民主义是一种全球性跨民族的现象，是过去和现在都存在的。移民殖民主义形成的基础是奠定新政治秩序的定居移民。移民殖民主义不同于殖民主义，有时候移民殖民主义存在于殖民帝国框架内，有时候颠覆它，有时候取代它。然而即便殖民主义和移民殖民主义相互渗透与重叠，它们仍旧各成体系。特别是，定居移民想让土著人都消失（自然在消失之前尽量用作劳动力）。② 有人将移民殖民主义的历史追溯到古希腊和古罗马时代，认为只有在现代两个概念才产生了分野，将移民殖民主义和原来的殖民主义概念等同化。③ 笔者认为，这些表述夸大了移民殖民主义研究同殖民主义研究外延的区别，移民殖民主义仍旧应该被包含于殖民主义的研究框架下。近年来，移民殖民主义研究逐步加强的趋向反映了西方学界关注白人移民，注重海外白人史的研究取向加强。将移民殖民主义的历史追溯到古罗马希腊也毫无意义，因为殖民主义在古代本意就是指此，所谓移民殖民主义范畴不过是把近现代殖民主义扩大的意义重新压缩回去。

移民殖民主义作为殖民主义框架内一种专门的殖民形式，历史上对土地的渴望成为驱使母国人口迁移到新地区从事再生产活动最重要的因素。特别是在第二英帝国时期，依靠出卖殖民地土地，并向新移民提供

---

① 从国外研究看，詹姆士·贝利奇（James Belich）的著作代表了近年来西方学者的研究取向。该书高度肯定移民殖民主义的历史地位，认为以英语移民为代表的移民殖民主义活动是一场促使西方领先东方的革命性历史事件。仅就篇幅而言，厚达 573 页的整本书中谈论南非的仅仅有 20 页，显示出作者对非洲发展的忽视。这并非孤例。参见 James Belich, *Title Replenishing the Earth: the Settler Revolution and the Rise of the Anglo-world*, 1783 - 1939, Oxford: Oxford University Press, 2009。就近年中国学界的研究来看，有如下两篇相关论文：潘兴明：《二元型殖民地与非殖民化》，《安徽史学》2007 年第 1 期；李安山：《新南非与津巴布韦的民族问题及民族政策的比较》，《西亚非洲》2011 年第 11 期。两文主要从政治角度比较了南非和津巴布韦的发展脉络，忽视了土地政策和经济发展脉络，更没有看到两地发展同肯尼亚土地问题的关联。

② Lorenzo Veracini, *Settler Colonialism: A Theoretical Overview*, London: Macmillan, 2010; Definition, http://settlercolonialstudies.org/about-this-blog/，登录时间 2020 年 10 月 15 日。

③ Settler Colonialism, http://en.wikipedia.org/wiki/Settler_colonialism#cite_note-1，登录时间 2018 年 4 月 8 日。

借贷的方式，循环往复为移民活动获得充分的资本投入，发展成为系统殖民模式。① 这样移民殖民地便获得了白人劳动力和资本。由于需要贷款并且谋求产品出口，移民殖民地便被以农产品产地的形态捆绑在宗主国的经济体系之中。著名的历史学家莫斯·费利（Moses Finley）在1975年考虑殖民地的性质时，得出结论认为"土地是建构类型的要素"是从殖民地看问题的研究路径。他还认为以"习俗"作为建构类型流行方式源于"从宗主国而非从殖民地看问题"的研究路径。② 可见"土地占有方式"是界定各种殖民地类型的标准之一。

从经济发展模式的"劳动力构成"来看，移民殖民主义又可划分为三种类型。第一类为新英格兰型，发端时期主要人口成分是白人农业垦殖人口，发展出不依赖本土人口的经济模式，例如，英属新英格兰殖民地、加拿大和澳大利亚，白人占有了几乎全部土地；第二类为加勒比型，在毁灭了本土人口后，依靠进口奴隶发展种植园经济，白人占有了全部土地。第三类为非洲型，发展出依赖于本土劳动力的经济模式，例如法属阿尔及利亚、英属南罗得西亚、肯尼亚和南非。在此类型中少数白人移民占据了最好的耕地，使土著人口变为依附地位的劳动力，同时动员政府力量遏制土著人口的经济竞争力；③ 由此看出，非洲型移民殖民地有两个特征：一是黑人白人土地占有不平衡；二是经济发展依赖黑人劳动力。白人要从占有的土地中获利需要依赖非洲劳动力，而这些黑人劳动力也不断寻求颠覆白人移民统治。于是，白人移民成为压迫非洲人的急先锋。

几乎每位西方学者都同意20世纪非洲的移民殖民主义既站在土著非洲人的对立面，又要反对宗主国政府，并且同意白人移民被宗主国政府给予了有别于其他人口的特殊关照。然而，第三世界的学者往往认为移民殖民主义是欧洲资本主义扩张工具，带来非欧洲地区的依附。宗主国

---

① Edward Gibbon Wakefield, *A View of the Art of Colonization, With Present Reference to the British Empire: In Letters between a Statesman and a Colonist*, Kitchener: Batoche Books Limited, 2001.

② M. I. Finley, "Colonies—An Attempt at a Typology", *Transactions of the Royal Historial Society*, 5th ser., No. 26, 1976, p. 178.

③ Osterhammel, *Colonialism: A Theoretical Overview*, trans. Shelley L. Frisch, Princeton: Markus Wiener Publishers, 2005.

政府过于袒护白人移民,压制土著人口的要求。① 双方争论的核心是移民主体性发挥的程度,是自为的还是母国的工具,即如何界定移民的历史影响。从殖民时期非洲土地占有状况来讲,在白人难以适应的西非地区,大体保留了原来的土著土地制度,加纳和尼日利亚就属于此类情况中的典型。殖民当局用税赋逼迫非洲人种植经济作物,通过对经销领域的垄断,将西非农业生产纳入宗主国的生产体系。殖民统治的合作者也不得不从非洲土著人口中寻觅。在气候较为适宜白人居住的中非、东非地区和阿尔及利亚,殖民当局为大公司和白人移民掠夺肥沃土地,迫使当地劳动力到白人的商品农业部门耕作。英国通过培植白人商品农业部门经济将东部、南部非州的农业生产纳入自身经济体系,肯尼亚、津巴布韦和南非属于此类地区的典型。白人移民成为首选的维持殖民统治的合作者,再加上非洲殖民管理机构的弱小,获得了决定当地事务的大量权力。劳动力控制和对资源的榨取反过来激发了反殖民主义抗争。

在英属非洲三个移民殖民主义泛滥的主要地区——肯尼亚、罗得西亚和南非成为顽固抵制非殖民化的堡垒。它们都不仅剥夺了非洲人的土地,而且以非洲人作为主要劳动力。这促成了双重农业部门的产生,即白人移民的商品农业和非洲人维生农业,后者在该体系中的价值在于向商品农业和白人移民控制的其他经济部门提供廉价非熟练劳动力。因而移民农业的发展沉重地依赖于政府政策,从税收结构、政府服务到宗主国担保的市场。这反过来使英国政府认同白人移民的"合作者"地位,白人移民具有各种优先的机会获取正式或非正式的当地政府权力。由于最初相当大部分的白人移民从事农业生产,而且在肯尼亚和罗得西亚农业部门是主要的生产和创汇部门,在南非也长期占据特殊地位。所以,农业部门的白人移民比其他经济部门更积极地寻求并获得了更广泛的政策制定权力。② 如果说英属北美殖民地的独立标志着第一英帝国的瓦解,也带来第二英帝国时期利用租售土地吸引移民带动资本投入的移民殖民地大发展,那么非洲移民殖民地的非殖民化则意味着第二英帝国移民殖民主义循环模式的瓦解。

---

① Kenneth Good, "Settler Colonialism: Economic Development and Class Formation", *The Journal of Modern African Studies*, Vol. 14, No. 4, 1976, p. 597.

② E. A. Brett, *Colonialism and Underdevelopment in East Africa*, New York: Nok Publishers, 1973, p. 212.

二 土地问题的重要性

在肯尼亚、罗得西亚和南非三地,移民殖民主义形成了三个鲜明的特征,直接影响着非殖民化进程。第一个共同特征是黑白人土地占有不平衡问题突出,最好的耕地被白人移民所有,这一特征成为促使非殖民化发生的重要诱因。在肯尼亚,战后欧洲白人和非洲黑人占地不均的情况越发严重,平均每个欧洲人约占地216.2英亩,是非洲人拥有土地的470倍。[①] 南罗得西亚(1965年后称罗得西亚,1980年后称津巴布韦)是一个白人移民势力比肯尼亚更强的地区。自从《1930年土地分配法》(Land Apportionment Act)开始,当地政府便将占全国土地面积一半的肥沃土地保留给白人移民占有,另一半贫瘠的土地留给非洲人,非洲人仅仅能依靠出卖劳动力谋生。为了剥削非洲人劳动力,法律规定非洲人不享受"雇员"地位。1953—1963年,南罗得西亚、北罗得西亚(今赞比亚)和尼亚萨兰(今马拉维)曾组成中非联邦。北罗得西亚和尼亚萨兰的非洲人则十分担心自己最后的土地会丧失于欧洲殖民者之手,土地问题成为导致中非联邦瓦解的一个重要原因。[②] 在中非联邦瓦解后,南罗得西亚改称罗得西亚继续以种族分别发展为名,让2.5万名白人移民和480万非洲人平分土地面积。土地问题成为激发罗得西亚民族解放运动的首要动因。在南非,1994年45000名白人农场主(约占总人口的0.11%,约占白人人口的0.84%),控制着80%的农业用地,略少于1/3的黑人人口,约700万黑人,生活在白人农业地区。[③] 这一数据不仅显示出黑人、白人之间土地占有的不平衡,而且揭示出白人移民内部土地占有状况的不平衡。这种情况具有普遍意义。这种情况的结果是在三地都创造出二元农业经济,一方面是大规模从事商品农业生产的大农场,另一方面是广大非洲土著人口碎片化的维生农业经济。同时,也让土地问题成为动员乡村参与政治活动的利器。

第二个共同特征是从三地的情况来讲,白人移民内部土地占有存在两极分化,这使这一特性部分决定了非殖民化进程的残酷程度。经过调

---

① 唐同明:《英属东非的土地问题》,《西亚非洲》1985年第3期。
② Arthur Hazlewood, *African Integration and Disintegration: Case Studies in Economic and Political Union*, p. 187.
③ 此处数据按照 Martin Plaut and Paul Holden, *Who rules South Africa?* London: Biteback Publishing Ltd., 2012, p. 312 内容和1996年南非人口统计数据计算得出。

查，肯尼亚殖民地政府农业部认为除了奈洛比附近精耕的咖啡农场外，在白人高地上1500英亩以下的农场不具有商业开发价值。3500户白人农场中超过60%都属于此列。在1960年"白人高地"上有3500个农场占据了大约750万英亩土地。这些农场的规模不等，有几百英亩的、100英亩以下的，也有超过5万英亩的14家大的种植园。占地面积大的多为公司所有的种植园，其面积占到"白人高地"的一半。1958年这个部门生产了肯尼亚出口农产品的80%。[1] 那为何殖民地政府和英国政府，都要将不具有关键经济意义的白人移民小农场推到前台呢？这是因为担心白人移民大量离开肯尼亚而引发土地市场崩溃。非洲农民会涌入"白人高地"，动摇公司所有大农场的财产权。所以在殖民统治最后的年头里，较小规模的白人移民农场成为讨价还价的对象。由于不愿意增加自己的负担，英国内阁对如何给予白人农场主以土地补偿和肯尼亚民族主义者争论了两年时间。

南罗得西亚白人移民同样存在土地占有的两极分化。在1956年有13%的白人就业人口从事农业生产，7.7%的白人地主拥有欧洲人所有土地份额的52%，平均每个地主拥有超过1.6万公顷的土地。罗得西亚2/3的土地被闲置，大量的土地集中在少数富有的地主手中，结果只有1/3白人私人掌握的土地被耕种。[2] 那些散布于大地产之间的小型白人移民农场扮演了非理性经济人的角色。首先，他们无法扩大再生产。白人移民往往是通过抵押土地从土地银行获得购买资金的，银行按照纯粹的商业原则运作，在没有抵押的情况下，不会提供给农民短期贷款改进生产。结果这些人很难扩大生产。肯尼亚土地银行的资本来自向伦敦贷款的24万镑，这些资金以6.5%的利息贷给农民，低于商业银行8%的利息，主要业务是提供小额解困而非发展资金。南罗得西亚的土地银行也是按照救急原则而非鼓励生产效率原则建立的。其次，他们商品化生产的维持依赖于政府倾斜性政策的保护。政府则通过人为提高玉米和牛的价格，禁止或者限制非洲人耕种或售卖，以补贴白人移民农业。伦敦资本家想过合并土地建立种植园的形式提高生产率，遭到白人小农场主的抵制，

---

[1] David Birmingham, *the Decolonization of Africa*, p. 184.
[2] Ivan I. Potekhin, "Land Relations in African Countries", *The Journal of Modern African Studies*, Vol. 1, no. 1, March 1963, p. 43.

他们不愿意丧失自己的独立地位，而仅仅成为资本的经理人。在整个经济体制中，白人小农场依靠对土地的种族化占有，依靠农场中的非洲佃户劳动力以及在市场上排斥非洲人成为熟练劳工或非洲人农业产品来获得生存。当地政府的这些政策是为了尽可能地吸引白人人口，用政治的眼光来看待白人农业。白人移民占据了最肥沃的土地，享受着政府在交通设施、储藏设备上的补贴，并且为了避免本土非洲人农业的竞争，禁止非洲人拥有土地、种植经济作物，扼杀非洲人中产阶级的成长。随着非殖民化进程，这种政策取向特别是对非洲人拥有土地和种植经济作物的限制逐渐松弛，其程度决定了现今三国的稳定。

三地最大的不同在于非殖民化时期仅仅肯尼亚存在非洲乡村中产阶级。茅茅运动爆发之后，肯尼亚殖民地政府对茅茅运动的直接反应是认为非洲人保留地中的村社集体土地所有制已经不能再起到稳定殖民统治的作用，稳定的新基础应该是建立在个人土地所有制基础上的非洲农业生产者。1952年10月20日，肯尼亚殖民地政府在宣布紧急状态的同时宣布实行"土地合并和注册"计划，英国政府为其提供1600万英镑赠款，试图培育出一个私人土地所有者阶层作为统治的新合作者。在1952年后期，英国政府派遣了一个调查团来调查肯尼亚的土地问题。该调查团认为仅仅将土地改为个人所有是不足的，未来的成功在于将非洲农村人口整合进世界经济之中，这就需要解除原来禁止或限制非洲人种植咖啡等经济作物的规定。如果这些措施得以实现，新兴的非洲农产品生产者就可以代替白人移民原有的位置。1954年英国政府和肯尼亚殖民地政府正式出台了一项促进此种设想的政策，即斯维纳顿计划（Swynnerton Plan）。该计划鼓励非洲人小农场的发展，提供给小农场贷款和技术援助，鼓励非洲人种植菠萝、茶叶、除虫菊还有曾经不允许非洲人普遍种植的咖啡等经济作物，以图开发保留地本身所具有的商业价值，并保护"白人高地"大规模的商业化农业生产。所以，白人移民仍旧被英国政府和肯尼亚殖民政府视作肯尼亚殖民地社会的基石，他们既是经济发展的基础，也是政治基础。

城市未能消化被从"白人高地"赶出来的劳动力和土地改革带来的失地劳动力，加剧了社会紧张局势。为了维护肯尼亚社会的稳定，为了将于1960年召开的兰开斯特大会，英国政府不得不出台了1959年《土著土地占有法》（Native Land Tenure Act），规定不分种族都可以自由拥有土地。至此,"白人高地"土地可以被任何种族所有,实质上是肯尼亚从一个以白人定居者为基础的殖民地向独立的多数人统治的国家过渡的关键性步骤。至此,英国政策决定性地转变为创造出非洲人拥有的资本主义农场,作为白人农场主经济和非洲保留地经济的缓冲区。此外,土地占有的非种族化也是为了缓解白人农场主大批离去的局面。

类似于斯维纳顿计划的鼓励措施没有发生在南罗得西亚,南罗得西亚非洲农民被限制在低价值的食物生产上。尽管允许非洲人在划定的地区内拥有自己的土地,但允许非洲人购买的土地不仅质差,而且价格更贵、首付款更多、贷款利息更高、还款周期更短。同样为了分化非洲人,《1951罗得西亚土著土地管理法案》(Rhodesia Native Land Husbandry of 1951)规定保留地中土地的所有权必须归持有者,从而在法律上瓦解了部族土地所有制,让土地能够集中到少数非洲小农场主手中。[1] 为了免除非洲农民对白人移民农业的竞争,除了不许种植经济作物烟草外,主要作物玉米和肉牛都由南罗得西亚市场委员会与法令委员会(the Statutory Board)制定出专门针对白人移民和非洲人的收购价格以及生产配额,从而使白人移民的产品中包含了垄断利润,而这一机制也曾在肯尼亚以及东非许多地区实行过。一名肯尼亚土著委员(A Kenya Chief Native Commissioner)曾说过:"自从约瑟夫在埃及培育出所有谷物以来,这是非洲人所知晓的最为明目张胆和彻底的空手套白狼式的剥削。"[2] 这打击了非洲人的农业,从1956/1957到1959/1960年度,由于收购非洲人的玉米价格和牛的价格同比例受到抑制,非洲人玉米交货量降低不少。非洲人不愿扩大生产规模的原因并非是懒惰和非理性,非洲人并非市场中自由的理性人,而是一个处处在游戏中受限制者。到1980年,占有小块土地的黑人商业农场仅占罗得西亚所有土地面积的4%。[3] 普通非洲农业人口78%的现金收入不是来自自己土地上的农业生产。[4] 这些现金的大部分要

---

[1] Lord Hailey, *An African Survey*, Revised, 1956, *A Study of Problems Arising in Africa South of the Sahara*, London: Oxford University Press, 1957, pp. 780-781.

[2] Paul Mosley, *The Settler Economies*: *Studies in the Economic History of Kenya and Southern Rhodesia* 1900-1963, Cambridge: Cambridge University Press, 1983, p. 100.

[3] Daniel Compagnon, *A Predicatable Tragedy*, Robert Mugabe and the Collapse of Zimbabwe, Philadelphia: University of Pennsylvania Press, 2011, p. 166.

[4] United Nations, *Enlargement of the Exchange Economy in Tropical Africa*, New York, 1954, p. 26.

作为税赋交给政府。依此可以得出另一个判断,非洲人从经济发展中几乎毫无所获。普遍而言,非洲人乡村仍旧处在自然经济之下。非洲人农业一直无法发展,其根本原因之一便是白人移民垄断商品农作物生产。结果,按照《移民殖民主义:经济发展和阶级形成》一文的说法,肯尼亚有了一个强大的非洲人中产阶级,而罗得西亚没有。这种情况同样发生在南非,南非严苛限制非洲人的土地占有,甚至发展出班图斯坦计划,剥夺非洲人的南非国籍,原本出现的农业中产阶级萌芽也被扼杀了。

三 白人移民土地权对政局的影响

上述特征代表了一种结构,保留这种结构的核心便是确保白人移民土地权。于是,白人土地权问题成为权力转移最后阶段谈判的关键点。1962年兰开斯特大会为肯尼亚未来的宪法添加了一部《民权法》(*Bill of Rights*),其中保护财产权的条款成为肯尼亚民族主义者和英国政府谈判的最大焦点。英国政府支持白人移民保护自己土地所有权的要求,而肯尼亚民族主义者要求重新安排白人占有的土地。双方矛盾的焦点集中在如何界定"公共用途土地"上。要解决这一问题就需要与会各方即刻拿出土地改革方案。所以,该问题只能被留到会后处理。双方仅仅就出于公共目的"征用"私人财产应提供补偿达成一致,双方还允许财产所有人直接上诉最高法院,以便保护少数定居者的权力不受政府侵犯。对土地转移计划的争论,助长了英国政府分散未来肯尼亚中央政府权力的图谋。

为了配合1962年召开的兰开斯特大会,英国政府不得不推出"百万英亩计划"。这个来自肯尼亚最大的地主德拉米尔勋爵(Delamere Lord)的构思,目的在于稳定地价,受到全体和肯尼亚利益相关白人的欢迎。原因在于白人移民的信心已经濒于崩溃,无论是移民势力还是公司势力都要求英国政府投入更大的援助金额。英国政府同意给予专项基金购买准备离开肯尼亚的白人移民的土地,试图将土地价格稳定在1960年兰开斯特大会前的价格水平上,根本目的还在于避免白人移民大规模出走。英国政府提供的资金将被用来补偿英国公民拥有的农场,不对诸如在肯尼亚的南非农场主进行补偿。① 这部分南非籍的农场主连同其他白人农场主有相当一部分撤退到了南非。肯尼亚创造了一个后来广为应用的先例，即土地转移要在"愿买愿卖"的前提下实行。

肯尼亚的情况具有普遍性。1965年11月11日罗得西亚单方面宣布"独立"。面对此种情况，英国威尔逊政府提出了给予独立的条件，即以1961年宪法为基础逐步过渡到多数人统治，这个"逐步"是相当长的一个时期，而罗得西亚白人政府想立即获得无条件独立。英国政府担心赞比亚向英国的铜供应会被罗得西亚切断，又忧虑对罗得西亚严厉封锁会导致不得不用外汇购买烟草，还害怕罗得西亚会倒向南非，故而不愿意对罗得西亚白人政府施加太多压力。同时，慑于非洲国家对罗得西亚问题的态度，英国政府又不敢过于接近罗得西亚白人政府。② 在1974年前由于南非的帮助，英国对罗得西亚半心半意的经济制裁，并没起多大作用，罗得西亚反而经历了制造业繁荣。繁荣导致资本从农业向制造业转移。1964年，农业贡献21.1%的GDP，超过了任何一个其他经济部门。6年以后，制造业占GDP的20.9%，农业仅仅占15.5%。③ 通过降低非洲人的生活水平，制裁的部分困难转嫁给了非洲人。到1971年，农村非洲人收入降低了1/3，④ 凋敝的乡村为民族解放战争不断添薪加火。

民族解放战争和国际制裁大大削弱了白人移民商品农业，特别是其核心——烟草种植业。1966—1968年，2600名烟草种植农场主中有900名不再种植烟草。⑤ 到了70年代，政府的补助已经不能再保护烟草行业的基本发展。如一名烟草种植园主所说的："尽管烟草种植者收到120万元的补助，然而仍旧不能阻止衰退。如果我们是多余的现在就请告诉我

---

① 英国内阁档案：CAB 128/38, CM7 (63) 5, 1963年11月21日, in Ronald Hyam and Wm Roger Louis, eds., *British Documents on the End of Empire: The Conservative Government and the End of Empire*, 1957-1964, 第2册, 第180号文件。

② 英国外交与联邦部档案：FCO35/238, no. 115, 9 May1969; FCO35/239, no. 161, 3 Nov. 1969; FCO36/598, no. 93, 30 Dec. 1970, in S. R. Ashton and Wm Roger Louis, eds., *British Documents on the End of Empire: East of Suez and the Commwealth*, 1964-1971, London: HMSO, 2004, 第2册, 第240、241、243号文件。

③ Andre Astrow, *Zimbabwe: A Revolution That Lost its Way?* London: Zed Press, 1983, p. 14.

④ L. Gann, "Rhodesia and the Prohhets", *African Affairs*, Vol. 71, no. 283, April 1972, p. 139.

⑤ G. Kay, *Rhodesia: A Human Geography*, London: University of London Press, 1970, pp. 113-114.

们。不要告诉我们船还没有触礁。我们已经不在船上了。"① 在1975—1976年种植季,既存的60%的农场主都不够缴纳所得税的标准。② 白人移民庄园被大量废弃。③ 资本农业得到了集中的土地,但却无法耕种。走肯尼亚式的道路培植一个稳定的非洲人中产阶级,保持经济和社会的稳定,为资本农业提供一个稳定的环境,成为当地白人移民的一种选择。对国际资本而言,通过引入多数人统治,建立一个能够维持稳定政治秩序的地方政府,继续维持对津巴布韦的资本统治,保存资本主义社会关系,同样是一个最好的选择。

十年不变的独立宪法为白人移民保留了专门的席位,使保护白人移民土地所有权的宪法无法被修改。津巴布韦非洲人政府遵循肯尼亚先例,只能在"愿买愿卖"的前提下通过赎买转移土地所有权。南非后来的土地转移也遵循了此一原则。英国如同在肯尼亚的作为一样在津巴布韦土地转移中保持了中间人的角色,整合新的非洲领导人到亲资本主义的阵营中。在保护财产权的终极目标下,任何代理人政府,不管是殖民地政府还是自行宣布独立的白人移民政府,都可以舍弃。政治上的非殖民化并未立即改变非洲人的经济依附地位。既存的经济结构让非洲人执政后无法迅速改变这种局面。

在非洲人掌握政权前后,肯尼亚、津巴布韦和南非都实施了6项措施:(1)保证生产持续发展,按照宪法规定用"赎买"原则处理土地问题;(2)吸引外资;(3)改革收入分配机制,致力于扭转原有的有利于白人的分配机制;(4)在某些部门进行结构性改革,消除白人的垄断地位;(5)清除所有种族歧视的残余;(6)通过"非洲化"来巩固政府权力。三地政策的主旨都是要继续吸引外资,继续保持大规模商品化的农业生产,以便从中抽取资源支持非洲人的教育和医疗等社会服务以及社会保障的花费。这也是西方所支持的路线。从1980年独立到2001年津巴布韦政府推出"快车道"土地改革计划的20年间,津巴布韦似乎也遵循了肯尼亚的道路。然而,津巴布韦最终放弃了土地赎买政策,采取了强制分配的政策。南非目前还在沿着类似肯尼亚的道路前进,但是土地再

---

① Andre Astrow, *Zimbabwe: A Revolution That Lost its Way?* p. 58.
② Andre Astrow, *Zimbabwe: A Revolution That Lost its Way?* p. 59.
③ Andre Astrow, *Zimbabwe: A Revolution That Lost its Way?* p. 63.

分配缓慢也引发了国内争议。在许多方面津巴布韦和肯尼亚或者南非都极其相似，是何因素导致津巴布韦采取激进的土地重分政策，该因素是否在三个地区中具有普遍性，还需要具体问题具体分析。在许多方面，三地的情况都形似而质异。

第一，从经济层面上看，三地对大规模商品化农业生产的依赖性不同。肯尼亚独立时咖啡、茶和剑麻出口占出口额的2/3。津巴布韦的工业化程度更高、更多样化，出口的矿产品有石棉、铬、煤、铜和黄金，出口的农产品有烟草、牛肉、玉米和食糖。津巴布韦的制造业产品占国内生产总值的25%，而肯尼亚的制造业在1963年仅仅占国内生产总值的10%。津巴布韦人口中有14%是挣工资的雇佣劳动者，肯尼亚在1963年独立时仅仅有6%的人口属于挣工资的雇佣劳动者。经济多样化的状况使津巴布韦更有能力疏导土地和人口之间的紧张关系。这是津巴布韦独立后没有立即实行肯尼亚那样规模的非洲人小块土地分配，仍能长期繁荣的重要原因。南非则早已实现了工业化，1978年城镇黑人人口已占黑人总数的57%，达1000万人以上，[①] 农业仅仅具有战略性意义，对国民经济的影响远没有肯尼亚和津巴布韦严重，拥有更大的政策选择余地。津巴布韦本身以商品农业为主要出口物，工业化程度要低于南非，所以土地所有权引发的暴力冲突的可能性要远高于南非。

第二，黑人和白人在农业生产中处于不同的地位。在三地中肯尼亚比较特殊，肯尼亚存在着非洲人商品化农业生产的萌芽，茅茅运动又大大打击了白人移民的政治权利，受斯维纳顿计划鼓励的非洲人商品化农业生产有所扩张。在南非和津巴布韦，白人农业完全占据了主导地位。津巴布韦由于土地短缺、众多的人口和战争，削弱了非洲人出口农业。这就导致津巴布韦政府更不能轻易触动白人移民的大农场。在南非，有人认为南非黑人新农场是无效率的，土地改革计划威胁到了南非食物安全，反对进行更为激烈的土地变革。即便有人认为应该修改原来规定"赎买"的宪法，更多发挥政府的作用，这些人也不愿意发生津巴布韦快车道改革的后果。因而，这一因素致使三地政府需要掌握一种平衡：既维持农业生产又要处理土地重分，纠正过去的历史不公正。

第三，非洲人执政后，三地政府面临的政治局势不同。相对而言，

---

① 夏吉生：《略论南非黑人城镇问题》，《北京大学学报》1981年第3期。

在三地执政党中，津巴布韦执政党的地位最为不稳。1999年以工会为依托的民主变革运动党兴起。政治逐渐突破民族界限，而转变为城市和乡村的界限，利用激进的土地重分来凝聚人心成为执政党的选项，也成为政府以官僚机构替代乡村传统权威或白人大农场主权威最可利用的选项。如果从解决非洲人土地问题和现代化乡村管理体制的角度来看，津巴布韦向前迈出了一大步。如何利用现有土地改革成果推行更深层次的农业改革是摆在津巴布韦执政党面前的问题，毕竟食物危机会动摇土地重分带来的动员力。南非执政党通过"真相与和解委员会"清算了白人种族主义的罪孽，通过肯定土地重分计划获得了乡村的支持，但目前还没有面临类似津巴布韦那样的政治局面，还无须应用废除愿买愿卖原则的土地重分计划来进一步动员乡村支持，将土地重分计划作为一项类似肯尼亚那样长期政治资源的可能性较大。

第四，三地都是在经历武装斗争之后，通过谈判获得独立的，英国在谈判中占据的地位不同，外部援助发挥的作用不同。在肯尼亚1952—1956年有茅茅运动，之后也持续有小规模的武装反抗活动。到20世纪50年代中期，开始了跨种族的谈判。白人移民和英国政府一直有着紧密的联系。1979年年底，白人移民控制的罗得西亚军队和民族主义武装之间的战斗停止，双方开始谈判。白人移民已经多年不遵循英国政府政令。这是英国政府在两地实施不同援助力度的重要原因。在肯尼亚独立后两年内，在外部资金注入下有15%的前"白人高地"土地转移到非洲人手中。在津巴布韦，注入的资金到1982年4月才促成了2%的土地转移。英国欺骗了非洲民族主义者，没有给津巴布韦提供充足的赎买资金。虽然南非也存在武装斗争的时期，却是三地中黑人白人武装力量对比最弱的地区，英国在黑人白人谈判中几乎没有发挥作用，也未提供"赎买"援助。1994年，南非非洲人国民大会党（ANC）试图解决土地问题，曾计划2014年将30%的农地分配给黑人。截至目前，这一目标远未达到，解决的步伐是三地中最为缓慢的。

综上所述，可以认为津巴布韦的激进土地改革，是基于其独特社会发展状况的突变，并不具有更普遍的意义。从宏观上讲，其工业和农业的发展状态，决定了其政治态势转变为城市和乡村的分野，而城市又不敌乡村。肯尼亚的非农力量并未壮大到挑战农业的地位，而南非工业化已较成熟，农业力量已不足构成对城市的挑战。津巴布韦激进的土地改革可以理解为自民族解放战争以来土地要求的实现，但换个角度考虑，激进的土地政策可以说是二十年来执政党土地政策的突变，这种突变却又有蕴藏着深刻的历史逻辑。民盟在同罗得西亚白人移民政权长期的战斗中，借用土地问题充分动员民众，获得政权后又不得不压制先前的允诺，损害了执政基础。又由于该地白人移民势力较强，同英国关系较为疏远，英国没有如肯尼亚那样对赎买承担贷款援助义务，执政党只好快速使用重分白人移民土地这项政治资源。

白人移民势力最弱，较快实行土地转移的肯尼亚，其政治生活也被移民殖民主义的土地影响着。作为农业国家的肯尼亚，政治问题被转化为土地分配问题。从独立至今，土地问题依旧是民族国家构建的核心问题，政治稳定、政府结构、公民权益和社会关系紧张都围绕着如何购买、分配原白人移民遗留土地展开。自殖民政府以来，如何分配土地便成为执政者获取合作者的有力手段。独立后，每任总统都会对土地分配的人群有所偏向，导致总统大选总是伴随暴力事件。然而，自肯雅塔确立了经济上自由放任、政治上实行民主政治的基本国策以来，土地分配虽屡有争议，但由于种种客观原因，仍能作为一种可持续使用的政治资源存在，这是肯尼亚民族国家构建没有出现剧烈动荡的根本原因。

从肯尼亚、罗得西亚到南非，土地集中化程度越来越高，越来越难以找到土地转移牺牲的对象。学界对于小移民农场严重依赖殖民政府的政策支持没有争议，小移民农场本来就是为了吸引白人定居人口，维护殖民体制而来的，随着非殖民化对殖民体制的放弃，退守保护财产这一最后防线是合理的选择。自北向南可供缓冲的土地数量越来越少，实行土地重分的难度越来越大。难以用简单的撤出政策支持的方法使土地自动发生转移，这一点不仅在津巴布韦激进改革中获得证明，而且在南非缓慢的土地转移过程中获得了验证。南非白人移民势力最强，土地集中化程度最高，更容易集中使用影响力，实现土地改革的难度最大。故而土地转移过程十分缓慢，需要更长的时间酝酿。另外，南非具有一定的工业基础，农业占产值比例不大，缓冲余地较大，从长远来看有利于土地问题的解决。

四　移民殖民主义的影响

英国战后实行的政策是其他宗主国政策的缩影。英国实施殖民地开发计划以图援助本土的经济困难。英国政府认为非洲人农业无望增产，将希望放在了扩大白人移民农业上。为此，帮助白人移民扩张土地，想方设法吸引白人移居非洲。法国和葡萄牙都采取了类似的政策。地方殖民政府和移民在四个关键政策上达成一致，作为合作的基础，即土地政策、移民和定居政策、劳动力政策（针对非洲人）、税收和公共开支政策。移民在相关委员会中都有代表。阿尔及利亚的白人移民占据了大多数肥沃的土地，建立强迫劳动制度，拒绝任何对本土人口的让步，引发了白人移民和土著之间的战争，进而引发了法国人的内斗。在阿尔及利亚如同在肯尼亚一样，宗主国干预的目的是结束移民同土著之间的战斗。这主要通过加强白人移民的权力来实现。当其他非洲殖民地已经开始非殖民化的时候，白人移民地位反而加强了。非洲型移民殖民地经济建立在众多土著人劳动力之上的历史事实，使它不同于其他白人移民经济类型。虽然非洲白人人口规模不能与澳大利亚和北美相比，但是地方白人移民对政治体制的影响并不比两者少多少。

非洲型移民殖民经济主要依靠本土廉价劳工劳动，没有给白人农场工人经济空间，如北美或澳大利亚的白人契约工不可能出现在非洲，结果非洲也不可能走澳大利亚式道路。从长时段来看，非洲大量充沛的劳动力仅仅被当作生产要素，没有制度性地为他们提供一个类似白人契约工的上升渠道，社会流动性仅仅局限于白人小圈子，是引发种族矛盾的根源，也形成了独特的非殖民化特点。这种非殖民化不同于北美或澳大利亚的过程，在那里殖民化过程中土著人文明已经被摧毁，非殖民化成为单纯的白人移民反对宗主国控制的运动。非洲型移民殖民地的非殖民化还包含着土著反对白人移民的过程。这个双重过程在肯尼亚是同时完成的，在罗得西亚和南非则分为两个阶段，先是白人移民谋求摆脱宗主国的控制，稍后便爆发了土著人反对白人移民的非殖民化。显然白人移民力量的强弱能够对非殖民化进程产生重要影响。

土地问题作为非洲型移民殖民主义的基础长期影响了非洲特别是肯尼亚、津巴布韦和南非三地的发展稳定。白人移民影响的表现之一便是黑人白人土地占有的极不平衡，以种族不平等掩盖了白人移民内部存在的巨大的两极分化，不平衡决定了非殖民化的发生，分化决定了非殖民化进程的惨烈程度，分化程度越高则进程越惨烈。白人移民主义面临非殖民化的原因同其宗主国一样，过度关注资本积累，却忘记了集中的土地仍旧需要非洲劳动力和安定的配套环境。权力转移谈判中白人移民依靠宪法以"市场"原则为名最大化保存了自己的土地所有权,让地权纷争进入非洲人政府时期。对大规模商品化农业生产的依赖性不同,非洲人乡村中产阶级的力量不同,非洲人执政后政府面临的政治局势不同,英国扮演的角色不同等因素,都伴随土地权的纷争影响着肯尼亚、津巴布韦和南非三地民族国家构建和经济繁荣。

英国学者往往将宗主国描绘为遏制白人移民侵夺非洲人权益的保护者,有时又将宗主国化身为白人移民的救护者。实际上,英国政府一直试图玩弄"分而治之"的手法,主要利用白人移民作为维持殖民统治和依附经济结构的支柱,同时利用保护非洲人权益的名义制衡白人移民。当难以承受反殖压力时,宗主国以放弃殖民政治体制为筹码,尽量保护本国资本和白人移民的地权,以尽可能维持依附经济结构。非洲人执政后受制于既存体制,仅能缓慢地利用政治权利改变依附性的经济结构。

移民殖民主义对非洲造成的影响可以被包含到殖民主义的影响之中或有所不同吗?诚然,非洲白人移民独自实施土地所有权垄断的能力造成了西非和中非、东非、南非的社会发育道路的部分不同,造成了英国对当地事务影响力的不同,但这并不足以构成其与殖民主义的本质区别。在非洲,所有的白人移民社会都难以摆脱国际资本主义体系工具的职能,这既是从经济上的依附着眼,也是从其同母国的特殊关系来讲的。发达殖民主义的经济原则已经实现:"在农业部门内重新分配资源,这些资源从流向各种非农业的任务(乡村工业)到增加出口产品的专业化。"① 自19世纪后期起,非洲矿业而非农业在世界经济中占据日益突出的地位,从事工矿业的白人人口增多,第二英帝国移民殖民地赖以建立的"系统殖民"方式逐渐失去原本的工具价值,仅仅作为殖民地起源时期的历史遗留发挥影响,被新的形式如南非国家制度化的种族隔离制度所取代。南非非洲人获得政权标志着第二英帝国移民殖民事业的正式终结。然而,移民殖民主义给非洲留下的双重农业部门(大土地占有制下的商品农业生产和小土地持有的谋生农业)仍旧影响着当今非洲的发展和稳定。

---

① Thomas B. Birnberg and Stephen A. Resnick, *Colonial Development: An Econometric Study*, New Haven: Yale University Press, 1975, p. 254.

第四节 英国的帝国援助政策辨析（1929—1970）

英国的帝国援助面向殖民地和英联邦国家，包括赠款和贷款。这些款项用于建设军事设施、补助行政管理机构预算、修建基础设施（如通信、电力和供水设施）和资助工农业开发项目。如英国政府所述，自己开展经济援助的目标是获得对受援地瞬时和持续的政治影响力。[①] 自1929年第一个《殖民地发展和福利法案》起至1970年止，英国在《殖民地发展和福利法案》框架内的帝国援助政策经历了41年后终止。终止的直接原因是帝国非殖民化大体完成，此后的援助在国与国的框架下进行。当然，对于《殖民地发展和福利法案》是否算作英国对殖民地的援助，不同学者有相异的看法。

大体上，《殖民地发展和福利法案》框架下援助的实施可分为两个阶段：第一个阶段1929—1958年，法案通过的主要目标是开发殖民地资源，解决英国面临的经济困难，"固守"殖民地；第二个阶段1958—1970年，逐渐在英联邦框架内建立起对新独立国家的援助渠道，以此保证英国的影响力。

一 "固守"策略主导下的殖民地开发计划

长期以来英国政府信奉一个原则，即殖民地的财政应该自给自足，殖民地和英国的财政应该总是处于隔离状态。换句话说，除紧急情况外，英国的财政不应为殖民地埋单，殖民地的发展是殖民地自己的事情。英国政府同殖民地保持政治和军事联系，如人事任免、内外安全等职责。经济联系是英国私人公司的事情。这种思想是自由放任政府思想的延续，受到两次世界大战以来国内外形势的挑战，终于在1929年这一原则有所松动。

英国的帝国援助体制源于《1929年殖民地发展法案》，该法案提出了每年拨款100万英镑作为殖民地开发基金的建议，试图通过殖民地开发来缓解英国的经济萧条，特别是失业问题。英国议会议员们坚信该法案将

[①] 英国内阁档案：CAB134/1699，"对欠发达国家的援助"，1963年5月22日。

使英国本土获得各殖民地政府源源不断的订单。该法案规定每年英国将提供 100 万英镑，受援对象是殖民地政府所属企业。每年的 100 万英镑将从伦敦债券市场上募集，资金的负担和风险便由认购人而非政府承担。

1929 年法案创造了制度化的援助框架，对殖民地的援助不再作为个案而是被放置在专门的制度框架内。特别是将援助同殖民地经济发展联系起来，强调对农业和工业的援助，以便促进同英国的经贸联系。此时的援助将教育和医疗等排除在援助范围之外。如此一来，对经济回报的重视自然使援助向富有的殖民地倾斜。

一旦开辟先河，为凝聚殖民地共同进行第二次世界大战，也为战争供应需要，英国议会又通过《1940 年殖民地发展和福利法案》。同 1929 年的法案相比，1940 年法案在资金数额、覆盖内容方面都有改进。法案规定每年 500 万英镑的额度，另外有 50 万英镑的殖民地发展问题研究经费；覆盖包含教育、卫生、住房、城镇建设等开支。但是 1940 年法案在实施之时主要目标还是投向易于获取资源的地区。1940 年法案还完善了分配程序，成为以后法案都遵循的程序。

战后，为显示管理广大殖民地的信心和能力，开发殖民地资源掩盖英国物资短缺的窘境，平衡外汇赤字，英国政府推出《1945 年殖民地发展和福利法案》。该法案最大的特点是进一步扩大了照顾覆盖面，几乎所有的殖民地都被给予或多或少的额度，显示了英国"固守"帝国的信念。该法案规定基金款项增加为每年 1200 万英镑，有效期为 10 年。其中有 2350 万英镑的中心项目资金，用于地质调查、高等教育改善，为殖民地公职机构培训人员（人员既有来自英国的也包括来自殖民地的）和通信设施改善。基金覆盖所有殖民地域，基本按照殖民地大小来分配金额。尼日利亚获得最多的额度，为 2300 万英镑，占分配到非洲各殖民地数额的 2/5 强。法案强调额度主要用于贷款，赠予仅能占整体花费的一部分。法案尤其强调各地方应对自己花费负责的原则。[①]

我们需要客观地看待 1945 年法案。英国学者杜德的分析很有价值。他认为，第一，宣布分拨的数字不等于实际支付的数字。在 1946—1951

---

① 英国殖民部档案：Co927/1/1, no. 59, 1945 年 11 月 12 日, "1945 年殖民地发展和福利法案"：霍尔先生致各总督传阅的急件, in Ronald Hyam ed., *British Documents on the End of Empire: The Labour Government and the End of Empire*, 1945–1951, 第 2 册, 第 76 号文件。

年工党政府执政时期,该法案共支付 41588575 英镑,以受援的 46 个殖民地的 8100 万人口计算,每人每年分得两先令半便士;第二,英国银行里"冻结"着一大笔殖民地的英镑结存,1952 年 6 月底这笔结存的总数达 10 亿多英镑。这实际上等于殖民地向英国支付的强迫贷款;第三,在《1945 年殖民地发展和福利法案》实施过程中,英镑结存的数额仍在增长,仅英属西非在 1948 年就增加 2000 万英镑以上,而这一年所有的法案支付额仅为 568 万多英镑。[①] 另据英国学者摩根所说,1945 年法案规定的十年期共 1.2 亿英镑的花费额占整个殖民地资本构成的 4% 以下。[②] 这一数字可能更能说明问题。

战后英国殖民地开发计划的另一个特色是成立专门开发殖民地资源的公司。根据 1948 年《海外资源开发法案》组建起两个公司,即殖民地开发公司和海外粮食公司。前者拥有 1 亿英镑资本,后者则为 5000 万英镑。前者的目标是提供资金和技术援助,要么向殖民地政府,要么同私人企业合作,要么自身独立开展工作,后者的目标是生产或促进联合王国之外的农产品生产,后者能够在殖民帝国中运行但不像前者被限制在殖民帝国内。[③]

殖民地开发公司所属企业以农业为主。从所有制上讲是一家混合所有制公司,即在英国殖民部和粮食部的监督下,董事会决定国家资金的使用方向,在使用中又往往有私人企业参与其中。公司的董事会本身就由企业金融界的 8 位头面人物组成。第一任董事长身兼英国最大烟草托拉斯的经理,同时又是巴克莱银行的前董事。因而,我们不难理解,该公司有许多开发计划是同私人企业合伙的。在 1950 年 1 月的统计中此类合伙计划占 1/3 多。

战后英国面临严重的物资短缺和英镑平衡问题,工党政府不得不明确要求要从殖民地获取更多原料和利润,希望英国得自殖民地的收入从

[①] [英] 帕姆·杜德:《英国和英帝国危机》,苏仲彦等译,世界知识出版社 1954 年版,第 214—218 页。

[②] D. J. Morgan, *the Official History of Colonial Development*: *Changes in British Aid Policy*, 1951 – 1970, Vol. 3, London: Macmillan, 1980, p. 11.

[③] 英国殖民部档案:CO875/24, no. 8, 1949 年 5 月,"英属殖民地政策记录":殖民部传阅备忘录第 28 号, in Ronald Hyam ed., *British Documents on the End of Empire*: *The Labour Government and the End of Empire*, 1945 – 1951, 第 1 册,第 71 号文件。

1948—1949 年度的 3500 万英镑上升到 1952—1953 年度的 2.63 亿英镑。①

不难理解，殖民地开发公司注意力何以会集中到农产品和原料生产上。该公司 1950 年度的报告书称，资金的 64% 用于农林牧副渔矿的原料生产上。公司开办以来所成立的 50 家企业中没有一家是为发展工业，即便有工厂投资项目也是用于原料初加工的。②

1957 年为适应殖民地纷纷独立的新形势，麦克米伦政府让殖民地开发公司在过渡时期继续在新独立国家完成已有项目，③ 之后逐步将殖民地开发公司改组为英联邦开发公司。先是在 1957 年赋予公司在英联邦国家从事项目管理活动的权力。从 1963 年 7 月 31 日起殖民地开发公司正式更名为英联邦开发公司，公司可以在 1948 年 2 月 10 日之后获得独立的在英联邦国家和余下的殖民地开展活动。1969 年它又取得了在非英联邦国家营业的权力，并持续至今。④

另一家海外粮食公司更是将注意力投放在如何从殖民地获取更多粮食上。它的隶属关系很能说明问题，它先是隶属粮食部，后来才转到殖民部。这足以说明英国在利用殖民地资源解决食品供应严重不足的问题。海外粮食公司部分缓解了英国的短缺问题。另外，该公司还在殖民地以强制低价收购食品原料再到世界市场高价出售以赚取外汇。这种做法自然受到殖民地人民的抗议，连时任殖民大臣的李特尔顿也在内部承认压低收购价格进而压低生产者生活水平的做法是毫无理由的，且在政治上是不可行的。⑤

英国殖民地开发计划更由于花生种植计划而闻名于世。工党政府在 1946 年 11 月的白皮书中正式公布此计划。英国政府宣称这一计划将成为

---

① [苏] 德伏尔金：《英国右翼工党分子的思想和政策》，李真等译，世界知识出版社 1957 年版，第 259 页。
② [英] 帕姆·杜德：《英国和英帝国的危机》，第 221 页。
③ 英国内阁殖民地政策委员会档案：CAB 134/1555，CPC2 (57)，1957 年 1 月 29 日，"加纳独立法案：殖民地开发公司的角色"——新独立国家的未来，in Ronald Hyam and Wm Roger Louis, eds., *British Documents on the End of Empire: The Conservative Government and the End of Empire*, 1957 – 1964, 第 2 册，第 328 号文件。
④ 有关英国殖民地开发公司的详细活动并非本节主题所要涉及的，请参阅张顺洪《殖民地开发公司活动述评》，《世界历史》2002 年第 2 期。
⑤ 英国内阁档案：CAB129/48，C (51) 22，1951 年 11 月 19 日，李特尔顿提交内阁备忘录，in David Goldsworthy ed., *British Documents on the End of Empire: The Conservative Government and the End of Empire*, 1951 – 1957, 第 3 册，第 361 号文件。

坦噶尼喀发展的巨大催化剂，将促进公路、桥梁、港口以及医院和学校等的建设，极大促进当地人民的福祉。英国则能获得短缺油脂数目的大约一半，且能使英国每年节约 1000 万英镑的外汇。

结果，先是由于清除丛林的巨大花费，清理土地的数目一再缩减，从 120 万英亩缩减到 60 万英亩，又缩减到 21 万英亩。更不幸的是，人们发现新开垦土地根本不适合种植花生，英国政府只好于 1950 年 8 月下令结束这一计划。整个花生种植计划"在经济上是一个负担，在生产上是一个失败"[1]。

除上述制度性的安排外，英国还有随机给予殖民地财政赠款和财政贷款的政策。财政赠款一般分为三类情况。第一类是给不能自筹政府机构花费的地区，赠款主要用于平衡政府预算，如西印度群岛殖民地等。第二类是给予特定殖民地政府的专项赠款，如给予几个非洲政府保持地方武装力量的款项。第三类是殖民地遭遇"紧急"事件时，"救助"殖民地政府的款项，如在塞浦路斯和肯尼亚镇压活动的花费，还有遇到自然灾害情况下的紧急救助。[2] 在 1959 年前，英国的财政赠款主要针对殖民地，有时也给予英联邦独立国家。财政贷款则普遍给予殖民地和英联邦独立国家。这同《1945 年殖民地发展和福利法案》1959 年前规定款项只能用于殖民地，不能用于英联邦是一致的，反映出战后英国试图通过开发殖民地资源解决自身经济问题的设想。

虽然英国《1945 年殖民地发展和福利法案》主要面向殖民地，英国同殖民帝国范围内的英联邦成员的经济联系也有渠道。除国与国之间的协议外，英国对英联邦成员的援助有专门的法案规定，如《出口担保法案》（Export Guarantees Act）。该法案的实质同《1945 年殖民地发展和福利法案》一样，潜在规定必须从英国购买物资和服务。因为英国仅提供英镑援助，变相地将购买范围限制在英镑区内。如 1961 年，英国双边援助总额是 1.55 亿英镑，其中大约 9400 万英镑是给予殖民地的款项。英国

---

[1] ［匈］西克·安德烈：《黑非洲史》第 4 卷上册，吴中译，上海译文出版社 1979 年版，第 322 页。

[2] 英国殖民部档案：CO1025/113, no. 51, 1959 年 10 月 16 日，"宗主国给殖民地地区的财政援助"：殖民部给予新殖民大臣可利用资源的概要，in Ronald Hyam and Wm Roger Louis, eds., *British Documents on the End of Empire: The Conservative Government and the End of Empire, 1957 - 1964*, 第 2 册, 第 306 号文件。

第五章　英国政府的英属撒哈拉以南非洲经济政策 | 251

政府"希望"受援政府在同等条件下优先考虑英国商品。① 英国可谓机关算尽。

二　"灵活"策略下的英联邦援助政策

随着世界范围内殖民地纷纷独立，英国政府不得不考虑新的援助策略。以往的援助侧重于自己的殖民地，显然英国想对自己的帝国加以"固守"。然而到1956年苏伊士运河危机之后，帝国解体之态尽显，英国政府逐渐偏向更为"灵活"的策略，以继续保持同原殖民地的联系。

无疑，外部环境特别是新独立发展中国家和社会主义国家促进了英国的这一政策转变。英国政府认为提升世界上欠发达地区的生活水平是"这一代"除了核裁军之外的最大政治难题。如果不为发展中国家提供援助，将为共产主义提供在不结盟国家中扩大影响的机会。② 英国政府还希望排挤苏东集团和埃及对非洲的经济影响，另由于中国不附加政治条件的援助受到非洲国家的欢迎，因而英国将对非援助的一个长远的目标确定为将中国排斥在非洲之外。③

促成这一转变的还缘于非洲各地区的重要性。英国在非洲的利益可以分为三类，即政治利益、战略利益和经济利益。政治利益是要使独立后的非洲国家稳定和亲西方。在非洲的欧洲人口太少，不能组成多种族政府，只得争取非洲人的好感，从加纳、北罗得西亚和尼亚萨兰的情况来看，援助必不可少。战略利益包括空中过境权和驻扎权，从肯尼亚的情况来看，援助必不可少。从经济利益来说，非洲是重要的市场和原材料来源地。

---

① 英国殖民部档案：CO 852/1919，no. 24，1960年6月10日，"联合王国现在经济形势和花费封顶"，殖民部给大多数总督的传阅的信件，in Ronald Hyam and Wm Roger Louis, eds., *British Documents on the End of Empire*：*The Conservative Government and the End of Empire*，1957 – 1964，第2册，第307号文件。

② 英国首相办公厅档案：PREM 11/2960，1960年7月22日，"对南方和东南亚的经济援助；任命联合王国调查团调查经济援助的建议"，财政大臣劳埃德（Lloyd）和首相麦克米伦的记录，in Ronald Hyam and Wm Roger Louis, eds., *British Documents on the End of Empire*：*The Conservative Government and the End of Empire*，1957 – 1964，第2册，第341号文件。

③ 英国殖民部档案：CO 852/2013，no. 85，1960年7月21—22日，"英联邦在非洲开发方面的合作"，殖民部官方报告记录，in Ronald Hyam and Wm Roger Louis, eds., *British Documents on the End of Empire*：*The Conservative Government and the End of Empire*，1957 – 1964，第2册，第340号文件；英国殖民部档案：CO852/2236，no. 4，1964年9月3—4日，"援助政策：冷战和独立"，殖民部记录，in Ronald Hyam and Wm Roger Louis, eds., *British Documents on the End of Empire*：*The Conservative Government and the End of Empire*，1957 – 1964，第2册，第353号文件。

于是，自1958年英联邦蒙特利尔大会至1970年《殖民地发展和福利法案》框架继续扩展，英国继续承担起援助使命，援助对象还是原来的殖民地，只不过法律地位变为独立的英联邦成员。

1958年，英国明确对英联邦贷款实行特例贷款的形式。所谓特例贷款是指不像殖民地开发和福利法案那样明确规定在特定年限中特定地区可获得的额度，而是采取一事一议的办法。① 这些特例贷款大多属于捆绑性贷款，除非英国货物缺乏或者证明英国货物没有竞争力，无论是殖民地发展和福利赠款还是财政部贷款，都要优先购买英国货物，既不能用于购买本地产品也不能用于购买外国产品。② 这些贷款并不便宜，要比伦敦市场价高0.25%③，如此做的目的是使英联邦成员依赖自己的信誉从市场中借贷。④

英国政府还实施一种变相的捆绑性贷款，即技术援助。为了弥补自己资本援助不足的情况、增加本国人口就业机会，英国政府很乐意推销技术援助。时任殖民大臣的伦诺伊德-博伊德认为技术援助是维系英国和新独立国家（如尼日利亚）在许多领域内专业和技术联系的最好方法。他认为技术援助计划是互利性的。通过技术援助获取的尼日利亚信息对英国有直接的价值，英国的专业和技术专家可以继续访问尼日利亚来获取知识和经验，通过技术援助可以使贷款援助更加切合尼日利亚的实际。英国政府提供给尼日利亚、加纳与马来亚的技术援助很类似。以尼日利

---

① 英国殖民部档案：DO35/8377, no.19, 1958年10月8日，"在蒙特利尔贸易和经济大会上宣布的贷款给英联邦开发贷款计划"，英联邦高级专员传阅电报（433号），in Ronald Hyam and Wm Roger Louis, eds., *British Documents on the End of Empire*: *The Conservative Government and the End of Empire*, 1957–1964, 第2册，第313号文件。

② 英国殖民部档案：CO852/1932, nos.138&147, 1962年8月27日，"援助和殖民地开发和福利法案直接资助货物与服务进口"，殖民部传阅急件（563号），殖民大臣桑迪斯致众总督，in Ronald Hyam and Wm Roger Louis, eds., *British Documents on the End of Empire*: *The Conservative Government and the End of Empire*, 1957–1964, 第2册，第349号文件。

③ 英国财政部档案：T220/569, pp.94–100, 1958年12月5日，"新殖民地财政和福利法案中设立的条款"，殖民部备忘录，in Ronald Hyam and Wm Roger Louis, eds., *British Documents on the End of Empire*: *The Conservative Government and the End of Empire*, 1957–1964, 第2册，第316号文件。

④ 英国财政部档案：T220/570, p.1 ff, 1959年1月1—20日，"接下来五年中对殖民地的开发援助"，和殖民部磋商要点，in Ronald Hyam and Wm Roger Louis, eds., *British Documents on the End of Empire*: *The Conservative Government and the End of Empire*, 1957–1964, 第2册，第319号文件。

亚为例，具体包括：资助培训课程、特别资助在英留学的尼日利亚研究生，资助向尼日利亚提供技术和专业建议，资助驻尼日利亚外籍技术专家的花费，为教育机构提供训练和研究设备，提供技术设备如自来水设备。①

与此同时，英国设立专门的对外援助管理机构。1961年英国政府专门成立技术合作部。新的技术合作部执行原来外交部、英联邦关系部和殖民地部承担的对外技术援助。1964年英国政府成立海外开发部（Overseas Development Ministry），它不受外交和英联邦部干预，能自主决定所有开发政策的权限，从而使援助政策更具统一性。以后随着执政党更迭，海外开发部级别有所变化。在工党执政时期海外开发部级别较高，反映出工党偏向于官方主动援助的意识形态倾向。相对而言，保守党将促进私人部门援助作为意识形态的特色，因而在执政时期会降低该部门的级别。但无论如何，该机构显示出对外援助在英国外交和对外经济联系中的重要地位。

英国不仅注重双边援助，也注意发挥多边援助渠道的功能。英国政府希望借助国际力量弥补自己资源投入不足的状况，如国际复兴开发银行、美国和联邦德国、加拿大、澳大利亚和新西兰。最后，英国政府还希望非洲国家间相互援助。② 扩展科伦坡计划③到非洲便是寄望英联邦成员之间能够自由达成双边性技术援助和其他援助协议。④

---

① 英国英联邦关系部档案：DO35/10476, no. 16, 1959年5月27日，"尼日利亚：独立后的技术援助规划"，殖民大臣伦诺伊德－博伊德和拉各斯的尼日利亚部长们的会谈记录, in Ronald Hyam and Wm Roger Louis, eds., *British Documents on the End of Empire: The Conservative Government and the End of Empire*, 1957－1964, 第2册，第330号文件。

② 英国英联邦关系部档案：DO35/8378, no. 91, 1960年7月21日，"英联邦在非洲开发上的合作", in Ronald Hyam and Wm Roger Louis, eds., *British Documents on the End of Empire: The Conservative Government and the End of Empire*, 1957－1964, 第2册，第339号文件。

③ 1950年1月英联邦国家外长在科伦坡举行会议，商讨帮助南亚和东南亚国家进行经济开发的问题。后来在此基础上制订的一项援助开发计划，被称为科伦坡计划。计划参加国起初只是一些英联邦国家，后来由于资金困难又吸收了美国、日本等一些工业发达国家作为捐款国参加，受援国也远远超出了英联邦的范围。科伦坡组织实际上已失去了当初英联邦组织的特色。见王振华《英联邦兴衰》，中国社会科学出版社1991年版，第135页。

④ 英国英联邦关系部文件：DO35/8378, no. 3, 1960年5月3日，"针对非洲的英联邦科伦坡类型的经济计划", in Ronald Hyam and Wm Roger Louis, eds., *British Documents on the End of Empire: The Conservative Government and the End of Empire*, 1957－1964, 第2册，第336号文件。

三 英国援助的实质

对于英国的援助政策有两种看法：一种认为英国的作为是利他主义的，是无私的。另一种认为英国的作为是自利的，仅在客观上有利于殖民地或英联邦国家的发展。

我们作出评判前先来看一组数据。1946—1970 年，在殖民地发展和福利体系下，排除研究花费的赠予和贷款有 32440 万英镑。其中 45% 分配给非洲，22% 分配给加勒比地区，8% 分配给地中海地区主要是马耳他，7% 分配给西太平洋地区，6% 分配给东南亚，6% 分配给在英国本土进行的工作主要是调研工作和学生培训，还有 5%—6% 分配给小岛型殖民地。接受大额赠予的地区是：尼日利亚（4000 万英镑）、肯尼亚（2300 万英镑）、马耳他（2000 万英镑）、坦噶尼喀（1400 万英镑）、英属洪都拉斯（1300 万英镑）、英属几内亚（1200 万英镑）。其中教育花费占 21%（小学和中学教育占 10.5%，技术和职业教育占 3.4%，高等教育占 7.1%），道路花费占 17%，医疗和健康花费占 9.2%，水供应花费占 6.2%，城镇建设花费占 4.4%。在非洲被投入的花费大约是加勒比的 2.5 倍，84% 的土地安置费花在了非洲，一半花在肯尼亚的斯维纳顿计划上，加勒比花费的 43% 用于开展小岛间的航空线路，整个非洲则是 22%。马耳他占工业发展项目花费中的 75%，19% 和 25% 的住房和城镇建设花费分别配给直布罗陀和英属洪都拉斯。尽管给予尼日利亚最大的援助数额，但是从占对象地区国内生产总值的比例来看，肯尼亚、坦噶尼喀和乌干达更大。英国援助占本土国内生产总值的比例，总体看只有 1950 年超过 1%，1960 年为 0.994%。[①] 在"二战"后的 15 年里，英国的援助很少，平均仅占英国国内生产总值的 0.1%。英国的殖民地发展援助不能和殖民地被迫存在英国的资金相比。英国政府也不得不承认战后殖民地自己解决了主要的发展资金。据英国政府估计 1946—1957 年殖民地花费大约 10 亿英镑来解决自己的发展问题。其中各地自己内部筹集 6 亿英镑，从伦敦市场借贷了 1.87 亿英镑，从国际银行借款 0.135 亿英镑，从殖民地发展福利法案项目下获得 1.37 亿英镑资金，殖民地开发公司投资 0.53 亿英镑。各地内部筹集的资金包括从税收中提取的资本，从对外贸易取

---

① Morgan D J, *The Official History of Colonial Development: Changes in British Aid Policy, 1951–1970*, Vol. 4, London: Macmillan Press, 1980.

第五章　英国政府的英属撒哈拉以南非洲经济政策 ▎255

得的英镑结余和从地方获得的借贷款。① 这些数据说明英国援助的地区和项目覆盖广泛，但金额严重不足，并未对战后殖民地或英联邦地区的发展发挥至关重要的作用。投放项目避开工业项目，说明其限制殖民地在产业链低端的心理。投放地域侧重非洲说明其看重非洲，固守殖民地的心理。

我们应该看到，英国的援助是为实现英国自身的利益。第一，英国官方援助服务于英国私人资本的海外扩张，是战后国家垄断资本主义发展的表现之一。1961年英国驻拉各斯和达喀尔的高级专员希望"依靠举办和英国公司领导层定期的会晤，尽力将官方的和商业的力量更紧密地联系在一起"。② 英国的捆绑原则也发挥着显著作用。经学者研究发现，1978—1984年，英国这种附加条件的援助总额是19.69亿英镑，其中的13.27亿英镑都被用于促进英国出口。③ 英国一直热衷于在援助中附加政治条件的根本目的，是企图为私人资本创造"有利的"投资环境。到2001年4月，捆绑原则也停止实施，但援助仍旧附带着各种政治条件，而且呈现出援助资金监管具体化的新现象。第二，英国的援助服务于英国国际政治的需要。英国外交部认为，援助是西方对非洲保持影响力的主要方式之一。为使非洲国家保持亲西方的态度，英国政府就需要向非洲国家提供更多的经济与技术援助，以便和苏联的经济与技术援助相竞争，从而争取到联合国表决中重要的2/3的多数。④ 第三，许多所谓的援助花费，本来就是英国政府应该负担的。1960年，英国政府为弥补塞拉利昂财政赤字提供的一笔援助很能说明问题。由于保持军事力量、购买

---

① 英国殖民部档案：CO1025/113, no.51, 1959年10月16日, in Ronald Hyam and Wm Roger Louis, eds., *British Documents on the End of Empire：The Conservative Government and the End of Empire*, 1957–1964, 第2册，第306号文件。

② 英国外交部档案：FO 371/154740, no.59, 1961年5月16日, in Ronald Hyam and Wm Roger Louis, eds., *British Documents on the End of Empire：The Conservative Government and the End of Empire*, 1957–1964, 第2册，第382号文件。

③ O. Morrisey, B. Brian and E. Horesh., *British Aid and International Trade：Aid Policy Making*, 1979–1989, Phildelphia：Open Univesity Press, 1992, p.110.

④ 英国外交部档案：FO371/154740, no.59, 1961年5月16日, "西非和西方强国的关系"，英国驻外使节和官员的自由讨论会议记录, in Ronald Hyam and Wm Roger Louis, eds., *British Documents on the End of Empire：The Conservative Government and the End of Empire*, 1957–1964, 第2册，第382号文件。

英国遗留军事资产和补偿外籍公职人员薪金，塞拉利昂形成了财政赤字。[①] 而再深究一步，塞拉利昂的这些花费本就是英国造成的。塞拉利昂保持超过自己经济能力的军事力量和赎买英国遗留军事设施本就是英国所坚持的，而外籍公职人员薪金本来也应该由英国偿付。[②] 塞拉利昂的例子并非孤例。就整个撒哈拉以南非洲而言，英国长期在殖民地发展和福利项目下支付殖民地雇用的英籍人员薪酬，以便不耗费英国国内人员薪酬项目下的经费。[③] 在非殖民化时期又用发展和福利项目下的资金作为英国驻殖民地公职人员的退休金。此外，许多援助资金被英国用来赎买白人移民的土地，而采用赎买政策也是英国政府坚持的，如肯尼亚的斯维纳顿计划。

我们也应该看到，英国的援助政策兼顾"固守"和"灵活"两个方面，在不同阶段侧重点不同。1929—1958年英国的援助政策以"固守"为主，1958—1970年英国的援助政策以"灵活"为主。不同的侧重源于世界潮流变动引发的力量对比变动，英国政府能够根据力量对比做出适应潮流的选择是英国保护自身利益的重要原因。实力相对趋弱而又有一定力量是英国仍旧能依靠"灵活"策略保护自身利益的又一重要因素。

此外，我们还应该认识到，英国政府很注意宣传自己援助的成绩，认为自身给予殖民地援助的政治影响经常和自身的援助力度不成比例，不能很好地发挥抵制共产主义影响的目的。所以，英国政府专门拨出资金通过广播、定期报刊和大量专门印刷品大肆宣传自己的援助活动。英国政府还资助英联邦国家建立电视广播系统、资助官员培训和学生交流，并且向英联邦国家提供免费的咨询服务，试图通过重点影响殖民地"有

[①] 英国英联邦关系部档案：DO 35/8071, no. 3, 1960年2月25日，"给塞拉利昂独立后的财政援助"，殖民部、财政部和英联邦关系部之间的往来函件，in Ronald Hyam and Wm Roger Louis, eds., *British Documents on the End of Empire: The Conservative Government and the End of Empire*, 1957–1964, 第2册，第334号文件。

[②] 英国内阁档案：CAB134/1805, EP23 (64), 1964年5月27日，in Ronald Hyam and Wm Roger Louis, eds., *British Documents on the End of Empire: The Conservative Government and the End of Empire*, 1957–1964, 第2册，第352号文件。

[③] 英国殖民部档案：CO1025/107, no. 118, 1959年1月27日，"殖民地开发和福利法案修正案的主要特征"，殖民部给伦诺伊德-博伊德的概要，in Ronald Hyam and Wm Roger Louis, eds., *British Documents on the End of Empire: The Conservative Government and the End of Empire*, 1957–1964, 第2册，第320号文件。

影响的少数人而非土著大众"来取得花费小而影响大的效果。① 当然，上述举措客观上也有助于殖民地的发展，这就不难理解为何会有很多片面称赞英国援助有利性的言论。

本章小结

英国政府积极维护帝国统一的经济体系。英国政府并没有主动放弃英镑区和英联邦特惠制，即放弃帝国统一的经济体系，撒哈拉以南非洲殖民地被寄予维持英镑区的厚望。英国自身实力的相对衰弱不意味着英国丧失了维持帝国经济体系的想法，也不能说撤出殖民地是因为丧失了垄断经济权益的需要。相反，英国政府总是在争取尽可能多的经济权益。英国尚存的实力和新殖民主义手法都缓和了帝国经济体系衰竭的速度。新殖民主义式的关系转化方式缓和了英国和殖民地人民之间的冲突，非殖民化得以较为和缓的方式进行。在某种程度上，英国实力和经济离心力之间的力量对比塑造了新殖民主义关系转化方式，殖民关系转化的方式又起到加速英国实力衰弱和经济离心力的作用。在整个非殖民化过程中，英国政府都在实行干预措施，尽可能多地保留了英国的经济利益。

作为帝国经济体系的支柱——西方公司和白人移民受到英国政府的保护。英国政府支持西方公司在殖民地矿业领域的活动。西方公司通过支持和放弃种族主义的政治与经济策略，换取与英属中非联邦当地政治力量的妥协，以图保留既存的经济特权。西方公司先是通过建立和维持中非联邦，维护白人劳工的特权地位来化解白人内部的矛盾，以保留在矿业经济中的特权，但这一策略深化了同非洲劳工的阶级矛盾，激化了同全体非洲人的民族矛盾，引发了以矿业罢工为先导的非洲人全民性的反抗。中非联邦呈现瓦解之势，西方公司便携英美政府和西方金融界逼

---

① 英国殖民部档案：CO 1027/406, no. 73, 1962 年 2 月 23 日，"英国对欠发达国家援助的贡献的宣传"，in Ronald Hyam and Wm Roger Louis, eds., *British Documents on the End of Empire: The Conservative Government and the End of Empire*, 1957–1964, 第 2 册，第 347 号文件；英国内阁档案：CAB134/1805, EP23（64），1964 年 5 月 27 日，"对发展中国家的援助"，内阁经济政策委员会会议记录，in Ronald Hyam and Wm Roger Louis, eds., *British Documents on the End of Empire: The Conservative Government and the End of Empire*, 1957–1964, 第 2 册，第 352 号文件。

迫非洲人多数政府继续保留其矿业特权，阶级矛盾被民族矛盾所掩盖。

白人移民受到保护尤其体现在农业领域。受白人移民农业经济的影响，英语非洲农业部门分裂为大规模商品农业和小规模维生农业。英国有时化身为遏制白人移民侵夺非洲人权益的保护者，有时又化身为白人移民的救护者。英国政府在玩弄"分而治之"的手法，主要利用白人移民作为维持殖民统治和依附经济结构的支柱，同时利用保护非洲人权益的名义制衡白人移民。在无法承受黑人反抗的压力时，英国政府以放弃殖民政治体制为筹码，尽量保护本国资本和白人移民的地权，实行以保证移民地权为前提的权力转移，以尽可能维持依附经济结构。非洲人执政后受制于既存结构，仅能缓慢地利用政治权利改变依附性的经济结构。

保护西方公司和白人移民仅是手段不是目的，英国政府的干预是为尽可能满足本国资本主义发展的需要。在非殖民化时期，英国政府保护的根本目标是依附性的经济结构。无论是在殖民时期还是之后，英国对撒哈拉以南非洲不多的投资集中于矿业和石油领域，再加上英国政府为保证矿业公司权力的种种努力，很难说撒哈拉以南非洲矿业丧失了促进资本主义发展的重要性。商品化农业则逐渐由本土人代替白人公司和移民经营，产品仍旧源源不断地供应给英国市场，也很难说不再被英国经济所需要。可以说非殖民化是英国资本主义发展到新阶段产物的观点有倒因为果之嫌。应该说，非殖民化促成了资本主义新阶段的到来。

提供援助便是英国政府维持依附性经济结构的重要手段。英国援助政策本着自利的原则，仅在客观上有利于受援方发展。英国官方援助服务于英国私人资本的海外扩张，是战后国家垄断资本主义发展的表现之一。英国的援助服务于英国国际政治的需要。援助是西方对非洲保持影响力的主要方式之一。英国政府根据形势变化不断调整援助政策，较好地维护了自身利益。

总体来看，英国政府行为和经济利益有紧密的关系，并且经济利益的得失在英国政府的政策考虑中享有基础性地位。英国政府制定殖民政策的考虑不仅仅有经济因素，除了前述的政治、军事考虑，还有第六章将要详述的威望因素。这四大考量因素在不同时机中分量不等地决定着英国政府的非殖民化政策。

第六章　非殖民化与英属撒哈拉以南非洲的社会政策

英帝国曾是世界历史上规模最大的殖民帝国。早在18世纪晚期，英国学者埃德蒙·伯克便提出"文明使命论"，作为论证帝国统治合法性的说辞。按照此论调，英国的殖民统治推动了亚洲和非洲的历史前进，将亚非带离野蛮时代，为亚非带来和平、人道和符合文明标准的生活方式。非洲人被殖民统治者贴上懒惰、不诚实、欠缺原创性，没有发明任何文明的事物，缺乏文化成就或者恢宏的宗教标签，"多重劣势"注定非洲人被统治的命运。英国政府允诺一旦殖民地达到宗主国的标准便准许其独立。1839年，"达勒姆报告"可视为完整表述此种宣传口径的标志性文件。英国首相麦克米伦（1957—1963年在任）在回忆录中将英帝国解体过程宣扬为英国完成"文明传播使命"之后"自愿放弃"帝国的行为。英国官方帝国史学者摩根明确表达了这样的观点："除在巴勒斯坦和亚丁，权力转移带着一种相互尊重的情绪平稳地进行"，经济和社会发展已经"开了个相当好的头……取得了一定的进展……获得了稳定的收益"。上述观点宣扬的帝国"文明使命论"，并不符合客观历史实际。本章试图通过对英国殖民地教育政策和殖民地工会政策的研究，在论证英国政府并无意于培养殖民地新生社会力量的同时，阐释英国殖民地社会政策服务于维持殖民统治的本质，探讨殖民地"合作者"问题，驳斥英国官方一贯宣扬的"文明使命论"，考量这种威望因素在英国政府制定殖民政策时的作用。

第一节 帝国主义、社会控制和英属非洲的非殖民化教育

几乎无人反对 20 世纪初资本主义进入帝国主义时代,然而众多学者对 20 世纪后半期的帝国主义变化持不同观点。争论的关键点在于是否割裂政治和经济的关系,以及政治、经济间的相互关系。该争论具体化为,如何解释第三世界再生产过程长期受抑制的问题。在马克思主义看来,人的再生产是社会再生产的组成部分,高于物的再生产。教育是人的再生产不可或缺的环节。社会通过教育来对社会中的个人活动进行软性规范,构成非正式的社会控制方式。而这种社会控制又反映特定组织的利益和意志。英语非洲的教育作为生产的组成部分从属于非洲社会的性质,因而从属于帝国主义的世界体系,需要加以非殖民化。

近年既有研究有两本代表性著作。[1] 两本著作都注意到教育社会控制的一面。《宗教使团教育》一书对宗教使团在撒哈拉以南非洲进行的教育活动持基本肯定的态度。主要篇幅陈述了宗教使团教育,欠缺对其的深入评析。《尼日利亚工会教育》一书对工会教育同非殖民化的社会政治环境进行了联系分析,虽有新意但仍显理论分析的不足。通过联系帝国主义阶段变迁引发的社会控制方式变化,将教育放在非殖民化时代背景下,本书尝试对 1945—1980 年非洲教育的变迁做出些许分析,意图梳理出一条线索,证明马克思主义政治经济学在 20 世纪下半期的历史解释领域仍具有说服力。

一 "文明"传播的虚伪性

非殖民化时期教育是否承担了"文明使命"长期处于争议之中。1945—1980 年非洲大陆处于非殖民化时期。教育服从于这一社会背景。英国首相麦克米伦在自己的回忆录中将英国非殖民化过程宣扬为英国完

---

[1] Nathan F. Goto, *Mission Education: Transforms Sub-Saharan Indigenous African People*, Oklahoma: Tate Publishing, 2011; Hakeem Ibikunle Tijani, *Union Education in Nigeria: Labor, Empire, and Decolonization since 1945*, London: Macmillan, 2012.

成"文明传播使命"之后"自愿放弃"帝国的行为。① 文明使命论可以被追溯到18世纪晚期的埃德蒙·伯克，成为论证帝国在亚洲、非洲统治合法性的说辞。按此论调，英国的统治推动亚非历史前进，将亚非带离野蛮时代，为亚非带来和平、人道和符合文明标准的生活方式。非洲人被认为是懒惰的、不诚实的、欠缺原创性，没有发明任何文明的事物，没有修建石头城市，缺乏文化成就或者恢宏的宗教，三重劣势注定非洲人被统治的命运。在20世纪四五十年代的英国政客眼中，自治政府对于许多依附地区而言，就如给一名十岁儿童"一把大门钥匙、一个银行账户和一把短枪"（一样危险）。② 然而他们却不肯为传播"文明"做出什么积极努力。

（一）英国政府教育政策的目标和内容

教育政策和实践几乎不可能同非洲人的需求一致。它们更多受财政投入少、管理机构需要和各种各样殖民者的种族主义倾向的约束。从一开始，对非洲人的殖民教育便"绝少被从教育的角度看，无论是教育的管理者还是接受者"③。教育倾向于服务资助它的教会和殖民政府的利益，从未服务于所谓的"文明使命"。不仅英国如此，法国本土的中央管理部门一开始就打算把教育问题搁到一边不理。殖民长官于1816年的指示中一个字都没有提到教育。④ 殖民地民族主义者和依附论派将教育放在更广阔的经济政治背景下进行研究。在他们看来，教育被殖民政府设计来执行两大任务：一是培养劳动力，二是实行社会控制和建构文化帝国主义，合法化帝国主义，培养帝国"合作者"。⑤ 为回应殖民地经济要求，殖民地教育被设计来让大多数非洲人从事农业、管理和工业部分的半熟练和

---

① [英] 麦克米伦：《麦克米伦回忆录——指明方向》，商务印书馆组译，商务印书馆1976年版，第141页。
② William Roger Louis, *Imperialism at Bay: The United States and the Decolonization of the British Empire*, 1941–1945, p. 14.
③ David Ruddell, "Class and Race: Neglected Determinants of Colonial 'Adapted Education' Policies", *Comparative Education*, Vol. 18, No. 2, 1982, pp. 293–294.
④ [塞内加尔] 巴帕·易卜希马·谢克：《法国在非洲的文化战略：从1817年到1960年的殖民教育》，邓皓琛译，商务印书馆2016年版，第23页。
⑤ 如：Philemon A. K. Mushi, *History and Development of Education in Tazania*, Dar es Salaam: Dar es Salaam University Press, 2009; Isaac Chikwekwere Lamba, *Contradictions in Post–War Education Policy Formulation and Application in Colonial Malawi*, 1945–1961, Malawi Zomba: Kachere Series, 2010.

不熟练工作。除经济目的,殖民地教育也被设计来让殖民地学生接受自己居于殖民社会和国际体系从属地位的世界观。所以不难理解有学者如此评价殖民地教育:"殖民地学校教育是为从属、剥削、创造精神困惑和发展欠发达"①,是为"社会控制、社会化和加强既存的社会制度——不变的统治阶级"②。按照依附理论,中心地区文化霸权通过文化体制、教会、教育体制、政府和组织体制传导至边缘地区。

自从殖民统治建立直到第二次世界大战,英国政府都未系统化促进殖民地教育事业。英国政府将教育事业留给移民、传教士和慈善家去执行。在1945年前,教育几乎被宗教使团学校所垄断。以西式学校教育开展得最好的南非为例,1926年,使团学校有2702所,政府学校有68所。到1953年政府学校和资助学校达到5819所。③可以说,殖民地根本就不存在普遍的教育体系。为遏制殖民地民族解放运动的兴起和推行"地方自治政府改革",以及配合殖民地开发计划,战后英国政府才开始有意识地建立殖民地教育体系。

在很大程度上,英国政府制定殖民地教育政策是为应对当时殖民地局势。按照英国官员的看法,英国制定殖民地教育政策主要受六大类殖民地因素的制约。"第一,各殖民地普遍的社会紧张,各殖民地都爆发各种反抗英国殖民统治的运动,特别是在尼日利亚和西印度群岛。第二,原初民族主义兴起。第三,殖民地新闻自由运动的兴起。该运动揭露出殖民地不良政客的行为和广泛存在的贪腐问题,打击了殖民地政府的政治威信。第四,传统本土组织的失效。失效原因在于:没有文化的农民和半文化状态的城镇居民之间形成裂痕,传承传统知识的老人和年轻'知识分子'之间出现鸿沟。第五,狭窄的教育金字塔基础造成政府同轻信、遭忽视的大众之间不充分的沟通。第六,本土领导人公开提出不满欧洲商业机构开发殖民地经济资源,'受过教育'的群体也不满于自己的

---

① Walter Rodney, *How Europe Underdeveloped Africa*, London: Bogle – L'Ouverture Publications, 1972, p. 264.

② David Ruddell, "Class and Race: Neglected Determinants of Colonial 'Adapted Education' Policies", pp. 293 – 294.

③ Simphive A. Hlatshwayo, *Education and Independence: Education in South Africa*, 1658 – 1988, London: Greenwood Press, 2000, pp. 36 – 39.

第六章 非殖民化与英属撒哈拉以南非洲的社会政策

无权地位。"①

针对上述情况，英国官员首先注重在殖民地开展"公民教育"，以配合地方自治政府计划和保持殖民地独立后的亲西方态度。在他们看来，"非洲民族主义传播速度之快，很难依靠刹车来加以遏制，替代的办法是当它转动时提供大的足以支持它转动的轮子……"② 按照"公民教育的目标"，殖民地学生应该发展正确的行为观、树立公共责任感、怀有宽容和服从权威的精神、正确地理解英式社会价值和英式民主实践、欣赏英式政治制度及其变革和演进。③

其次的目标是配合殖民地开发计划。英国官员从世界银行对牙买加的调查中认识到，教育和经济发展紧密相关。教育不仅能减少权力转移时的危险，而且可以为经济开发提供前进基础。教育不仅能够训练开发计划的领导人，而且能够使大众理解领导人，让大量受过教育、有技术的男男女女从事开发计划。④ 英国官员得出结论认为："很明显，缺乏教育（特别是基本教育）会成为阻碍经济发展的瓶颈，就如不充分的经济发展会导致教育的欠发展一样。"⑤ 法国人也是如此，在撒哈拉以南非洲普及教育问题上强调了经济效用。⑥ 按照再生产理论，学校不仅教给学生生产技巧而且被动地将学生加以社会化以适应他们未来工作环境的要求。

---

① 英国殖民部档案：CO859/89/8，no. 31，EC/11/46，1946 年 7 月 18 日，"公民教育"，殖民地教育顾问委员会（Advisory Committee on Education in the Colonies）小组委员会期中纲要草案，沃德任主席（W. E. F. Ward），in Ronald Hyam ed., *British Documents on the End of Empire*：*The Labour Government and the End of Empire*，1945 – 1951，第 4 册，第 363 号文件。

② 英国殖民部档案：CO859/966，nos. 2&7，1959 年 3 月 16 日—5 月 27 日，"殖民地教育和经济发展之间的关系"，J. 英曼等人作殖民部备忘录，in Ronald Hyam and Wm Roger Louis, eds., *British Documents on the End of Empire*：*The Conservative Government and the End of Empire*，1957 – 1964，第 2 册，第 357 号文件。

③ 英国殖民部档案：CO859/89/8，no. 31，EC/11/46，1946 年 7 月 18 日，in Ronald Hyam ed., *British Documents on the End of Empire*：*The Labour Government and the End of Empire*，1945 – 1951，第 4 册，第 363 号文件。

④ 英国殖民部档案：CO859/362，no. 4，1953 年 12 月 14 日，"教育和经济发展"，哈维（R. J. Harvey）记录，in David Goldsworthy ed., *British Documents on the End of Empire*：*The Conservative Government and the End of Empire*，1951 – 1957，第 3 册，第 492 号文件。

⑤ 英国殖民部档案：CO859/966，nos. 2&7，1959 年 3 月 16 日—5 月 27 日，in Ronald Hyam and Wm Roger Louis, eds., *British Documents on the End of Empire*：*The Conservative Government and the End of Empire*，1957 – 1964，第 2 册，第 357 号文件。

⑥ ［塞内加尔］巴帕·易卜希马·谢克：《法国在非洲的文化战略：从 1817 年到 1960 年的殖民教育》，第 74 页。

学校复制了社会群体和阶级的分野,并合法化了这种关系。资本积聚和劳动力再生产的要求也被克隆进学校子系统。使劳动力有效化以适应资本积聚的要求,并成为学校的核心功能。

为实现上述两个教育目标,英国政府制订了"大众教育"计划。"大众教育"计划下教育的内容脱离非洲人需求。教育关注确定无疑和不可置疑的道德观念以及相关的地位和运转。地理课上讲解英国的河流而非北非的山脉或赞比西河。[①] 英国人还要确保非洲儿童记住英国植物的外形和亨利八世的妻子……强调圣经教育,仅留下很少的时间给传统的非洲人信念和仪式。[②]

不能忽视了"非洲人"选择的主动性。教育内容的选择和接受并非完全由殖民者所决定。事实上,非洲学生和非洲民族领导人不完全是被动的接受者。虽然英国政策将维护殖民统治的"公民教育"放在首位,但是非洲学生从未完全接受。在学校中学习的学生也并非成为政府驯服的臣民。他们积极关心政治发展,组织政治集会,开展政治讨论。教师也同情民族解放运动并和民族解放运动组织合作。20 世纪五六十年代,学生罢课经常发生在教会学校和政府学校。

(二)殖民政府控制的实质

1945 年后,殖民政府逐步加大介入的力度。政府普遍采取的措施是援助教会学校、私立学校,制定薪资、师资标准,发放等同于公务员的薪资等。各地大多如坦噶尼喀一样制订了教育发展计划。该地的 1947—1956 年 10 年教育发展计划希望扩展小学和中学,扩展教师培训,建立技术教育,招收女生。在肯尼亚,地方本土人委员会从 1949 年起为所有自己区域内的初小承担起资助义务。黄金海岸政府是最有钱的殖民地政府。1953—1954 年度教育花费 470 万镑,初小和高小有 494334 名学生,其中 150108 名女生,在中等学校有 8602 名学生,1296 名女生。总共有 785 名男生和 121 名女生获得剑桥标准证书。1954 年有 3280 名教师在 28 所学院接受训练。初小入学率达到 83%,高小达到 66%,100% 的教师在教师

---

① Walter Rodney, *How Europe Underdeveloped Africa*, p. 271.
② Ansu Datta, *Education and Society: A Sociology of African Education*, New York: St. Martin's Press, 1984, p. 18.

学院受训。整个撒哈拉以南非洲教师培训最好的南非，1971 年教师经过 8—10 年学习并训练的占比为 70.12%。[①] 1953 年，尼日利亚的教育经费是 4488710 英镑，其中 3795180 英镑在殖民地发展和福利法案下拨款。总共有 1068789 名小学生，北方仅有 125989 名在校。中等学校学生被估计为 22400 名。为了迎合教育需要，一般税增税 10 先令。整体而言，西非的中等学校建设强于东非，且殖民地发展和福利法案下获得的资金多过东非。

介入具有种族分别对待的特点，结果教育体现了鲜明的种族性。欧洲人教育被放在金字塔顶，有色人种、亚洲人在中间，非洲人在塔底。因为移民海外的"姑表兄弟"的情谊成为维持帝国使命感的来源之一，在处理南非和大约 30 万名在中非联邦的欧洲移民以及 6 万名在肯尼亚的欧洲移民问题时，总能唤起英国国内普遍的"姑表兄弟"之情。"伙伴关系"曾被作为解决非洲种族冲突的方式。但是在欧洲移民眼里，伙伴关系的含义是不同的，南罗得西亚首席部长说那是"马和骑手的关系"；最好的说法也就像塞西尔·罗得斯（Cecil Rhodes）的声明，即"所有文明人权利平等"，文明的标准则自然由欧洲移民订立。[②]

在种族分野最严重的南非，到 1953 年政府学校和资助学校达到 5819 所。1930 年每名白人学生的花费为 22 英镑 12 先令，有色人种和亚洲人是 4 英镑 12 先令 3 便士，非洲人为 2 英镑 2 先令 8 便士；1952 年每名白人学生的花费为 45 英镑 17 先令 7 便士，有色人种和亚洲人是 18 英镑 16 先令 10 便士，非洲人为 7 英镑 11 先令 7 便士。1975 年非洲人的花费占教育花费的 17%，白人占 67%；1985 年非洲人占 31%，白人占 52%。[③]

在种族分野程度中等的英属中部非洲，欧洲裔的小学教育于 1931 年实行免费义务制。1935 年废除了中等学校的注册费。中等学校分为学术的、现代的和技术的。第一种有剑桥标准证书。对于有色人种和亚洲裔儿童的小学教育是免费的，但义务教育仅在学校三英里半径范围内。绝

---

① Simphive A. Hlatshwayo, *Education and Independence*: *Education in South Africa*, 1658 – 1988, p. 74.

② Miles Kahler, *Decolonization in Britain and France*: *The Domestic Consequences of International Relations*, p. 143.

③ Simphive A. Hlatshwayo, *Education and Independence*: *Education in South Africa*, 1658 – 1988, p. 87.

大多数学龄儿童是在校的。由于不确定的产业状况，有色人种的中等学校教育是小规模和不充分的。20 世纪 50 年代，绝大多数的非洲人教育由宗教使团提供。60%—70% 的花费受到政府资助。在情况比较好的南罗得西亚，65% 的儿童在小学学习，约有 35 万名。1953 年中等学校招生 1078 人。在 50 年代早期，南罗得西亚殖民地政府开始承认需要对城镇非洲人承担教育责任，同时政府继续让教会在非洲人居住的乡村地区发展教育事业。总体来说，殖民地政府对非洲人教育并不想投入太多。从 20 世纪 50 年代后期到 60 年代初，新设立的非洲人中学、小学主要在于教会和非洲人的努力。① 政府接管城镇非洲人教育更多的是出于控制局势的考虑而非出于发展非洲人教育事业的考虑。

在种族分野偏弱的英属东非，1933 年，坦噶尼喀 51% 的学龄期欧洲裔人口本地入学，剩下的要么去肯尼亚要么去英格兰。大约 49% 的亚洲裔儿童在学，仅有 1.84% 的非洲儿童在学。在 1956 年 12 月的联大会议上，尼雷尔说所有的欧、亚裔儿童接受小学教育，只有 40% 的非洲儿童在学。1955 年，2.5 万欧洲人、7 万亚洲人和 800 万非洲人每个群体收到 80 万英镑教育经费。1961 年，约 85% 的非洲人是文盲（80% 的男性和 89% 的女性）。小学入学率少于学龄人口的 30%。②

为实现经济剥削目标，教育体现了种族区别对待的现象。阶级矛盾隐藏于种族矛盾内，而种族矛盾本身就是一种经济矛盾。③ 这是政治领域种族压迫的延续。

如何控制非洲人学校是政府看重的事情。原因在于英国人的"文明"观，镇压茅茅运动的行动在当时被描述为文明和野蛮、现代社会和古代部落之间的斗争。④ 不难理解，殖民地政府官员和白人移民团体对非洲人教育持冷漠甚至敌视的态度。非洲人学校并不被殖民地政府官员和白人移民团体认为是有助于殖民地经济发展、有助于保持非洲社会善意和有

---

① Sybille Küster, *African Education in Colonial Zimbabwe, Zambia and Malawi: Government Control, Settler Antagonism and African Agency, 1890 - 1964*, Hamburg: LIT Verlag, 1994, p. 202.

② Philemon A. K. Mushi, *History and Development of Education in Tazania*, pp. 86 - 88.

③ 恩格斯写道："我们认为，经济条件归根到底制约着历史的发展。种族本身就是一种经济因素"，见恩格斯《致瓦·博尔吉乌斯》，《马克思恩格斯全集》第三十九卷，第 199 页。

④ D. Anderson, *Histories of the Hanged: Britain's Dirty War in Kenya and the End of Empire*.

第六章 非殖民化与英属撒哈拉以南非洲的社会政策 267

助于维护殖民者霸权的有效工具。① 在肯尼亚，控制独立的非洲人学校成为政府关注的一件事情。1931 年肯尼亚教育条例授予政府关闭学校的权力。一旦学校的教导损害了学生的身心、道德福利，或者散布对和平与好政府的偏见，即可行使该权力。作为反茅茅运动的措施，大量学校被关闭。在 1954 年中期，66 个被关闭的学校被重新开放。其中的 42 个在地区教育委员会控制之下，24 个在使团的控制之下。在黄金海岸，开办一所学校需要政府注册。如果学校教导危及学生的身体和道德的"善"，学校会被关闭。

从教育的整体状况来看，虽然英国政府官员声称："大众教育计划可以被认为是英国非洲政策的中心特征"②，事实证明上述看法仅仅是英国官员的吹嘘，非洲的教育资源一直都是稀缺的。英国殖民大臣并不将教育和其他社会服务的发展放在优先位置，而将此仅视作殖民地政府的责任，希望从殖民地获取可用于教育的资源。③ 结果，英国官员也不得不承认加速教育发展计划的首要难题是缺乏资金。如果有钱，缺乏的管理机构、师资和教学设施都不会再成问题。④ 英国非洲殖民地教育经常面临的问题是有计划而无师资和设施。即便是情况较好的西非也面临书本、设施和学校的不足问题。甚至在 20 世纪 50 年代后期，当英国西非殖民地的教育已经普遍由地方政府接手时，东非教育仍继续面临缺乏资金的问题。肯尼亚对教育花费实行封顶政策；坦噶尼喀的教育计划缺乏资源；乌干达的资源相对充足，但步伐十分缓慢。众所周知，这些地区是多么缺乏受过教育的非洲人，是多么想发展教育事业，然而苦于没有资源支持扩

---

① Sybille Küster, *African Education in Colonial Zimbabwe, Zambia and Malawi: Government Control, Settler Antagonism and African Agency, 1890 – 1964*, p. 177.

② 英国殖民部档案：CO859/135/2, no. 15, 1948 年 11 月 10 日，"大众教育"，殖民部政务次官克里奇·琼斯（Mr Creech Jones）致非洲各总督和其他人的通阅急件, in Ronald Hyam ed., *British Documents on the End of Empire: The Labour Government and the End of Empire, 1945 – 1951*, 第 4 册，第 365 号文件。

③ 英国殖民部档案：CO859/582, 1955 年 2 月 1—7 日，"殖民地教育顾问委员会角色的转化"，会议记录：波因顿（H. Poynton）和哈维（R. J. Harvey）, in David Goldsworthy ed., *British Documents on the End of Empire: The Conservative Government and the End of Empire, 1951 – 1957*, 第 3 册，第 494 号文件。

④ 英国殖民部档案：CO859/965, no. 1, 1958 年 11 月 3 日，"塞耶斯先生短信"，向皇家殖民地教育委员会所提建议：考克斯（C. Cox）为伦诺克斯－博伊德所作备忘录, in Ronald Hyam and Wm Roger Louis, eds., *British Documents on the End of Empire: The Conservative Government and the End of Empire, 1957 – 1964*, 第 2 册，第 356 号文件。

展教育的计划。各英属非洲殖民地的非洲人一旦掌管政府,他们都集中资源去加速实施教育计划,并且取得在英国殖民统治下不可实现的教育突破。尼日利亚东区甚至因此导致财政危机,而不得不减缓实施教育计划的步伐。

由于殖民地政府将受教育水平和非洲人选举权挂钩,所以非洲人将获取充分的受教育权作为非洲人获取政治权利的重要步骤。非洲领导人高度重视教育事业,认为其是为被殖民的人民带来经济发展和文化自主最好的方式。[①] 20 世纪 50 年代,非洲民族解放组织将教育歧视视为殖民地政府设计出来企图永久维护白人社会、经济和政治特权的措施。[②] 要求普及和获得更高水准的教育成为殖民地民族解放运动的主题之一。

为配合政治目标,无论是地方自治政府改革还是民族独立进程,也为迎合殖民开发计划的需求,教育服从了帝国的政治、经济目标。在教育的实施过程中强调亲英式"公民教育",说明大众教育的重心在于服务帝国统治。正是由于教育目标、内容和措施过于维护帝国统治阶级的利益,脱离实际需要,滞后于形势发展,限制了教育社会控制作用的发挥。无论是从维系帝国统治的角度,抑或是教育本身的目标,所谓的大众教育并未实现其本身的目的。自然,"文明"传播使命成为笑谈。

二 帝国主义策略下的精英教育

著名英帝国史学者霍普金斯曾说:"这是一个乐观的活动,经济学家似乎能计划欠发达地区的繁荣,社会学家和社会心理学家感觉他们能转化韦伯式传统人到马歇尔式经济效用最大化人,同时体制似乎能实现恰到好处的点,在这个点,政治学家知道在一个被非殖民化的世界输入、传递和输出需要保持的平衡稳定状态。"[③] 他的观点反映了一种帝国史学界的观点,即"有计划的非殖民化"[④] 官方帝国史学者摩根曾明确表达了观点:"除在巴勒斯坦和亚丁,权力转移带着一种相互尊重的情绪平稳地进行",经济和社会发展已经"开了个相当好的头……取得了一定的进

[①] Ansu Datta, *Education and Society: A Sociology of African Education*, p. 22.

[②] T. J. Kumbula, *Education and Social Control in Southern Rhodesia*, Palo Alto: R&E Research Associates, 1979, p. 92.

[③] Simphive A. Hlatshwayo, *Education and Independence: Education in South Africa, 1658 - 1988*, pp. 14 - 15.

[④] John Flint, "Planned Decolonization and Its Failure in British Africa", *African Affairs*, Vol. 82, No. 328, July 1983, pp. 389 - 411.

展……获得了稳定的收益"。① 这种观点遭到第三世界学者的反驳。殖民政府将教育用作整合本土文化进入殖民秩序的工具。改变本土人的社会态度和价值观念,使之进入廉价劳动力队伍,从中再挑选出"合作者"。殖民秩序又服从于帝国主义体系。政策是被设计来维护非洲在资本主义世界的分工。这些措施很少是人道主义的,来自外部的教育资助不过是为维系外部存在而已。

（一）中等、高等教育的经济、政治因果关系

中等教育和高等教育被认为是对欧洲人统治的威胁之一,在教育体系中尤为滞后。大学教育长期被忽视源于间接统治,没有为受过大学教育者留出就业空间。故而,到"二战"后,间接统治被直接统治取代,大学教育被提上日程。② 殖民地开发计划促使英国政府在殖民地中等教育阶段中加入实践课程。实践课程的内容包括农业和牧业知识、从数学入手的建筑和机器构造知识、从语言和数学入手的商业知识,还有针对女孩开设的家务技能培训。③

主要迫于非洲人和外部的压力,殖民地政府参与兴办中等教育和高等教育,殖民地政府所做的一切都并非自己的主动行为。非洲人迫切地希望提升自己的政治权利和社会地位,所以强烈要求开放包括中学和大学的学术教育。殖民政府和白人团体考虑到可以利用申请白领职位的种族限制而不得不开放了学术教育,却努力保留技术教育作为白人的专有教育领地,从经济上遏制非洲人地位的提升,以巩固其吸引白人移民发展白人政权的总体政策。

"二战"前,英国在所有非欧洲移民地区仅仅建起6所大学,3所在印度,其余3所分别在马耳他、锡兰和中国香港。兴办的大学数量如此之少有两个原因,一是缺乏资源投入导致很少有以英语为教学语言的中学,不能和使用英语教学的高等教育相衔接;二是英国官方有意限制发展殖民地大学教育。英国官方认为1857年开办的3所印度大学培养出大

---

① D. J. Morgan, *The Official History of Colonial Development: Guidance towards Self-government in British Colonies*, 1941–1971, pp. 343–344.

② Apollos O. Nwauwa, *Imperialism, Academe and Nationalism: Britian and University Education for Africans*, 1860–1960, London: Frank Cass, 1997, p. xiv.

③ 英国殖民部档案:CO859/362, no. 4, 1953年12月14日, in David Goldsworthy ed., *British Documents on the End of Empire: The Conservative Government and the End of Empire*, 1951–1957, 第3册, 第492号文件。

量远远超过需求的、易失业的、拥有政治野心和难驾驭的年轻人。① 所以英国政府更不愿意在殖民地开办大学。英国非洲殖民地的高等教育则如黑利勋爵（Lord Hailey）在 1939 年 7 月所说的：英国的政策是"促进大众化的、本土语言教育"，这种政策是不可能和高等教育相衔接的。② 由于殖民地缺乏高等教育机构，殖民地学生只能到英国接受高等教育。

对于许多殖民地区而言，本地高等教育始于"二战"后，非洲地区更是如此。殖民地大学的学位授予要经受大学校际理事会（Inter – University Council）和作为对口援建单位的伦敦大学（London University）的检查。这些英国到访者的花费占殖民地大学经费的很大份额，以至在临近独立时，如黄金海岸和马来亚这般的富裕殖民地都对此提出质疑。③ 不能说英国政府创办大学完全没有培养人才之心，但其他一些心理所占的比重或许更大一些。例如，在罗得西亚建立多种族大学的目的在于，将中非联邦作为多种族实验的典型宣传出去。④ 更深的考虑在于，英国和殖民地地区未来的联系更可能是在专业领域而非官方领域。⑤ 英国殖民部高度重视殖民地受过教育的阶层，有殖民部官员称："我们现在最重要的殖民政治问题是为相对小而日益重要的受教育阶级制定发展规划。……新的文化阶层要求在自己当地的事务和塑造自己未来的事务中发挥更重要的作用。这个阶层所获得的教育使他们有很大的可能成为自己人民的领

---

① "二战"前殖民地教育政策的原则和实践，见 C. Whitehead, "Education in British Colonial Dependencies, 1919 – 1939: A Reappraisal", *Comparative Education*, Vol. 17, No. 1, March 1981, pp. 71 – 80。

② 英国殖民部档案：CO859/2/7，殖民地教育顾问委员会第 96 次会议的会议记录，1939 年 7 月 20 日，in A. J. Stockwell, "Leaders, Dissidents and the Disappointed: Colonial Students in Britain as Empire Ended", *The Journal of Imperial and Commonwealth History*, Vol. 36, No. 3, September 2008, p. 488.

③ 英国殖民部档案：CO859/671, no. 7, 1956 年 12 月 17 日，"大学校际理事会和伦敦大学为即将独立地区学院所花费用的资助问题"会议记录，in David Goldsworthy ed., *British Documents on the End of Empire: The Conservative Government and the End of Empire*, 1951 – 1957, 第 3 册, 第 497 号文件。

④ 英国英联邦关系部档案：DO35/4591, no. 12, 1953 年 9 月 15 日，"在中非建立一所大学", 英联邦关系大臣斯温顿勋爵（Lord Swinton）致牛津大学名誉校长哈利法克斯勋爵（Lord Halifax）的信，in David Goldsworthy ed., *British Documents on the End of Empire: The Conservative Government and the End of Empire*, 1951 – 1957, 第 3 册, 第 491 号文件。

⑤ 英国殖民部档案：CO 859/627, 1954 年 9 月 3 日，"大学在保持英国影响中的角色"，哈维作会议记录，in David Goldsworthy ed., *British Documents on the End of Empire: The Conservative Government and the End of Empire*, 1951 – 1957, 第 3 册, 第 493 号文件。

导人甚至统治者,所以需要采取和这个阶层真正合作的政策:同这个阶层在社会、政治和经济规划中合作。"①

1955年罗得西亚和尼亚萨兰大学学院建立。有一个兽医研究站、一个占地1000英亩的实验农场、医学院。先建立文理系接着建立医学系和农业系。英国政府注资125万英镑。一个公司捐款给教育研究所8.4万英镑,用于聘请一个教育学访问教授。剩余的由当地殖民政府出资。以非种族的原则给学生授课是迫于非洲人和外部压力的无奈之举。第一,非洲人强烈要求如此。第二,英国政府为了给多种族社会张目,确定了不分种族、阶层和宗教信仰都可入学的政策。第三,南非政府禁止外来非洲人到南非学习,增加了南罗得西亚非洲人在本地求学的压力。然而,殖民地政府仍有保留,如分别设置白人学生宿舍和非洲人学生宿舍,再如一些南非人被任命为大学职员,却没有任命一个当地非洲人。

英国政府认为殖民地大学的发展必定要依赖于英国持续性的财政援助。作为大学学院同伦敦大学保持特殊关系。这便不难理解,早年间尼日利亚伊巴丹大学学院的学生骄傲地将他们的机构称为"坐落在伊巴丹的伦敦大学,为了便利的目的"。② 所需经费依《殖民地发展和福利法案》支出,不经过殖民地政府。这并不意味着殖民地政府不出资,东非各政府每年要向马克雷雷学院助资20万英镑,并为建立农业系募集21.9万英镑。大公司和私人也出资资助大学,如伊巴丹学院收到来自联合非洲公司的6.1万英镑资金。三所大学都提供文理学位,马克雷雷学院有东非通用医学执照系、农业系和兽医系。伊巴丹大学和黄金海岸大学学院也另外提供专门、农业和经济学位。

殖民地政府顽固地限制非洲人获得技术教育,意图为白人保留熟练工作岗位。战后繁荣使更多的非洲人获得在商业和工业部门中的半熟练工作岗位,但是非洲人被隔绝于熟练工岗位之外。在教育政策上的表现就是非洲人可以受到更多的教育,但是不能接受技术教育,因为那是白

---

① 英国殖民部档案:CO537/2572, no.1, 1947年7月,"在英国的非洲学生的政治意义",卡特兰(G. B. Cartland)作备忘录,鲍迪伦作关于马来亚方面的会议记录,in Ronald Hyam ed., *British Documents on the End of Empire*: *The Labour Government and the End of Empire*, 1945–1951, 第4册,第349号文件。

② Chukwuemeka Ike, *University Development in Africa*: *The Nigerian Experience*, Oxford: Oxford University Press, 1976, p.1.

人移民的特权。1951 年，一名立法大会成员讲道："我们必须注意和严肃对待大量土著人现在工作于工业部门这一事实……通过技术教育我们必须确保每个下层的欧洲劳工不会由于土著人智识的提高而被在工业阶梯上超越，任何欧洲劳工的地位都不能低于土著人。"① 非洲人被视为廉价的、半熟练的商业和工业劳动力，仅仅需要接受很少的教育。② 在南罗得西亚北部的任何工业部门中都没有吸收非洲人学徒的计划。在学徒条例的条款中非洲人被明确排除在外。③ 即便当地缺乏熟练劳工，政府和白人雇主们也希望通过吸引外来白人移民补充。显然，政治考虑在南罗得西亚教育政策中扮演重要角色。

在高等教育阶段融入了社会培训项目，如工会教育。由于 20 世纪 40 年代后期雇员非洲化加速，以及殖民政府作为最大的雇主追求适应它所鼓吹的"正确"的工业关系配套的教育，工会教育进入大发展时期。主要目的是反对工会运动的左倾化、政治化。引入的教育内容主要是工业谈判的规程和英式工会的组织方法。1947 年就有工会自筹资金派干部去伦敦学习。1949 年尼日利亚政府劳工委员会选拔 6 名工会干部去英国学习，更多的工会教育工作被委托给伊巴丹大学学院。独立之后，东西方国际工会联盟争相给予奖学金。政府则于 1971 年成立工业训练基金。工会教育走向鼓励非意识形态化和政府、雇主、雇员三方谈判机制。④

中等、高等教育的突破并未造成原有社会结构的变动。西方殖民者有意识不去触动传统社会结构，新的经济利益被按照传统社会结构分配。⑤ 如同在经济领域一样，教育利益也被按照传统社会结构分配。（小学）中心学校主要是为酋长和财主的儿子们预备的，⑥ 更无论中等、高等教育。这一点从独立后第一代领导人多出身于酋长家庭便可窥见一斑。并非教育伴随殖民地开发和殖民地官僚体系建设抛弃了传统合作者，未

---

① B. Mothobi, *Training for Development*, Salisbury: Mardon Printers Ltd., 1978, p. 60.

② T. J. Kumbula, *Education and Social Control in Southern Rhodesia*, pp. 85 – 86.

③ ［赞］肯尼思·戴·卡翁达：《卡翁达自传》，伍群译，上海人民出版社 1976 年版，第 62 页。

④ Hakeem Ibikunle Tijani, *Union Education in Nigeria: Labor, Empire, and Decolonization since 1945*, p. 54, p. 64, pp. 100 – 115.

⑤ M. A. Havinden and D. Meredith, *Colonialism and Development, 1850 - 1960: Britain and Its Tropical Colonies*, pp. 240 – 243.

⑥ Philemon A. K. Mushi, *History and Development of Education in Tazania*, p. 68.

能吸引到足够多的新合作者也造成帝国合作关系的削弱。①

作为最后的保留地的中等、高等教育尤其显示了迫于压力开办的特点。压力首先来自殖民地地区经济发展的推动，帝国政治因素发挥了阻碍作用。

（二）"合作者"教育的失败

非洲学生在殖民地接受高等教育的同时，较以往有更多人来到英国接受高等教育。1953—1954 年度，去英美大学留学的人数预计约为 1800 名。同时在伊巴丹、马克雷雷和黄金海岸大学学院的人数约 1300 名。英国政府怀着一种矛盾的心态高度重视留英的殖民地学生。一方面，英国政府将学生们看作殖民地未来的领导人，另一方面英国政府始终担心学生们成为"煽动"对殖民统治不满情绪的骨干力量。有殖民部官员称："在英国所接受的教育利于他们未来成为杰出而有影响力的'统治阶级'。他们会成为西方世界和非洲之间最重要的文化载体之一。这些人对于非洲的未来，对于英国殖民地政府和当地人民之间的关系有着关键的重要意义。非洲殖民地的整个政治未来就在于这少数人是否在西非地区作为政府的继承者，或者在东非地区作为伙伴政府中主要种族的领导人。"②殖民部官员向各殖民地政府发送通告，让后者将留英学生全部吸收进现有体制，给留学生创造使用自己所获知识的良机。英国官员也认识到，"由于强烈地不满自己地区的政治和社会环境，殖民地学生在赴英之前就已准备好反对欧洲人的主导地位，特别是反对英国殖民地管理机构"。③许多留学生心怀家乡来到英国，创立各种组织。最有影响力的留学生组织是 1925 年创立的西非学生联合会（the West Africa Students' Union），它是西非学生的社会、文化和政治活动中心。英国大臣们也重视这个学生组织。为讨论西非问题，麦克米伦在 1942 年两次访问西非学生联合会；

---

① Join Springhall, *Decolonization since 1945*: *The Collapse of European Overseas Empires*, New York: Palgreave, 2001, p. 216.
② 英国殖民部档案：CO537/2572, no. 1, 1947 年 7 月, in Ronald Hyam ed. , *British Documents on the End of Empire*: *The Labour Government and the End of Empire*, 1945 – 1951, 第 4 册，第 349 号文件。
③ 英国殖民部档案：CO537/2573, no. 63, 1948 年 3 月 24 日, "学生福利"，殖民地在英国学生的政治意义报告，殖民部非正式调查组 ［C. 杰弗里斯（Sir C. Jeffries）］, in Ronald Hyam ed. , *British Documents on the End of Empire*: *The Labour Government and the End of Empire*, 1945 – 1951, 第 4 册，第 351 号文件。

艾德礼曾在这里解释过《大西洋宪章》的含义。由于担心留学生受共产主义思想的影响,也有人提出应该限制殖民地留学生进入英国,最起码将这些学生和共产主义思潮隔离开。①

因而,英国政府将对这个群体的"政治教育"放在极其重要的位置上。英国政府将"公民教育"作为殖民地留英学生所受教育的重要组成部分,并希望留学生能够在回到非洲后传播所受的公民教育。对留学生所进行的"公民教育",首要目的是让他们欣赏英国文化并理解政治平衡的重要性。在英国官员看来,要实现此一目的不能纯粹依靠教学,也不能通过任何明显的宣传(宣传仅仅会有害于实现此一目的)。这项目标的实现要自然而然地渗透而非依靠笨拙的宣传。所以,英国殖民部让非官方实体承担该项任务。在殖民部官员看来,英国文化协会(British Cultural Council)和工人教育协会(Worker's Educational Association)是两个合适的承担者。英国政府设立基金让殖民地留学生参加英国文化协会和工人教育协会的假期或周末课程。每个月都要向留英学生播放经过甄别的英国文化协会的电影,在播放中特别注意对含有种族歧视内容电影的排查。

为实现英国非洲殖民地留学生和英国社会的接触和非正式地接受政治教育,殖民部做出各种安排。在社会接触方面,第一,增加非洲学生和有修养英国人的接触,甚至将留学生安排到英国家庭中去生活;第二,让非洲学生成为教会、协会、运动和社会俱乐部的永久成员,扩展他们同英国社会的交流;第三,给非洲学生创造建立私人联系的机会,让非洲学生参加私人聚会。总之,殖民部希望扩展非洲学生同殖民部之外的联系。在政治教育方面,主要通过两项措施来实现,一是安排非洲学生花费大量时间参观访问名胜;二是安排非洲学生会见各知识领域专家。专家人选包括来自殖民地负有一定责任的访客、离任的殖民地公职人员、殖民部官员、无论有或没有殖民地事务经验但很好掌握英国的生活和思想的非官方演讲者等。

政治教育主要有两大类目标,一是反击极端政治宣传,二是有选择地向殖民地留学生介绍英国的政治体制。英国官员认为,反击极端政治宣传要"客观而充分地"向殖民地留学生提供英国、殖民地和世界范围

---

① R. Rathbone, *British Documents on the End of Empire: Ghana*, p. xliv.

第六章　非殖民化与英属撒哈拉以南非洲的社会政策 | 275

的信息，《殖民地公职机构杂志》（Colonial Service Journal）可以提供给留学生阅读，同时多在殖民部举办茶会给予留学生信息，而非让他们仅仅从自己地区的出版物和通信中获取信息。在向非洲学生介绍英国政治体制时，不应该提及中央政府的运作，而应着力展示英国地方政府的运作。强调英国政府的管理经验和政治竞争的执政模式。所有教授的政治理论和对政府运作的解释，都要配合英国政府在殖民地实行的地方自治政府计划。此外，还要向殖民地留学生强调英国和美国军队的驻扎将有助于驻扎地区更快地进入新社会。[1]

英国殖民部官员也认识到要让殖民地留英学生对英国产生认同有赖于英国消除境内的种族歧视。当时在英国留学的殖民地学生遭受从支付更贵房租到禁止和白人通婚等方面的歧视。在英国官员看来，种族歧视已经激发了留学生中间的反英情绪，为共产主义思想的渗透提供了条件，共产党在留英学生中的影响力已经超过他们的预期。他们还认为，应该建立跨种族青年宿舍，让留学生和白人学生住在一起，建立跨种族的学生俱乐部，成立容纳殖民地公职人员和殖民地学生的俱乐部。官员们试图让更多的学生进入英国人大学，或至少伦敦之外的大学。剑桥大学便是他们中意的大学之一。在剑桥大学，海外学生表现极好，有更多机会接触其他学生。虽然剑桥大学已经对本校高比例的海外学生感到担忧，然而英国官员还是希望剑桥大学能继续接收海外学生。[2]

毫无疑问，英国政府做出各种努力希望将殖民地留英学生培养成欣赏英国文明的知识分子甚至领导人，但在实践中英国对留学生教育的投入也是不足的。1948年，英国官员还在向英国财政部申请至少每50名殖民地留学生中应该有1名受到殖民地发展和福利法案的资助。到1954年自费生和享受政府奖学金学生的比例是3∶1。这个数字包括来英国进修者

---

[1] 英国殖民部档案：CO537/2572, no.1, 1947年7月, in Ronald Hyam ed., British Documents on the End of Empire: The Labour Government and the End of Empire, 1945–1951, 第4册，第349号文件。

[2] 英国殖民部档案：CO537/2573, no.63, 1948年3月24日, in Ronald Hyam ed., British Documents on the End of Empire: The Labour Government and the End of Empire, 1945–1951, 第4册，第351号文件。

在内,如护士和教师。① 留学生享受的政府奖学金主要来自殖民地政府。虽然英国政府中有人提出要给留学生较好的生活条件,但并未落实。殖民地留学生有感于自身在英国窘迫的生活条件和所受到的种族歧视,加深了对英国统治的疏离感。英国文化协会等志愿组织仅仅是减轻而非消除殖民地留学生对英国社会的疏离感。② 对于大多数留学生而言,20世纪50年代的留学生涯充斥着种族歧视和文化歧视,在他们脑海中留下的仅仅是苦涩回忆。③

在精英教育层面,英国政府积极输出自己的"文明",然而赴英留学生接受着自己家乡的资助,饱尝英国本土种族和文化歧视之苦,让英国的努力大打折扣,所以他们中的很多人并没有成为"合作者"。

精英教育计划作为殖民地政治改革和经济发展计划的一部分,体现出战后帝国主义策略是为了改善对殖民地的政治控制和经济剥削的方式以及加强与殖民地的经济联系,绝非为了促进殖民地独立,不等于传播"文明",不等于非殖民化计划。精英教育计划是在民族主义因素或国际因素的推动下被动、消极地实施的。目的是更好地维护英帝国主义的利益。受过教育的精英确实成为新领导阶层,事与愿违地成为将精英民族主义扩展向大众政治的桥梁。

三 帝国主义和教育非殖民化

非殖民化时期的教育延续了之前帝国教育的殖民控制原则,并将之传递到独立后。对一以贯之的宗教使团学校,有学者评价很高,认为打下了一个使当地人明辨是非的好基础,培养了世俗领导人,打破了本地习俗即否认妇女有参与学校学习的权力。使团教育帮助本地人表达他们对殖民政府统治方式的不满,促使挑战殖民秩序。④ 这种观点是片面的。从大教育的角度来看,教育并非西方带来的。即便数世纪来本土人目不

---

① 英国殖民部档案:CO537/2573, no. 63, 1948年3月24日, in Ronald Hyam ed., *British Documents on the End of Empire*: *The Labour Government and the End of Empire*, 1945 – 1951, 第4册, 第351号文件; A. J. Stockwell, *Leaders, Dissidents and the Disappointed*: *Colonial Students in Britain as Empire Ended*, p. 491.

② A. J. Stockwell, *Leaders, Dissidents and the Disappointed*: *Colonial Students in Britain as Empire Ended*, p. 487.

③ A. T. Carey, *Colonial Students*: *A Study of the Social Adaptation of Colonial Students in London*, London: Secker & Warburg, 1956.

④ Nathan F. Goto, *Mission Education*: *Transforms Sub – Saharan Indigenous African People*.

识丁，其也被规范入社会从生到死。教育是社区的共同事业，依赖于血亲和老人。年轻人学会了必需的生存技能和社会常识。包括宗教使团学校在内的西式教育输入英属非洲的仅仅是知识、技能，并非文明，文明根植于本地既有的传统，文明使命论纯属妄言。帝国传递的仅仅是都市的控制。正由于此，教育并未扮演社会平衡器的角色，相反成为社会矛盾的激化器。这一点从学潮生生不息和非洲社会发展的相对缓慢中可以得到证明。非洲教育还有待于非殖民化。

另外，将殖民教育单纯作为殖民工具的假设难以解释殖民政府并不热衷于兴办教育的事实。有相当数量的殖民者认为受到良好教育的非洲人无助于殖民地经济发展，而且会对外国资本主义形成威胁。事实上，战后非洲地区教育事业兴起也是由当地社会发展的客观需要决定的，并且使用的也是当地的资源。即便在英国的政策中有将殖民地受教育群体融入殖民体系的考虑，各殖民地政府也没有积极执行，甚至加以阻挠。可以说，殖民地教育是殖民统治者和当地人民相互作用的产物，是西方思想和本土文化交融的产物。殖民地人民可以从殖民教育中提取最适合自己需要的部分，配合民族解放运动的发展。

教育是社会经济发展和政治模式综合作用的产物。经济决定了教育发展的阶段性和在世界分工中的地位。本地社会的自我规范和帝国主义的规范分别作用于社会控制的实施过程，两者的冲突反映在非殖民化时期。由于本地规范受其经济发展阶段的支持，取得了暂时性胜利。然而，非洲教育仍旧从属于帝国主义再生产体系，非洲作为帝国主义生产体系的一部分尚需进行非殖民化，需要进行非殖民化的部分也包含非洲工人运动。

第二节　全球化背景下非洲英语地区工人运动与民族国家认同

民族国家认同构建是非洲英语地区现代发展进程中的普遍性问题。工人群体的民族国家认同可被简称为"工人民族主义"，它的产生和变化持续受到西方主导下全球化的影响。20世纪非洲的全球化环境有两次突出变化，一次是20世纪五六十年代殖民帝国体系瓦解，一次是八九十年代新自由主义市场体系（华盛顿共识）席卷而来。殖民帝国瓦解是由于民族矛盾让非洲各族、各阶层人群凝聚在一起，工人民族主义初步形成；新自由主义市场体系席卷而来使阶级矛盾削减了民族凝聚力，各族群和阶层之间的矛盾激化，工人民族主义重构并得到升华。本书希望通过分析工人运动所反映出的民族国家认同变化，得出具有普遍性的社会群体特殊利益与民族国家普遍诉求之间的分合关系，以及国家制度在其中所发挥的作用。

国内学界既有的不多研究与介绍忽视了全球化背景下工人运动和民族国家认同之间的关联。[1] 本节希望起到抛砖引玉的作用。

一 殖民制度与工人民族主义的形成

国家因素在工人民族主义的形成中扮演了重要角色。恩格斯对国家的作用曾有过精辟阐述："这种力量（国家）应当缓和冲突，把冲突保持在'秩序'的范围之内"[2]，国家成为协调各种社会矛盾最主要的工具。由于国家因素渗透到生产过程、组织方式和意识形态塑造的方方面面，可从国家制度的两个层次来进行分析：一是一般性制度，如政治权利结构、民众权力规定、强制力使用等；二是由一般性制度决定的劳动制度，如国家与工会关系的制度和劳工权力规定等。

秉持种族主义的原则，殖民制度将殖民地人口分为白人和非洲人两个群体，实行不同的民族政策。工人问题被转化作民族问题处理。白人享受各项政治权利和劳动权利。政治权利把持在白人殖民者手中，非洲人毫无政治权利，没有任何劳动权利，更没有集会、结社与提要求的权利。殖民主义作为西方主导下全球化的手段，惯用超经济强制力处理经济整合问题。非洲劳动力被强制动员进入商品农业和矿业生产，以及附属的运输业。直到"二战"后，非洲大陆上都广泛存在着强迫劳动体制。在主要的殖民时期，即1885—1945年，非洲工人群体同其他社会群体的分化不明显，非洲没有真正意义上的工人运动，也便不存在劳动制度，自然不存在工人民族主义问题。

1945年后，殖民政府实行"文明劳工"政策，部分非洲工人被赋予

---

[1] 唐同明：《战后英属东非的工人运动》，《西亚非洲》1987年第3期；[美]利奥·蔡利格、克莱尔·塞鲁蒂：《贫民区、反抗与非洲工人阶级》，徐孝千译，《国外理论动态》2008年第6期。

[2] 《马克思恩格斯选集》第四卷，人民出版社1995年版，第170页。

准白人的身份，工人民族主义才真正发端。随着白人优越论的破产、工人群体的壮大，一部分非洲熟练工人逐渐被官方承认作为一个单独的社会群体，被承认有组织工会的权力和其他权力，这便是所谓的"文明劳工"政策。政策的实质是赋予这些被选出的能获取稳定工资的工人以准白人工人地位。这种承认是半心半意的，因为英国政府在殖民地施行远较本土严厉的工人政策。官方工人政策的核心概念是隔离。一是同非洲传统文化隔离，以将非洲工人同非洲社会其他部分隔绝开来，成为有"效率"的工人。官方认为非洲社会不适应工业时代的要求，"他（非洲工人）在许多工业技术上是无效率的，因为他出生、成长和本土文化的性质"[1]。二是同民族主义政治隔离，或者退而求其次创造一个政治温和的工人群体，作为合作者反对"传统社会"培育出来的危险、落后的非洲大众。这便需要加强对工会监管，以便"……避免不负责任的个人或群体为政治或非工业目的组织工会"[2]。英国政府想通过殖民地工会，将工人培育成只专注于经济利益，而不参与政治斗争的"驯服合作者"。具体而言，殖民政府实行以下五个方面的政策。

一是执行不同于英国本土的单独工会法律，为政府保留更多权力。殖民地工会立法将不执行英国早已签署的《国际劳工公约》（International Labour Conventions）中的规定。政府保留干预工会组织和运转诸多方面的权限，诸如当选为工会管理层的人选、限制政府雇员自由参加工会、在工会立法中排除特定阶层的工人、限制工会的合并与联合。[3] 种种限制显示出英国政府并没有将非洲人工会接纳入体制的诚意。非洲工人自然同其离心离德。

二是坚持"有色人种禁令"（Colour Bar），继续将非洲劳工排除于大

---

[1] Frederick Cooper, *Decolonization and African Society: The Labour Question in French and British Africa*, p. 240.

[2] 殖民地工人问题顾问委员会会议记录，1949年4月21日，mss. 292/932.5.1, in Paul Kelemen, "Modernising Colonialism: The British Labour Movement and Africa", *Journal of Imperial and Commonwealth History*, Vol. 34, No. 2, May 2006, p. 231.

[3] 英国殖民部档案：CO859/183/3, no. 29, 1951年7月26日，"工团主义问题"，殖民大臣格里菲斯（Griffiths）致各总督的通阅急件，见 in Ronald Hyam ed., *British Documents on the End of Empire: The Labour Government and the End of Empire*, 1945–1951，第4册，第369号文件；英国殖民部档案：CO859/183/3, no. 47, 1951年10月，"工人关系"，殖民地工人部门领导人大会报告，（殖民部，9月24日—10月5日），in Ronald Hyam ed., *British Documents on the End of Empire: The Labour Government and the End of Empire*, 1945–1951，第4册，第370号文件。

多数高级岗位和技术性工作之外。这代表了白人雇主和白人工人的利益。白人雇主极力主张非洲人劳动力仅能获得临时工性质的工资，以压低整体工资，包括政府雇员在内的白人工人则希望尽可能多地占据高级和技术性的岗位。于是经济问题和种族问题联系起来，进而和政治问题联系起来。这一禁令成为许多罢工的导火索，而罢工又成为全体非洲人反抗的引信。

三是实行工会注册制度。殖民政府对工会选举和工会会费进行监督，限制工会参与政治活动。一是限定工会的领导层必须为工会所属行业从业者，来制约当时许多工会领导人同时也是民族独立运动领导人的实际情况。二是规定工会基金不能用于政治活动，工会财务状况要处于政府监管之下。实际上，工会运动同民族独立运动的联系并未被切断。

四是制约罢工权。一方面实行硬的一手，总督有权定义"基本服务"的范围来限定罢工为非法。20世纪50年代，坦噶尼喀有15个广泛的基本服务大类被列出，肯尼亚有13个，尼亚萨兰有10个。另一方面实行软的一手，引入法定的工资确定体制（Fixing Salary System）和局部罢工权。这种半心半意的让步并未能软化工人们的立场。

五是为本国工会同殖民地工会的联系牵线搭桥，以培养殖民地工会的亲英情感，搭建影响力渠道，破坏国际工人的团结。在殖民统治时期，许多怀有反欧和反英情绪的殖民地民族领导人也不得不向英国职工大会（Trades Union Congress）[1]和英国工会寻求有关工会组织管理问题的帮助。[2]这就为英国职工大会开展活动创造了基础。英国政府出台专门文件建议英国职工大会从民族独立运动发展的形势出发，优先在东非、中非建立联系，同时维系西非已经建立的联系，再兼顾加勒比和东南亚地

---

[1] 英国工人运动兴起较早，起初按行业建立了各种工会组织，1868年进一步成立了全国性的统一组织——职工大会。

[2] 英国殖民部档案：CO859/748, no. 24, 1954年7月19日，"殖民地劳资关系"，李特尔顿与英国职工大会和海外雇主联合会于7月12日讨论的殖民部记录草稿，in David Goldsworthy ed., *British Documents on the End of Empire: The Conservative Government and the End of Empire*, 1951–1957，第1册，第504号文件。

区。① 临近统治结束时期，英国公司和雇主要求英国职工大会继续保持和加纳工会的既有联系。因为工会联系渠道是英国方面唯一能直接影响加纳政府工人政策的渠道。当然，通过英国驻加纳高级专员干涉加纳政府的工人政策也是一条渠道，但这是一种极端的措施，只能用在对英国的终极利益形成主要威胁之时。②

由于政治权利把持在白人殖民者手中，工人没有政治权利，对工人运动的武力镇压仍非鲜见。1949 年东非联合工会建立，被拒绝给予注册，因为政府担忧东非联合工会被一个显然是共产主义鼓动者也是一个印度人所领导。1950 年，肯尼亚非洲工人联合会和东非联合工会领导人被逮捕，奈洛比的总罢工被武装警察、军队和皇家空军冲散。300 名工人被逮捕，一些工会领导人被惩罚或监禁，理由是组织非法罢工。肯尼亚的事情并非孤例。1949 年尼日利亚恩奴古（Enugu）煤矿业罢工，23 名罢工矿工被武装警察射杀，超过 100 名矿工受伤。恩奴古的屠杀在殖民地工业关系史上并非没有先例，却成为民族反抗的最后导火索。

"文明劳工"并没有被真正纳入殖民地政治体制，促进了工人群体的同一性，更促进了民族统一的政治身份的形成和统一诉求对象的出现。享受组织工会权力的"文明劳工"只占工人群体不超过 10% 的比例，更多的是流动劳工。流动劳工占多数的状况既是由殖民地原材料出口型经济的特点所决定的，也是由于殖民官员们不愿意完全放弃利用乡村部落组织的管理结构。该群体往往在农村有耕地，迫于生活压力成为城镇廉价劳动力。有些人在农忙季节要返回农村耕作，有些人长期在城镇居留从事简单劳动但终究还是不得不回到农村，无论是哪种情况他们的工资都不足以养活整个家庭，甚至他们个人的生存也只能勉强维持。③ 这部分

---

① 英国殖民部档案：CO859/752, no. 8, 1956 年 12 月，"英国职工大会和殖民地工团主义"，12 月 10 日英国职工大会代表会议殖民部记录草稿, in David Goldsworthy ed., *British Documents on the End of Empire: the Conservative Government and the End of Empire*, 1951–1957, 第 1 册, 第 510 号文件。

② 英国殖民部档案：CO859/1229, no. 6, 1958 年 10 月 7 日，殖民地工人问题顾问委员会和紧急状态地区事务的关系, in Ronald Hyam and Wm Roger Louis, eds., *British Documents on the End of Empire: The Conservative Government and the End of Empire*, 1957–1964, 第 2 册, 第 358 号文件。

③ 英国殖民部档案：CO822/657, 1952 年 11 月 11 日，非洲人工资政策, in Paul Kelemen, "Modernising Colonialism: The British Labour Movement and Africa", p. 224.

劳工占多数的情况导致工人群体的利益往往和其他社会群体相混杂，易于彼此联合。于是，"文明劳工"联合了流动劳工、流动劳工联合起其他社会群体，一致反对殖民体制。

殖民政府半心半意的措施并未能实现其将工人群体同非洲其他社会群体隔离、同民族主义政治隔离的目标。反而激发了非洲工人的共同体意识，在阶级层面上表现为工会的兴起，在民族层面上表现为"工人民族主义"将自己阶级的命运和民族矛盾紧密联系在一起，反抗殖民统治。受过西式教育的精英和西式厂矿中的工人将自己争取权力的行动同争取全民族解放的事业联系起来，形成现代性全民群众运动，使争取独立的要求具备了现实基础。[1] 这便是英国将工人问题转化为民族问题的结果。

二 新自由主义危害与工人民族主义重构

独立后，国家制度向有利于工人的方向发展。在一般性制度层面，非洲人自己掌握了政治权利，非洲工人获得了选举权，在政治法律层面获得了权力保障。在劳动制度层面，国家工会纳入体制之内，保障劳工权力。政府通过承认工人权力、保障工人福利来换取工人对民族国家的认同。如埃里·凯杜里所认为的那样，当国家中的统治阶级转而信仰民族主义时，就很容易用这种学术设想来管理和影响国家。[2] 总体上，政府处理工人运动的国家制度设计秉持民族团结的思维。同时，工人运动促成国家制度的调整。

在这种条件下，"工人民族主义"的内涵发生了变化。一方面，由于殖民者被赶走，民族主义的凝聚力受到削弱，工人的阶级意识得到增强。这是因为对于普通工人而言，他们仍旧处于权力遭忽视和廉价雇佣劳动力的地位。尼日利亚联合工人大会（United Labour Congress）在1962年5月的一份政策文献中说："独立日，1960年10月1日，使我们从殖民控制下解放出来。不幸的是，它没有让我们自主地从殖民体制中解放出来。特权的大厦仍旧保留，只是它的所有者不同了……联合工人大会将继续战斗以反对阶级对阶级持续的剥削，就如它热诚地战斗反对帝国主义一

---

[1] A. Adu. Boahen, *African Perspectives on European Colonialism*, p. 63, p. 92.
[2] ［英］埃里·凯杜里：《民族主义》，张明明译，中央编译出版社2002年版，第104—105页。

样。"① 另一方面，反殖民时期形成的民族共识仍旧存在。如一名赞比亚年轻矿工所讲："独立给矿业带来很小的变化。即便是有（资产）国有化和（员工）赞比亚化，所有这些都是表面现象，因为白人控制每件事情。"② 继摆脱政治控制之后，摆脱西方经济控制，获取切实的经济福利成为凝聚民族认同的共识。

在此种背景下，新自由主义政策极大地冲击了工人对民族国家的认同。西方以债务胁迫非洲国家采取新自由主义思想主导下的以结构调整为中心的经济改革，导致非洲陷入严重的发展危机。1986 年非统组织峰会上，布基纳法索前总统桑卡拉（Sankara）指出："在这些债务的背后，实际上隐藏着一个'新殖民主义'体系"，"当前，在帝国主义的控制和统摄下，外债成为殖民主义者精心设计的重新占领非洲的工具"③。非洲政府被迫削减公共开支，取消基本食物价格补贴和减少公共医疗支出，对包括工人在内的中下层人群影响很大。新自由主义要求政府放开对国内产业部门的扶持，吸收大量就业人口的制造业和小规模农业不再受到扶持，直接加大了就业困难。国有企业私有化刺激了工人共同体意识。新时期共同反对私有化的经历让工人获得相似的社会身份，维护了工人共同体意识。自然而然地，许多社会运动都由工人罢工引发，由工会组织领导人发起。

面对此种局面，各国政府采取不同的措施，试图在新自由主义政策代表的外资利益和工人利益之间维持某种均衡，尽力争取工人对政权合法性的认同。

为配合新自由主义政策，尼日利亚主要采取压制工人要求的解决路径，工人们的民族国家认同遭遇曲折。受新自由主义影响，1993 年尼日利亚工人真实工资只有 1983 年工资的 20%。④ 这种情况在整个撒哈拉以

---

① R. Melson, "Nigerian Politics and the General Strike of 1964", in R. I. Rotberg and A. A. Mazrui, *Protest and Power in Black Africa*, Oxford: Oxford University Press, 1970, p. 776.

② M. Burawoy, *The Colour of Class on the Copperbelt*, Manchester: Manchester University Press, 1972, p. 74.

③ Asad Ismi, *Impoverishing a Continent: The World Bank and the IMF in Africa*, 2004, *Halifax Initiative Coalition Report*, 参见 www.halifaxinitiative.org/updir/ImpoverishingAContinent.pdf. 登录时间：2016 年 11 月 11 日。

④ Leo Zeilig, *Class Struggle and Resistance in Africa*, Chicago: Haymarket Books, 2009, p. 138.

南非洲具有普遍性。20 世纪 90 年代，工会如非殖民化时代一样再次成为积极的反体制力量。1993 年拉各斯和其他大城市爆发大众抗议以求结束军事统治和推举民选政权，包括政府服务在内的公共服务、金融中心、燃气站和大多数市场和工厂全部停止运转。联邦军队进入拉各斯恢复秩序，大约 150 人被射杀，同时数百人被政府安全部门（State Security Service）逮捕。公共部门和私人部门工人都走向街头。到了 1994 年 8 月中旬，60% 的工厂停工。军人政府制定出限制工会的法律，用指定的领导人替换它的领导人。但并未彻底取缔工会、否认工人的权益。工会在政治和法律上的地位要远好于殖民时期。军人政府提供了发展现代资本主义经济所需要的秩序，能够压制住工人们的诉求。这是军人政府能够维持到 1999 年的重要原因之一。另外，军人政府缺乏工人们的认同也为民选政府登台埋下伏笔。

在津巴布韦，工人运动促使新自由主义政策收缩，工人们的民族国家认同仅获得暂时的巩固。在中南部非洲，同尼日利亚类似的原因造成类似情况。1996 年在津巴布韦，先是公共服务联合会、护士联合会、教师联合会、健康部门工作人员罢工，之后全国范围内所有公共部门一天内全部罢工，选举产生统一的罢工委员会。20 世纪 90 年代新一代工人成长起来，他们受过教育，生长于城区，不同于他们乡村背景的父母。他们受新自由主义政策影响，只能找到合同工或临时工岗位，工作稳定性没有保障，成为罢工的主力军。穆加贝总统不得不部分从新自由主义经济政策撤回到国家干预经济，恢复激进论调。从意识形态上讲，执政党日益采用反白人农场主的种族主义政策论调凝聚国家认同。政府试图以此为基础完成劳动力体制重构。然而不管是穆加贝还是他的反对者都没有明确提出解决生产增长问题的方法。

新自由主义政策激化社会矛盾，导致南非政权更迭，工会直接参与到政权中。工人们的民族国家认同感达到新高度。在非洲人国民大会党和白人政府谈判期间，工会发动了 48 小时的声援罢工。为纪念索韦托事件 12 周年，南非工会大会发动了包含制造业 70% 雇工在内的大罢工。1986—1990 年，罢工造成的工时损失超过了之前 75 年的总量。[1] 正是在

---

[1] Peter Dwyer and Leo Zeilig, *African Struggles Today: Social Movements since Independence*, II. Chicago: Haymarket Books, 2012, p. 108.

工会的支持下，1992年10月以非国大为首的三方联盟（包括非国大、南非工会大会和南非共产党）接受同白人分享权力的策略，为重组国家、资本和劳动力的关系，重塑社会稳定提供了新框架。在这一框架下，1994年南非政权实现和平过渡，种族隔离制度瓦解。南非工会大会直接参政的结果之一是黑人家庭在种族隔离结束之后的头十年里平均收入增加71%。[1] 2006年，这一组织代表了65%的有组织工人，占所有工人数量的14%。[2] 通过反对私有化、反对黑人内部不平等分配，构筑起工人运动新共同体意识基础，作为平衡经济发展和社会稳定的新基础，确保了南非民族国家的向心力。

工人阶级中诞生了"非传统民族主义"意识，阶级独立意识更为明显。正式部门的工人又一次成为反体制的先锋。非正式部门的劳动力由于生活问题、城市化问题或乡村土地问题同正式部门的工人形成新共同体意识。殖民时期，西方主导的世界体系以殖民政府为化身直接掌握政治权利，在不发展状态下以压制本土工人权益为基础，处理劳资矛盾。工人以融入民族解放运动为斗争形式，民族意识更为明显。在后一时期，西方主导的世界体系更多以经济手段逼迫当地政府牺牲发展权，放弃对工人权益的保障。工人以对政府化解渠道的疏离为斗争形式，阶级性彰显得更为明显。此时，非洲工人运动相比历史上任何时期具有更大的独立性和组织性。

工人们的"非传统民族主义"仍旧包含着民族国家认同。传统、政治法律承认、社会福利照顾共同筑起工人民族主义的界限不被突破。共同的反殖民经历、数十年居于共同民族国家内的经历和西方压力塑造的压迫感构筑起民族共识的大框架，已形成工人民族主义的传统。不管各政府采取压制、妥协、工会进入政权等何种方式，其都承认工人的政治法律权力、提供或多或少的福利。所以工人运动一直保持在体制之内，并且在重塑自身的同时塑造了国家制度。工人们的民族国家认同在挫折中增强。

三 结语

民族国家认同依靠民族主义来寻求同一性。同一性的获取有两个来

---

[1] 潘兴明：《南非：非洲大陆的领头羊》，上海人民出版社2012年版，第102页。
[2] Hein Marais, *South Africa Pushed to the Limit: The Political Economy of Change*, London: Zed Books, 2011, pp. 445–446.

源，一是外部民族的压迫，二是民族内部协调。从历史上看，西方主导的全球化反而激发起非洲英语地区人民反全球化民族主义浪潮。正是西方资本促使不同的工人利益凝聚为一体，创造出工人共同体意识。该意识又同其他社会阶层的诉求相结合形成民族共同体意识，反对西方主导的全球化，分别表现为反殖民运动和反新自由主义运动，反对外来民族压迫为民族主义构筑起共识的大框架。以包容性的民族政策为基础的国家制度建设是维系民族主义的支柱。民族主义的维系需要将民族内部不同阶级、阶层的冲突点融入制度性框架，根据力量对比进行利益分享。独立后的非洲人政府保障工人的政治法律地位并给予经济福利，使工人运动在捍卫自身利益的同时，终未突破民族共识的底线。非洲民族国家构建在曲折中前进。

本章小结

英国政策服务于维持殖民统治，激化了社会矛盾。非殖民化时期的教育延续了之前帝国教育的殖民控制原则，并将之传递到独立后。教育并未扮演社会平衡器的角色，相反成为社会矛盾的激化器。这一点从学潮生生不息和非洲社会发展的相对缓慢中可以得到证明。非洲教育还有待于非殖民化。1945年后，殖民政府实行"文明劳工"政策，部分非洲工人被赋予准白人的身份，"文明劳工"并没有被真正纳入殖民地政治体制。殖民政府半心半意的措施并未能实现其将工人群体同非洲其他社会群体隔离、同民族主义政治隔离的目标。反而激发了非洲工人的共同体意识，在阶级层面上表现为工会的兴起，在民族层面上表现为"工人民族主义"将自己阶级的命运和民族矛盾紧密联系在一起，反抗殖民统治。受过西式教育的精英和西式厂矿中的工人将自己争取权力的行动同争取全民族解放的事业联系起来，形成现代性全民群众运动，使争取独立的要求具备了现实基础。

英国政策的目的是培养"合作者"，结果事与愿违。在教育的实施过程中强调亲英式"公民教育"说明大众教育的重心在于服务帝国统治。正是由于教育目标、内容和措施过于维护帝国统治阶级的利益，脱离实际需要，滞后于形势发展，限制了教育社会控制作用的发挥。所谓的大

第六章 非殖民化与英属撒哈拉以南非洲的社会政策

众教育并未实现其本身的目的，无论是从维系帝国统治的角度，抑或是教育本身的目标。精英教育计划是在民族主义因素或国际因素的推动下被动、消极地实施的。目的是更好维护英帝国主义的利益。受过教育的精英成为新的领导阶层，成为将精英民族主义扩展向大众政治的桥梁。工会制度创造的"文明劳工"并没有被真正纳入殖民地政治体制，未被给予适当的政治法律地位和经济福利，促使不同的工人利益凝聚为一体，创造出工人共同体意识。该意识又同其他社会阶层的诉求相结合形成民族共同体意识，反对西方主导的全球化，分别表现为反殖民运动和反新自由主义运动。

英国政策遏制新生社会力量，传播"文明使命"属于妄谈。大众教育首重"公民教育"，内容脱离实际需要，措施呈现种族歧视、注重控制、欠缺投入等特征。精英教育首重"自由教育""政治教育"兼顾实际技能。非洲人不满实际技能教育受到限制的、种族歧视的教育计划。包括宗教使团学校在内的西式教育输入英属非洲的仅仅是知识、技能并非文明，文明根植于本地既有的传统。文明使命论纯属妄言。帝国传递的仅仅是都市的控制。为获取廉价劳动力，英国以五大类措施限制非洲人工会，激发了非洲工人的共同体意识，该意识同民族主义意识相结合，形成非洲独立国家的稳定基础之一。西方后又借新自由主义策略压低工人福利，破坏了民族共识，工会运动再次兴起。非洲国家人民分三种路径重新凝结民族共识，谋求突破"新殖民主义"罗网。自然，"文明"传播使命成为笑谈。

作为殖民地政治改革和经济发展计划的一部分，教育计划和工会政策体现出战后英国策略是改良对殖民地的政治控制和经济剥削的方式，绝非为了促进殖民地独立，不等于传播"文明"，不等于非殖民化计划。

第七章　世界格局演变中的英属撒哈拉以南非洲帝国解体

谈及英属撒哈拉以南非洲帝国瓦解，不能忽视世界殖民体系的解体。世界殖民体系的解体意味着两个层面的改变：一是被殖民地区的政治崛起，撒哈拉以南非洲国家独立便属于此列；二是发达资本主义国家间关系的转化，特别是英美之间在非洲的经济霸权交接可纳入其中。本章尝试通过比较被殖民地区政治崛起期间各殖民帝国的政策，得出英帝国解体方式和时机的特殊性与普遍性。研究英帝国的解体，不能忽视发达资本主义国家间关系的转化。在英国不得不向美国移交经济霸权的背景下，也将考察美国对英帝国解体的影响。

第一节　比较视野中的英属撒哈拉以南帝国瓦解

根据马克思主义世界历史理论，现代生产力的发展带来人类的普遍交往，产生了世界历史的结果。自 15 世纪经济全球化发端的南北矛盾成为连接世界历史纵向和横向发展的关键一环，南北方矛盾根据自身力量对比不断变化昭示着世界横向联系的发展方向，反过来又影响着世界历史纵向发展的步伐。非殖民化便是发生在特定时空背景下横向发展影响纵向发展的一个例证。非殖民化的动力源于受阶级矛盾驱动的南北方民族矛盾的激化。这一矛盾长期存在时隐时浮。通过对各殖民帝国非殖民化的比较研究，不仅可使我们厘清非殖民化时代横向联系的演进，而且有助于我们更好地理解世界历史纵向发展的脉络。

从国内外研究状况来看，既有非殖民化研究在时间上多局限于短时段突发事件层面，缺乏经济和社会结构变动分析，尤其是突破地域局限同世界历史纵向发展的脉络相联系。① 本书尝试在唯物史观指引下，应用跨时代、跨地域比较研究的方法，意图通过对非殖民化的研讨，探究世界历史发展的内在动力。

一 各殖民宗主国非殖民化政策的异同

整个非殖民化进程呈现突发性、暴力性的时代特征，这个时代作为殖民时期的尾声和第三世界国家独立的序曲而熠熠生辉。

对于战后撒哈拉以南非洲非殖民化进程或者整个战后非殖民化进程而言，国际史学界长久讨论的问题之一便是其历史轨迹的连续性和突发性。特别体现在对英帝国非殖民化的讨论上。

英国政府一贯宣扬非殖民化的计划性，努力证明政治改革和殖民地开发计划为非殖民化铺平道路，属于"自愿"交出帝国统治权。英国官方观点认为，英国非殖民化始于1839年汇报加拿大独立的达勒姆报告，"除在巴勒斯坦和亚丁外，权力转移带着一种相互尊重的情绪平稳地进行"，到权力转移之时经济和社会发展已经"开了相当好的头……取得一定进展……已获得稳定收益"②。即所谓"有计划的非殖民化"③。

上述观点受到不少学者的挑战。许多学者认为"二战"后英国政府的政策是受外部环境刺激的产物，没有遵循某一宏伟的战略，也没有出台过任何一项普遍性的政策，即使同一时间，不同地区实行的也不是一项共同政策。④ 如英属撒哈拉以南非洲非殖民化的全面启动源于麦克米伦政府对外部突发事件（特别是苏伊士运河危机）的反应，而非主动计划

---

① Prosser Gifford and Wm. Roger Louis, eds., *Decolonization and African Independence: The Transfers of Power*, 1960 – 1980. 该书是研究非洲非殖民化的代表性著作。在序言和行文中粗略涉及不同非殖民化路径的比较，确立了注重战后政治维度突发性事件的传统研究路径。Crawford Young, *The African Colonial State in Comparative Perspective*, London: Yale University Press, 1994. 该书的研讨重心在战前的殖民时期，涉及经济、社会发展结构变化，未能指出不同殖民形式对不同非殖民化路径的影响。Martin Shipway, *Decolonization and Its Impact: A Comparative Approach to The End of the Colonial Empires*, Oxford: Wiley – Blackwell, 2008. 该书遵循了非殖民化的传统路径，侧重横向联系的比较，未能以整体发展的眼光看待历史的纵向演进。高岱等：《世界历史（第25册）——殖民扩张与南北关系》，江西人民出版社2011年版。该书以宏观大历史的视角，涉及非殖民化历史纵向比较的内容，可惜作为专门性通史未能进行深入研讨。

② D. J. Morgan, *The Official History of Colonial Development: Guidance towards Self – government in British Colonies*, 1941 – 1971, pp. 343 – 344.

③ John Flint, *Planned Decolonization and Its Failure in British Africa*, pp. 389 – 411.

④ F. Heinlein, *Brittish Government Policy and Decolonisation*, 1945 – 1963, pp. 291 – 302.

的结果，① 一系列"突发事件"的直接导火索是 1956 年英国侵略埃及的失败。② 为保住殖民地英国政府做出过各种积极努力。③ 如李安山所言，战后英国政府的殖民政策规划本质上是被动的、消极的，是在民族主义因素或国际因素的推动下制定的。④ 因而，战后英国非殖民化政策本质上具有应激突发的属性，只是同其他殖民宗主国相比显得较为平稳、渐进。

在战后撒哈拉以南非洲非殖民化进程甚至整个非殖民化进程中，比利时从比属刚果［今刚果（金）］的撤退最为突然。宗主国国内政权既未发生更迭，殖民地也未爆发全民性的民族主义浪潮，从而使它的非殖民化进程异于战败压力下的日本、意大利和国内政权更迭下的葡萄牙，更不同于阿尔及利亚或肯尼亚。

法属非洲的独立则介乎两者之间。它的非殖民化进程不似英国那般渐进，也不似比利时那般突然。法国历史学家罗贝尔·科纳总结英法非殖民化特征时曾指出：英国采取的策略为一个接一个个案循序渐进的方式，而法属非洲非殖民化则具有一揽子解决的特征。⑤ 其实，同英国类似，早在 1944 年年初《布拉柴维尔宣言》颁布时，法国便已开始筹谋战后殖民地地位。20 世纪 60 年代，戴高乐多次强调该宣言已经确立民族自决方针。有人提出相反的看法："广为人们所吹捧的'布拉柴维尔宣言'不过是一篇夸夸其谈且言之无物的东西，它拒绝回答任何有关非洲最终独立的问题。"⑥ 综合来看，《布拉柴维尔宣言》反映了法国人在殖民问题上的矛盾心理，一方面有顺时而变的心态，另一方面又有难以割舍的法兰西帝国情怀。战后，帝国情怀不断受到打击。1946—1954 年的印度支那战争，法国更换 13 届政府，军队主帅更迭 6 人，军事耗费大到需要美国支援 3/4 的金额，却在 1954 年 3 月的奠边府战役中一败涂地。1954

---

① Philip E. Hemming, "Macmillan and the End of the British Empire in Africa", in Richard Aldous and Sabine Lee, eds., *Harold Macmillan and Britain's World Role*, pp. 97 – 121.
② Prosser Gifford and Wm. Roger Louis, eds., *Decolonization and African Independence*: *The Transfers of Power*, 1960 – 1980, p. 14.
③ S. R. Ashton, "Keeping Change within Bounds: A Whitehall Reassessment", in Martin Lynn, ed., *The British Empire in the 1950s*: *Retreat or Revival*? pp. 34 – 52.
④ 李安山：《日不落帝国的崩溃——论英国非殖民化的"计划"问题》，第 185—186 页。
⑤ 陈晓红：《戴高乐与非洲的非殖民化研究》，中国社会科学出版社 2003 年版，第 5 页。
⑥ ［英］巴兹尔·戴维逊：《现代非洲史》，舒展等译，中国社会科学出版社 1989 年版，第 233 页。

年11月阿尔及利亚又打响民族解放战争。法国国家财政几乎山穷水尽。故而，1958年法国飞速地从"法兰西共同体"策略过渡到政治撤退，1960年法属非洲14个国家宣告独立。有形的法属非洲殖民帝国不复存在。

从各宗主国非殖民化的速度来看，资本主义经济政治发展不平衡规律同样在发挥作用。由于"二战"战败被迫出局，意大利没有经历非殖民化的政策选择。作为老牌发达资本主义国家，英、法撒哈拉以南非洲非殖民化进程速度较快，葡萄牙则最慢。

所以，我们可以认为，在战后撒哈拉以南非洲甚至整个世界的非殖民化进程中，渐进性是相对的，突发性是绝对的。只是相较而言，英国政策体现了较多渐进性特点，比利时政策体现了更多突发性特点，法国政策则介乎两者之间。

非殖民化的突发性源于资产阶级居于殖民宗主国的统治地位的本质，非殖民化渐进性表现的速度不一源于资本主义发展不平衡规律支配下殖民宗主国各民族的不同。简言之，发生于帝国主义时代的非殖民化受南北方矛盾的制约。这一矛盾由阶级矛盾和民族矛盾构成，阶级矛盾发挥根本性作用。

国际史学界长久讨论的另一个问题是非殖民化的暴力性问题。暴力性要分两个层面来看待。作为殖民史的尾声，非殖民化进程体现了绝对暴力性的一面；具体来看，撒哈拉以南非洲的非殖民化体现了相对和平的一面。从全局来讲，第二次世界大战使意大利、日本退出殖民宗主国地位，法国在印度支那（今越南等地）、阿尔及利亚，荷兰人在东印度群岛（今印度尼西亚），英国人在马来亚、巴勒斯坦、塞浦路斯、亚丁、肯尼亚等地的军事活动，使非殖民化时代充满血腥。具体来看，学界有多种观点来解释撒哈拉以南非洲非殖民化进程的相对和平性，如欧洲战后重建期结束和撒哈拉以南非洲作为冷战战略后方的地缘政治格局等。

这里尤其要强调一下各宗主国资本构成和宗主国政府稳固程度的影响。以英法为例，在矿业公司权势如日中天的英属中非地区，并未爆发类似法国在阿尔及利亚进行的战争，原因有二。一是英属中非地区投资的主体是私人资本，阿尔及利亚油气资源开发的主体是法国政府资金。在英属中非事务上，英国政府在私人资本的压力下行动；在阿尔及利亚事务上，法国政府直接发力捍卫自己的投资，私人资本只顾追随国家资本降低了自身适应新形势的能力。法国政府无法冒失去同阿尔及利亚经济联系的风险。战后新发现的天然气和石油储存成为该地独立谈判中最大障碍之一。二是法国戴高乐政府不及英国麦克米伦政府稳固。当时法国政治体制处于过于强调包容性的多党制和强调集中的总统制调和时期，依靠戴高乐个人威望凝聚的政府难以承受在阿尔及利亚问题上迅速大踏步后退的威胁，英国的两党制更易于集中权力，再加上保守党长时期执政和"帝国党"的名声都增强了麦克米伦政府对抗非殖民化冲击的能力。

　　返还到宏观层面，我们可以发现，私人资本的强弱和宗主国政府稳固度很大程度上决定着非殖民化的方式，在世界范围内日本和英法的对比、在撒哈拉以南非洲葡萄牙和英法的对比都能证明这一点。这是因为愈加强大的私人资本能使殖民地合作者越具广泛性，也能使双方的经济联系更为持久。自然，私人资本也要看种类，在非欧裔小农场主既是合作者中对非殖民化抵抗力最弱的群体，也是力量最弱的群体，往往被牺牲。[①] 如在阿尔及利亚，该地占总人口1/8的欧裔垦殖者占有全部土地的55%，阿尔及利亚民族主义的大众性便立足于此。肯尼亚民族主义的情况同此类似。正是出于对殖民地民族主义的恐惧，英法在撒哈拉以南非洲的非殖民化进程中采用了相对和平的策略。如英国殖民大臣麦克劳德后来所述："我们无法用武力保住我们在非洲的属地。甚至在动用大批部队的情况下，我们连塞浦路斯这个小岛都保不住。戴高乐将军都无法制服阿尔及利亚。"[②] 简单来说，私人资本的强弱决定着合作者地位的强弱，部分影响了殖民地民族主义的特性，决定了非殖民化对宗主国冲击力的大小。另外，宗主国政府的稳固程度影响着宗主国应对冲击的抵抗力强弱。

[①] 从私人资本成分对非殖民化的影响来看，大商业公司唯一受到的威胁是外贸国际化，但受既有经济结构的影响，问题不大。银行的投资分散于各企业，且往往作为宗主国银行的分支，所受影响不大。现代制造业部门主要为非洲消费者生产，它们的主张仅仅是建立跨种族的财产捍卫联盟。所受压力唯一堪与矿业公司相比的是农业部门。欧洲人农业部门存在的基础是殖民时期攫取的土地，其发展极其依赖于税收结构、政府服务和受保障的市场，主要包含三种类型，即移民农业、大土地所有者农业（主要在肯尼亚）、种植园农业（主要在坦噶尼喀和尼亚萨兰）。其中种植园农业直接服务于世界市场，由外国所有者雇佣的职业经理人管理，同伦敦联系紧密。由于力量相对分散，在英属中东非殖民地农业部门各分支往往各自为战，甚至相互牺牲，其抵制非殖民化进程的能力并不能与矿业部门相比。

[②] David Goldsworthy, *Colonial Issues in British Politics*, 1945 – 1961: From "*Colonial Development*" to "*Wind of Change*", p. 363.

第七章　世界格局演变中的英属撒哈拉以南非洲帝国解体

撒哈拉以南非洲民族主义的内在分裂性是撒哈拉以南非洲非殖民化显得较为平静的重要原因。这种分裂性部分源于非洲历史自身的发展，部分源于殖民统治者"分而治之"的策略。故有学者认为尽管大多数非洲族群源于前殖民时代，但在殖民时期才在制度上和意识上正式形成。[①]这一现象并非非洲独有，在英属印度、荷属东印度都存在类似情况，相较而言非洲民族主义更为碎片化。族群、宗教信仰、从事的主要产业，甚至矿藏储量等的不同都成为分裂的诱因。尼日利亚受前两项因素影响分为三大板块。在非殖民化进程中，对独立持保守态度的、信仰伊斯兰教的北方人被英国事实上授予了独立否决权。这种政策鼓励尼日利亚的地区对立。英国殖民大臣李特尔顿自己也说："你可以说是'分而治之'，但我拒绝任何这样的观点。"[②] 比属刚果受后两因素影响分裂为掌握出海口和中央政权的西部、矿藏丰富的加丹加和相对贫瘠但充满斗志的东北部，三方的不协调使比利时得以推行快速的非殖民化。两个殖民地宗主国相对从容的撤退，给当地留下长期的地域冲突。

非殖民化的暴力性特征源于南北方矛盾的一个特性，即殖民地或称依附地区阶级发育不成熟条件下遭受殖民宗主国（或称发达资本主义国家）资产阶级剥削，阶级矛盾经常显现为民族矛盾。不同部门的资产阶级之间，私人资本和国家资本之间经常在殖民地发生冲突，故而殖民统治背景下的宗主国和殖民地的民族冲突实质上是资产阶级内部矛盾的体现。非殖民化暴力特征表现得比较和缓的原因有二：一是资产阶级内部的矛盾得到适当调和，不仅私人资本和国家资本之间的矛盾在非殖民化进程中得到协调，而且资本回流造成资产阶级的跨国调和。某种程度上，殖民宗主国的强大源于能够实现民族内部的阶级调和，甚至跨民族资产阶级的调和，殖民地地区的无力源于阶级发育的不成熟，民族内部利益协调无法有效进行，民族凝聚力不足；二是为对抗潜在的无产阶级世界革命的可能性，发达资本主义国家的资产阶级不得不有所收敛，使非殖民化的暴力性特征有所缓和。

---

① Terrence Ranger, "Missionaries, Migrants and the Manyika: The Invention of Ethnicity in Zimbabwe", in Leroy Vail, ed., *The Creation of Tribalism in Southern Africa*, Berkely: University of California Press, 1991, pp. 118 – 150.

② 英国殖民部档案：CO554/262, no. 296，李特尔顿关于"1956 年自治事务"的演讲草稿，1953 年 8 月 18 日。

突发性和暴力性等时代的显性特征难掩资本主义发展阶段变迁作为幕后推手的时代本质。"二战"后新一轮技术进步要求资本回流，经济组织方式必然要随之变化。自战后欧洲重建开始的新一轮生产技术更新，不断吸引资本从殖民地或者南方国家流向宗主国或者称北方国家，发达国家之间彼此投资的趋向强化。伴随此一进程，欧洲一体化扩大了新产品的市场，欧洲对资本的渴求度进一步提升。西欧国家普遍开展的福利国家建设，更加剧了资金的稀缺性。同时，战后"开发"殖民地成为宗主国的明确"义务"。宗主国本土资本的相对稀缺形成非殖民化的经济拉力，殖民地因开发资金不足产生的不满形成非殖民化的经济推力。资本主义发展阶段变迁是非殖民化以前所未有速度进行的基础性因素。

不能忽视不平衡规律作用下，英美霸权移交对非殖民化速度的影响。如有学者所述，战后英美在对待民族解放运动和第三世界兴起方面存在着紧密的合作关系。[1] 撒哈拉以南地区属于英美国际安全战略布局的"后方"，经济潜力尚有待开发。[2] 美国将非洲视为欧洲人的"责任区"，并不愿承担过多的"义务"，仅希望享受到等同于欧洲人的经济权利。[3] 面对战后经济形势，英国政府不得不为美国资本开放殖民地资源，美国政府则默认英国的殖民宗主国地位。这构成了撒哈拉以南非洲地区非殖民化进程较晚的原因之一。

受资本主义发展不平衡规律影响，苏联和东亚、东欧土地上新成立的社会主义国家给了殖民宗主国反思的动力及殖民地前进的吸引力。1957年4月，英国外交部在一份报告中称："反对苏联意图的最好方式是立足实际，系统地将依附政策（Dependent Policy）尽可能快地转变为建设性的稳定自治政府或独立政府政策。以此种方式，这些政府将会愿意并能够保存它们同西方的政治和经济联系。……尽管每个地方都必须取得进步，但不可能以同样的步伐进行。在此种情况中，最困难的和最重要的问题是掌握好一种平衡，不能太快，太快将导致专制和压迫，并为共产主义者的影响开辟道路；不能太慢，太慢将把未来的领导人赶向共产主义者的怀抱。"英国政府还认为苏联提出的建立"人民民主"国家的

---

[1] 张顺洪：《论战后英美国际战略伙伴关系》，《世界历史》1998年第2期。

[2] 以1950年为例，整个非洲占世界国内生产总值比重的3.8%，[英] 安格斯·麦迪森：《世界经济千年统计》，伍晓鹰、施发启译，北京大学出版社2009年版，第269页。

[3] FRUS, 1951, Vol. V: *The Near East and Africa*, pp. 1202 – 1204.

目标和中国"和平共处五项原则"都增强了殖民地人民的民族主义,并促使殖民地人民认清如下事实,即自己地区和西方的经济与文化联系是西方使殖民地依附于己的手段。[1]

从整个世界来看,由于资本主义经济政治发展不平衡性导致民族主义发展程度的不平衡,导致非殖民化在世界各地发展的先后顺序不一。东亚民族主义大众动员的程度最深,较早开始非殖民化,同宗主国的冲突也较为剧烈。由于宗主国在撒哈拉以南非洲的投入较小、较晚,撒哈拉以南非洲民族主义的大众动员程度较浅、发动较晚。率先独立的国家通过1955年万隆会议进一步激发了撒哈拉以南非洲的民族主义。法属非洲著名民族主义领袖桑戈尔把万隆精神对撒哈拉以南非洲的影响力与马克思、恩格斯的《共产党宣言》相提并论,1959年他在达喀尔的一次演讲中说:"随着时间的推移,万隆精神将展现与马克思的《共产党宣言》同样重要的东西……万隆的号召也将在人类历史上显示出与'全世界无产者,联合起来!'这句口号同样的地位。这是被压迫民族与被压迫阶级在处于上升阶段时的共性特征。如果我们把自治的诉求与1789年(法国大革命)的传统联系在一起,实际上也就是1848年的传统和劳动权利的诉求,或者说更接近经济与社会发展权的诉求。"[2] 从某种意义上讲,非殖民化是发达资本主义国家同后发国家间生产和管理技术鸿沟缩小的体现,是南北方矛盾历史性螺旋前进的表现。

二 各殖民宗主国采用不同路径的原因

要比较各殖民宗主国非殖民化方式的缘由,需要回溯分析各殖民宗主国殖民政策。各殖民宗主国的政策虽然多样,却大体可按下述三个标准分为三类,即对殖民地资源投入政策、殖民者的"文明使命论"政策和地缘政治政策。

从对殖民地资源投入政策讲,各宗主国多秉持最小耗费的"不管政府"原则,不仅要求殖民地自给自足,而且设计了便于资源向宗主国流动的框架。这一原则迥异于有些西方学者所称的"守夜人国家"或"最

---

[1] 英国外交部档案 FO371/125292, no. 9, 1957年4月10日, "研究共产主义者在热带非洲的干涉,同杜勒斯先生达成一致", 外交大臣塞尔温和英国驻非洲代表的电报通告 (no. 67), in Ronald Hyam and Wm Roger Louis, eds., *British Documents on the End of Empire: The Conservative Government and the End of Empire*, 1957–1964, 第2册, 第376号文件。

[2] 陈晓红:《戴高乐与非洲的非殖民化研究》, 第45页。

小政府"原则。后种原则仅在自由资本主义时期在宗主国国内实行。事实上，"不管政府"原则是阶级矛盾支配民族矛盾最生动的体现。宗主国不惜激化同殖民地之间的矛盾，最大可能地抽取资源到宗主国，以缓和宗主国的阶级矛盾。在非洲殖民地，政府耗费原则一直停留在资本原始积累阶段，建立的都是掠夺性政府，政府实施的是点状控制，仅控制特定地域内最有价值的资源，对点外地区几乎放任不管，不进行公共投入。治安、司法、道路、现代教育和公共卫生的建设都呈点状分布，促进当地社会进步无从谈起。如果说马克思评价英国在印度殖民统治时还曾提到殖民统治的"建设性使命"，那么在撒哈拉以南非洲这种使命发挥得最少。盘剥殖民地以肥宗主国，人为造成二元化政策，在非洲殖民地表现得最为明显。故而非殖民化时期殖民地人民争取打破二元化政策，争取平等发展权。"不管政府"原则下国家暴力机器孱弱态势使非洲民族独立运动不像印度和中国那般需要持久广泛的动员，是撒哈拉以南非洲非殖民化比较快速、平和的重要原因，也是该地区民族国家凝聚力不足的历史原因之一，"不管政府"原则造成非洲现代管理组织形态上强官僚、弱政府的传统，是造成独立后非洲政治不稳定的历史原因之一。

第二次世界大战之前各宗主国策略相似的一面表现得更充分，之后差异性的一面更多体现出来。虽然战前英国便有殖民地开发经费，但战后殖民地开发才成为殖民事业的核心工作之一。同英国类似，为便利本土重建，战后法国开始重视殖民地开发。比利时和葡萄牙则一直未将殖民地开发提升到英法的高度，从资本投入量上更无法同英法相比。应该说，上述两种策略比较具有普遍性。日本个案体现了"养战"的特殊性。由于它每每以大战来获取殖民地，故而多采用沉重盘剥的方式，在向母国输送资金的同时，利用当地资金在殖民地区进行一定建设，以利于后续作战。

要深入理解各国策略的不同，不仅需要上述从宏观角度进行的分析，而且需要具体案例分析来加以说明。最小耗费的"不管政府"原则中最重要的自然是税收和支出。在帝国主义时代，"资本主义已成为极少数'先进'国对世界上绝大多数居民实行殖民压迫和金融扼杀的世界体系"①。阶级矛盾支配下的民族矛盾凸显。

关税和人头税一直是非洲殖民地税收的主要来源。从税制结构上，政府自然不会限制进口，同时鼓励经济作物出口。20世纪50年代，咖啡、棉花和可可等作物的出口税占到世界市场价格的50%甚至更多。② 矿物出口是另一个主要关税来源。普遍而言，农业税赋很重，私人很难从农业上实现资本积累。人头税不仅仅作为一种剥削形式，而且起到强迫非洲人劳动力进入矿山、白人农场或种植园的作用。如在南非，很长时期内人头税都是驱使非洲人进入矿山的直接原因，在保留地居住的家庭往往需要青壮年男丁出门打工赚钱缴纳人头税。农村人口的生活长期维持在争取温饱的状态，很难产生资本积累。殖民统治时期税赋沉重已成为学界不争的事实，非洲人在承担重税的同时几乎享受不到公共卫生系统、道路网，所享受的教育如中小学还被收取额外费用。

上述经济活动赚取的资金却持续外流。如被外部私人资本垄断的矿业，矿业公司利用非洲的矿藏发了财，却没有将主要利润投资于非洲地区。按照1960年罗得西亚选矿托拉斯总经理罗纳德·普兰（Ronald Prain）的报告，1931—1959年，该集团的毛利润总共23400万英镑，其中8900万英镑用于付税，7000万英镑作为折旧费和其他杂费，7500万英镑被支付给持股者。③ 由于北罗得西亚政府不能自主决定本地区的所得税率，所以1954—1964年，矿产区流失的矿业股息和矿业特许费总共有大约2.59亿英镑。④ 第二次世界大战之后15年的繁荣，并未有多少资金流入经济、教育和社会保障中。赞比亚在1963年独立时的教育设施就如黄金海岸（今加纳）在1943年时那样不充分。这一特征无疑促了非洲人要求政治权利和对矿业实行国有化的诉求。

宗主国政权暗中掠夺也是资金外流的重要途径。如英国建立的以伦敦为中心的殖民货币体制自动地将每个殖民地出口盈余转化为英镑结余，并决定着英镑结余的用途。随着英镑一次次贬值，英国实质上将损失转

---

① 列宁：《帝国主义是资本主义的最高阶段》，载《列宁专题文集·论资本主义》，人民出版社2009年版，第102页。
② Crawford Young, *The African Colonial State in Comparative Perspective*, p. 214.
③ A. D. Roberts, "Notes towards a Financial History of Copper Mining in Northern Rhodesia", pp. 347–359.
④ Andrew Roberts, *A History of Zambia*, p. 214.

嫁给殖民地。在殖民地被迫借贷给英国巨资的同时，自己却遭遇到资本不足引发的开发计划难以快速进行的难题，自身结余的用途要由英国财政部和英格兰银行决定，还要承受向英国乞求贷款的难堪。如截至1956年12月31日，加纳的英镑资产接近1.8亿英镑，大致由以下几部分构成：加纳政府（同皇家代理机构共同管理）拥有8630万英镑，可可经销理事会（Cocoa Marketing Board）拥有3680万英镑，商业银行拥有1530万英镑，货币基金（加纳在西非货币理事会中的资产份额）拥有4000万英镑。加纳政府自然不能自由转化商业银行的财产。货币基金的最终控制权掌握在英国殖民大臣手中，加纳政府也无权转化。①

宗主国的回馈并不多。在殖民宗主国中，英国属于投资最多的国家。1870—1936年私人投资总额为11.27亿英镑，其中5.8亿英镑投资到矿业领域，输出矿产品价值超过大陆贸易总量的67%。属于公共投资的5.46亿英镑相似地集中于矿业生产地区，主要投资于矿业需要的管理和交通基础设施。② 这种状况在战后开发殖民地经济资源时期也无根本性改变。在1951—1959年所谓的"殖民地开发"投资高峰时期，英国对撒哈拉以南（不包括南非）的长期投资，人均仅为10英镑左右。③

宗主国残酷的剥削和很少的回馈造成非洲经济整体处于市场化开端却远不足以支撑工业经济的地步。残酷剥削驱动下产生了流动劳工体制，自给自足的经济被打破。直至"二战"前后，殖民地政府都不愿意非洲劳动力实现城市化、无产阶级化，大量城镇、矿山和港口码头的劳动力仍旧以乡村为生活基础。④ 通过可可市场委员会等机构，西方殖民者压低收购价格，阻滞了非洲本土资本积累，遏制了非洲农民内部的阶级分化。⑤ 直到独立前夕，非洲许多地区基本生活用品的80%或90%仍旧自

---

① 英国财政部档案：T236/5362, pp. 10 – 19, 1957年9月27日, "离开英联邦的影响：加纳、马来亚或尼日利亚", 泰勒（A. W. Taylor）致里克特（Sir D. Rickett）草案, in Ronald Hyam and Wm Roger Louis, eds., *British Documents on the End of Empire: The Conservative Government and the End of Empire*, 1957 – 1964, 第2册, 第304号文件。

② S. H. Frankel, *Capital Investment in Africa*, p. 158, p. 165, p. 213, p. 374.

③ 郑家馨：《殖民主义史·非洲卷》, 北京大学出版社2000年版, 第128页。

④ Frederick Cooper, *Decolonization and African Society: The Labour Question in French and British Africa*.

⑤ Beverly Grier, "Underdevelopment, Modes of Production, and the State in the Colonial Ghana", *African Studies Review*, Vol. 24, No. 1, March 1981, pp. 21 – 47.

给自足，现代经济呈"孤岛"和沿海线型状态。

殖民地政府没有兼具积累的能力，仅有剥削的能力，造成独立后非洲国家无能力直接从事积累，更由于农业的重税、矿业的外国资本垄断和工业的空白，国内的私人资本往往是缺乏的，故政府难以寻求到国内私人资本支持，寻求外部资本成为最有效的积累渠道，造成非洲国家的依附地位。

长久无法摆脱依附地位的原因在于依附型经济造成革命性阶级缺失，非洲社会碎片化，导致部族势力、地方分裂势力一直是非洲民族国家的威胁。阶级分化最为明显的南非在1994年实现国家政权和平更迭，没有部族仇杀和周期性动荡，体现了阶级的涌现是巩固民族国家的重要手段。非洲民族资产阶级、工人阶级的弱小，农民阶级力量的涣散是造成非洲民族国家政治动荡的社会原因，而造成此一恶果又可追溯到殖民时期。

作为论证殖民行为合法性工具的"文明使命论"主要由三方面的内容构成，即宗教优越感、种族优越感和组织优越感。宗教优越感起到激励殖民活动的作用，后衍生为文化优越感，表现为殖民帝国公民权往往要求与熟练掌握宗主国语言文字挂钩。1857—1858年印度大起义后英帝国政府文化多元主义的偏向有所加强，构成"间接统治"的思想基础。种族优越宣传的恶果之一便是纳粹德国的种族理论，"二战"后各宗主国的宣传有所收敛，演化为"伙伴关系"的说辞，激化出黑人民族主义。组织优越感显示为宗主国对帝国扩张和维持合理性的自我催眠，以帝国的幅员自证存在合理性，相信帝国便利了殖民地的"文明化"进程，世界将在宗主国的带领下由"野蛮"走向"文明"。可以说，在整个世界范围内南北方矛盾在特定时期突显为种族矛盾即民族矛盾的特殊形式，这种特殊形式的矛盾是北方阶级矛盾和民族矛盾调和、进行集体殖民的意识形态表现。

各殖民宗主国的说辞有一定共性，即强调非洲人宗教的原始、种族的天然低劣和自我组织的滞后。非洲人宗教被称为原始巫术，不具备基督教普适性的天启框架。脑容量测量法曾被用作论证非洲人种族低劣，经过"科学"论证，欧洲人的脑容量要远超非洲人。主持瓜分非洲的英国首相索尔兹伯里勋爵公开讲非洲属于垂死地域，应被有活力的欧洲人瓜分。法国殖民政府理论家直白地说："征服土著居民最基本的合法性在于我们相信我们是上等人民，这点不仅仅体现在机械、经济和军事上，而且也体现在道德上。"① 总之,非洲人被认为是懒惰的、不诚实的,欠缺原创性;没有发明任何文明的事物;没有修建石头城市,缺乏文化成就或者恢宏的宗教,三重劣势注定非洲人被统治的命运。

自然,各殖民宗主国的说辞存在差异性,大体能推导出两种结果。一种是英式的,英国政府允诺一旦移民殖民地达到母国标准便准其独立,1839年达勒姆报告可视为此种宣传完整表述的标志性文件,此后这种概念逐步推广到非移民型殖民地。上述理念表现为中央集权色彩淡一些,在宗主国中央政府制定的政策框架内,允许殖民总督在制定适合所辖领地的政策时有相当的自由裁定权。各殖民地的高级官员也有相当的自由裁定权。适应于"不管政府"原则,在非洲统治结构的特点是依托传统权威实行"间接统治",鼓励殖民地文化的多样性,以此作为实现控制的工具,从而让非洲的未来同达到标准走向独立的普遍主张相矛盾。即便在战后非殖民化时期,英国政府仍旧试图以种族为界划分英联邦成员资格,并且直到英属非洲独立高潮前夕,英国政府仍旧认为依"准备"状况,独立应该发生在20世纪70年代之后。

另一种是法、日式的高度同化政策。"文明传播"的最终结果是殖民地经由文化渠道在政治上融入宗主国。在法国人看来,文化的皈依可终使臣民个体化身为公民,当殖民地文化的整体状况法国化,则正式并入法国。故而权力以总督为中转点集中到宗主国的中央政府,总督作为宗主国代表享有几乎无止境的权力。政治组织原则是直接统治,中央集权程度很高,公务员在各个殖民地相似的行政结构中流动。即便如此,统治的末端仍旧活跃着本土人管理者。

其他殖民宗主国统治合法性的理念多介于上述两型之间。事实上,强烈的虚伪性是殖民者文明使命论的本质属性。在优越感驱使下,宗主国要求殖民地逐步赶上自身的文明水平,却又不真正给予帮助。自近现代殖民事业开展以来,殖民活动对世界各地冲击的结果有三种:第一种是北美、加勒比型,土著民族几乎被屠杀殆尽,该地原有文明进程中断;第二种是非洲型,原有文明在曲折中徘徊前进;第三种是东亚、南亚型,在遭受巨大冲击后,原有文明得到升华。下面通过尝试比较造成第二和

---

① [荷兰] H. L. 韦瑟林:《欧洲殖民帝国 1815—1919》,夏岩等译,中国社会科学出版社2004年版,第117—118页。

第三种类型结果的历史进程,印证所谓文明使命论的虚伪性。

从广义的文明传播来讲,虚伪性表现为三个投入少。第一,经济投入少。殖民统治者推行转移财富的政策,出口产品所积累的货币储备被输出非洲,整个经济被塑造为农矿产品出口依附型。对世界经济造成的影响则如以下数据所反映的那样,"自1880年以来世界原材料的价格跌势不止,而制成品价格则持续上扬。同样数量的原材料所能交换的制成品数量在1938年比1880年时下降了40%。……富国和穷国……之间的人均收入之比不断扩大,1800年时这一比率为3∶1,1914年为7∶1,1975年为12∶1。"① 第二,政治投入少。为节约花费,以尊重当地传统的名义,殖民统治者使非洲部落、印度种姓制度具有更为明确的定义。人口普查以部落名义对人口分类,保留地中的土地也是按照部落分配,城居人口往往以部落出身划定工种和居住地。这种现实导致非洲政党每每以部落身份划界,政府建立在浮沙之上。扼杀殖民地阶级的产生是为宗主国资本输出创造前提。第三,技术投入少。不允许殖民地发展工业、禁止非洲小农种植某些经济作物、技术工作岗位的"有色人种禁令"都阻碍着技术传播。宗主国普遍实行这样的政策意图缓和宗主国的阶级矛盾。

从狭义的文化传播来看,虚伪性同样体现在投入不足上。突出表现之一是长期依赖教会进行传播。基督教可能属于殖民者最慷慨的文化传播载体,却每每归于虚妄。推行基督教的实质在于灌输西式人生价值。非洲殖民地教育长期依赖教会学校,公共资源投入极少,造成当地管理和技术人才缺乏。在殖民统治下,无论是政治教育目标还是经济教育目标都没有获得什么资源去实施,无论是正规中学、小学教育还是技术教育都是缺乏的。殖民地有限的教育资源还按照种族来分配。1955年,坦噶尼喀殖民地政府将71.1万英镑资金用来发展该地2.2万欧洲移民的教育事业,而将同样数目的金钱拨给非洲人和亚洲人的教育事业,该地的非洲人人口达800万,亚洲移民人口也有8万。② 英国官方有意限制发展殖民地大学教育。英国官方认为1857年开办的3所印度大学产生了大量

---

① [美]斯塔夫里阿诺斯:《全球通史》,董书慧等译,北京大学出版社2005年版,第635—636页。

② [英]威廉·埃杰特·史密斯:《尼雷尔》,上海《国际问题资料》编译组及协作单位编译组译校,上海人民出版社1975年版,第83页。

远远超过需求的、易失业的、拥有政治野心和难驾驭的年轻人。[①] 英国人更没有付出多少精力去履行"文明传播使命"。"二战"后它用所谓"伙伴关系"来定义种族关系,并将之标榜为使命的积极成果。1953 年英属中非联邦的建立阐述了"马和骑手"式的"伙伴关系"逻辑。1947 年北罗得西亚制定的十年发展规划中留出 12% 的预算给非洲人教育,2% 的教育预算给欧洲人,而在 1953 年非洲人教育仅取得少于 2% 的预算,欧洲人占近 10%。1946—1953 年白人从大约 2 万人增长到接近 5 万人。[②] 对面是数以百万计的非洲人。

如果说殖民者的文明传播有什么积极结果,那么也只能算作非殖民化时期黑人民族主义的文化推手,并在独立后成为民族共同体塑造的外部"激励者"。非洲原初民族主义的泛非主义特性源于对外来欧洲人白人至上观念的逆反,同时在潜移默化中接受了殖民者对非洲人的种族界定。原初民族主义走向成熟必然要和特定的民族国家相联系,要从知识精英间的文字游戏转向能反映大众心声的普遍诉求。非殖民化时期特定的政治环境让独立成为"文明使命论"的必然结果,种族主义的滥用激化了原本就存在于不同族群间的矛盾,使非殖民化过程每每被形容为"非洲人之间的战争"。从而,让大多数非洲国家自诞生之时起,作为构建民族国家基础的民族主义便有一道裂痕。独立后的冲突与此不无关联。

我们可以从世界历史发展的角度来思考殖民者文明使命论的虚伪性。为何面对殖民者冲击后,亚非历史发展轨迹有所不同。有人从殖民者渗透的力度不同进行解释,认为殖民者对非洲剥削太少导致此一结果。若从更深一层想,在殖民时期印度和孟加拉均为英属印度的组成部分,孟加拉的盘剥最重,但发展却极为缓慢。显然单一因素不足以解释亚非发展不同的轨迹。

我们需要分析被殖民地区的情况。如果说 15 世纪后殖民活动部分反映了经济全球化的客观需求,同时夹带着大量西方利益诉求,那么殖民地自我组织水平的高低造成对全球经济活动的吸收能力和殖民者掠夺的抵抗能力不同。以东亚和非洲的具体情况来看,殖民主义对非洲造成的

---

① 对于战前殖民地教育政策的原则和实践,见 C. Whitehead, "*Education in British Colonial Dependencies, 1919 – 1939: A Reappraisal*"。

② Jan‑Bart Gewald, Marja Hinfelaar, and Giacomo Macola, eds., *Living the End of Empire: Politics and Society in Late Colonial Zambia*, Leiden: Brill, 2011, pp. 19 – 20.

影响似乎更大一些，如在经济结构、国家制度、族群关系和语言等方面。似乎可以从非洲地区自我组织力较东亚偏弱中找到答案。

从"黄祸论"现代版的流行，殖民者文明使命论的虚伪性可得到进一步揭露。社会达尔文主义的世界观使其信奉者视最大的威胁来自相异种族，最大的祸害是"黄祸"。早在1890年著名经济学家保罗·利莱-博利厄就指出，只要中国和日本学会运用西方的机器和技术，它们就会超越西方，因为他们的国民仍旧深知努力工作意味着什么。①

马克思曾说过："只有在伟大的社会革命支配了资产阶级时代的成果，支配了世界市场和现代生产力，并且使这一切都服从于最先进的民族的共同监督的时候"，② 人类的进步才会不再如殖民时期那般以人类某一部分的巨大牺牲为代价换取整体生产力的进步。战后民族民主革命作为社会主义革命的一个阶段，其成功大大解放了全球生产力，中国和印度之类的国家生产力跻身最先进之列，自我实现了文明升华，人类文明真正步入新阶段。

冷战结束后，"文明冲突论"作为殖民时期"文明使命论"的变种甚嚣尘上。这一提法源于发达资本主义国家对发展中国家的恐惧和自身国际地位合法化的需要。西式文明冲突方的划分往往同种族联系在一起。在"文明冲突论"的大伞下，人道主义干预、反对恐怖主义不断成为美国等国家肆意侵夺发展中国家利益的借口，捍卫国家利益的领导人成为美国等国家重点攻击的对象。"文明冲突论"的经济背景是全球分工的新变化：东亚和南亚主要提供廉价劳动力，西亚和非洲主要提供原材料，南北方的整体差距扩大。即使印度、中国缩小与发达国家的经济差距，也需要付出巨大代价：恶劣的劳动环境和巨大的环境污染造成新的问题，高新产业技术和产品受到发达国家进出口双向限制，遏制两地产业升级。发达资本主义国家统治阶级的共性作为拉力，南北方民族矛盾作为推力共同促使西方国家走向联合殖民道路，全球化的资本主义色彩越发浓厚。阶级矛盾隐藏于种族矛盾内，而种族矛盾本身就是一种经济矛盾。③

伴随15世纪近现代殖民活动的整体地缘政治格局为西强东弱，曾经

---

① ［荷兰］H. L. 韦瑟林：《欧洲殖民帝国1815—1919》，第118页。
② 《马克思恩格斯选集》第一卷，人民出版社2012年版，第862页。
③ 恩格斯写道："我们认为，经济条件归根到底制约着历史的发展。种族本身就是一种经济因素"，见《恩格斯致瓦·博尔吉乌斯》，《马克思恩格斯全集》第三十九卷，第199页。

领先的东方文明被西方赶超。全球格局以欧洲大陆内部的力量变迁为核心重新塑造,直到第二次世界大战之后,殖民化便是在这一时期完成的。按照《非洲和维多利亚人》的说法,瓜分非洲更多源于对"地缘政治真空"的恐惧,欧洲殖民列强彼此担心对方占得先机,纷纷在非洲展开大规模吞并。① 甚至殖民霸主英国都自认为受到挑战,将基于自由贸易的无形帝国转化为有形帝国。② 在二三十年的时间里整个非洲大陆被殖民化。

从本质上讲,地缘政治因素是南北方矛盾的另一种体现,广义上的南北方矛盾涵盖因此而产生的殖民宗主国之间或称发达国家之间的矛盾,即北方内部的民族矛盾,甚至包含部分阶级矛盾,如美国和苏联在第三世界的对抗。受资产阶级贪婪性的驱使,北方内部的民族矛盾有时会激化,有时会抑制南北方矛盾。美苏冷战所体现的阶级矛盾发挥了类似作用。

从地缘政治的角度讲,为实现某种排挤他国的战略需要,各殖民宗主国或攫取军事要地,或实现战略资源独占。如英国所构筑的海基殖民帝国,经过数百年的不断扩张,到20世纪初占据世界海道的各处战略节点,能够控制全世界的人流、物流,从而夯实自身殖民霸主地位。为保卫印度,英国人在红海流入印度洋的海口建立亚丁要塞殖民地,在印度洋和太平洋交汇处建立新加坡要塞殖民地。为维护金本位的英镑体制,英国人在南非发动布尔战争攫夺金矿。事实上,南非黄金不仅对稳定英镑地位,而且对维系布雷顿森林体系都发挥着重要作用。为构筑战略前沿,从南非出发的殖民者向北占据今津巴布韦境内的土地,从印度出发的殖民者侵占了缅甸。再如日本在东亚的扩张,先占领相对处于战略边缘地位的中国台湾、朝鲜,以之为南北两路进攻东亚大陆的跳板。

受各种国内外因素的影响,各宗主国在制定和实现地缘政治目标时选择的范围不同。具体来说,可分为主导型霸权国家如英国、附属型殖民国家如意大利和日本。英国要实现的地缘政治目标具有多重性,首先要照顾临近宗主国的欧洲地缘政治平衡,其次要顾及以印度为核心的殖民帝国的安全需要,最后,要顾及南美的阿根廷、中东的奥斯曼帝国和

---

① Ronald Robinson and John Gallagher, *Africa and the Victorians*: *the Official Mind of Imperialism*.

② John Gallagher and Ronald Robinson, "The Imperialism of Free Trade"; in John Gallagher, *The Decline, Revival and Fall of the British Empire*: *The Ford Lectures and other Essays*, pp. 1 – 18.

东亚的中国等这些半殖民地地缘形势的变化。可供英国利用的政策工具较多,从占领对方国土、封锁海岸、截断贸易通道,组织排他性的威慑性战略联盟、培植区域性的殖民伙伴,到主导国际银行财团,各种工具所发挥的强度很大。在较长历史阶段内,阻碍英国地缘政治目标实现的因素更多是本国决策者对资源优先投放目标的选择,地缘政治压力的不均衡使英帝国虽处处烽火却安然无恙直到"二战"之后。冷战以及随即而来的英美霸权转移破坏了地缘政治压力的不均衡性,英帝国内的民族主义浪潮乘风破浪,英帝国土崩瓦解。墨索里尼时期的意大利和明治维新之后的日本,殖民活动同宗主国统治者的合法性密切联系,殖民事业的兴衰决定着国内政治体制的兴废,故而它们的殖民活动更多受国内政治的驱使。当然,地缘政治环境变迁对上述两个国家殖民活动影响巨大。意大利所占据的殖民区域处于英法两国殖民势力夹缝处,日本能够取得日俄战争、甲午战争的胜利,同中国孱弱下英国主导东亚国际格局关系密切。两宗主国殖民地的丧失更是由于战败后地缘政治环境的巨大改变。

"二战"后,美国和苏联的崛起塑造起国际政治的二元结构,非殖民化高潮便发生在这个时代。传统的殖民强国英、法一方面击败德、意、日的挑战,另一方面受到来自美国的挑战。美国的诉求是自己找到更多原材料来源地、商品市场并尽可能少地承担维护地缘政治"平衡"的花费。如英国政府认为的那样,"他们(美国人)知道我们永久性撤出殖民地所带来的东西将会有利于美国经济,但是会卸去战略义务,危及自由世界。这个事实使他们处于痛苦的两难困境"。[1] 只要欧洲宗主国能满足美国资本家的经济利益,美国政府一贯采取的"反殖"立场实际上以不惹恼欧洲宗主国为前提。[2] 为此,美国人援助法国在印度支那的战争,到1954年美援占到战争总开支的3/4。实际上,没有美国的援助,多数殖民宗主国本就无望恢复自己国内的经济并且支付恢复统治和开发殖民地的费用。在缓慢渗透的同时,美国人并不拒绝直接挖英、法墙脚,如对1956年苏伊士战争态度的转变。此次战争后,美国确立资本主义世界霸

---

[1] 英国首相办公厅档案:PREM 11/3239, PM(57)9, 23 Feb 1957, in Ronald Hyam and Wm Roger Louis, eds., *British Documents on the End of Empire: The Conservative Government and the End of Empire*, 1957–1964, 第 2 册, 第 374 号文件。

[2] FRUS, 1951, Vol. V: The Near East and Africa, p. 1200.

权，英、法彻底沦为附庸。作为附属型殖民宗主国，英、法被迫表露向美国更为"开放"的姿态，成为非殖民化的一个政治因素。

无疑，地缘政治因素在整个殖民主义发展史中发挥了突出但非基础的作用。它的非基础作用体现在发挥空间受制于宗主国相对力量的强弱。如殖民霸主英国在不同时期逐步占据直布罗陀、苏伊士、亚丁、新加坡等扼守海路要冲的要塞殖民地，能够将其他殖民势力驱逐出印度、埃及，能够打赢布尔战争。英国实力的根源便在于在资本主义制度下率先实现工业化。

从国际学界对殖民化动力的分析来看，大致有四种视角。一种是熊彼特式的立场，将殖民行为同宗主国内部政客和军事"贵族"的要求相联系，同资本主义的发展相隔绝，甚至同所有的经济背景都割裂开来。以此种视角来看，地缘政治因素居于重要位置，所谓的"文明使命"不过是政客和军人的自我标榜之词。一种是霍布森式的立场，将殖民行为视为宗主国资本家输出剩余资本的一种行为，将非殖民化视为将资本家投向海外的剩余资本撤回国内重新分配的过程。如此一来，地缘政治因素无疑居于边缘地位。一种如杰克·加拉格尔和罗纳德·罗宾逊式的说法，以殖民地为分析中心的研究路径，提出帝国扩张源于殖民地地区的政治"真空"。地缘政治因素居于首要地位。一种如列宁将殖民行为视为资本主义发展不可避免的特定阶段。在这种视角中，宗主国之间的角逐延伸到殖民地，地缘政治考虑同宗主国的经济需求纠葛在一起，经济需求居于基础地位，地缘政治作为经济基础的显性表现占据突出位置。这是本书所赞同的考察路径。依照此种路径，"文明使命"不过是虚妄之词，对殖民地的投入和产出比居于宗主国考虑殖民行为的基础性地位，但宗主国也会由于地缘政治的需要而改变殖民行为。

战后非殖民化正是资本主义演变背景下地缘政治变化使然，是阶级矛盾演进带动民族矛盾演化的结果。非洲逐步进入新殖民主义体系中。[①] 如果考虑殖民主义作为世界体系的组织原则之一，非殖民化不仅意味着殖民权力的撤出，而且意味着新关系的建立，前宗主国同前殖民地关系、宗主国之间关系的调整、前殖民地同世界其他国家关系的调整。调整目

---

① ［加纳］克瓦米·恩格鲁玛：《新殖民主义——帝国主义的最后阶段》，北京编译社译，世界知识出版社 1966 年版。

标是为实现经济上的垄断同政治上非垄断、非暴力和非掠夺的行动方式相容。①

非殖民化并不意味着前宗主国同前殖民地关系的骤然断裂,在大多数案例中双方关系得到延续。新的非洲人政权往往带有温和的亲西方色彩,原殖民官员薪金、欧洲移民财产权和西方资本家投资大多得到保障,原宗主国驻军权或军事干预权得到条约保证或事实上的"尊重",金融和贸易渠道、交通干线仍旧以原宗主国为枢纽,双方文化交流和非政府组织之间的联系得到延续,建立起双边援助框架。

非殖民化带来宗主国之间关系的调整。美国成为新体系的霸主,撑起军事、金融保护伞,扫清进入非洲的路径。原欧洲宗主国在欧洲一体化的旗帜下彼此妥协,显示出统一立场,建立起以《洛美协定》为代表的对南方的联合援助机制。美欧之间和欧洲内部建立起以私人资本相互融合为特征的国际资本主义联盟。

前殖民地同世界其他国家关系的调整。20世纪后半期,非洲大陆的政治崛起带来世界地缘政治格局的重大变化。非洲大陆不再作为纯粹的欧洲人"后院"。作为第三世界的重要组成部分,非洲国家成为世界许多国家寻觅政治支持的对象。以美国为首的国际资本主义联盟则试图阻隔非洲国家与某些国家交往。冷战时期,苏联尝试在非洲进行外交突围,被以美国为首的国际资本主义联盟扼杀。冷战结束后,中国、印度、巴西等国积极展开同非洲国家的交往,以美国为首的国际资本主义联盟试图将新兴国家对非洲的行为纳入自身框架之中。非洲国家扩展地缘政治空间的尝试仍然道路坎坷。

三 非殖民化的历史影响

非殖民化是南北方矛盾激化的产物。从非殖民化的过程来看,南北方矛盾本质上属于阶级矛盾支配下的民族矛盾,具有暴力性、螺旋形前进的属性,加深了北方内部的民族矛盾、种族矛盾和南方阶级化欠缺下的不稳定,导致北方阶级矛盾的缓和及南方阶级化的停滞,从而阻碍着世界历史的纵向发展,将随资本主义的消亡而灭亡。非殖民化届时才能真正完成,世界历史才会进入新纪元。

---

① 列宁:《帝国主义是资本主义的最高阶段》,载《列宁专题文集·论资本主义》,第179页。

非殖民化对非洲历史的影响突出体现在并未扭转整个殖民时期非洲历史发展的轨迹。殖民者对非洲最重要的影响在于遏制当地阶级化，造成三个结果，即依附型的经济结构、碎片化社会和弱政府的政治模式。实质上，上述三个结果呈"三位一体"之态。依附型的经济结构造就碎片化的社会，两者难以支撑一个高效政府。

如前所述，殖民统治造就依附性的经济结构。殖民统治者以最小的花费，塑造出一个建立在经济作物、矿产品出口基础上"有用"的非洲经济结构。结果现代性的生产部门呈孤岛状态，再加上为榨取超额利润实施的流动劳工体制，导致非洲富有生产力的阶级发育不足。甚至，为保护欧洲移民的利益，通过禁止种植经济作物，拥有土地、城市地产等方式，政府直接摧毁非洲民族资产阶级的诞生，实行"有色人种禁令"扼杀非洲工人阶级的壮大，大贸易公司垄断经济作物出口导致非洲小农最多维持温饱，难以构成一个大区域范围内有组织的阶级力量。结果，非洲社会出现碎片化状态。以血缘为基础的部族势力成为影响非洲社会稳定的重要因素。可以说，非洲非殖民化的形态正是非洲现代阶级力量萌芽而未壮大的产物。非洲社会的碎片化状态保留到殖民统治结束之后，影响到非洲国家独立后的政治状态。

殖民时期的经济结构促使形成一种强官僚弱政府的统治方式。政治资源被投放到"有用"的非洲，阶级化呈现点状分布，政府管理随之呈现点状状态。在广大的"无用"的非洲，欠缺阶级化导致政府建筑在个人威权的基础上，整个政治结构呈现浮沙式状态。非殖民化时期权力转移主要涉及浮沙之上的塔尖。浮沙之下隐藏着碎片化的社会，无法支撑政府有效运行现代职能。许多非洲国家独立后，好的情况下政府仅能维持局面，经济危机时期国家便陷入动荡，根本无从谈及发展民族经济。民族国家建设任重道远。

可以说，以非洲为代表的南方，其发展受制于南北方矛盾极大。南方不同地区因其历史积淀不同，受制于南北方矛盾的程度不同。然而，南方欠缺阶级化致使世界历史纵向发展停滞，南北方横向联系则受非殖民化的影响一度趋向良好方向发展。

非殖民化同样影响到宗主国密集的欧洲，欧洲一体化、福利国家建设和民主化进程都受到其影响。非洲非殖民化是欧洲一体化的重要推力。出于对独立后环境的焦虑，大量资本或通过转移利润，或停止资本设备更新，或借助非洲国家国有化赎买流入欧洲，成为一体化的重要经济前提。出于对殖民地民族主义浪潮的担忧，西欧各国政府更加积极地参与到一体化进程中。非洲非殖民化受欧洲福利国家建设的影响反过来影响福利国家建设。战后民族主义浪潮建立在平权基础之上，殖民地人民要求产业和消费向宗主国国内看齐。殖民主义的本质属性必然要实行自我废止，以便更好地实现资本主义再生产。对殖民地民族主义浪潮的承认在短期内免除了宗主国的镇压费用，节约了公共产品的费用，有利于实现宗主国财政的暂时平衡，免除宗主国掉入既要大炮也要黄油的陷阱，宗主国得以在特定时期集中财力进行福利国家建设。非洲非殖民化有助于欧洲的民主化进程，除有助于福利国家建设一类的经济民主的建设，非殖民化减少各宗主国极端民族主义的歇斯底里，减弱了军警力量对政权的影响力，使政府合法性更多依托自国内政策的优异，民众诉求的表达得以放大。法国和葡萄牙非殖民化前后国内政体的变化即属突出例证。

由此可见，世界历史的发展已让各民族封闭发展成为不可能，北方的阶级矛盾、民族矛盾受制于南北矛盾。非殖民化使欧洲资本主义进行内向自我更新，激发整个世界的资本主义进入新阶段，反过来又重新规制南北方的横向联系。

作为20世纪世界历史的重要发展，非殖民化的时代并未远离我们。非殖民化是资本主义特定历史阶段的产物，并非有形、无形帝国循环往复式的另一个周期。"二战"激发的新一轮产业革命要求新的生产组织方式，要求资本、技术前所未有地密集使用，从而使发达资本主义国家内部生产和消费市场扩大，对殖民地的依赖度降低。冷战和民族主义浪潮的兴起也促使维系南北方关系的旧有模式无法持续。这一轮资本主义自我革新持续到21世纪，冷战思维和民族主义情绪演化为"文明冲突"论，具体表现为对西式价值观的态度。发达资本主义国家以新殖民主义方式处理南北方关系，值得发展中国家警惕。

作为南北方矛盾的代表、社会主义和资本主义发展道路的代表，中美关系重叠多种历史矛盾，可以说集阶级矛盾和民族矛盾于一身，一定程度上昭示着世界历史发展的方向。在非洲这块发展中国家云集的大陆，双方关系更多的作为世界南北方矛盾的组成部分。这便使该背景下的中美关系对非洲造成的影响不同于美苏关系。以合作共赢的精神，三方在共同框架内伸张自身主张，会使历史发展不会重蹈殖民时期的覆辙，新殖民主义的恶果不至泛滥。

非殖民化的时代并未逝去。作为战后民族国家独立的高潮，非洲大陆非殖民化昭示着马克思百余年前预言的部分实现。众多第三世界国家的政治独立为构建新型国际关系格局奠定了基础。不少发展中国家借助冷战的政治空隙探索出适合本国发展的道路。对于大多数非洲国家而言，西方新殖民主义的桎梏延缓了道路探索。作为战后民族主义浪潮的延续，非洲国家正积极开展南南合作，发展自身生产力，从而将为人类共同进步做出更大贡献。

在可预见的未来，南北方矛盾作为推动世界历史前进的动力之一，将随南北方力量对比的变化而不时激化或缓和，体现出横纵向发展相互影响，激烈或和缓交织地推动世界历史进入新纪元。

第二节 战后英美在英属撒哈拉以南非洲的经济伙伴关系

国内外既有研究多从英美霸权转移、冷战、政党政治或美国政策等视角研究英美关系[1]，忽略对双方在英帝国范围内经济关系和英国政策的研究，更没有将双方关系变化同资本主义发展阶段结合起来。这三点正是本书叙述的重点所在，希望起到抛砖引玉的作用。[2]

从整个英美关系发展史来看，"二战"后英美关系的最大特点是美国居于主导地位，英国彻底沦为附属地位。英美在国际政治、经济事务、军事和情报等领域展开遍及全球的合作，形成一种伙伴关系。

战后英属撒哈拉以南非洲是英美经济伙伴关系的典型性区域，双方

---

[1] 如路易斯和罗纳德·罗宾逊认为，战后英帝国的殖民撤退过程同时也是英美之间转交霸权的分支过程。其间，美国对加速英国从非洲和其他地区的殖民撤退施加了间接和仁慈的影响。见 Wm Roger Louis and Ronald Robinson, *The Imperialism of Decolonization*, p. 462。在菲利普·墨菲看来，由于英美政党体制的不同，强调党纪的英国政党更易于受到相关利益集团的影响，见 Philip Murphy, *Party Politics and Decolonization*, p. 24，p. 26。再如张顺洪从军事、政治合作角度详细分析了战后英美在对待民族解放运动和第三世界兴起方面紧密的合作关系，见张顺洪《论战后英美国际战略伙伴关系》，《世界历史》1998 年第 2 期。

[2] 国内外已有研究多探讨英国在撒哈拉以南非洲的农业开发政策，对英国在矿业领域政策的研究重视不够。

诉求得到较好协调。该地区属于英美国际安全战略布局的"后方"，经济潜力尚有待开发。① 美国将非洲视为欧洲人的"责任区"，并不愿承担过多的"义务"，仅希望享受到等同于欧洲人的经济权利。② 美国的国家资本和私人资本均对开采该地区的矿藏情有独钟。面对战后经济形势，英国政府不得不为美国资本开放殖民地资源，美国政府则默认英国的殖民宗主国地位。经济领域成为英美在战后英属撒哈拉以南非洲合作的主要内容。

一　英美合作的经济基础

美国学者肯尼思·沃尔兹曾描述弱国对强国的反应方式有两种：一种是制衡，即同较弱一方联合，对抗较强的一方；另一种则是追随，即同较强的一方联合。③ 英国曾设想过联合西欧制衡美国，但很快放弃了此一策略，转为采取追随美国的策略。造成此一转向的原因多样，经济依赖论、制度合作论、共同体意识论纷纷给出解释。无疑相近的意识形态和政治制度发挥了一定作用，经济诉求因素不能遭到忽视。

考虑经济诉求的前提条件是双方经济实力不平衡。英美经济实力对比以1950年为例，英美两国人口分别占世界总人口数的2.0%和6.0%；英国国内生产总值占世界国内生产总值比重的6.5%，美国国内生产总值占世界国内生产总值比重的27.3%。④ 相较上述国内生产总值的差距，英国经济面临结构性问题。英国在世界制造业出口中所占比例从20世纪40年代的20.4%下降到1959年的17.9%。⑤ 1956年，英国的传统产业如造船业，只建造不到世界总产量14%的船只，1949—1951年，英国建造的船只占世界总产量的38%。⑥ 制造业竞争力衰弱和无形贸易收入减少的后果之一是国际收支状况恶化。据统计，1952—1958年，英国国际往来账户中只有一次赤字，为1.55亿英镑，而仅1960年赤字就达到2.65亿英

---

① 以1950年为例，整个非洲占世界国内生产总值比重的3.8%。[英]安格斯·麦迪森：《世界经济千年统计》，伍晓鹰、施发启译，北京大学出版社2009年版，第269页。
② FRUS, 1951, Vol. V: *The Near East and Africa*, pp. 1202–1204.
③ [美]肯尼思·沃尔兹：《国际政治理论》，信强译，上海世纪出版集团2003年版，第166、168页。
④ [英]安格斯·麦迪森：《世界经济千年统计》，第265—267页，第269页。
⑤ Keith Robbins, *The Eclipse of Great Power*, 1870–1992, p. 302.
⑥ Keith Robbins, *The Eclipse of Great Power*, 1870–1992, p. 216.

镑，1964 年更增长到 3.95 亿英镑。① 上述经济条件限制住英国政府对外战略选择的空间。

双方经济实力的不平衡有利于我们理解英美合作中美国居于主导地位的原因，却不能解释英美如何能够走向合作，英美共同的经济诉求为经济伙伴关系构建出大框架。双方在垄断世界经济资源、维护全球资本主义体系稳定方面拥有重大共同关切。在这一层次的合作方面，美国拥有绝对主导性的发言权。因为它提供着实现诉求的主要资源，一旦缺位，诉求根本无法达成，如在布雷顿森林体系和关贸总协定的许多条款上，英美拥有共识，即便不少条款更有利于美国。

英美拥有的共同经济诉求仅为经济伙伴关系构建出大框架，双方互补性诉求成为经济伙伴关系的支柱。在此一合作层面，英美双方有几乎平等的发言权。因为它们彼此提供对方所需资源，彼此都不能缺位，否则彼此诉求无法达成。英国政府迫切希望寻求外部资本开发殖民地资源以摆脱前述困境，进而实现自己保持世界大国地位的梦想。同美国合作能够使伦敦获得影响美国政策的渠道，并可以从美国在其殖民地的投资中获益，甚至可以借助美国力量保护英国海外利益。② 美国人则试图为自己找到更多原材料来源地、商品市场并尽可能少地承担维持"秩序"的花费。美国人尤为强调矿物的获取，声称撒哈拉以南非洲蕴藏着资本主义世界 75% 的钴、工业钻石和铬铁矿，10%—25% 的锰、锡、钒、铜、铬、镉和石墨，以及一些战略级矿物如铀和温石棉。③

从英属撒哈拉以南非洲的具体情况来看，资金和生产资料的缺乏制约着英国经济目标的实现，唯有仰赖美国。例如，英国无法满足殖民地建设中所需使用的钢筋和钢轨，1951 年，英国政府甚至只能寄望于美国人能在《共同安全法》（the Mutual Security Act）框架下援助修建罗得西亚铁路。此外某些类型的资本设备还依赖美国供应，如重型履带式拖拉机，该种机器的缺乏严重阻碍道路建设，而道路不仅具有经济价值，也

---

① [意] 奇波拉·卡洛·M. 主编：《欧洲经济史》第六卷（上），第 124 页。
② 英国内阁档案：CAB 129/118, CP (64) 164, 2 Sept 1964，"英美资产负债表"；（外交部）巴特勒先生作内阁备忘录，in Ronald Hyam and Wm Roger Louis, eds., British Documents on the End of Empire: The Conservative Government and the End of Empire, 1957–1964, 第 2 册，第 391 号文件。
③ FRUS, 1952–1954, Vol. XI: *Africa and South Asia*, p. 73.

是军队和警察镇压民族独立分子所需要的。环顾当时资本主义世界,唯有美国有余力输出资本和生产资料,吸引美国资本便成为英国政府唯一的解决办法。①

英国对资本的需求迎合了美国过剩资本的要求。1950年美国领事官员建议政府应采取步骤增进自身和殖民宗主国在非洲的经济合作。② 美国政府明了英属殖民地的经济价值,向英国政府提出对英属殖民地的经济政策要求。第一,在撒哈拉以南非洲(当然也在世界其他各地),美国政府希望美国资本和致力于同撒哈拉以南非洲(和世界其他地区)殖民地贸易的美国国民被给予同等的经济待遇。第二,美国政府期望获得原材料、海空设施、飞行航线和通信站。美国政府提供的报偿是让世界银行为殖民地开发提供贷款;为英属殖民地产品提供稳定的市场;一旦联合国采取影响非洲的行动,将会在仔细考虑英国态度后再决定自己所采取的立场。③ 英国政府认可了这些政策,以换取美国政府援助和私人资本输入。

结果,战后英帝国的衰落由于美国的援助而得到缓减。实际上,没有美国的援助,多数殖民宗主国本就无望恢复自己国内的经济并且支付恢复统治和开发殖民地的费用。美国在支持列强恢复各自殖民地的同时,将经济势力渗入各列强的殖民地。美国政府宣传美国获取原材料、殖民地获益和重建欧洲经济可以一举三得。从而,美国同各殖民宗主国形成了既相互协作又相互抵制的关系,尤其是美国将非洲事务视为欧洲盟国的"义务"。如英国政府认为的那样,"他们(美国人)知道我们永久性撤出殖民地所带来的东西将会有利于美国经济,但是会卸去战略义务,

---

① 英国殖民部档案:CO537/7597, no. 3, Dec 1951, "殖民地开发",殖民部呈丘吉尔先生1951年12月第三号简报, in David Goldsworthy ed., *British Documents on the End of Empire: The Conservative Government and the End of Empire*, 1951 – 1957, 第3册, 第398号文件。

② James P. Hubbard, *The United States and the End of British Colonial Rule in Africa*, 1941 – 1968, N. C. Jefferson: McFarland & Company, 2011, p. 63.

③ 英国殖民部档案:CO537/5698, no. 66, 3 May 1950, "伦敦会议",英美关于殖民问题的会谈:英国外交部和美国就主要的殖民问题会面的记录, in Ronald Hyam ed., *British Documents on the End of Empire: The Labour Government and the End of Empire*, 1945 – 1951, 第2册, 第188号文件。

危及自由世界。这个事实使他们处于痛苦的两难困境"。① 美国一贯采取的"反殖"立场实际上以不惹恼欧洲宗主国为前提。② 在 1955 年夏的日内瓦会议上，美国国务卿杜勒斯告诉时任英国财政大臣的麦克米伦，英国控制非洲的时期是非洲人曾有过的最快乐的时期。③

正是在双方互相依赖的基础上，英美在英属殖民地结成经济伙伴关系。美国政府一方面谋求本国公司在建设殖民地基础设施工程中的份额，另一方面为美国银行、进出口商争取市场份额。由于在英国殖民统治下，殖民地商品市场容量有限，基础设施缺乏，美国政府将投资主要集中于能快速获利的出口贸易方面，特别是战略性原材料领域。因而，英美双方在矿业资源开发中展开大范围的合作。20 世纪四五十年代，英国和美国之间不仅充分共享经济信息，而且签订了经济合作协议，使英国有义务在原材料方面满足美国需求。1949 年，英国已经利用马歇尔援助的资金发展战略物资生产并出售给美国，像黄金海岸的锰、南非和其他殖民地的工业钻石。美国直接派人到 10 个英属非洲殖民地考察，对多个英属殖民地的矿业和配套基础设施形成规模性投资。④ 在核矿藏开发方面，1946 年签订的麦克马洪法（McMahon Act）延续了战时英美核合作关系，成立联合开发托拉斯（the Combined Development Trust）。1948 年 1 月，该机构吸收加拿大，改组为联合开发署（the Combined Development Agency）。联合开发署不仅宣称优先拥有美国、英国和加拿大本土矿藏，而且宣称在整个"自由世界"都拥有优先选矿权。英国的"责任"是开发英联邦⑤内和一些"第三"国家中的核矿藏。⑥ 美国原子能委员会（US Atomic Energy Commission）不满于英国开发英联邦核矿藏的速度，希望自己能够更多地参与到英联邦铀矿等的勘探和开采中。尽管英国试图将英

---

① 英国首相办公厅档案：PREM 11/3239, PM (57) 9, 23 Feb 1957, in Ronald Hyam and Wm Roger Louis, eds., *British Documents on the End of Empire: The Conservative Government and the End of Empire*, 1957 - 1964, 第 2 册，第 374 号文件。

② FRUS, 1951, Vol. V: The Near East and Africa, p. 1200.

③ David Ryan, *The United States and Decolonization*, p. 173.

④ S. E. Stockwell, *Business of Decolonization: British Business Strategies in the Gold Coast*, pp. 215 - 217.

⑤ 当时指加拿大、澳大利亚、新西兰、南非、印度、巴基斯坦等国家。

⑥ A. Pierre, *Nuclear Politics: The British Experience with an Independent Strategic Force*, 1939 - 1970, Oxford: Oxford University Press, 1972, p. 128; M. Gowing, *Independence and Deterrence: Britain and Atomic Energy*, 1945 - 1952, Part Ⅰ, London: Macmillan, 1974, pp. 352 - 357.

联邦的铀矿按照"本土"原则处理,不纳入联合开发署的共享范围,但是资本缺乏导致英国最终不得不放弃自己的立场,而改为实行共同参与的立场。1950年,美国政府、英国政府、南非政府和联合金矿有限公司(Union's Gold-mining Companies)四方签订秘密的铀供应协定,希望到1956年出口能够达到3000吨。协议规定美国出资2/3、英国出资1/3共同以预付货款的形式支持南非铀矿开采。在英国参与下,美国和澳大利亚也签订类似协议。显然,美国在联合开发署框架中能优先获得英联邦内开采的核原料。作为回报,1954年美国国务院政策声明指出:"美国在非洲的主要利益就是支持殖民宗主国在这一地区的存在,支持他们对非洲人民的安全、政治和经济进步的责任,促进非洲和自由世界的联系。"[1]正是在上述两个层面经济相互依赖的基础上,英美之间在殖民政策的长期目标方面存在基本共识。如美国学者肯特所认为的那样,在冷战因素作用下,战后美国和欧洲殖民宗主国对非洲政策的步调是一致的。[2] 而且上述共识并未因政党更迭而有多大改变。在美国学者戴维·吉布斯看来,虽然民主党总统罗斯福推动了殖民撤退,但是从杜鲁门到肯尼迪民主党总统的反殖言论更多只是花言巧语,共和党总统艾森豪威尔的政策更是接近欧洲宗主国。[3]

二 英美冲突性诉求的调和

英美双方不仅拥有共同的、互补的经济诉求,冲突性诉求的化解更值得我们注意。可以说,双方恰当妥协是经济合作的助力。当面临冲突性诉求时根据实力对比和诉求迫切度,双方可实现妥协,合作得以持续。英国脆弱的经济、一定的国际地位、英属殖民地的矿产资源都赋予英国抵制美国压力的可能。此外为维持整个体系,美国无法通过中断支持来使英国就范,而英国却拥有更大的灵活度。美国不得不放缓消解英镑区的行动便是出于以上原因。

具体来说,英美对英属撒哈拉以南非洲经济诉求的迫切度不同,英

---

[1] 英国殖民部档案:CO936/317, no. 13, June 1954 "在华盛顿关于殖民主义会谈的记录":殖民部为丘吉尔爵士和艾登先生准备, in David Goldsworthy ed., *British Documents on the End of Empire: The Conservative Government and the End of Empire*, 1951-1957, 第105号文件。

[2] Ohn Kent, "United States Reactions to Empire, Colonialism, and Cold War in Black Africa, 1949-1957", pp. 195-220.

[3] David N. GiBBS, "Political Parties and International Relations: The United States and the Decolonization of Sub-Saharan Africa", pp. 306-327.

国远较美国迫切。英国大臣将保有非洲殖民地作为英国维持世界强权的有力武器。美国高官仅将非洲视作原材料供应地之一。① 自从南亚次大陆独立，撒哈拉以南非洲已成为英国保持其经济垄断地位的最后希望，成为英国殖民政策的重心所在。早在1948年，时任工党政府商务大臣的哈罗德·威尔逊就在下院发表演讲："我赞同众多议员在许多场合发表过的看法：即开发非洲和其他落后地区是改善国际收支的一个最有效的办法。"② 时任工党政府外交大臣的贝文认为："只要我们在非洲的开发取得进步，不出四五年的时间就能使美国依赖我们，完全顺从我们……美国严重缺乏的某些矿物资源，在我们的非洲才能找到。"③ 1952年，时任保守党政府住房和地方政府事务大臣的麦克米伦认为："在国内，我们面临着不断加强的阶级持续分化和一种会导致排斥所有既有体制的失望情绪；在国外，我们可能不得不面临英联邦的分裂和我们沦落为二流国家的命运。"麦克米伦认为挽救这一局面的办法有两个，"滑进劣质的廉价的社会主义，或走向第三帝国"④。为挽救资本主义制度，英国政府面临两种选择，一种是对英国国内财富分配体制进行修改，另一种是额外增加从殖民地获得的财富数量。英国政府的高官们，主观上显然更希望走后一条道路。麦克米伦的设想反映了英国高层的普遍想法。战后处于"共识政治"中的两党对保有帝国具有较广泛的共识。⑤

英属撒哈拉以南非洲殖民地也确实承担起为英国赚取战后重建资金的重任。如英国殖民部承认的那样，撒哈拉以南非洲提供的食物和原材料为英镑区挣取大量美元，进一步开发非洲资源对于西欧的重建与强大具有同样关键的重要性。⑥ 如果说1953年后，随着国际市场供给相对增加与合成工业的发展，英国对开发殖民地农产品的兴趣有所下降，那么

---

① James P. Hubbard, *The United States and the End of British Colonial Rule in Africa*, 1941–1968, p. 367.
② ［英］帕姆·杜德：《英国和英帝国危机》，第198—199页。
③ John Gallagher, *The Decline, Revival and Fall of the British Empire*, p. 146.
④ 英国内阁档案：CAB129/52, C (52) 196, 1952年6月7日，"经济政策"：麦克米伦先生制内阁备忘录, in David Goldsworthy ed., *British Documents on the End of Empire: The Conservative Government and the End of Empire*, 1951–1957, 第369号文件。
⑤ Philip Murphy, *Party Politics and Decolonization*, p. 22.
⑥ 英国殖民部档案：CO847/36/4, no. 24, 12 Nov 1947, "非洲经济开发"，经济事务大臣S. 克里普斯爵士在非洲总督大会上的演讲, in Ronald Hyam ed., *British Documents on the End of Empire: The Labour Government and the End of Empire*, 1945–1951, 第66号文件。

英国对开发殖民地矿产品的兴趣一直未曾削减。英国对开发和垄断殖民地矿业资源的兴趣已经远超单纯的经济考虑,夹杂着战略考虑在内,即垄断矿物供给稳固英镑金融地位,进而稳定英国在资本主义世界中的地位。有关撒哈拉以南非洲经济价值详见表7-1。①

表7-1　　英国殖民部列举的殖民地可供出口的主要物资

物资名称 \ 产区	撒哈拉以南非洲产地	其他产地
铜	北罗得西亚、乌干达	塞浦路斯
铝和锰	黄金海岸	—
铁矿石	塞拉利昂	马来亚
黄铁矿	—	塞浦路斯
糖	英属撒哈拉以南非洲的某些地区	各地产区
大米	英属撒哈拉以南非洲的某些地区	马来亚、英属圭亚那
食油和油籽	英属西非	马来亚
香蕉	英属喀麦隆	牙买加
烟草	尼亚萨兰、北罗得西亚和坦噶尼喀	—
皮毛	尼日利亚和英属东非	—
茶	英属东非、中非	—
棉花	尼日利亚、英属东非和尼亚萨兰	—

注:不包括英国半殖民地的物产。

美国一方面容忍英国凭借殖民地获利,另一方面着力削弱英国对战略性资源的控制权,不惜同英国发生激烈冲突,如1951—1952年的伊朗石油危机和1956年的苏伊士运河危机。前一事件中美国着力打破英国在伊朗的石油垄断权,后一事件中美国恼怒于英法试图垄断苏伊士运河的通行权。苏伊士运河危机完全确立了美国对英帝国经济权益的共享地位。艾森豪威尔要求英、美整合经济资源,同时分担各领域中的责任。② 在艾

---

① 英国殖民部档案:CO537/7859, no.1, 1952年9月22日,"殖民地发展":联合王国代表团致英联邦经济大会官员预备会谈备忘录, in David Goldsworthy ed., *British Documents on the End of Empire: The Conservative Government and the End of Empire*, 1951–1957, 第407号文件。

② Declaration of Common Purpose, 25 October 1957, in H. Macmillan, *Riding the Storm*, 1956–1959, London: Macmillan, 1971, pp.756–759.

森豪威尔的提议下，一个工作组建立起来，所涉及的范围包含全球范围内的经贸、信息、核矿产和具体地区问题。经过激烈冲突后，英美全面经济合作机制正式建立起来。英国之所以能够容忍美国侵占原属自身的经济利益，在于英美实力对比。之所以能继续合作，在于英国遍及全球各地的经济诉求使其不得不仰赖于美国主导的资本主义世界体系。也正因此，英国对美国政策同法国区别开来。故而在迪凯（J. Dickie）看来，从苏伊士运河危机到越南战争期间，英美合作关系进入所谓的"黄金时期"。①

实际上"黄金时期"名不副实。当1958年撒哈拉以南非洲各地独立在即，以维护资本主义世界体系的名义，美国政府加紧对撒哈拉以南非洲的经济渗透，明确提出自己要更多地介入撒哈拉以南非洲发展。为此美国政府设立非洲事务署。②时任参议员的肯尼迪指出，"非洲人民对于经济发展比对理论更感兴趣。他们对于获得相当好的生活水平比追随东方或西方的标准更感兴趣"，他的结论便是美国必须加大对非洲的资金和技术援助。③1958年后经济因素在美国政策中的基础性地位并没有被放弃。在20世纪60年代初期的刚果危机期间，英美在经济领域又一次发生激烈冲突。虽然刚果（利）不是英国的殖民地，但是英国资本在蕴藏丰富矿产的加丹加省拥有很大的发言权。这些资本鼓动保守党的右翼集团，试图说服英国政府将加丹加并入英属中非联邦，或者让加丹加从刚果（利）独立出来。美国则在刚果（利）中央政府找到了代理人，不同意分裂刚果（利）。时任英国首相的麦克米伦在自己的日记中抱怨道，美国人掌握了世界除刚果（利）以外的大多数铜供应，还要妒忌（英国）联合矿业公司和英国在北罗得西亚的铜矿公司。甚至为了制止加丹加省分离，英国垄断撒哈拉以南非洲的铜生产，美国政府准备以联合国的名义出兵。英国外交大臣直接指责美国在刚果（利）的行为是为了占领一个新的非

---

① J. Dickie, *Special No More*: *Anglo-American Relations*: *Rhetoric and Reality*, p. 105.
② 有学者认为非洲事务署的设立标志着美国撒哈拉以南非洲政策的诞生，如 Crawford Young, "United States Policy toward Africa: Silver Anniversary Reflections", *African Studies Review*, Vol. 27, No. 3, 1984, pp. 1–17.
③ 肯尼迪1959年6月28日在美国非洲文化协会第二次年会上的演讲，载［美］阿兰·内文斯编《和平战略——肯尼迪言论集》，世界知识出版社1961年版，第200页。

洲殖民地。[①] 英美在刚果（利）的合作关系完全破裂了，美国击败了英国的图谋，加丹加保留在刚果（利）疆域内。

英美之间的矛盾冲突促使英国更热衷于保留殖民地以垄断经济资源，这种努力成为英美冲突的和缓表现形式，在被称作合作较为成功的核领域中[②]仍旧存在双方对核原料的争夺。在铀原料供应紧张的时代，美国并不希望英国拥有独立核力量。美国的态度反过来激发英国拥有独立核力量的决心。当澳大利亚南部和南非的核原料通过英美联合开发署的渠道被美国所左右后，英国坚持自己独立开发北罗得西亚的铀矿，不将之纳入联合开发署的框架，产品直接由英国政府购买。由于左右着英帝国范围内的核原料供给，美国默认英国的这种努力。

我们看到，美国在英美冲突性诉求的调和中居于主导地位，坚决打击英国企图独占经济权益的殖民政策，甚至不惜以武力相威胁。这种情况既出现在1956年苏伊士运河危机时期，也出现在20世纪60年代初的刚果危机期间。英国资本独占经济权益的殖民企图屡屡受挫，逐渐意识到自己仅仅是美国的经济小伙伴。同时，美国资本不能忽视英国尚存的经济实力，又为减少自己维持垄断利益的花费，允许英国资本共享一定的经济资源，但份额和方式需要由美国决定。

三 作为合作关键的私人资本

如前所述，英美双方既有合作又有竞争，却又争而不破，维系双方这种关系的原因何在？国内外学界有多种观点。有英美学者认为，两国最高层的个人关系、相近的意识形态、类似的外部压力和发展资本主义经济制度的愿望等因素决定了两国政府间关系。有中国学者指出上述因素仅是次要因素，南北方矛盾逐渐发展为世界主要矛盾决定了英美两国关系。上述观点都具有一定的合理性，却皆忽略了战后资本主义新特点对英美关系的影响。

在展开分析前，我们先明确一下资本主义新的时代特点。列宁曾说过帝国主义时代的特点之一是出现同私人垄断资本勾结的国家垄断资本

---

① Nigel J. Ashton, "Anglo–American Revival and Empire during the Macmillan Years, 1957 – 1963", in Martin Lynn, ed., *The British Empire in the 1950s: Retreat or Revival?*, p. 175.

② Nigel Ashton, "Managing Transition: Macmillan and the Utility of Anglo–American Relations", in Richard Aldous and Sabine Lee, *Harold Macmillan Aspects of a Political Life*, London: Macmillan, 1999, p. 251.

主义。更有学者提出"二次世界大战后,特别是 50 年代末和 60 年代初,资本主义的发展已经逐渐过渡到以跨国公司为支柱的跨国垄断资本主义阶段"①。不管是哪种垄断形式,资本主义基本矛盾决定了资本主义经济的私人垄断性质。私人垄断资本不仅和国家政权的结合更紧密了,而且不同国家间垄断资产阶级的联合也更密切了。加强联系是为了赚取利润,而赚取利润最有效的途径则是垄断和排他。联合是为应对更激烈的竞争。英美私人垄断资本间联合与竞争并存的关系塑造了美国政府同英国政府间合作与冲突并存的局面。因此,分析英国政府对美国私人资本的政策以及后者同英属殖民地诸多政治势力的关系就显得必要了。

"二战"后,美国建立了资本主义世界的经济霸权。经济霸权的维系依赖于正式和非正式的国际机制,前者如布雷顿森林体系和关贸总协定,后者如控制中东石油生产的机制。前者国家处于前台位置,国家资本直接运作。后者国家在幕后发挥领导作用,私人资本属于运作的主体。经济霸权的运作分为直接控制和间接控制两种方式,如中东石油生产便属于美国竭力直接控制的范围,撒哈拉以南非洲的矿产品便属于间接控制的范围。

如前所述,英国寄希望于殖民地资源巩固和发展英国的经济实力,缩小同美国的实力差距。英国希望借助美国资本开发自己的殖民地,美国官方贷款很少且大多投向稀缺性战略物资生产,唯有依赖美国私人投资。英国政府不得不配合美国私人资本进入殖民地。

美国私人资本主要投资于两个方向,一是美国政府引导的战略物资开发,二是发展被英国政府禁止从美元区进口的轻工业制成品。② 由于美国企业属意于快速获利的矿物开采,英国政府只得放任美国矿业企业在英镑区内寻找新的开采点。③ 英国政府为美国企业提供殖民地经济信息,

---

① [巴西] 特奥托尼奥·多斯桑托斯:《帝国主义与依附》,杨衍永等译,社会科学文献出版社 1999 年版,第 4 页。

② 英国殖民部档案:CO537/7597, no. 3., Dec. 1951,"殖民地开发",殖民部呈丘吉尔先生 1951 年 12 月第三号简报, in David Goldsworthy ed., *British Documents on the End of Empire: The Conservative Government and the End of Empire*, 1951–1957, 第 3 册,第 398 号文件。

③ 英国殖民部档案:CO537/7858, no. 38, 30 June 1952,"殖民地私人投资", M. T. 弗利特致 E. 梅尔维尔的信, in David Goldsworthy ed., *British Documents on the End of Empire: The Conservative Government and the End of Empire*, 1951–1957, 第 3 册,第 404 号文件。

第七章　世界格局演变中的英属撒哈拉以南非洲帝国解体

也同意美国官方组团赴英属殖民地调查经济信息，仅坚持限制美元兑换。① 这点唯一的保留稍后也随 1958 年英镑自由兑换政策而消逝。

美国私人资本主要通过购买整个英资企业或者部分股权的方式进入英属殖民地活动，以顺利获得当地政治力量的配合。面对这种情况，英国官员认为出于政治考虑，很难限制美国投资开采殖民地原材料，同时担心美国的政治影响会伴随经济渗透滚滚而来，并且担心战时难以利用美国企业生产的那些产品。因而，英国政府决定对美国私人资本具体问题具体分析，不制定针对美国资本输入的总体政策。②

从史实来看，英国官员对紧随美资身后的美国政治影响渗透的担心并非没有道理。1956 年后，部分由于美国国内的种族形势，部分由于美国在这个地区日益增多的投资（特别在英属中非联邦），美国人日益增加了对东非、中非形势的关注。③

当时，英属中非联邦的矿业生产主要被两个矿业集团垄断。一个是英属南非公司控制下的英美公司集团（the Anglo - American Corporation Group），一个是罗得西亚选矿托拉斯集团（the Rhodesian Selection Trust Group）。英美公司和罗得西亚选矿托拉斯都有美国股份参股，后者受美国资本影响更大。罗得西亚选矿托拉斯集团的日常经营由英籍人士罗纳德·普兰爵士（Sir Ronald Prain）负责。该公司的主要资本来自美国，重大决策受到母公司美国金属公司（The American Metal Company Limited of New York）总裁霍克希尔德（Hochschild）的影响。从 1927 年起，美国资本就在罗得西亚选矿托拉斯集团中占据极为重要的地位，掌握着它 42.3% 的股份。④ 这家美国公司在本土之外主要投资于非洲各地矿业，以获取美国市场所需的各种资源，战后更是乘美国政府马歇尔计划和第四

---

① 英国殖民部档案：CO537/7844, no. 190, 22 Aug 1952, "美国私人投资", 李特尔顿先生致总督们的函件, in David Goldsworthy ed., *British Documents on the End of Empire: The Conservative Government and the End of Empire*, 1951 - 1957, 第 3 册, 第 406 号文件。

② 英国财政部档案：T236/696, pp. 40 - 44, 3 Feb 1948, "美国在殖民地的私人投资", S. 凯恩爵士作殖民部备忘录草稿, in Ronald Hyam ed., *British Documents on the End of Empire: The Labour Government and the End of Empire*, 1945 - 1951, 第 2 册, 第 87 号文件。

③ 英国英联邦部档案：DO35/6953, no. 32, 29 Oct 1956, "美国对殖民主义的态度", B. 索尔特致 J. D. 默里的信, in David Goldsworthy ed., *British Documents on the End of Empire: The Conservative Government and the End of Empire*, 1951 - 1957, 第 1 册, 第 111 号文件。

④ Richard L. Sklar, *Corporate Power in an African State: The Political Impact of Multinational Mining Companies in Zambia*, Berkeley and Los Angeles: University of California, 1975, p. 47.

点计划的东风大力发展在非洲的业务。罗得西亚选矿托拉斯集团和英美政府高层以及当地政治力量保持紧密联系，在 20 世纪五六十年代英属中非地区的政治发展中发挥了重要作用。

罗得西亚选矿托拉斯集团同掌握中非联邦政府权力的白人移民政治集团保持密切的关系。1955 年，罗得西亚选矿托拉斯将集团总部从北罗得西亚首府卢萨卡（Lusaka）搬迁到中非联邦的首都索尔兹伯里（Salisbury），建起奢侈的 20 层办公大楼，以显示对中非联邦的支持。此外，公司还同英属南非公司共同资助当地执政的白人政党，多年资助该党党务人员的薪金。[①] 毫无疑问，矿业公司支持中非联邦，同时矿业公司不希望中非联邦成为自治领，那样会危及自己投资的安全性，在此方面公司更信任英国政府。这种态度的政治表现就是英国政府拒绝中非联邦成为自治领。

罗得西亚选矿托拉斯集团更希望通过英国政府来保证自己的投资安全，公司对英国政府的信任建立于自己同英国政界高层的联系之上。普兰长期担任罗得西亚选矿托拉斯集团的总经理，他出身于矿业经理人世家，早年曾和丘吉尔内阁殖民大臣李特尔顿共事，后同殖民大臣伦诺伊德-博伊德、殖民大臣麦克劳德和英联邦大臣霍姆保持密切联系，时任首相麦克米伦到非洲巡视特意征询普兰意见。有感于比属刚果独立时对矿业生产的影响，普兰在同麦克米伦的谈话中表示支持扩大非洲人多数的政治地位，还声称准备在时机合适之时，招收更多的非洲工人以缓和民族主义者的要求，顺便实现其长久以来降低成本的夙愿。[②] 北罗得西亚临近独立时，为保证本公司的投资环境，创造一个"温和"的继任政府，普兰积极要求英国政府给予新非洲人政府贷款。[③] 上述表态同南非公司的要求高度一致，公司的态度无疑影响了英国政府的决策。

罗得西亚选矿托拉斯还借助美国政治力量影响新崛起的非洲民族主

[①] Richard Hall, *Zambia*, p. 150.
[②] 英国殖民部档案：CO1015/1129, no. 9 4 Aug 1955, "欧洲裔矿工工会", A. 本斯顿爵士致伦诺伊德-博伊德先生关于处理英美关系的信, in Philip Murphy, ed., *British Documents on the End of Empire: Central Africa*, 第 1 册, 第 110 号文件.
[③] 英国首相办公厅档案：PREM11/5028, 4 Sept 1964 "北罗得西亚和特许权", 博伊德-卡彭特致道格拉斯-霍姆爵士；英国首相办公厅档案：PREM11/5028, 15 Sept 1964, "英属南非公司（'特许权'）在北罗得西亚", B. 特伦德爵士致道格拉斯-霍姆爵士, in Philip Murphy, ed., *British Documents on the End of Empire: Central Africa*, 第 2 册, 第 392, 397 号文件.

义者。1960年4月15日，霍克希尔德借助美国非洲协会（the African American Institute）的渠道同英属中非联邦非洲人领袖班达和卡翁达会面。霍克希尔德在同卡翁达交谈后认为，虽然他比班达在矿业特权方面的态度更强硬，但要比想象的温和。霍克希尔德竭力塑造罗得西亚选矿托拉斯亲非洲人的形象，说明罗得西亚选矿托拉斯的态度不仅是普兰个人观点的产物，而且是非洲民族解放运动兴起的结果。韦伦斯基后来怒火中烧地评价矿业公司为确保自己特权而采取的新动向："当我看到我们的'朋友'K. 卡翁达被描述为温和人物，保持平静局势的困难便日益增加了。"1961年5月，美国金属公司而非美国国务院安排卡翁达同肯尼迪总统会面，以及卡翁达同世界银行负责人的会面，转化了世界银行对将要成立的北罗得西亚非洲人多数政府的融资态度。[1] 从罗得西亚选矿托拉斯母公司在国务院所享有的官方渠道就不难理解罗得西亚选矿托拉斯实行的策略同英国或殖民地政府政策之间的差异，说明它为何能够比英属南非公司更早地趋近非洲民族主义者争取殖民地独立后的主动。这一点或许便是两大公司集团最大的不同。

在同英属中非联邦类似的地区，英美私人资本要面对的主要是当地政治力量，无论这股力量主要是白人移民还是非洲人，因而它们之间的合作远远大于竞争。当面对当地社会的政治压力时，同一个区域内的西方企业相互串通勾结，控制当地支柱产业，借助西方政府向当地政治力量施压。美国私人资本多采用股份形式与英国私人资本结合，这些资本混合型公司在面对殖民地人民的要求时既可以策动英国政府，也能动员美国政府对殖民地局势施加影响。因而，美国政府配合英国政府的殖民政策，允许甚至鼓励英国政治、军事权利的继续存在。当1959—1963年英国殖民统治瓦解时，英国政府在除刚果以外的地区充分照顾美国私人资本的利益，美国政府政策的特征是同英国紧密合作，并没有对英国的殖民政策进行多少直接的干预。[2]

上述历史现象告诉我们，双方私人资本之间的密切合作是英美经济合作的深层原因。资产阶级为追求利润最大化可以放弃国家层面的竞争，

---

[1] Andrew Cohen, "Business and Decolonization in Central Africa Reconsidered", *Journal of Imperial and Commonwealth History*, Vol. 36, No. 4, December 2008, pp. 649–651.

[2] 里奇·阿文戴尔持同样的意见。见 Ritchie Ovendale, "Macmillan and the Wind of Change in Africa, 1957–1960", pp. 455–477。

同时各个集团又拥有各自的利益诉求，所以，英美关系才会呈现出合作为主冲突为辅的特点。

四 结语

英美在英属撒哈拉以南非洲的经济伙伴关系是按照资本主义发展不平衡规律各取所需重分经济利益的一种关系，这种关系以合作为主冲突为辅。双方共同的诉求为经济合作构建出大框架，互补性诉求为经济合作的支柱，恰当妥协是经济合作的助力，私人资本之间密切合作是经济合作的深层原因。具体表现为英国政府对美国向非洲矿业领域的渗透利用为主抵制为辅。在利用美国资本资助本土和殖民地开发项目的同时，英国视占有殖民地资源为保障自身国际地位的重要工具。

英美经济伙伴关系受国际格局、正式和非正式的合作机制、国内形势的影响。"二战"后国际格局具有两大特征，一是美苏两极冷战格局形成，东西方矛盾突显；二是旧的世界殖民体系瓦解，南北方矛盾加深。英美双方共同应对两大矛盾，并使后者从属于前者。冷战结束后，南北方矛盾愈加显著，英美经济伙伴关系并未衰减。在布雷顿森林体系和关贸总协定、世界银行和国际货币经济组织等多边框架及双边协定框架下，英美双方构建了正式的合作机制；在私人资本的联合等范围内，英美双方享有非正式的合作机制。前者是显性的，后者则构筑了双方经济合作的深层基础。影响英美经济伙伴关系的国内形势主要包括各自实力消长和政党政治等。英美由国内产生能力决定的实力消长使美国居于主导地位，政党政治则使双方经济合作的侧重点有所不同。

英美经济伙伴关系对英美关系发挥了基础但非决定性作用。安全、政治因素和意识形态因素都影响着英美关系。对抗苏联和社会主义阵营、维护西方主导的资本主义体系、推崇西式价值理念和行为准则都有助于促进英美关系的发展与维持。战后英国等殖民宗主国在经济上对美国援助依赖较强，而美国在建立和维持自身主导的世界资本主义体系上有赖于英国，这种经济伙伴关系有助于密切英美关系，并为之提供物质基础。英美经济关系整体平稳，从物质层面为英美军事、政治和意识形态领域的合作增添了保障。

英美经济伙伴关系对战后国际格局的影响表现在有助于资本主义体系内部霸权和平转移、南北方矛盾加深。就资本主义体系内部霸权和平转移来讲，英美双方对布雷顿森林体系和关贸总协定的共识在资本主义体系层面进行了霸权和平转移，以相对收益来考虑彼此关系在双边关系层面协调了霸权转移的冲击，双方私人资本的合作在民间层面构筑了霸权和缓转移的可能。就加深南北方矛盾来讲，英美经济伙伴关系以牺牲南方利益为代价。如果说两个发达资本主义国家之间关系和缓代表着世界资本主义体系的变化，那么资本主义体系内部蕴藏着的南北两极分化则有扩大之势。从这层意义上讲，英美经济伙伴关系成为帝国主义国家"瓜分世界"的全部关系中的一部分，包括英美关系在内的西方主要国家间伙伴关系也存在下来并发展成为国际垄断资本主义运行的重要机制之一。

本章小结

作为世界历史的产物，南北方矛盾催生出非殖民化时代。通过以撒哈拉以南非洲为中心的比较研究，可以发现这个时代具有突发性、暴力性的特征。

经过比较非殖民化时代不同殖民宗主国的政策，本章认为英国在撒哈拉以南非洲的非殖民化政策本质上具有应激突发的属性，只是同其他殖民宗主国相比显得较为平稳、渐进。私人资本较强和政府稳固度较高很大程度上决定了英国非殖民化进程的特点。撒哈拉以南非洲民族主义的内在分裂性是该地区非殖民化显得较为平静的重要原因。

包括英国在内的各殖民帝国非殖民化方式的缘由不仅由上述同时代的原因所决定，而且由各殖民宗主国历史上的殖民政策所决定。各殖民宗主国的政策虽然多样，却大体可分为三类，即对殖民地资源投入政策、殖民者推行"文明使命论"的政策和地缘政治政策。宗主国对殖民地的资源投入秉持最小耗费的"不管政府"原则，不仅要求殖民地自给自足，而且设计了便于资源向宗主国流动的框架，造成殖民地的依附性经济。独立后非洲国家的经济依附地位由此而来。殖民者推行"文明使命论"的虚伪性表现在经济、政治、技术和教育等方面的投入少，激发了殖民地人民的独立意识。地缘政治因素也部分地决定了暴力性特征在非殖民化过程中显现的力度。

探究非殖民化时代的特征不能忽视英美霸权移交在塑造时代特征方

面所具有的独特意义。第二次世界大战后，英美以资本为纽带在英属撒哈拉以南非洲结成经济伙伴关系。双方共同的、互补的经济诉求构成双方合作的基础。双方在垄断世界经济资源方面享有共同诉求，英国需要资本开发殖民地；美国需要原料产地、商品市场并尽可能少地承担维持"秩序"的花费，形成双方互补性诉求。冲突性诉求的调和成为双方合作的助力，英国逐渐承认美国对英属殖民地资源占有的主导权，同时步步维护自身权益；美国允许英国资本共享一定经济资源，但份额和方式需由美国决定。私人资本间的联合是英美伙伴关系的关键，英美私人资本之间的合作与分歧是双方经济关系维持的深层原因。资产阶级追求利润最大化可以放弃国家层面的竞争，同时各个集团又拥有各自的利益诉求。英美经济伙伴关系以合作为主竞争为辅，既体现于两国国家政策层面，也体现于双方私人资本之间，并未随英帝国的瓦解而终结。

  非殖民化是南北方矛盾激化的产物。南北方矛盾受阶级矛盾支配，却导致北方阶级矛盾的缓和以及南方阶级化的停滞，从而阻碍世界历史的纵向发展。非殖民化时代之后，南方阶级化、各民族交往继续受到南北方矛盾的制约，世界历史难以迈入新纪元。南北方矛盾只能随资本主义的消亡而灭亡，非殖民化届时才能真正完成，世界历史才会进入新纪元。

结　　论

一　英国政府政策的被动性

英国政府政策的出台是受国际压力、殖民地压力和国内压力的综合结果。第二次世界大战改变了英帝国赖以存在的国际环境。保有帝国受到国际日益广泛的批评。世界民族解放运动和国际共产主义运动蓬勃发展对英国政府保有帝国施加了压力。美国取代了英国的资本主义世界霸主地位，其他殖民帝国纷纷解体，都动摇了英国政府保有帝国的信心。殖民地人民不满英国殖民主义的政治、经济和社会政策形成反对殖民统治的强大运动，直接动摇了英帝国统治的基础。殖民地人民的反抗先是让"多种族伙伴"的政治计划破产，接着又瓦解了等级性的英联邦体制，由于殖民地和新独立国家人民的强烈反对，英国先是难以承担暴力镇压体制的负担，后逐渐丧失竭力保留的军事基地和军事特权，经济特权也随之遭到削弱。因而，殖民地的独立不是英国政府主动"授予"的，而是殖民地人民经过反抗获得的。战后英国国内面临国家合法性危机、帝国合法性危机和英吉利民族认同危机，勾勒出国内利益协调的空间。政府不断适应国内利益的协调结果，形成利益共识下的英联邦政策，帝国解体并未对英国社会造成巨大冲击。由于英国政党体制使执政党地位较为稳固，在政策制定的过程中，英国政府受到英国国内其他政治力量的影响很少。英国国内并不具有直接推动非殖民化进程的政治力量。

英国政府政策是受上述压力刺激的结果，所以英国政府并没有什么恢宏的非殖民化计划。从整体上看，整个非殖民化过程更像是为了在不断变化的形势中更好地确保英国的地位。从政府档案来看，历届英国政府一贯重视保有帝国、维持英国在英联邦中的主导地位。所有的政策都是为了更好地应用英国力量保有帝国。大臣们大多认为从帝国撤退会损害英国的威望，引发投资者对英镑信心的下降，危及英国经济和大国地位。战后英国历届政府主要制定和实施了两项殖民政策：一是殖民地开发计划，目的在于继续加强与殖民地的经济联系，更好地利用殖民地的经济资源。二是政治改革计划，大体又可分为地方自治政府改革阶段和政治改革阶段，其出发点也是尽可能地延迟殖民地独立时间，更好地配合对殖民地的经济剥削。上述两项政策的实施进程并非连续一致，而是在不同时期为求最大化地满足英国利益，适时并有针对性地加以改变的。不断调整的殖民政策，并非出于实施非殖民化计划的需要，而是为不断根据形势的变化进一步明确英国需要集中力量保留的重点殖民利益，以及在战后虚弱的国力基础上如何更有效地维持殖民统治。

二 英国政府制定政策的动因

虽然英国政府制定殖民政策有一定的被动性，但不意味着无须考虑其制定政策的主动性一面。如上所述，由于英国政府并没有结束殖民统治的愿望，也就意味着其推行的殖民政策不可能对英帝国的衰落产生决定性的作用。实际上，战后英国作为世界强国，仍旧拥有一定的实力，英国政府的政策可以发挥加速或延缓帝国衰落的作用。要理解英帝国的衰落无法避免对英国政府在衰落过程中应对举措的理解。在英国政府的决策中，经济考虑无疑扮演基础性角色，政治或战略考虑在具体时段对具体地点的考虑中占据重要位置，国内政治氛围和国际压力仅仅起到较为外围的作用。

如前文所述，1953年之后英国政府继续力图维持英国资本家对撒哈拉以南非洲殖民地金融、外贸、矿业和农业的垄断地位。当中非、东非地区民族解放运动显示出难以阻挡之势时，麦克米伦政府仍旧试图将蕴藏丰富矿业资源的北罗得西亚（今赞比亚）和商品化农业水平较高的肯尼亚保持在英国的殖民统治之下。有学者认为英国首先"放弃"主要的美元殖民地马来亚、黄金海岸（今加纳）和尼日利亚，而维持在中非、东非的统治说明英国政府决策首要考虑的并非经济因素；另有一些学者认为当英国丧失主要的美元殖民地后，英国也不再看重剩余殖民地的统治权；还有一些学者认为英国殖民地的种类众多，很难统一归因于经济考虑，有些地区仅仅适用于政治或战略考虑，特别如要塞殖民地（直布罗陀、马耳他、塞浦路斯、亚丁、新加坡等）。笔者不同意这三种观点。首先，前两种观点都想当然地将维持殖民统治的主动权放在了英国政府手中，这是完全错误的。通过分析史实，我们可以看到，民族解放运动在上述三个殖民地中较早兴起是英国较早丧失上述三个殖民地的根本原因。其次，我们应该认识到英国议会中主张保留中非、东非殖民地集团强大的根基正在于它们从殖民地掠夺的经济资源，它们劝说英国政府维持殖民统治的目的也是继续掠夺殖民地的经济资源。最后，那些所谓的要塞殖民地大多扼守商道，在历史上这些要塞的归属曾决定过周边广大区域内的贸易垄断权，即便到现代，这些地区也多是重要的商港。更重要的是，这些地区是"大不列颠治下和平"的柱石，英国曾经凭借这种军事垄断获得了超额的垄断利润。所以说，在英国政府的决策中经济考虑占据了基础性地位。

如果说经济考虑是英国政府决定政策方向的基本依据，那么政治或防务考虑起到加速或延缓政策实施时间和具体决定政策实施方式的作用。英国对尼日利亚的政策就体现了这一点。英国一方面扶持北方穆斯林制衡日益要求独立的南方，另一方面又要维持尼日利亚在三区分治基础上建立起尼日利亚联邦，成为地区性大国。时而应用"分而治之"的手法，时而又实行"合而治之"的策略，并为了实现自己的政治目的而加速或者延缓推出新的宪法。受英国经济实力影响而衰弱的常备军力使英国不能再执行炮舰政策，这也是英属撒哈拉以南非洲殖民地"和平"独立的重要原因。

我们再来看英国当时的国内政治氛围。当时英国主流社会舆论仍旧将拥有帝国视为理所当然的事情，并未对从殖民地撤离施加什么压力。英国主要政党的竞选政纲中关于殖民问题的态度大同小异。主要政党往往都承认英联邦对英国的极度重要性，都主张利用殖民地资源摆脱英国的经济困境。保守党全国大会对国外事务的关注度是很低的，对殖民事务并没有多少讨论。显然，政府在殖民事务上握有很大的主动权。如果说英国政府受到什么国内政治力量的影响，那也是保守党内要求不顾一切保有帝国的顽固派。

除了上述因素，国际压力也对英国政府的决策产生了一定的影响。压力主要来源于世界民族解放运动和国际共产主义运动，而非来自欧洲联合的吸引力，更非来自英国殖民统治的合谋者——美国。社会主义国家的存在钳制了西方国家的力量，在精神上鼓舞了殖民地人民，迫使西方国家不得不做出有利于殖民地人民的让步。上述两个国际运动也促成了英美双方战略伙伴关系的形成和巩固。固然美国和英国存在着斗争的一面，但合作的一面是双方关系的主流。战后，美国直接资助了包括英国在内的各殖民宗主国恢复殖民统治。以此为契机，美国的经济势力渗入西方各国的殖民地，作为西方盟主分享了殖民利益。美国不仅可以获得英联邦独立国家的矿藏，甚至通过国际私人垄断资本之间的联合而分享了英国殖民地内的经济利益。同时，美国深知自身力量的有限性，一贯注意培养维护自己霸权的伙伴，将印度洋和撒哈拉以南非洲地区看作英法等国的"国际责任"区域，希望英国待在那里，减轻美国维持霸权的政治和军事负担。英国政府也希望通过合作，借助美国的实力，抗衡世界民族解放运动和国际共产主义运动。虽然英美两国也在面对世界民族解放运动时有过不一致，但这并没有影响到双方在殖民地问题上的战略伙伴关系。这种伙伴关系在冷战结束后为对抗第三世界国家而继续存在。

如前所述，英国政府并无意放弃帝国，英国国内和国际压力也不能起到主要作用，殖民地人民的反抗就成为导致英帝国衰落的决定性因素。英国政府一贯依托撒哈拉以南非洲旧有的社会组织，剥夺非洲人多数的政治和经济权利。20世纪以来特别是战后英国经济的困难促使英国政府实行殖民地开发计划，支付开发费用和提供劳动力的主要是殖民地人民，当英国以前所未有的现代化手段大规模抽取殖民地经济资源的同时，也前所未有地激发了殖民地人民的不满。这种不满已难再依靠传统土著社会组织来化解，于是英国政府不得不实行地方自治政府改革，以图平息殖民地人民的不满。但英国的这种举动是三心二意的，具体表现为：在政治上设置了高标准的选举和被选举资格，而且严格限制非洲人发展现代组织如工会，所谓培养非洲人民主精神仅仅停留在口头上；在经济上确保白人移民优先占有肥沃土地和英国公司的采矿垄断权，并将非洲人尽量排除在公职人员和熟练劳动岗位之外，非洲人经济成分很难获得发展；在文化上很少投入资源去发展非洲人教育，以配合政治和经济领域对非洲人的歧视性政策。英国政府的这些做法同当时的世界潮流背道而驰，自然激起殖民地人民的反抗。

三 英国政府政策评析

同以往一样，非殖民化时代英国政府政策受政治战略需求、经济需求和威望需求的制约。

从政治战略需求的角度来看，英国政府不得不尽可能地维持帝国的世界体系，能固守则固守，让步服从于更好地保持影响。因而，当战后帝国在南亚和白人殖民地的影响消退之时，保持并增强在撒哈拉以南非洲的影响力受到重视。受此因素影响，英国政府在1956年之前实行地方自治政府改革，废除不管主义的间接统治，以加强对英属撒哈拉以南非洲的控制力。在有一定规模白人移民定居的东非和中南非，地方自治政府改革产生了一个变种即等级选举制基础上的欧洲人自治。1956年之后，非洲民族解放运动掀起高潮，英国政府担心再拖延宪政改革就会导致殖民地人民的武装起义，转而认为主动和较早地将政权转交到温和领导人手中会更好地维护英国的利益，故而实行宪制改革政策。英国政府进行的一系列政治改革捍卫了英国自身的利益，构成新旧关系转化的中间环节。

在战后政治改革过程中，英国政府对各地实际控制力是不同的。加纳、肯尼亚和罗得西亚便是典型的三例。加纳独立进程是撒哈拉以南非洲以平缓方式走向独立的代表。肯尼亚则在经过武装斗争后，再经由谈判走向独立。在罗得西亚问题上，英国政府显示出力量不足，罗得西亚单方面宣告独立后，再经由谈判走向独立。

筹组联邦是英国在政治改革中控制力的重要表现之一。建立中非联邦和筹划东非联邦便是要扶持少数白人集团在联邦里起主导作用。这样的联邦可以抵御南非极端种族势力的渗透，又可以抵御民族主义运动。建立尼日利亚联邦可以通过北方制衡南方。英国积极建立联邦的共同目的是抑制民族主义运动的发展，以更好地维护英国的利益。

英国政府对政治改革的控制力还表现为三次调整殖民地公职人员的政策，分别以扩招、稳定和留任为重点，很好地配合了英国的整体殖民政策。

英国政府不仅仅采用政治改革一类的手法退让，而是交替采用暴力镇压一类的手法。英国政府往往先采取镇压的措施，难以阻止时才会采取让步措施，进行政治改革。一旦通过镇压活动获得了某种优势，英国政府便迫不及待地寻求谈判对象达成权力转移协议，以图尽可能多地保留自己的利益。谈判的开始并不意味着英国政府完全放弃应用暴力手段来捍卫自己的利益，通过镇压迫使激进的民族主义者采取比较温和的政策，成为软化民族主义领导人的一种手段。

从经济需求的角度，英国政府尝试坚持封闭的帝国经济圈，实行能垄断则垄断，开放服从于更好地保持影响。英国政府并没有主动放弃英镑区和英联邦特惠制，即放弃帝国统一的经济体系，撒哈拉以南非洲殖民地被寄予振兴帝国经济圈的厚望。英国政府应用英国尚存的实力和新殖民主义手法缓和了帝国经济体系的衰竭。非殖民化得以较为平缓的方式展开。在非殖民化过程中，英国政府通过不断干预尽可能多地保留了英国的经济利益。

西方公司和白人移民受到英国政府的保护，因为当时他们是帝国矿业和商品农业的支柱。支持西方矿业公司的活动是英国政府同意建立中非联邦的重要原因。西方公司通过维护白人劳工的特权地位来化解白人内部的矛盾，这一策略引发了以矿业罢工为先导的非洲人全民性的反抗。当中非联邦呈现瓦解之势时，英国政府扶持西方公司逼迫非洲人多数政府继续保留其矿业特权。保护白人移民尤其体现在商品农业领域。英国政府利用白人移民作为维持殖民统治和依附经济结构的支柱。在无力面对黑人反抗压力时，英国政府以放弃殖民统治为筹码，以提供援助为诱饵，实行以保证白人权威为前提的权力转移，以便更好地维系原有的依附性经济结构。

维系原有的依附性经济结构是保护西方公司和白人移民的根本目的，以图尽可能满足本国资本主义发展的需要。即便在结束殖民统治之后，英国对撒哈拉以南非洲不多的投资仍旧集中于矿业和石油领域，撒哈拉以南非洲的矿业生产仍旧是资本主义发展不可或缺的部分。商品化农业虽逐渐由本土人取代白人公司和移民经营，但英国市场仍旧获得源源不断的产品供应，也仍旧为英国经济所需要。所以说非殖民化是英国资本主义发展到新阶段产物的观点有倒因为果之嫌。应该说，非殖民化促成了资本主义新阶段的到来。

威望需求是政府得以执政的必然需求。"第三大世界强权论""文明使命论"是英国政府的两大口号。要实现第三大世界强权的目标必须有广大的版图和世界范围内的存在，文明使命论则来源久远，宣扬欧洲人和非洲人的"伙伴关系"、强调英非文化联系则是战后的表现形式。在英国政府看来，作为"第三大世界强权"首先要处理好同美国的关系。第二次世界大战后，英美以资本为纽带在英属撒哈拉以南非洲结成经济伙伴关系，英美伙伴关系的关键是私人资本间的联合。国家层面的竞争可以放弃，只要资产阶级获得利润最大化。为实现利润最大化各个集团之间又充斥着紧张关系。故而，英美经济伙伴关系展现出以合作为主竞争为辅的特征,这一特征体现于两国国家政策层面和双方私人资本之间,并未随英帝国的瓦解而终结。

要实现"第三大世界强权"的目标,必然需要帝国内外广泛的支持。"文明使命论"被用来掩饰英国的殖民行径。战后英国政府同样无意于培养殖民地新生社会力量,在殖民地教育领域很少投入,在工会领域施加种种限制,殖民地社会政策服务于维持殖民统治而非英国官方一贯宣扬的"文明使命论"。英国政府培养"合作者"的初衷并未实现,原因在于工会制度创造的"文明劳工"并没有被真正纳入殖民地政治体制,未给予适当的政治法律地位,也未给予适当的经济利益;原因还在于教育计划是在民族主义因素或国际因素的推动下被动、消极地实施的,目的是更好地维护英帝国主义的利益。由于过于维护帝国统治阶级的利益,脱离实际需要,滞后于形势发展,大众教育脱离实际,具有种族歧视色彩,成为另一项激起群众广泛反对的政策,传播"文明使命"属于妄谈。结果,受过西式教育的精英和西式厂矿中的工人将自己争取权力的行动同争取全民族解放事业联系起来,形成现代性全民群众运动,使争取独立的要求具备了现实基础。不难理解,"文明使命论"和"第三大世界强权论"随时代的发展而破产。

四 英国政府政策的特征

如前所述,英国政府政策是在被迫撤出殖民地过程中的主动行为。逼迫的压力来自国际压力、殖民地压力和国内压力的综合结果,在不同地区和时间段内各种压力所发挥作用的大小不同。从整体上看,殖民地压力起到主要作用。在压力的综合结果下,经济考虑是英国政府决定政策方向的基本依据,政治或防务考虑起到加速或延缓政策实施时间和具体决定政策实施方式的作用。

英国英属撒哈拉以南非洲政策呈现"和平"性特点。英国私人资本较强、政府稳固度较高、撒哈拉以南非洲民族主义的内在分裂性和英美在撒哈拉以南非洲结成经济伙伴关系是撒哈拉以南非洲非殖民化显得较为平静的重要原因。英国政府能够根据力量对比变化做出明智选择也是原因之一。英国政府实行"稳定"后撤退的策略是技术性原因。有的殖民地本身便"稳定",如黄金海岸;在有些殖民地获得"稳定"需要应用一些技巧:有暴力的,如镇压肯尼亚的茅茅运动,有谈判的,如同尼日利亚三方反复的谈判。结果,英国既没有发动像法国在阿尔及利亚那样的殖民战争，也没有像比利时急速撤退留下一个混乱的刚果。

英国政府政策受突发事件和长期政策倾向的综合作用。英国历届政府政策有连续性，即尽可能保有帝国，在非洲实施地方自治政府改革和殖民地开发计划，试图以些许的政治让步换取剥削更多非洲经济资源。地方自治改革未能吸纳多少合作者，殖民地开发计划更激化了矛盾，社会政策也未能平息大众的不满，大众民族主义逐渐形成。这成为1957年后快速非殖民化的长期政策结果，而这些政策又可以从战前政策中找到端倪。1956年苏伊士运河危机的促动、反映肯尼亚集中营残酷的消息、定性中非联邦为警察国家的报告等事件给英国政府以压力，不得不出台新的政策。

五　英国及欧美新殖民主义政策的影响

我们可以总结一下殖民撤退时期英国政府的政策：将政权转交给"温和"的"亲西方派"，保障宗主国殖民人员的利益（殖民官员薪金、移民财产权和西方资本家投资），保证驻军权或军事干预权，保证金融、贸易特权，初步建立起附加条件的双边援助框架，延续宗主国和原殖民地国家文化和非政府组织之间的联系。英国政府的这些政策使英国同非洲的关系进入新殖民主义时期。

如同老殖民主义一样，新殖民主义形成了一个体系。英国政府的上述做法具有一定的代表性。经过殖民撤退时期，欧美初步建立起以政治资金援助为核心（迄今为止某些非洲国家政权的日常维持经费都仰赖欧美）、控制对外经济联系为基础、暴力干预为手段（包括直接军事干预、代理人战争和对非洲国家领导人的"胁迫性审判"）、文化和非政府组织交流为麻痹剂的新殖民主义控制体系。

新殖民主义控制体系扭曲经济全球化、阻碍非洲工业化的发展有六大表现形式。

第一，新殖民主义延续了殖民主义扭曲市场关系的国际秩序。殖民者垄断国际市场原料需求和工业品供应，同分散的原材料供应者也是最终产品购买者实行不平等竞争。"自1880年以来世界原材料的价格跌势不止，而制成品价格则持续上扬。同样数量的原材料所能交换的制成品数量在1938年比1880年时下降了40%。……富国和穷国……之间的人均收入之比不断扩大，1800年时这一比率为3∶1，1914年为7∶1，1975

年为12∶1。"① 在非洲，对外贸易中的不平等经济关系，突出表现为几家垄断渠道的大公司对战几百万小生产者和消费者。西非的可可价格、中南部非洲的铜价、金价的定价权都在欧美的交易所掌握中。结果，欧美国家大多只用数十年时间完成的工业革命，非洲国家用更长的时间都很难完成，其原因之一就在于殖民主义造成的不平等关系。这种不平等关系造成包括非洲在内的许多地区的高失业率和低收入水平，富有生产力的阶级缺乏生长的平等民族环境，非洲国家首先寻求政治独立，进而要求经济独立，以实现自身历史的发展。

第二，殖民时期形成的以农矿业单一产品出口为主的产业结构继续得以维系。这种结构不仅造成工业化难以展开，也易于造成经济的不稳定发展，进而影响到非洲国家的政治稳定。新殖民主义者继续使农业生产资源集中到出口部门。结果，非洲持续发生饥荒，而且经济增长未带来就业和生产效能的提升。大土地占有制下的商品农业生产和小土地持有的谋生农业之间的平衡影响着当今非洲的发展和稳定，津巴布韦形势的突变即源于此。出口农产品的定价权被欧美所掌握，经常引发非洲社会剧烈冲突。如1989年美国撤出国际咖啡协议，咖啡价格直线下降。成千上万棵咖啡树被卢旺达农民砍掉，成千上万的儿童无法继续学业，1994年发生的卢旺达种族大屠杀更是经济恶化的直接后果。② 对矿业依赖最突出的事例如石油收入于尼日利亚和铜业收入于赞比亚。为获得尽可能多的外汇，矿产收入优先被投入矿业扩大再生产，其次被用于国民分享福利，不仅产业的多元化发展步履维艰，而且国际市场价格下降往往引发社会动荡。

第三，大陆内部彼此隔绝的贸易方式。殖民主义全球化的联系造成了非洲各地区相互贸易的毁灭。非洲大陆近现代建立起的许多贸易路线不再服务于原本的人口和经济中心，设计目的是将矿产品和农产品以最快、最便宜的方式运往欧美发达资本主义国家，绝大多数铁路、公路、水路都是笔直地通向大海，相邻地域之间毫无道路建设。

第四，以西方国家金融市场为中心的资金流通方式。西方银行分支

---

① [美]斯塔夫里阿诺斯：《全球通史》，董书慧等译，北京大学出版社2005年版，第635—636页。

② Pádraig Risteard Carmody, *The New Scramble for Africa*, Cambridge：Polity Press, 2011, p. 191.

机构多为现存非洲国家国际融资的主渠道，如英国巴克莱银行自殖民时代起便在非洲多国设有分支机构，一直作为非洲大陆金融流通的主渠道之一。沿着那些渠道，10万名非洲百万富翁将自己的大量财产移出大陆。①

第五，欧美新殖民主义者不仅塑造出上述扭曲非洲工业化的结构，而且直接扼杀非洲工业化的发展，具体表现为对非洲国家国有经济的扼杀。非洲国家独立后多采用将关系国家经济命脉的重要产业，如矿山、银行、交通和重要工厂等外资企业逐步收归国有，以摆脱殖民主义对非洲经济发展的束缚。由于市场机制、整体社会体制的不完善以及国际环境的变化，国有企业的发展步履维艰。据20世纪70年代的统计，非洲国有企业的亏损额平均占国内生产总值的3.3%。1985年西非12个国家的国有企业62%为纯亏损，36%的国有企业无盈利。② 故而，进入80年代中期，非洲各国普遍出现私有化的情况。如赞比亚政府于1989年启动铜矿业的私有化进程。284家公司中的260家通过赞比亚私有化委员会售卖出去，到2000年3月完成。私有化后，英国对赞比亚的投资再次如殖民时期一样集中于铜矿业，曾经"活跃"在北罗得西亚土地上的英美公司、英美金矿公司和兰德金矿公司又一次进入赞比亚。这一历史过程部分可以解释跨国矿业公司和非洲民族主义者既对立又依存的关系。私有化并未完全解决生产效率问题，表现为1980—2000年的20年间各国民族工业增长缓慢，甚至出现负增长。私有化恶化社会稳定状况，国有企业的大批工人失业加剧贫富分化，导致90年代出现以工人运动为先锋的大规模群众运动潮。非洲私有化进程是西方利用自己主导的国际交易制度降低原材料价格的结果之一，是在世界货币基金组织、世界银行和西方政府的压力下实行结构调整计划的一部分，是欧美发达资本主义国家为转移国内阶级矛盾的产物，以致不少非洲人喊出反对"第二次瓜分非洲"的口号。

私有化进程从反面说明发展中国家需要政府发挥积极作用。恩克鲁玛曾呼吁非洲国家联合自强，以政府力量促进发展。非洲国家独立后无

---

① Pádraig Risteard Carmody, *Globalization in Africa: Recolonization or Renaissance?* Colo. Boulder: Lynne Rienner Publishers, 2010, p. 136.

② Robert Lensink, *Structural Adjestment in Sub - Sahalan Africa*, London: Longman, 1996, p. 299.

一例外地制订了经济发展计划，采用行政手段指挥和干预经济生活，恢复了对本国资源的控制权，提升了劳动人口的权力，奠定了民族经济的基础，逐步肃清殖民主义的既有影响，经济发展取得一定成就。伴随1973年经济危机带给世界经济的调整，借助过分强调市场作用的结构调整计划，西方新殖民主义势力卷土重来。结构调整计划鼓吹贸易自由化，使非洲国家国内市场再一次赤裸裸地暴露在西方产品的冲击之下。该计划鼓励经济作物出口，壮大了单一经济结构，回到了殖民时期的老路，打破了自独立以来非洲国家依靠扩展劳动者福利增强民族凝聚力的共识。非洲国家失业率上升，就业者福利相对下降，阶级矛盾趋向尖锐，危及民族共识，1993年尼日利亚工人真实工资只有1983年工资的20%。[1] 因此，90年代"非洲复兴"思想重新强调非洲政府间的联合自强，自力更生。由于对政府作用的重新定位，自1995年起非洲经济摆脱了负增长。

第六，进入新殖民时期后，一方面非洲发展需要引入大量外部技术人员，以满足以工业为代表的产业发展需要，另一方面非洲本土人员大量流失海外。每年有13万名大学毕业生离开大陆。1999年有超过3万名拥有博士学位的非洲人生活在非洲之外。受过公共资金资助的马拉维医生中，去英国伯明翰工作的人比留在本土的数量更多。[2]

新殖民主义带来非洲发展滞后，导致以非洲为代表的第三世界消费难以赶上全球生产的步伐，"过度生产"前所未有地加重资本主义基本矛盾。尽管过去30年，工资劳动力数量在持续增长，也出现一些高薪劳动力岗位，然而非洲等新工业地区工会组织的无力和非常态化以及20世纪80年代以来发达国家工人真实工资的下降，共同反映了资本主义环境下经济全球化进程所隐藏的阶级矛盾激化。这种阶级矛盾激化依靠福利国家制度的再分配和新自由主义放纵金融资本得到暂时调和。2008年全球性经济危机的实质是发达资本主义国家生产资本转移造成的实体经济相对不足，消费需求和虚拟经济过度膨胀，发展中国家缺乏生产资本和消费需求的综合结果。故而，阶级矛盾的缓和有赖于良好国际民族关系格局的确立。如马克思所言，资本的集中会对世界市场具有破坏性影响。马克思也曾说过，伟大的社会革命支配世界市场和现代生产力是人类良

---

[1] Leo Zeilig, *Class struggle and Resistance in Africa*, p. 138.
[2] Pádraig Risteard Carmody, *Globalization in Africa: Recolonization or Renaissance?* p. 136.

性进步的前提条件。① 反对欧美新殖民主义是对经济全球化进程中不平等因素的肃清,是世界人民分享世界市场福利的必要条件,是促进世界生产力发展的必然选择,是对资本主义发展阶段的超越,是开启世界历史新纪元的钥匙。

---

① 《马克思恩格斯选集》第一卷,人民出版社 2012 年版,第 862 页。

附录一 战后英属撒哈拉以南帝国大事简表

(1945—1980)

1945 年 7 月 26 日	英国艾德礼工党政府上台
1945 年	英国通过新的殖民地发展和福利法案,加大对殖民地的开发
1948 年 2 月 28 日	黄金海岸爆发示威运动,成为英属撒哈拉以南帝国发展的关键时间点
1949 年 9 月 18 日	英国政府宣布英镑贬值 30.5%
1949 年 11 月 18 日	英国殖民当局镇压尼日利亚埃努古煤矿工人罢工
1950 年 1 月	黄金海岸爆发总罢工和抵制英货运动,英国在黄金海岸宣布"紧急状态",逮捕恩克鲁玛等民族主义领导人
1951 年 10 月 26 日	英国艾德礼工党政府下野,丘吉尔保守党政府上台
1952 年 10 月 3 日	英国第一颗原子弹试验成功
1952 年 10 月 20 日	英国在肯尼亚宣布"紧急状态",镇压"茅茅运动"
1953 年 9 月 3 日	罗得西亚和尼亚萨兰联邦即中非联邦成立
1954 年 10 月 19 日	英国和埃及签署协议,规定英军 20 个月内撤离苏伊士运河区的军事基地
1955 年 4 月 5 日	丘吉尔辞职,艾登继任首相
1956 年 4 月	黄金海岸要求独立
1956 年 10 月 31 日至 11 月 6 日	英国伙同法国和以色列发动侵略埃及的苏伊士运河战争
1957 年 1 月 11 日	英国麦克米伦保守党政府上台

1957年3月6日	加纳独立
1957年5月15日	英国宣布在太平洋进行第一颗氢弹爆炸试验
1957年5—6月	第二次尼日利亚制宪大会在伦敦召开
1957年8月31日	马来亚独立
1958年1月	英国把其在加勒比海的若干殖民地组成西印度联邦，由英国人任总督。该联邦于1962年解散
1958年4月	非洲国家举行阿克拉会议
1958年2—3月	尼亚萨兰、北罗得西亚、南罗得西亚爆发大规模反对殖民统治的斗争
1958年9月	英联邦经济大会决定英镑实现充分可自由兑换
1958年12月	非洲人民大会在阿克拉举行
1959年2月26日	南罗得西亚宣布进入紧急状态
1959年3月3日	尼亚萨兰宣布进入紧急状态
1959年6月	英国官方德夫林报告认为中非联邦是警察国家
1959年7月	尼亚萨兰制宪会议召开
1959年10月	英国大选，麦克劳德任殖民大臣
1959年5月	英美两国签订扩大核武器的合作协定，美国答应卖给英国除核弹头以外的核武器系统
1960年1月12日	肯尼亚殖民当局宣布结束延续七年的"紧急状态"
1960年3月	南非发生沙佩维尔惨案
1960年2月3日	英国首相麦克米伦对南非议会发表"变革之风"的演讲
1960年4月	英国放弃已试制五年的"蓝光"导弹计划，向美国换取还在试制中的"闪电"式导弹
1960年6月26日	英属索马里独立，7月1日与前意属索马里合并为索马里共和国
1960年9月	发布全面评价中非联邦的蒙克顿报告
1960年10月1日	尼日利亚独立
1960年11月	英国同意美国在英建立核潜艇基地
1960年12月14日	联合国大会通过《关于给予殖民地国家和人民独立的宣言》

附录一　战后英属撒哈拉以南帝国大事简表（1945—1980）

1961 年 4 月 27 日	塞拉利昂独立
1961 年 5 月 31 日	南非联邦宣布为共和国，退出英联邦
1961 年 6 月 1 日	喀麦隆北部（前英国托管的一部分）并入尼日利亚联邦
1961 年 6 月	英国结束对科威特的"保护"，科威特独立
1961 年 8 月 10 日	英国决定正式申请参加西欧共同市场
1961 年 10 月 1 日	喀麦隆南部（前英国托管地喀麦隆的一部分）与喀麦隆共和国合并成立喀麦隆联邦共和国
1961 年 12 月 9 日	坦噶尼喀独立
1962 年 10 月 9 日	乌干达独立
1962 年 12 月	英国承认尼亚萨兰有权退出中非联邦
1962 年 12 月 19—21 日	美、英首脑在拿骚会谈，就核武器系统问题达成新的一致
1963 年 5—6 月	斯威士兰爆发大规模的反对殖民统治的斗争
1963 年 10 月	麦克米伦下台，霍姆伯爵继任首相
1963 年 12 月 10 日	桑给巴尔和奔巴岛独立
1963 年 12 月 12 日	肯尼亚独立
1963 年 12 月 31 日	中非联邦解散
1964 年 7 月 6 日	尼亚萨兰独立，国名为马拉维
1964 年 10 月 15 日	英国威尔逊工党政府上台
1964 年 10 月 24 日	北罗得西亚独立，国名为赞比亚
1965 年 2 月 18 日	冈比亚独立
1967 年 11 月 18 日	英国政府宣布英镑贬值 14.3%
1968 年 1 月	英国政府宣布将在 1971 年年底前撤出英国在苏伊士运河以东的驻军
1970 年 6 月 19 日	英国威尔逊工党政府下野，希思保守党政府上台
1974 年 3 月 4 日	英国保守党政府辞职，威尔逊工党政府上台
1980 年 4 月 18 日	南罗得西亚独立，国名为津巴布韦

附录二 中英文人名、地名及专有名词对照简表

African Continental Bank	非洲大陆银行
African Defence Pact	《非洲防御公约》
Afro – Shirazi	非洲—设拉子党
American Metal Company（AMC）	美国金属公司
Amory, Heathcoat	希思科特·艾默里
Archbishop Makarios	马卡里奥斯大主教
Australasia	澳大拉西亚列岛
Barclays	巴克莱银行
Bill of Rights	民权法
British Council	英国文化协会
British South Africa Company	英国南非公司
Butler	巴特勒
Cameron, James	詹姆斯·卡梅伦
Central Land Board	中央土地委员会
Cocoa Marketing Board	可可经销理事会
Cocoa Purchasing Company	可可购买公司
Cohen, Andrew	安德鲁·科恩
Colonial Development Corporation	殖民地开发公司
Colonial Development Finance Corporation	殖民地开发金融公司
Colonial Labour Advisory Committee	殖民地劳工问题顾问委员会
Colonial Marketing Institution	殖民地经销体制
Colonial Service Journal	《殖民地公职机构杂志》
Colonial Stock Act of 1900	1900年殖民地证券法案
Commonwealth Development Finance Company	英联邦开发金融公司

Conservative Commonwealth Council	保守党联邦委员会
Crown Agents	皇家代理机构
Currency Board	货币理事会
Daily Mirror	《每日镜报》
Delamere Lord	德拉米尔勋爵
Dependent Policy	依附政策
Devlin	德夫林
District Officer	区长
Earl of Home	霍姆伯爵
East African Command	东非司令部
East African Land Forces	东非地面力量
English Electirc	英格兰电气公司
Executive Council	行政会议
Export Guarantees Act	《出口担保法案》
Finance Act	《财政法案》
Fisher, J. L.	费希尔
Fletcher, Eileen	艾琳·弗莱彻
Foot	富特
Future Constitutional Development in the Colonies	未来殖民地宪制发展
General Revenue Surpluses	一般收入盈余
Gilbert and Ellice Islands	吉尔伯特和埃利斯群岛
International Labour Conventions	《国际劳工公约》
Inter – University Council	大学校际理事会
Joint Consolidated Fund	国债偿债基金
Jones, Creech	克里奇·琼斯
Kafue	卡富埃
Kano	卡诺
Kariba	卡里巴
Kaunda	卡翁达
Kenya Land Freedom Army	肯尼亚土地自由军
Kenyatta	肯亚塔

Kerslake, R. T.	克斯莱克
Kith and Kin	姑表兄弟
Kulai Oil Palms	古莱油田
Lagos	拉各斯
Land Apportionment Act	《土地分配法》
Lennox – Boyd	伦诺伊德－博伊德
Lloyd	劳埃德
London University	伦敦大学
Longford, Michael	迈克尔·朗福德
Lord De La Warr	德·拉·旺勋爵
Lord Swinton	斯温顿勋爵
Loynes, J. B.	洛尼斯
Lump Sum Agreement	《一次性补偿协议》
Lusaka	卢萨卡
Macleod, Iain	艾因·麦克劳德
Maudling	莫德林
McMahon Act	《麦克马洪法》
Memorandum on Colonial Mining Policy	殖民地矿业政策备忘录
Monckton Commission	蒙克顿委员会
Mugabe	穆加贝
Nairobi	奈洛比
National Bank of Nigeria	尼日利亚国民银行
Native Land Tenure Act	《土著土地占有法》
Nelson, George	乔治·尼尔森
Oppenheimer, Ernest	欧内斯特·奥本海默
Overseas Development Ministry	海外开发部
Overseas Employers Federation	海外雇主联合会
Overseas Service Bill	海外机构法案
Overseas Trade Corporations	海外贸易公司
Pitcairn	皮特凯恩
Pooling System	英镑池制度
Port Harcourt	哈考特港

Prain, Ronald	罗纳德·普兰
Public Service Commission	公职机构委员会
Radfan	拉德番
Ramsbotham	拉姆斯伯塔姆
Rhodes, Cecil	塞西尔·罗得斯
Rhodesian Anglo–American	罗得西亚英美有限公司
Salisbury	索尔兹伯里
Scarborough	斯卡伯勒
Senior Civil Servants Association of Kenya	肯尼亚高级公职人员协会
Shannon, G. E. B.	夏侬
Short–term Advances	短期拆借
Sterling Balances	英镑结余
Strachey, John	约翰·斯特雷奇
Sunday Post	《星期日邮报》
Swynnerton Plan	斯维纳顿计划
Tanganyika Concessions Ltd.	坦噶尼喀特许公司
TANU	坦噶尼喀非洲人国民联盟
Tanzanian African National Union's Youth Wing	坦桑尼亚非洲民族联盟青年团团员
Tewson	图森
The Bank of British West Africa	英国西非银行
The Barclays Overseas Development Corporation	巴克莱海外开发公司
The Black Star	黑星
The Bow Group	弓集团
The British Overseas Mining Association	英国海外矿业协会
The Combined Development Agency	联合开发署
The Combined Development Trust	联合开发信托公司
The Federation of British Industries	英国工业总会
The International Bank for Reconstruction and Development	国际复兴开发银行
The Joint Committee on India	印度联合委员会

The Joint East and Central African Board	中东非联合委员会
The King's African Rifles	皇家非洲步枪团
The League of Empire Loyalists	帝国忠诚者同盟
The Mine Works' Union (MWU)	矿工联盟
The Monday Club	星期一俱乐部
The Rhodesian Selection Trust (RST)	罗得西亚选矿托拉斯
The Rubber Growers Association	橡胶种植者协会
The West Africa Students' Union (WASU)	西非学生联合会
The White Highland	白人高地
Trade Union Handbook	工会手册
Trades Union Congress	英国职工大会
Trend, Burke	伯克·特伦德
Tropical African Services	热带非洲公职机构
Turnbull, Richard	理查德·特恩布尔
UK Atomic Energy Authority	英国原子能管理局
Union's gold-mining companies	联合金矿有限公司
United Federal Party (UFP)	联邦团结党
United Rhodesian Party (URP)	罗得西亚团结党
US Atomic Energy Commission	美国原子能委员会
Venn Commission	维恩委员会
Welensky	韦伦斯基
West Africa Army Advisory Council	西非军事咨询委员会
West African Command	西非司令部
West India Committee	西印度委员会
Worker's Educational Association	工人教育协会
World Federation of Trade Unions	世界职工大会
Zanzibar Nationalist Party	桑给巴尔民族主义者党

附录三 1783年以来大英帝国的非洲属地

1. 肯尼亚（Kenya），1886年，英国与德国瓜分东非，肯尼亚是英国所得的一份。1888年它被并入帝国东非公司。1895年，英国政府以东非保护地代替该公司的统治。1920年它成为肯尼亚殖民地，1963年获得独立。

2. 英属索马里兰（Somaliland），1884年，这个沿海地区由亚丁保护。1897年它的边界划定，1905年成为单独的殖民地。从1940年到1941年被意大利人占领。1960年独立，成为索马里的一部分。

3. 乌干达（Uganda），1888年，英属东非公司获得分配给英国的东非一部分。1890年，该公司与布干达王国签订条约。1894年，随着公司消亡，布干达成为王国政府的保护地；1896年又有其他几个地区成为英国的保护地。1905年，乌干达殖民地诞生。1962年，乌干达获得独立。

4. 坦噶尼喀（Tanganyika），第一次世界大战期间，英国占领德属东非。1919年，坦噶尼喀成为英国的托管地。1961年，它获得独立，1964年与桑给巴尔联合成立坦桑尼亚国。

5. 桑给巴尔（Zanzibar），1841年，该岛首次建立英国领事馆。1890年，英国宣布桑给巴尔为其保护地。1963年桑给巴尔独立，次年成为坦桑尼亚的一部分。

6. 北罗得西亚（North of Rhodesia），原名北赞比西亚，1891年划归英属南非公司。1924年，英国政府代替该公司实行统治。1953年，北罗得西亚与尼亚萨兰和南罗得西亚成立中非联邦。1964年，它获得独立，国名为赞比亚（Zambia）。

7. 尼亚萨兰（Nyasaland），1875年，传教团在这里建立定居点。1891年，在这个地区宣布成立中非保护地。从1907年起，它被称为尼亚萨兰。1953年，尼亚萨兰与南北罗得西亚一道成立中非联邦。1964年获得独立，国名为马拉维（Malawi）。

8. 南罗得西亚（South of Rhodesia），从 1890 年到 1893 年，英国人从非洲部族的手中夺取南罗得西亚地区，并由英属南非公司在此殖民。随着该公司消亡，1923 年南罗得西亚殖民地成立责任政府，由英国政府统治。从 1953 年到 1964 年，它与北罗得西亚和尼亚萨兰一起组成中非联邦。1965 年，其政府单方面宣布独立，国名为罗得西亚。1980 年，罗德西亚改名为津巴布韦（Zimbabwe），成为国际上承认的独立国家。

9. 黄金海岸（Gold Coast），从 1631 年起，贸易商在它的一些要塞定居。1821—1874 年，这些要塞处于英国政府的统治之下，行政上隶属塞拉利昂。1828—1843 年，曾由商人控制。1830 年，成立保护地，其面积向内陆延伸。1874 年，建立黄金海岸殖民地，领土面积进一步扩大，直至其边界于 1904 年被确定。1919 年，并入德属多哥的。黄金海岸于 1957 年独立，国名加纳（Ghana）。

10. 尼日利亚（Nigeria），1851 年英国在拉各斯建立领事馆，1861 年拉各斯被英国吞并。1885 年，尼日尔三角洲周围地区成立尼日尔地区保护地。1886 年，改由沿岸的皇家尼日尔公司统治。1892—1898 年，英国并吞了更多土地。1900 年，王国政府代替皇家尼日尔公司进行统治。1914 年，南北尼日利亚联合。1919 年，德属喀麦隆的一部分并入。1960 年，尼日利亚获得独立。

11. 冈比亚（Gambia），从 1661 年起，贸易商在它的一些要塞定居。1821 年由英国政府统治，行政上隶属塞拉利昂。1888 年，冈比亚成为一个单独的殖民地。1894 年，其内陆地区作为保护地并入王国。冈比亚于 1965 年获得独立。

12. 塞拉利昂（Sierra Leone），是一家公司于 1787 年主要为获得奴隶而建立的殖民地。1807 年，该殖民地由英国政府接管。1896 年，内陆地区作为保护地并入该殖民地。塞拉利昂于 1961 年获得独立。

13. 南非（South Africa），1910 年，好望角殖民地、纳塔尔、奥兰治自由邦和德兰士瓦组成南非联邦。好望角殖民地的形成源于英国在 1795 年和 1806 年分别夺取了荷兰人在好望角的几个殖民地。1814 年，它们被英国正式吞并。1872 年，好望角殖民地成立责任政府，并于 1910 年成为南非联邦的一部分。纳塔尔在 1843 年被吞并，随后成为英国殖民地。1893 年，纳塔尔成立责任政府。四年后，处在英国统治之下的祖鲁兰转属纳塔尔。1910 年，纳塔尔成为南非联邦的一部分。奥兰治自由邦是在

19世纪30年代由来自好望角的南非白人（布尔人）的集体移民建立的。1848—1854年，它被英国逐渐吞并。1907年成立责任政府，1910年成为南非联邦的一部分。19世纪30年代，南非白人（布尔人）经过长途跋涉离开好望角，建立了自己的国家德兰士瓦（南非共和国）。1877—1881年，英国吞并了该殖民地，并于1900年将其占领。1906年成立责任政府，1910年加入南非联邦。

14. 西南非洲（South West Africa），1878年沃尔维斯湾港被宣布为英国领地，1884年被并入好望角殖民地，这时德国人在其周围地区开始建立殖民地。1915年，德国殖民地被英国占领，并于1919年成为南非委任统治地。1990年获得独立，国名为纳米比亚（Namibia）。

15. 巴苏陀兰（Basutoland），1868年被英国吞并，1871年，转属好望角殖民地，但在1884年起重新由英国人保护。它于1966年独立，国名为莱索托（Lesotho）。

16. 斯威士兰（Swaziland），1890年，英国与德兰士瓦的统治者实行联合保护。1906年，英国单独对斯威士兰实行保护。1968年，斯威士兰获得独立。

17. 贝吉纳（Beiji Na），1885年被宣布成为英国的保护地。1895年一部分转属好望角殖民地，其余部分仍由英国人保护，直至1966年独立，国名为博茨瓦纳（Botswana）。

18. 毛里求斯（Mauritius），1810年英国从法国人手中夺得该岛，1814年被正式吞并。毛里求斯于1968年获得独立。

19. 埃及（Egypt），1882年被英国占领。从1914年到1922年，它是英国的保护国。1922年它获得了独立，但对英国要履行很重的条约义务。英国对埃及运河区的占领一直延续到1954年。

20. 苏丹（Sudan），19世纪80年代，马赫迪起义推翻了埃及对苏丹的统治。1898年，英国以埃及的名义重新占领苏丹，并对它实行英埃共同统治。苏丹于1956年获得独立。

参考文献

中文文献

著作

[加纳] 克瓦米·恩格鲁玛：《新殖民主义：帝国主义的最后阶段》，北京编译社译，世界知识出版社1966年版。

[肯尼亚] 阿里·A. 马兹鲁伊主编、[科特迪瓦] C. 旺济助理主编：《非洲通史（第八卷）：1935年以后的非洲》，屠尔康等译，中国对外翻译出版公司/联合国教科文组织2003年版。

[美]《麦克米伦回忆录》（1—6卷），山东大学外文系翻译组译，商务印书馆1976—1983年版。

[美] 罗杰·S. 戈京：《加纳史》，李晓东译，中国大百科全书出版社2011年版。

[美] 斯塔夫里阿诺斯：《全球分裂——第三世界的历史进程》，迟越等译，商务印书馆1993年版。

[美] 斯塔夫里阿诺斯：《全球通史》，董书慧、王昶、徐正源译，北京大学出版社2005年版。

[美] 詹姆斯·多尔蒂、小罗伯特·普法尔茨格拉夫：《争论中的国际关系理论》，阎学通等译，世界知识出版社2003年版。

[塞内加尔] 巴帕·易卜希马·谢克：《法国在非洲的文化战略：从1817年到1960年的殖民教育》，邓皓琛译，商务印书馆2016年版。

[苏] 米列伊科夫斯基等：《第二次世界大战后的英国经济与政治》，叶林、方林译，世界知识出版社1960年版。

[坦桑尼亚] 伊·基曼博、阿·特穆主编：《坦桑尼亚史》，钟丘译，商务印书馆1976年版。

［匈牙利］西克·安德烈：《黑非洲史》第 3—4 卷，姚祖培校，上海译文出版社 1980 年版。

［意］奇波拉：《欧洲经济史》第六卷（上），李子英等译，商务印书馆 1991 年版。

［英］P. B. N. 廷德尔：《中非史》，陆彤之译，上海人民出版社 1976 年版。

［英］P. J. 马歇尔编：《剑桥插图大英帝国史》，樊新志译，世界知识出版社 2004 年版。

［英］W. N. 梅德利科特：《英国现代史》，张毓文等译，商务印书馆 1990 年版。

［英］《霍姆自传——从看风向谈起》，师史译，新华出版社 1982 年版。

［英］阿伦·斯克德、克里斯·库克：《战后英国政治史》，王子珍、秦新民译，世界知识出版社 1985 年版。

［英］艾伦·伯恩斯：《尼日利亚史》，上海师大翻译组译，上海人民出版社 1974 年版。

［英］布赖恩·拉平：《帝国斜阳》，钱乘旦等译，上海人民出版社 1996 年版。

［英］肯尼斯·英厄姆：《现代乌干达的形成》，钟丘译，上海商务印书馆 1973 年版。

［英］罗兰·奥利弗、［英］安东尼·阿特莫尔：《1800 年以后的非洲》，李广一等译，商务印书馆 1992 年版。

［英］帕姆·杜德：《英国和英帝国危机》，苏仲彦等译，世界知识出版社 1954 年版。

［英］威廉·埃杰特·史密斯：《尼雷尔》，上海《国际问题资料》编译组及协作单位编译组译校，上海人民出版社 1975 年版。

［英］威廉·托多夫：《非洲政府与政治》（第四版），宁骚等译，北京大学出版社 2007 年版。

［英］约·阿·霍布森：《帝国主义》，纪明译，上海人民出版社 1960 年版。

［英］约翰·派克：《马拉维——政治经济史》，史一竹译，商务印书馆 1973 年版。

［英］佐伊·马什、［英］G. W. 金斯诺思：《东非史简编》，伍彤之译，上海人民出版社 1974 年版。

［赞比亚］肯尼思·戴·卡翁达：《卡翁达自传》，伍群译，上海人民出版社 1976 年版。
《马克思恩格斯选集》第一卷，人民出版社 1995 年版。
陈乐民主编：《战后英国外交史》，世界知识出版社 1994 年版。
陈鲁直、李铁城主编：《联合国与世界秩序》，北京语言学院出版社 1993 年版。
陈启能主编：《大英帝国从殖民地撤退前后》，方志出版社 2007 年版。
高岱、郑家馨：《殖民主义史·总论卷》，北京大学出版社 2003 年版。
高晋元：《高晋元集》，中国社会科学出版社 2007 年版。
高晋元：《英国—非洲关系史略》，中国社会科学出版社 2008 年版。
李安山：《非洲民族主义研究》，中国国际广播出版社 2004 年版。
李鹏涛：《殖民主义与非洲社会变迁——以英属非洲殖民地为中心（1890—1960）》，社会科学文献出版社 2019 年版。
李铁城主编：《联合国的历程》，北京语言学院出版社 1993 年版。
梁根成：《美国与非洲》，北京大学出版社 1991 年版。
梁守德：《战后亚非拉民族民主运动》，北京大学出版社 1989 年版。
列宁：《帝国主义是资本主义的最高阶段》，人民出版社 1964 年版。
马瑞映：《疏离与合作——英国与欧共体关系研究》，中国社会科学出版社 2007 年版。
潘兴明：《南非——非洲大陆的领头羊》，上海人民出版社 2012 年版。
齐世荣、廖学盛主编：《20 世纪的历史巨变》，学习出版社 2005 年版。
庆学先、罗春华：《西非三国——对抗与和解的悖论》，四川人民出版社 2006 年版。
孙红旗：《殖民主义与非洲专论》，中国矿业大学出版社 2008 年版。
王振华：《英联邦兴衰》，中国社会科学出版社 1991 年版。
吴秉真、高晋元主编：《非洲民族独立简史》，世界知识出版社 1993 年版。
张宏明：《多维视野中的非洲政治发展》，社会科学文献出版社 2007 年版。
张顺洪、孟庆龙、毕健康：《英美新殖民主义》，社会科学文献出版社 1999 年版。
张顺洪等：《大英帝国的瓦解——英国的非殖民化与香港问题》，社会科学文献出版社 1997 年版。

郑家馨主编：《殖民主义史·非洲卷》，北京大学出版社 2000 年版。

文章

[法] 于格·戴和特：《非殖民化与欧洲建设》，《浙江学刊》2007 年第 1 期。

陈晓红：《评战后英国在非洲的"政治撤退"》，《湘潭大学学报》1997 年第 5 期。

陈仲丹：《英帝国解体原因探析》，《南京大学学报》1994 年第 4 期。

高岱：《"殖民主义"与"新殖民主义"考释》，《历史研究》1998 年第 2 期。

高岱：《依附论者对南北经济关系理论的思考》，《学海》2007 年第 4 期。

高岱：《英法殖民地行政管理体制特点的评析》，《历史研究》2000 年第 4 期。

高岱：《殖民主义的终结及其影响》，《世界历史》2000 年第 1 期。

纪贾健：《英国"非殖民化"进程是战后殖民体系瓦解的历史必然》，《外交学院学报》2002 年第 4 期。

李安山：《论"非殖民化"——一个概念的缘起与演变》，《世界历史》1998 年第 4 期。

李安山：《日不落帝国的崩溃：论英国非殖民化的"计划"问题》，《历史研究》1995 年第 1 期。

李继东：《英属非洲白人种植园经济略论》，《西亚非洲》2004 年第 2 期。

李鹏涛：《英属中部和东部非洲殖民地的城镇劳动力政策》，《世界历史》2017 年第 2 期。

刘广斌、宋飞：《二战后英国非殖民化政策的演变（1945—1964）》，《广西社会科学》2003 年第 1 期。

刘明周：《英帝国解体的研究范式评析》，《世界历史》2013 年第 2 期。

刘明周、佟玉兰：《英美政府在英国非殖民化问题上的博弈》，《历史教学》2008 年第 14 期。

刘伟才：《赞比亚政教关系的历史透视》，《史学集刊》2017 年第 1 期。

陆庭恩：《非洲国家的殖民主义历史遗留》，《国际政治研究》2002 年第 1 期。

陆庭恩：《关于非洲非殖民化的几个问题》，《铁道师范学院学报》1992年第3期。
潘兴明：《二元型殖民地与非殖民化》，《安徽史学》2007年第1期。
潘兴明：《试析非殖民化理论》，《史学理论研究》2004年第3期。
沈晓雷：《津巴布韦殖民时期的土地剥夺、种族隔离与民族反抗》，《世界民族》2016年第4期。
舒运国：《试析20世纪非洲经济的两次转型》，《史学集刊》2015年第4期。
唐同明：《英属东非的土地问题》，《西亚非洲》1985年第3期。
王俊芳：《20世纪英国的非殖民化》，《江西师范大学学报》2001年第1期。
王三义：《英国在热带非洲和西亚的委任统治比较》，《复旦学报》（社会科学版）2010年第3期。
王双静：《西欧非殖民化评析》，《西北大学学报》2000年第2期。
张顺洪：《论英国的非殖民化》，《世界历史》1996年第6期。
张顺洪：《论战后英美国际战略伙伴关系》，《世界历史》1998年第6期。
张顺洪：《英国非殖民化过程中的军事条约和协定》，《世界历史》1997年第4期。
张顺洪：《英国殖民地开发公司活动述评》，《世界历史》2002年第2期。
张顺洪：《战后英国关于殖民地公职人员的政策（1945—1965）》，《历史研究》2003年第6期。
张顺洪等：《国内外学者对新殖民主义的认识与研究》，《史学理论研究》1998年第4期。
郑家馨：《关于殖民主义"双重使命"的研究》，《世界历史》1997年第2期。

英文文献

原始资料（文中只列出档案号的史料为笔者从英国国家档案馆处获得）
CAB（英国内阁档案）21/4772，CAB 130/190，CAB 134/1354、1559

CO（英国殖民部档案）554/260、261、262、312、904、905、940、1159、1178、1521、1533、1583、2122，CO1015/2254

PREM（英国首相办公厅档案）11/3080，3407

战后历届大选两党政纲，http：//www.politicsresources.net/area/uk.htm

保守党大会公报，National Union of Conservative and Unionist Associations, *The 79th Annual Conference and 80th Annual Conference.*

档案集

Ashton, S. R., and Louis, Wm Roger, eds., *British Documents on the End of Empire: East of Suez and the Commonwealth*, 1964 – 1971, London: HMSO, 2004.

FRUS, 1952 – 1954, Vol. XI: Africa and South Asia

FRUS, 1951, Vol. V: The Near East and Africa

Goldsworthy, David, edit., *British Documents on the End of Empire: The Conservative Government and the End of Empire*, 1951 – 1957, London: HMSO, 2000.

Hailey, William Malcolm, edit., An African Survey, revised, 1956, *A Study of Problems Arising in Africa South of the Sahara*, London: Oxford University Press, 1957.

Hyam, Ronald, and Louis, Wm Roger, eds., *British Documents on the End of Empire: The Conservative government and the End of Empire*, 1957 – 1964, London: HMSO, 2000.

Hyam, Ronald, edit., *British Documents on the End of Empire: The Labour Government and the End of Empire*, 1945 – 1951, London: HMSO, 1992.

Lynn, Martin, edit., B*itish Documents on the End of Empire: Nigeria*, London: HMSO, 2001.

Murphy, Philip, edit., *British Documents on the End of Empire: Central Africa*, London: HMSO, 2005.

Porter, A. N. and Stockwell, A. J., eds., *British Imperial Policy and Decolonization*, 1938 – 1964, v. 1 – 2, Basingstoke: Macmillan Press, 1987 – 1989.

R. Rathbone, *British Documents on the End of Empire: Ghana*, London:

HMSO, 1992.

W. J. M. Mackenzie and K. Robinson, eds., *Five Elections in Africa*, Oxford: Clarendon Press, 1960.

专著

Aldous, Richard, edit., *Harold Macmillan: Aspects of a Political Life*, New York: St. Martin's Press; Basingstoke, Hampshire: Macmillan Press Ltd., 1999.

Aldous, R. and S. Lee, edit., *Harold Macmillan & Britain's World Role*, Basingstoke: Macmillan Press, 1996.

Anderson, D., *Histories of the Hanged: The Dirty War in Kenya and the End of Empire*, New York: Weidenfeld & Nicolson, 2005.

Anderson, B., *Imagined Communities: Reflections on the Origin and Spread of Nationalism*, London: Verso, 1991.

Ashton, N. J., *Kennedy, Macmillan and the Cold War: The Irony of Interdependence*, Basingstoke: Macmillan, 2002.

Astrow, Andre, *Zimbabwe: A Revolution That Lost its Way?* London: Zed Press, 1983.

Baker, Colin, *State of Emergency: Crisis in Central Africa, Nyasaland, 1959 – 1960*, London: lBTauris, 1997.

Ball, Simon, *The Guardsmen: Harold Macmillan, Three Friends, and the World They Made*, London: Harper Collins, 2004.

Barber, W. J., *The Economy of British Central Africa*, Oxford: Oxford University Press, 1961.

Birmingham, D. and P. M., Martin, eds., *History of Central Africa: The Contemporary Years since 1960*, London: Longman, 1998.

Birmingham, David, *The Decolonization of Africa*, London: Routledge, 1995.

Boahen, A. Adu., *African Perspectives on European Colonialism*, New York: Diasporic African Press, 2011.

Boyce, D. G., *Decolonisation and the British Empire, 1775 – 1997*, London: Macmillan Press, 1999.

Brendon, Piers, *The Decline and Fall of the British Empire, 1781 – 1997*, London: Jonathan Cape, 2007.

Brivati, B. and H. Jones, eds. , *From Reconstruction to Integration: Britain and Europe since* 1945, Leicester: Leicester University Press, 1993.

Brown, M. Barratt, *After Imperialism*, Portsmouth: Heinemann, 1963.

Burawoy, M. , *The Colour of Class on the Copperbelt*, Manchester: Manchester University Press, 1972.

Butler, L. J. , *Britain and Empire: Adjusting to a Post – imperial World*, London: I. B. Taurus, 2002.

Cannadine, David, *Ornamentalism: How the British Saw Their Empire*, London: Penguin Books Ltd. , 2001.

Cain, P. and A. Hopins, *British Imperialism*, 1688 – 2000, 3rd eds, Harlow: Longman, 2016.

Carey, A. T. , *Colonial Students: A Study of the Social Adaptation of Colonial Students in London*, London: Secker & Warburg, 1956.

Carmody, Pádraig Risteard, *The New Scramble for Africa*, Cambridge: Polity Press, 2011.

Carmody, Pádraig Risteard, *Globalization in Africa: Recolonization or Renaissance?* Colo. Boulder: Lynne Rienner Publishers, 2010.

Chamberlain, Muriel E. , *The Longman Companion to European Decolonisation in the Twentieth Century*, London: Longman, 1998.

Clarke, P. , ed. , *Understanding decline: Perceptions and Realities of British Economic Performance*, Cambridge: Cambridge Press, 1997.

Clarke, P. F. , *The Last Thousand Days of the British Empire*, London: Allen Lane, 2007.

Clayton, Anthony and David Killingray, *Khaki and Blue: Military and Police in British Colonial Africa*, Athens: Ohio University Press, 1989.

Colin, Cross, *The Fall of the British Empire*, London: Paladin, 1970.

Cooper, Frederick, *Decolonization and African Society: The Labour Question in French and British Africa*, Cambridge: Cambridge University Press, 1996.

Cowen, M. P. and R. W. Shenton, *Doctrines of Development*, London: Routledge, 1996.

Cumming, Gordon, *Aid to Africa: French and British Policies from the Cold*

War to the New Millennium, Ashgate, 2001.

Darwin, John, *Britain and Decolonisation: The Retreat from Empire in the Post-war World*, New York: St. Martin's Press, 1988.

Darwin, John, *The End of the British Empire: The Historical Debate*, Oxford: Basil Blackwell, 1991.

Darwin, John, *the Empire Project: the Rise and Fall of the British World-system*, 1830-1970, Cambridge University Press, 2011.

Datta, Ansu, *Education and Society: A Sociology of African Education*, New York: St. Martin's Press, 1984.

David, Goldsworthy, *Colonial Issues in British Politics*, 1945-1961: From "Colonial Development" to "Wind of Change", London: Oxford University Press, 1971.

Davis, Lance E. and Robert A. Huttenback, *Mammon and the Pursuit of Empire: the Economics of British Imperialism*, Cambridge; New York: Cambridge University Press, 1988.

Dickie, J., *Special No More: Anglo-American Relations: Rhetoric and Reality*, London: Weidenfeld and Nicolson, 1994.

Donnelly, Mark, *Sixties Britain: Culture, Society, and Politics*, New York: Pearson Longman, 2005.

Duara P., ed., *Decolonization: Perspectives from Now and Then*, London: Routledge, 2004.

Dwyer, Peter and Leo Zeilig, *African Struggles Today: Social Movements since Independence*, Chicago, IL: Haymarket Books, 2012.

Elkins, Caroline, *Britain's Gulag: the Brutal End of Empire in Kenya*, London: Bodley Head, 2005.

Falola, Toyin, *Colonialism and Violence in Nigeria*, Bloomington: Indiana University Press, 2009.

Falola, T., *Development Planning and Decolonization in Nigeria*, Gainesville: University Press of Floria, 1996.

Fedorowich, Kent and Martin Thomas, ed., *International Diplomacy and Colonial Retreat*, London: Frank Cass, 2001.

Fieldhouse, D. K., *Managing the Business of Empire: Essays in Honour of*

David Fieldhouse, Portland, Ore.: Frank Cass, 1998.

Fieldhouse, D. K., *Black Africa*, 1945 – 1980: *Economic Decolonization and Arrested Development*, London: Allen & Unwin, 1986.

Fieldhouse, D. K., *Colonialism*, 1870 – 1945, London: Macmillan Press, 1983.

Fisher, N., *Iain Macleod*, London: Andre Deutsch, 1973.

Foran, William Robert, *The Kenya Police* 1887 – 1960, London: Tobert Hale, 1962.

Frankel, Joseph, *British Foreign Policy*, 1945 – 1973, London: Oxford University Press, 1975.

Fry, R., *Bankers in West Africa: The Story of the the Bank of British West Africa Ltd.*, London: Hutchinson Benham, 1976.

Gallagher, John, *The Decline, Revival and Fall of the British Empire*, Cambridge: Cambridge University Press, 1982.

Gardner, Leigh A., *Taxing Colonial Africa: the Political Economy of British Imperialism*, Oxford: Oxford University Press, 2012.

Gann, L. H. and P. Duignan, *Colonialism in Africa*, 1870 – 1960, Vol. 4, Cambridge: Cambridge University Press, 1969.

Gewald, Jan – Bart, Marja Hinfelaar, and Giacomo Macola, eds., *Living the End of Empire: Politics and Society in Late Colonial Zambia*, Leiden: Brill, 2011.

Gifford, P. and WM. R. Louis, ed., *France and Britain in Africa: Imperial Rivalry and Colonial Rule*, New Haven: Yale University Press, 1971.

Gifford, P. and WM. R. Louis, ed., *Decolonization and African Independence: the Transfers of Power*, 1960 – 1980, New Haven: Yale University Press, 1988.

Gifford, P. and WM. R. Louis, ed., *The Transfer of Power in Africa: Decolonization*, 1940 – 1960, New Haven: Yale University Press, 1982.

Goto, Nathan F., *Mission Education: Transforms Sub – Saharan Indigenous African People*, Oklahoma: Tate Publishing, 2011.

Gordon, D. F., *Decolonization and the State in Kenya*, London: Westview Press, 1986.

Gowing, M., *Independence and Deterrence: Britain and Atomic Energy*,

1945 – 1952, Basingstoke: Macmillan, 1974.

Hall, Richard, *Zambia*, London: Pall Mall Press, 1965.

Harbeson, John W. , *Nation – building in Kenya: the Role of Land Reform*, Illinois: Northwestern University Press, 1976.

Hargreaves, J. D. , *Decolonization in Africa*, 2nd eds. , London ; New York: Longman, 1996.

Harper, Sue and Vincent Porter, *British Cinema of the 1950s: the Decline of Deference*, Oxford; New York: Oxford University Press, 2007.

Havinden, M. A. and D. Meredith, *Colonialism and Development, 1850 – 1960: Britain and Its Tropical Colonies*, London: Routledge, 1993.

Hazlewood, Arthur , *African Integration and Disintegration: Case Studies in Economic and Political Union*, London: Oxford University Press, 1967.

Heinlein, F. , *Brititsh Government Policy and Decolonisation, 1945 – 1963*, London: Frank Cass, 2002.

Hickson, Kevin, ed. , *The Political Thought of the Conservative Party since 1945*, New York: Palgrave Macmillan, 2005.

Hinds, A. , *Britain's Sterling Colonial Policy and Decolonization, 1939 – 1958*, Westport: Greenwood Press, 2001.

Hlatshwayo, Simphive A. Hlatshwayo, *Education and Independence: Education in South Africa, 1658 – 1988*, London: Greenwood Press, 2000.

Hodge, Joseph Morgan, *Triumph of the Expert: Agrarian Doctrines of Development and the Legacies of British Colonialism*, Athens, OH: Ohio University Press, 2007.

Holland, R. F. , *European Decolonization, 1918 – 1981: An Introductory Survey*, London: Macmillan Press, 1985

Horne, A. , *Macmillan, 1957 – 1986*, Basingstoke: Macmillan, 1989.

Howe, S. , *Anticolonialism in British Politics: the Left and the End of Empire, 1918 – 1964*, Oxford: Clarendon Press, 1993.

Hubbard, James P. , *The United States and the End of British Colonial Rule in Africa, 1941 – 1968*, N. C. Jefferson: McFarland & Company, 2011.

Hyam, Ronald, *Britain's Declining Empire: The Road to Decolonization, 1918 – 1968*, Cambridge ; New York: Cambridge University Press, 2006.

Hyam, Ronald and Peter Henshaw, *The Lion and the Springbok: Britain and South Africa since the Boer War*, Cambridge: Cambridge University Press, 2003.

Ike, Chukwuemeka, *University Development in Africa: The Nigerian Experience*, London: Oxford University Press, 1976.

Jones, Harriet and Michael Kandiah, eds., *The Myth of Consensus: New Views on British History*, 1945 – 1964, Macmillan Press, 1996.

Kahler, Miles, *Decolonization in Britain and France: the Domestic Consequences of International Relations*, Princeton, N. J.: Princeton University Press, 1984.

Kaunda, Kenneth and Colin Morris, *Black Government? A Discussion between Kenneth Kaunda and Colin Morris*, Lusaka: United Society for Christian Literature, 1960.

Keatley, Patrick, *The Politics of Partnership*, London: Penguin Book, 1963.

Kennedy, Paul, *The Realities behind Diplomacy*, London: Fontana Press, 1981.

Kirk – Greene, A., *On Crown Service: A History of HM Colonial and Overseas Civil Services*, 1837 – 1997, London: I. B. Tauris, 1999.

Krozewski, Gerold, *Money and the End of Empire: British International Economic Policy and the Colonies*, 1947 – 1958, New York: Palgrave, 2001.

Kumbula, T. J., *Education and Social Control in Southern Rhodesia*, Palo Alto: R&E Research Associates, 1979.

Küster, Sybille, *African Education in Colonial Zimbabwe, Zambia and Malawi: Government Control, Settler Antagonism and African Agency*, 1890 – 1964, Hamburg: LIT Verlag, 1994.

Lamba, Isaac Chikwekwere, *Contradictions in Post – war Education Policy Formulation and Application in Colonial Malawi*, 1945 – 1961, Malawi Zomba: Kachere Series, 2010.

Lanning, G. and M. Mueller, *Africa undermined: A History of the Mining Companies and the Underdevelopment of Africa*, London: Penguin Books Ltd., 1979.

Latham, A. J., *The Depression and the Developing World*, 1914 – 1939, N.

J. Totowa: Barnes and Noble, 1981.

Lee, J. M., *African Armies and Civil Order*, London: Chatto and Windus for the Institute for Strategic Studies, 1969.

Lee, J. M., *Colonial Government and Good Government*, London: Oxford University Press, 1967.

Lensink, Robert, *Structural Adjestment in Sub - Sahalan Africa*, London: Longman, 1996.

Lloyd, Trevor, *Empire: the History of the British Empire*, London: Hambledon and London, 2001.

Louis, William Roger, *Imperialism at Bay*, 1941 - 1945: *The United States and the Decolonization of the British Empire*, 2nd, New York: Oxford University Press, 2003.

Louis, Wm. Roger, *The Oxford History of the British Empire*, V. 4; V. 5, Oxford ; New York: Oxford University Press, 1998, 1999.

Luard, Evan, *A History of the United Nations*, Vol. II: *The Age of Decolonization*, 1955 - 1965, London: Macmillan, 1989.

Lynn, Martin, *The British Empire in the 1950s: Retreat or Revival?* Basingstoke: Palgrave Macmillan, 2006.

Mangold, Peter, *The Almost Impossible Ally: Harold Macmillan and Charles de Gaulle*, London: I. B. Tauris, 2006.

Marais, Hein, *South Africa Pushed to the Limit: the Political Economy of Change*, London: Zed Books, 2011.

Marsh, Zöe and G. W. Kingsnorth, *A History of East Africa*, Cambridge: Cambridge University Press, 1972.

May, A., ed., *Britain, the Commonwealth and Europe: The Commonwealth and Britain's Applications to Join the European Communities*, New York: Palgrave Press, 2001.

McIntyre, *British Decolonisation*, 1946 - 1997: *When, Why and How did the British Empire Fall*, Basingstoke: Macmillan, 1998.

Miller, J. D. B., *Survey of Commonwealth Affairs*, *Problems of Expansion and Attrition* 1953 - 1969, London: Oxford University Press, 1974.

Mommsen, W. J. and Osterhanmmel, J., eds., *Imperialism and After: Continuities and Discontinuities, London: Allen and Unwin Publishing Company, 1986.

Morgan, D. J., *The Official History of Colonial Development*, Vol. 3 – 5, London: Macmillan Press, 1980.

Morgan, Philip D. and Sean Hawkins, *Black Experience and the Empire*, London: Oxford University Press, 2004.

Morrisey, O., B. Brian, and E. Horesh, *British Aid and International Trade: Aid Policy Making*, 1979 – 1989, Phildelphia: Open Univesity Press, 1992.

Moss, Norman, *The Politics of Uranium*, London: Andre Deutsch, 1981.

Mothobi, B., *Training for Development*, Salisbury: Mardon Printers Ltd., 1978.

Moyse – Bartlett, Hubert, *The King's African Rifles*, Aldershot: Gale & Polden, 1956.

Murphy, *Alan Lennox – Boyd*, London: lBTauris, 1999.

Murphy, P., *Party Politics and Decolonization: The Conservative Party and British Colonial Policy in Tropical Africa*, 1951 – 1964, Oxford: Oxford University Press, 1995.

Mushi, Philemon A. K., *History and Development of Education in Tazania*, Dar es Salaam: Dar es Salaam University Press, 2009.

Nabudere, D. Wadada, *Imperialism in East Africa*, Vol. 1, London: Zed Press, 1981.

Nasson, Bill, *Britannia's Empire: Making a British World*, Stroud, Gloucestershire: Tempus, 2004.

Nicolson, I. F., *The Administration of Nigeria*, 1900 – 1960: Men, Methods, and Myths, London: Oxford University Press, 1969.

Nwauwa, Apollos O., *Imperialism, Academe and Nationalism: Britain and University Education for Africans*, 1860 – 1960, London: Frank Cass, 1997.

Nyachieo, Sorobea, *Kenya 1945 – 1963: A Study in African National Movements*, Nairobi: Kenya Literature Bureau, 1980.

O'Gorman, Frank, *British Conservationism: Conservative Thought from Burke to Thatcher*, London: Longman, 1986.

Ovendale, R., *Britain, the United States and the Transfer of Power in the Middle East*, 1945 – 1962, Leicester: Leicester University Press, 1996.

Owen, R. and B. Sutcliffe, ed., *Studies in the Theory of Imperialism*, London: Longman, 1972.

Parsons, Timothy, *The African Rank – and – File*, Portsmouth: Heinemann, 1999.

Percox, D. A., Britain, *Kenya and the Cold War: Imperial Defernce, Colonial Security and Decolonisation*, London: Tauris Academic Stidies, 2004.

Pierce, Steven and Rao, Anupama, *Discipline and the Other Body: Correction, Corporeality, Colonialism*, Durham: Duke University Press, 2006.

Pierre, A., *Nuclear Politics: The British Experience with an Independent Strategic Force*, 1939 – 1970, London: Oxford University Press, 1972.

Polk, Judd, *Sterling: Its Meaning in World Finance*, New York: Harper &. Brothers, 1956.

Porter, Bernard, *The Lion's Share: A Short History of British Imperialism*, 1850 – 2004, Fourth Edition, Pearson Longman, 2004.

Porter, Bernard, *Empire and Superempire: Britain, America, and the World*, New Haven: Yale University Press, 2006.

Ramamurthy, A., *Imperial Persuaders: Images of Africa and Asia in British Advertising*, Manchester: Manchester University Press, 2003.

Reynolds, David, *Britannia Overruled: British Policy and World Power in the Twentieth Century*, London: Longman, 1991.

Rich, Paul B., *Race and Empire in British Politics*, Cambridge: Cambridge University Press, 1986.

Rimmer, Douglas, *The British Intellectual Engagement with Africa in the Twentieth Century*, New York: St. Martin's Press, 2000.

Robbins, Keith, *The Eclipse of Great Power*, 1870 – 1975, London: Longman, 1983.

Roberts, Andrew, *A History of Zambia*, London, Heinemann, 1976.

Rodney, Walter, *How Europe Underdeveloped Africa*, London: Bogle – L'Ouverture Publications, 1972.

Rotberg, R. I. and A. A. Mazrui, *Protest and Power in Black Africa*, New

York: Oxford University Press, 1970.

Rothermund, Dietmar, *The Routledge Companion to Decolonizaiton*, London: Routledge, 2006.

Ryan, David, ed., *The United States and Decolonization*, London: Macmillan Press, 2000.

Sampson, A., *Macmillan: A Study in Ambiguity*, London: Penguin, 1967.

Sampson, Anthony, *Anatomy of Btitain*, London: Hodder & Stoughton, 1962.

Samson, Jane, *Race and Empire*, London: Longman, 2005.

Sandbrook, Dominic, *Never Had It So Good: A History of Britain from Suez to the Beatles*, London: Little Brown, 2005.

Schenk, C., *Britain and the Sterling Area from Devaluation to Convertibility in the 1950s*, London: Routledge, 1994.

Schonfield, A., *British Economic Policy since the War*, London: Penguin, 1958.

Shepherd, R., *Iain Macleod*, London: Hutchinson, 1994.

Shipway, Martin, *Decolonization and Its Impact: A Comparative Approach to The End of the Colonial Empires*, Oxford: Wiley-Blackwell, 2008.

Sinclair, Georgina, *At the End of the Line: Colonial Policing and the Imperial Endgame, 1945 – 1980*, Manchester: Manchester University Press, 2006.

Sklar, Richard L., *Corporate Power in an African State: the Political Impact of Multinational Mining Companies in Zambia*, Berkeley and Los Angeles: University of California, 1975.

Smith, John, *Administering Empire: the British Colonial Service in Retrospect*, London: University of London Press, 1999.

Springhall, John, *Decolonization since 1945: the Collapse of European Overseas Empires*, New York: Palgrave (formerly Macmillan), 2001.

Stockwell, S. E., *Business of Decolonization: British Business Strategies in the Gold Coast*, London: Oxford University Press, 2000.

Strachey, John, *The End of Empire*, London: Gollancz, 1959.

Sunderland, David, *Managing British Colonial and Post – colonial Development*, Woodbridge: Boydell Press, 2007.

Thomas, Martin, *Empires of Intelligence: Security Services and Colonial Disorder after 1914*, Berkeley: U. of California P., 2008.

Thompson, Andrew, *Britain's Experience of Empire in the Twentieth Century*, Oxford: Oxford University Press, 2012.

Thornton A. P., *The Imperial Idea and its Enemies: A Study in British Power*, Macmillan Press, 1966.

Throup, David, *Economic and Social Origins of Mau Mau, 1945 – 1953*, London: James Currey, 1987

Tinno, R. L., *Capitalism and Nationalism at the End of Empire: State and Business in Decolonizing Egypt, Nigeria, and Kenya, 1945 – 1963*, Princeton: Princeton University Press, 1998.

Tijani, Hakeem Ibikunle, *Union Education in Nigeria: Labor, Empire, and Decolonization since 1945*, London: Macmillan, 2012.

Vail, Leroy, *The Creation of Tribalism in Southern Africa*, Berkely: University of California Press, 1991.

Vlahakis, George, *Imperialism and Science: Social Impact and Interaction*, Santa Barbara: ABC – CLIO, 2006.

Wallerstein, I., *The Road to Independence: Ghana and the Ivory Coast*, Paris & The Hague: Mouton & Co, 1964.

Wart, Stuart, *British Culture and the End of Empire*, Manchester: Manchester University Press, 2001.

White, Nicholas J., *Decolonisation: The British Experience since 1945*, London: Longman, 1999.

Wilson, H. S., *African Decononization*, London: Edward Arnold, 1994.

Young, Crawford, *The African Colonial State in Comparative Perspective*, London: Yale University Press, 1994.

Zeilig, Leo, *Class Struggle and Resistance in Africa*, Chicago: Haymarket Books, 2009.

文章

Ball, S. J., "Banquo's Ghost: Lord Salisbury, Harold Macmillan, and the High Politics of Decolonization", 1957 – 1963, *Twentieth Century British History*, Vol. 16, No. 3 (August 2005).

Bostock, F., "The British Overseas Banks and Development Finance in Africa after1945", *Business History*, Vol. 33, Issue 3 (July 1991).

Butler, L. J., "Demise of the Central African Federation, 1959 – 1963", *Journal of Imperial and Commonwealth History*, Vol. 28, Issue 3 (September 2000).

Butler, L. J., "Business and British Decolonisation: Sir Ronald Prain, the Mining Industry and the Central African Federation", *Journal of Imperial and Commonwealth History*, Vol. 35, Issue 3 (September 2007).

Cohen, Andrew, "Business and Decolonization in Central Africa Reconsidered", *Journal of Imperial and Commonwealth History*, Vol. 36, No. 4, (December 2008).

Cooper, Frederick, "Conflict and Connection: Rethinking Colonial African History", *American Historical Review*, Vol. 99, No. 5 (December 1994).

Darwin, John, "Central African Emergency, 1959", *Journal of Imperial and Commonwealth History*, Volume 21, Issue 3 (September 1993).

Decker, Stephanie, "Decolonising Barclays Bank DCO? Corporate Africanisation in Nigeria, 1945 – 1969", *Journal of Imperial and Commonwealth History*, Vol. 33, Issue 3 (September 2005).

Flint, John, "Planned Decolonization and its Failure in British Africa", *African Affairs*, Vol. 82, No. 328 (July 1983).

Gann, L., "Rhodesia and the Prohhets", *African Affiairs*, Vol. 71, No. 283, April 1972.

Gibbs, David N., "Political Parties and International Relations: The United States and the Decolonization of Sub – Saharan Africa", *The International History Review*, Vol. 17, No. 2 (May 1995).

Grier, Beverly, "Underdevelopment, Modes of Production, and the State in the Colonial Ghana", *African Studies Review*, Vol. 24, No. 1 (March, 1981).

Goldsworthy, David, "Keeping Change within Bounds: Aspects of Colonial Policy during the Churchill and Eden Governments, 1951 – 1957", *Journal of Imperial and Commonwealth History*, Vol. 18, Issue 1 (January

1990).

Holland, R., "The Imperial Factor in British Strategies from Attlee to Macmillan, 1945 - 1963", *Journal of Imperial and Commonwealth History*, Vol. 12, Issue 2 (May 1984).

Hornby, R., "Conservative Principles", *Political Quarterly* (July - September 1961).

Horowitz, Dan, "Attitudes of British Conservatives towards Decolonization in Africa", *African Affairs*, Vol. 69, No. 274 (January 1970).

Hughes, Matthew, "Fighting for White Rule in Africa: The Central African Federation, Katanga, and the Congo Crisis, 1958 - 1965", *The International History Review*, Vol. 25, No. 3 (September 2003).

Hyam, Ronald, "The Geopolitical Origins of the Central African Federation: Britain, Rhodesia and South Africa 1948 - 1953", *The Historical Journal*, Vol. 30, No. 1 (March 1987).

Kelemen, Paul, "Modernising Colonialism: The British Labour Movement and Africa", *Journal of Imperial and Commonwealth History*, Vol. 34, Issue 2 (May 2006).

Kent, John, "United States Reactions to Empire, Colonialism, and Cold War in Black Africa, 1949 - 1957", *Journal of Imperial and Commonwealth History*, Volume 33, Issue 2 (May 2005).

Kirk - Greene, A. H. M., "The Thin Line: the Size of the British Colonial Service in Africa", *African Affairs*, Vol. 79, No. 314 (January 1980).

Krozewski, Gerold, "Finance and Empire: the Dilemma Facing Great Britain in the 1950s", *International History Review*, Vol. 18, No. 1 (February 1996).

Louis, Wm. Roger and Ronald Robinson, "The Imperialism of Decolonization", *Journal of Imperial and Commonwealth History*, Vol. 22, Issue 3 (September 1994).

McIntyre, W. D., "The Admission of Small States to the Commonwealth", *Journal of Imperial and Commonwealth History*, Vol. 24, Issue 2 (May 1996).

Muphy, Philip, "The African Queen? Republicanism and Defensive Decolonization in British Tropical Africa, 1958 – 1964", *Twentieth Century British History*, Vol. 14, No. 3 (August 2003).

Ovendale, Ritchie, "Macmillan and the Wind of Change in Africa 1957 – 1960", *The Historical Journal*, Vol. 38, No. 2 (June 1995).

Presley, Cora Ann, "The Mau Mau Rebellion, Kikuyu Women, and Social Change", *Canadian Journal of African Studies*, Vol. 22, No. 3 (1988).

Roberts, A. D., "Notes towards a Financial History of Copper Mining in Northern Rhodesia", *Canadian Journal of African Studies*, Vol. 16, No. 2, 1982.

Robertson, Paul L. and John Singleton, "The Commonwealth as an Economic Network", *Australian Economic History Review*, Vol. 41, No. 3 (November 2001).

Ruddell, David, "Class and Race: Neglected Determinants of Colonial 'Adapted Education' Policies", *Comparative Education*, Volume 18, No. 3 (1982), pp. 293 – 294.

Schenk, C. R., "Decolonization and European Economic Integration: the Free Trade Area Negoriations, 1956 – 1958", *Journal of Imperial and Commonwealth History*, Vol. 24, No. 3 (September 1996).

Schenk, C. R., "The Origins of a Central Bank in Malaya and theTransition to Independence, 1954 – 1959", *The Journal of Imperial and Commonwealth History*, Vol. 21, Issue 2 (May 1993).

Smith, S., "A Vulnerable Point in the Sterling Area: Kuwait in the 1950s", *Contemporary British History*, Vol. 17, Issue 4 (November 2003).

Speller, Ian, "An African Cuba? Britain and the Zanzibar Revolution, 1964", *Journal of Imperial and Commonwealth History*, Vol. 35, Issue 2 (May 2007).

Stockwell, S. E., "Trade, Empire, and the Fiscal Context of Imperial Business during Decolonization", *Economic History Review*, Vol. 57, No. 1 (February 2004).

Stockwell, A. J., "Leaders, Dissidents and the Disappointed: Colonial Students in Britain as Empire Ended", *Journal of Imperial and Commonwealth History*, Vol. 36, Issue 3 (September 2008).

Stockwell, S. E., "Instilling the 'Sterling Traditon': Decolonization and the Creation of a Central Bank in Ghana", *Journal of Imperial and Commonwealth History*, Volume 26, Issue 2 (May 1998).

Tomlinson, J., "The Decline of the Empire and the Economic 'Decline' of Britain", *Twentieth Century British History*, Vol. 14, No. 3 (August 2003).

White, N. J., "The Business and the Politics of Decolonization: the British Experience in the Twentieth Century", *Economic History Review*, Vol. 53, No. 3 (August 2000).

White, N., "The Survival, Revival and Decline of British Economic Influence in Malaysia, 1957 – 1970", *Twentieth Century British History*, Volume 14, Issue 3 (August 2003).

Whitehead, C., "Education in British Colonial Dependencies, 1919 – 1939: A Reappraisal", *Comparative Education*, Vol. 17, Issue 1 (March 1981).

后　记

　　人生匆匆如过客，但使片言留人间。本书从构思到写作完成断断续续历经十余年。十余年间个人的生活境遇发生了不少改变，个人思考的层次和内容也因之发生不少改变。因而，此书的完成数易其稿。其间，有痛苦有快乐，大体而言，"先尝黄连后饮蜜"，先作为任务，后作为排遣寂寞的法门。如今停笔之际，本人竟不知何以为乐。若过数十年，留此书卷在世间，也算人生一世的慰藉。

　　十余年间，遇到不少人、不少事。不能不提我的博士研究生导师张顺洪研究员，因为该选题的确定是在他的指导之下进行的。本书虽为国家社科基金的优秀结项成果，但由于本人学术能力的欠缺，导致本书内容不能尽善尽美。又感于自身水平短期内难以再提升，现有成果的水平也足以出版，故而申请了中国社会科学院创新工程出版资助。在这里对各位评委老师表示感谢！本书的最终出版还要感谢中国社会科学出版社李庆红女士细致的编辑工作。

　　十余年间，我的家人陪伴着我度过五味杂陈的岁月，其间的碰撞火花滋润着我的心田，并融入本书的写作之中，必须向他们致敬！

杭　聪

2020 年 12 月于北京